Guide to Competitive Programming 2/E
알고리즘 트레이닝 2판

KB179969

알고리즘 트레이닝 2판: 프로그래밍 대회 입문 가이드

초판 1쇄 발행 2019년 5월 9일 초판 2쇄 발행 2019년 10월 28일 2판 1쇄 발행 2022년 3월 21일 지은이 안티 라크소넨 옮긴이
조승현, 김진현 펴낸이 한기성 펴낸곳 (주)도서출판인사이트 편집 백주옥 본문 디자인 차인선 제작·관리 이유현, 박미경 용지 월드
페이퍼 출력·인쇄 에스제이피앤비 후가공 에이스코팅 제본 서정바인텍 등록번호 제2002-000049호 등록일자 2002년 2월 19일
주소 서울특별시 마포구 연남로5길 19-5 전화 02-322-5143 팩스 02-3143-5579 이메일 insight@insightbook.co.kr ISBN 978-
89-6626-347-9 책값은 뒤표지에 있습니다. 잘못 만들어진 책은 바꾸어 드립니다. 이 책의 정오표는 http://blog.insightbook.
co.kr에서 확인하실 수 있습니다.

• 일러두기

본문에 등장하는 대괄호 표기(예, [15])는 책 뒤에 있는 참고문헌의 번호이며 원서에 실린 순서를 따랐습니다.

프로그래밍 인사이트

알고리즘

프로그래밍 대회 입문 가이드

트레이닝

2판

안토 라크소넨 지음 | 조승현 · 김진현 옮김

차례

11장 수학

옮긴이의 글

최근 들어 알고리즘 문제 해결 능력의 중요성을 강조하는 이야기가 자주 들리고 있습니다. 오랜 역사를 자랑하는 ICPC 또는 IOI와 같은 대회를 비롯하여 여러 IT 기업에서 주최하는 프로그래밍 대회가 있고, 또 대회에 대한 관심이 크지 않은 분들도 소프트웨어 엔지니어가 되기 위해 코딩 테스트를 준비하는 과정에서 이 분야를 접해보셨으리라 생각합니다.

문제 해결을 다룬 책들이 많은데, 이 책은 특히 실제 대회를 준비할 때 도움이 될 만한 내용을 중점적으로 다루고 있습니다. 다른 자료를 보면서 알고리즘을 익혔지만 이를 코드로 구현하는 데 익숙하지 않은 분들에게 좋은 책이 될 것입니다. 그리고 경진 프로그래밍 경험은 있지만 좀 더 실력을 키우고 싶은 분들에게는 여기에서 다루는 넓은 범위의 주제가 도움이 될 것이라 생각합니다. 특히 최근에 출제된 문제에서 꽤 등장하지만, 아직 블로그 등에서만 접할 수 있는 주제도 포함되어 있어 유용한 참고자료로 쓰일 수 있을 것입니다.

개인적인 욕심으로는 더욱 많은 분이 경진 프로그래밍을 통해 실력을 향상시키고 즐거움을 느꼈으면 좋겠습니다. 저자가 강조했듯 경진 프로그래밍은 알고리즘에 대한 이해를 더 깊이 할 수 있는 훌륭한 방법입니다. 또한 대회에서는 주어진 문제에 대해 충분한 사고 과정을 거쳐 해결책을 내고, 이를 실제로 동작하는 코드로 작성하며, 제출한 답안이 틀리거나 효율적이지 않은 경우 이를 개선해나가는 과정을 거치게 되는데, 이는 곧 소프트웨어 엔지니어가 일상적으로 하는 일과 자연스럽게 연결됩니다. 그리고 무엇보다도, 문제를 풀고 성취감을 느끼는 그 자체가 정말 재미있는 경험이거든요. :)

이렇게 완성된 번역본으로 출간되기까지 많은 분의 도움이 있었습니다. 먼저 처음 맡은 번역을 잘 마무리할 수 있도록 도와주신 공역자 김진현 님께 감사드립니다. 번역 과정에 관심을 보여주시고 베타 리뷰와 추천의 글 작성을 해주신 박성원 님께 감사드립니다. 그리고 더 나은 결과물이 될 수 있도록 리뷰를 해주신 김준원, 김진표, 김찬민, 남현욱, 박상혁, 심유근, 최재민 님께 감사드립니다. 추천의 글을 적어달라는 부탁을 흔쾌히 들어주신, 이 분야를 널리 알리는 데 큰 역할을 하고 계시는 최백준 님께도 감사드립니다. 그리고 함께 좋은 책을 만들어주신 (주)도서출판인사이트의 한기성 사장님과 관계자 여러분께 감사드립니다.

끝으로 이 책을 읽고 계시는 독자 여러분께도 감사드립니다. 좀 더 많은 분이 문제 해결의 즐거움을 느낄 수 있도록 제 기여가 도움이 되었으면 합니다.

조승현

이 책은 경진 프로그래밍이 무엇인지 소개하고, 이를 위해 필요한 여러 가지 지식을 프로그래밍 대회에 초점을 맞춰 설명하고 있는 책입니다. 이를테면 알고리즘의 구현 방법을 설명할 때도 대회에 적합한 구현 방식이 무엇인지를 다루고 있기 때문에 많은 분께 실용적인 도움이 될 것입니다. 또, 이 책에서는 최근 들어 프로그래밍 대회에 자주 등장하기 시작한 주제들도 다루고 있기 때문에 대회나 채용 시험 등을 준비하는 분들께도 도움이 되리라 생각합니다.

알고리즘을 키워드로 하는 문제 해결 능력에 관심이 있는 분이라면 누구나 흥미를 갖고 이 책을 읽을 수 있으리라 생각합니다. 하지만 아무래도 다루는 주제의 폭이 넓고, 어떤 부분에서는 깊게 들어가기도 하기 때문에, 처음부터 끝까지 일관된 집중력으로 살펴보기는 어려울 것입니다. 그리고 어떤 부분에서는 저자가 자세한 내용을 일일이 설명하지 않고, 은연중에 독자에게 숙제를 남기며 지나갈 때도 있습니다. 이러한 점을 염두에 두고 스스로 템포를 조절해 가며 이 책을 살펴볼 것을 권해 드립니다.

마지막으로 이 책이 나오기까지 도움을 주신 분들께 감사드립니다. 먼저, 함께 작업을 진행해주신 공역자 조승현 님께 감사드립니다. 교정 작업을 도와주신 리뷰어분들, 추천의 글을 써 주신 분들, 그리고 (주)도서출판인사이트의 관계자분들께도 감사드립니다. 앞에서 언급하였기에 한분 한분 이름을 적진 않았지만, 모든 분께 드리는 감사의 마음은 저 역시 승현 님과 같음을 알아주십사 부탁드립니다. 그리고 늘 배려로 함께해 준 사랑하는 우리 가족에게도 감사드립니다.

김진현

2판 서문

이 책의 2판에는 푸리에 변환 계산, 그래프에서 최소 비용 유량 찾기, 문자열 문제에서 오토마타 사용하기 등의 고급 주제를 다루는 내용이 여럿 추가되었다.

새로운 내용을 자세히 살펴봐 주고 많은 의견과 제안을 준 Olli Matilainen에게 감사를 전한다.

핀란드 헬싱키

2020년 2월

안티 라크소넨

1판 서문

이 책의 목적은 현대의 경진 프로그래밍에 대해 개괄적으로 소개하는 것이다. 프로그래밍의 기본을 알고 있는 독자를 대상으로 한 책이지만 알고리즘 설계나 프로그래밍 대회에 대한 배경지식이 필요하진 않다. 그리고 다양한 분야를 여러 난이도에 걸쳐 다루기 때문에 초심자와 경험 있는 독자 모두에게 적합할 것이다.

프로그래밍 대회는 오랜 역사를 가지고 있다. 1970년대에 대학생을 대상으로 하는 국제 대학생 프로그래밍 대회(International Collegiate Programming Contest)가 시작되었으며 중·고등학생을 대상으로 하는 국제 정보 올림피아드(International Olympiad in Informatics)는 1989년에 처음 열렸다. 두 대회 모두 현재 전 세계에서 많은 사람이 참가하는 대회로 자리 잡았다.

오늘날 프로그래밍 경진은 어느 때보다도 유명해졌다. 그 과정에서 인터넷의 역할이 결정적이었다. 경진 프로그래머들을 대상으로 하는 활발한 온라인 커뮤니티가 있고, 매주 대회가 열리고 있다. 그러면서 대회의 난이도는 높아가고 있다. 몇 년 전만 해도 최상위권의 참가자들만 사용하던 기술이 이제는 많은 사람이 기본적으로 사용하는 도구가 되고 있다.

경진 프로그래밍은 알고리즘에 대한 과학적인 연구를 기반으로 하고 있다. 하지만 컴퓨터 과학자들이 알고리즘이 성립하는 것을 보이기 위해 증명을 작성하는 반면 경진 프로그래머는 알고리즘을 구현하고 대회 시스템에 제출한다. 그러면 여러 테스트 케이스를 이용하여 알고리즘을 검증하고, 모든 테스트 케이스를 통과하면 정답이 된다. 이는 경진 프로그래밍에서 매우 중요한 요소인데, 제출한 알고리즘이 정답이라는 것은 알고리즘이 성립한다는 강한 증거가 되기 때문이다. 실제로 경진 프로그래밍은 알고리즘을 학습하기 위한 훌륭한 방법인데, 단순히 알고리즘을 생각만 하기보다는 실제로 구현함으로써 알고리즘이 성립하는지를 알 수 있게 되기 때문이다.

경진 프로그래밍의 다른 장점은 문제를 풀면서 생각할 기회가 생긴다는 점이다. 문제 설명에는 별다른 스포일러가 없다. 실제로 알고리즘 수업에서는 이것이 큰 문제가 된다. 예를 들어 괜찮은 문제가 주어졌을 때 마지막 문장에 '힌트: 다익스트라의 알고리즘을 수정하여 문제를 푸시오'라고 적혀있다고 해보자. 이 문장을 읽고 나면 이미 어떻게 문제를 풀어야 하는지 알게 되기 때문에 별다른 고민의 여지가 없어지게 된다. 경진 프로그래밍에서는 이러한 일이 발생하지 않는다. 대신 내가 가지고 있는 기술 중 어떤 것을 사용하여 문제를 풀어야 하는지를 알아내야 한다.

경진 프로그래밍 문제를 풀면 프로그래밍 및 디버깅 기술을 향상시키는 데도 도움이 된다. 일반적으로 제출한 답안이 점수를 받기 위해서는 모든 테스트 케이스를 통과해야 하므로, 버그가 없는 프로그램을 작성하는 능력이 필요하다. 이는 소프트웨어 공학에서 매우 중요한 기술로, IT 회사에서 경진 프로그래밍 경험이 있는 사람을 선호하는 것과 무관하지 않다.

좋은 경진 프로그래머가 되기 위해서는 많은 시간이 필요하지만, 그 과정에서 많은 것을 배울 수 있기도 하다. 책을 읽고 문제를 풀고 대회에 참가함으로써 알고리즘을 더 잘 이해하게 될 것이다.

책을 읽다가 피드백을 보내고 싶다면 언제든지 환영한다. ahslaaks@cs.helsinki.fi 로 메시지를 보내면 된다.

이 책의 초안에 대한 피드백을 보내준 많은 분에게 감사의 말씀을 전한다. 피드백으로 인해 더 우수한 책으로 발전할 수 있었다. 특히 원고에 대한 자세한 피드백을 보내준 Mikko Ervasti, Janne Junnila, Janne Kokkala, Tuukka Korhonen, Patric Östergård, Roope Salmi에게 감사한다. 이 책을 Springer와 출판하는 과정에서 훌륭한 협업을 이뤄낸 Simon Rees와 Wayne Wheeler에게도 감사한다.

핀란드 헬싱키

2017년 10월

안티 라크소넨

1장

들어가며

이 장에서는 경진 프로그래밍이 무엇인지, 이 책의 개략적인 내용이 어떠한지, 그리고 추가적인 학습 자료에 어떤 것들이 있는지 살펴본다.

1.1절에서는 경진 프로그래밍의 요소에 대해서 살펴보고 유명한 프로그래밍 대회 몇 개를 선택적으로 소개한 후, 어떻게 연습하면 좋을지에 대한 조언을 덧붙인다.

1.2절에서는 이 책의 목표가 무엇이며 어떠한 주제를 다루고 있는지 살펴보고 각 장에서 다룰 내용에 대해 간략하게 소개한다.

1.3절에서는 연습 문제 여러 개를 모아 놓은 CSES 문제 셋(set)을 소개한다. 책을 읽으면서 이 문제들을 풀어보면 경진 프로그래밍을 위한 훈련에 도움이 될 것이다.

1.4절에서는 경진 프로그래밍 및 알고리즘 설계에 대해 다루고 있는 그 밖의 책들을 살펴본다.

1.1 경진 프로그래밍이란 무엇인가?

경진 프로그래밍은 알고리즘 설계와 구현이라는 두 가지 주제를 함께 다룬다.

알고리즘 설계

경진 프로그래밍의 핵심은 잘 정의된 계산 문제를 풀어내는 효율적인 알고리즘을 만들어내는 것이다. 알고리즘을 설계하는 데는 문제 해결 및 수학 능력이 필요하다. 대개의 경우 잘 알려진 기법에 새로운 통찰을 덧붙여야 문제를 풀어낼 수 있다.

경진 프로그래밍에서 수학이 차지하는 비중은 크다. 사실 알고리즘 설계와 수학 사이에 어떤 경계가 있다고 말하기는 어렵다. 이 책은 수학과 관련된 배경 지식이 많지 않더라도 읽을 수 있도록 쓰였다. 이 책 전반에 걸쳐 사용되는 수학적 개념 몇 가지에 대한 설명이 부록에 나와 있다. 집합, 논리학 그리고 함수가 그러한 개념의 예이며, 필요하다면 책을 읽으면서 그 부분을 참고하면 될 것이다.

알고리즘 구현

경진 프로그래밍에서 문제에 대한 답을 채점할 때는 몇 가지 테스트 케이스로 알고리즘의 구현체를 테스트해 보는 방법을 사용한다. 따라서 문제를 풀어낼 알고리즘을 떠올렸다면 그 다음에는 이를 올바르게 구현해 내야 하고, 그러기 위해서는 좋은 프로그래밍 능력을 갖추어야 한다. 경진 프로그래밍은 전통적인 소프트웨어 공학과 큰 차이를 보인다. 코드는 짧아야 하고(보통 길어도 수백 줄을 넘지 않는다), 빠르게 작성되어야 하며, 대회가 끝나면 더는 유지보수할 필요가 없다.

프로그래밍 대회에서 최근에 가장 많이 사용되는 언어는 C++, 파이썬, 자바이다. 2019년도 구글 코드잼을 예로 들면 4,500여 명의 상위권 참가자 중 71%는 C++를, 21%는 파이썬을, 8%는 자바를 사용했다. 많은 사람이 경진 프로그래밍을 위한 최고의 언어가 C++라고 말한다. C++를 사용하는 것이 좋은 이유는 C++라는 언어가 매우 효율적이며, 표준 라이브러리에 많은 양의 자료 구조와 알고리즘이 포함되어 있기 때문이다.

이 책에 나오는 예제 코드는 모두 C++로 작성되었으며, 표준 라이브러리에 포함된 자료 구조와 알고리즘도 많이 사용된다. 코드는 C++11 표준을 따르고 있으며, 요즘에는 대부분의 대회에서 이를 문제없이 사용할 수 있을 것이다. 만일 여러분이 아직 C++를 사용할 줄 모른다면 이번 기회에 공부를 시작해 보는 것도 좋을 것이다.

1.1.1 프로그래밍 대회

IOI

IOI(International Olympiad in Informatics, 국제 정보 올림피아드)는 중등 교육 과정에 있는 학생을 대상으로 매년 개최되는 프로그래밍 대회이다. 각 나라는 네 명의 학생으로 구성된 팀을 참가시킬 수 있으며, 보통 80여 개 국가에서 300여 명의 학생이 참가한다.

IOI에서는 다섯 시간짜리 대회를 두 번 치르게 된다. 참가자는 각 대회마다 세 개의 고난도 프로그래밍 문제를 풀어야 한다. 문제는 몇 개의 서브태스크로 구성되어 있으며, 각 서브태스크마다 점수가 할당되어 있다. 참가자를 국적에 따른 팀으로 나누기는 하지만 성적에서는 각 개인 단위로 경쟁하게 된다.

IOI 참가자는 나라별 대회를 통해 선발된다. IOI에 앞서 지역 대회가 여럿 개최되기도 하며 그러한 대회로는 BOI(Baltic Olympiad in Informatics, 발트해 인근 국가 대상), CEOI(Central European Olympiad in Informatics, 중앙 유럽 국가 대상), APIO(Asia-Pacific Informatics Olympiad, 아시아 태평양 국가 대상)가 있다.

ICPC

ICPC(International Collegiate Programming Contest, 국제 대학생 프로그래밍 경시대회)는 대학생을 대상으로 매년 개최되는 프로그래밍 대회이다. 대회에 참가하는 팀은 학생 세 명으로 구성된다. IOI와는 달리 학생들이 대회를 함께 치르며, 각 팀은 한 대의 컴퓨터만 사용할 수 있다.

ICPC는 여러 단계의 대회로 진행되며, 최종적으로 가장 뛰어난 몇 개의 팀만이 세계 결선에 초청받게 된다. 매 대회에 수만 명이 참가하지만, 결선 무대에 허락된 자리는 얼마 되지 않으므로[1] 결선에 진출하는 것은 그 자체로 큰 성취이다.

ICPC에서는 다섯 시간 동안 열 개 정도의 알고리즘 문제를 풀어야 한다. 각 문제에 제출된 답은 모든 테스트 케이스를 효과적으로 통과할 때만 정답으로 인정받는다. 참가자는 대회 도중에 다른 팀의 성적을 볼 수 있지만, 마지막 한 시간 동안은 점수판을 업데이트하지 않으며, 마지막 순간에 제출한 답에 대한 결과도 공개되지 않는다.

온라인 대회

그 외에도 누구나 참가할 수 있는 온라인 대회가 여럿 있다. 최근에 가장 활발하게 운영되고 있는 대회 사이트로는 코드포스(Codeforces)가 있으며, 이 사이트는 거의 매주 대회를 개최한다. 그 밖의 유명한 대회 사이트로는 앳코더(AtCoder), 코드셰프(CodeChef), CS 아카데미, 해커랭크(HackerRank), 탑코더(Topcoder) 등이 있다.

몇몇 회사에서는 자체적인 온라인 대회 및 온사이트 결선 대회를 개최하기도 한다. 그러한 대회의 예로는 페이스북 해커컵(Facebook Hacker Cup), 구글 코드잼(Google Code Jam), 얀덱스.알고리즘(Yandex.Algorithm)이 있다. 물론 회사가 이러한 대회를 채용에 활용하기도 하며, 대회에서 좋은 성적을 거두는 것은 자신의 프로그래밍 능력을 증명하는 좋은 방법이다.

---

1 세계 결선에 참여하는 팀 수는 매년 다르며, 2019년의 경우에는 135개의 팀이 참여하였다.

1.1.2 연습에 대한 조언

경진 프로그래밍 공부를 할 때는 노력을 많이 기울여야 한다. 그러나 연습 방법에는 여러 가지가 있으며, 그중에는 좀 더 효율적인 방법도 존재한다.

문제를 풀 때는 푼 문제의 개수보다 문제의 질이 훨씬 중요하다는 것을 염두에 두어야 한다. 연습하다 보면 어렵고 지루해 보이는 문제는 건너뛰고, 괜찮고 쉬워 보이는 문제를 풀고 싶은 유혹에 빠지게 된다. 그러나 자신의 능력을 진정으로 향상시키는 방법은 앞의 범주에 속하는 문제에 집중하는 것이다.

대부분의 프로그래밍 대회 문제는 짧고 간단한 알고리즘으로 풀리지만, 그러한 알고리즘을 떠올리기가 쉽지 않다는 점도 유념해야 한다. 경진 프로그래밍의 본질은 복잡하거나 잘 알려지지 않은 알고리즘을 암기하는 데 있지 않으며, 문제 해결 능력을 기르는 것과 간단한 도구를 이용하여 어려운 문제를 풀어내는 방법을 익히는 데 있다.

알고리즘 구현을 별로 중요하게 생각하지 않는, 즉 알고리즘을 설계하는 것은 재밌지만 이를 구현하는 것은 지겹다고 생각하는 사람들도 있다. 하지만 알고리즘을 빠르고 정확하게 구현해 내는 능력은 개인의 중요한 자산이며, 그러한 능력은 연습을 통해 향상시킬 수 있다. 대회 시간의 대부분을 코드를 작성하고 버그를 수정하는 데 허비하는 것은 어리석은 일이며, 그 시간 동안 문제를 어떻게 풀지 생각하는 것이 좀 더 현명한 일이다.

1.2 이 책에 대하여

IOI 출제 요강[17]은 IOI에 출제될 가능성이 있는 주제들을 규정해 놓은 문서이며, 이 책에서 다룰 주제를 선정할 때 가장 먼저 참고한 문서이기도 하다. 하지만 이 책에는 IOI에는 출제되지 않지만 그 외의 다른 대회에 등장하기도 하는 고급 주제도 있다. 그런 주제의 예로는 최대 유량, 님 이론(Nim theory), 접미사 구조가 있다.

통상적인 알고리즘 서적도 경진 프로그래밍과 관련된 주제 중 상당수를 다루고 있긴 하지만, 약간의 차이가 있다. 예를 들어 다수의 알고리즘 서적은 정렬 알고리즘 및 기초적인 자료 구조를 바닥부터 구현하는 데 초점을 맞추고 있다. 그러나 이는 표준 라이브러리와 관련된 기능을 활용할 수 있는 경진 프로그래밍과는 관련성이 떨어지는 내용이다. 또, 경진 프로그래밍 커뮤니티에는 잘 알려졌지만 교과서에서 찾아보기 어려운 주제들도 있다. 그러한 주제의 예로 구간 트리라는 자료 구조가 있는데, 이를 활용하면 까다로운 알고리즘이 필요한 문제를 여러 개 해결할 수 있다.

이 책의 목적 중 하나는 온라인 게시판이나 블로그 글을 통해 다뤄지곤 하던 경진 프로그래밍 관련 기법을 문헌의 형태로 정리하는 데 있다. 경진 프로그래밍에서만 활용되는 기법에 대해서는 가능한 한 출처를 표시하려 했지만, 그러지 못할 때가 더 많았다. 경진 프로그래밍의 일부분인 것처럼 오늘날까지 전승되어 왔지만, 아무도 최초 발명자가 누구인지 모르는 기법들이 다수 있기 때문이다.

이 책의 장별 내용은 다음과 같다.

- 2장에서는 C++ 프로그래밍 언어의 특징에 대해 복습한 후, 재귀적 알고리즘과 비트 연산에 대해서 살펴본다.
- 3장의 주제는 효율성으로, 큰 데이터셋을 빠르게 처리하는 알고리즘을 어떻게 만들어낼 것인가에 대해 살펴본다.
- 4장에서는 정렬 알고리즘과 이진 탐색에 대해 다루며, 이를 알고리즘 설계에 활용하는 방법을 중점적으로 살펴본다.
- 5장에서는 벡터(vector, 배열), 셋(set), 맵(map) 등 C++ 표준 라이브러리에 포함된 자료 구조를 몇 가지 선별하여 살펴본다.
- 6장에서는 동적 계획법이라는 이름의 알고리즘 설계 기법을 살펴보며, 이를 이용하여 풀 수 있는 예제 문제도 살펴본다.
- 7장에서는 기초 그래프 알고리즘을 살펴본다. 최단 경로나 최소 신장 트리를 구하는 알고리즘이 이에 포함된다.
- 8장에서는 고급 알고리즘 설계 기법을 살펴본다. 비트 병렬 처리와 분할 상환 분석이 이에 포함된다.
- 9장에서는 배열에 대한 구간 질의를 효율적으로 처리하는 방법을 살펴보며, 이를 이용하면 배열에 저장된 값들의 합을 구하거나 최솟값을 구할 수 있다.
- 10장에서는 트리에 특화된 알고리즘을 살펴보며, 그 내용에는 트리에 대한 질의를 효율적으로 처리하는 방법이 포함된다.
- 11장에서는 경진 프로그래밍과 관련된 수학에 대해 살펴본다.
- 12장에서는 고급 그래프 기법에 대해 살펴본다. 강결합 컴포넌트, 최대 유량이 이에 포함된다.
- 13장에서는 기하 알고리즘을 살펴보고, 이를 쉽게 풀 수 있도록 도와주는 기법에 대해서도 살펴본다.
- 14장에서는 문자열 처리와 관련된 기법을 살펴본다. 문자열 해싱, Z 알고리즘, 접미사 배열의 활용이 이에 포함된다.

- 15장에서는 좀 더 난이도가 높은 기법들을 살펴본다. 제곱근 시간 복잡도를 갖는 알고리즘과 동적 계획법 최적화가 이에 포함된다.

1.3 CSES 문제 셋

CSES(Code Submission Evaluation System, 코드 제출 및 채점 시스템) 문제 셋은 경진 프로그래밍을 연습하기 위한 문제를 모아놓은 것이다. 문제는 난이도순으로 정렬되어 있으며, 문제를 푸는 데 필요한 대부분의 기법이 이 책에 소개되어 있다. 다음 주소에 접속하면 문제를 확인할 수 있다.

https://cses.fi/problemset

첫 번째 문제를 어떻게 푸는지 한번 살펴보자. 문제의 제목은 'Weird Algorithm(이상한 알고리즘)'이며, 그 내용은 다음과 같다.

양의 정수 n을 입력으로 받는 알고리즘을 생각해 보자. 이 알고리즘은 n이 짝수라면 이를 반으로 나누고, n이 홀수라면 3을 곱한 후 1을 더한다. 알고리즘은 n이 1이될 때까지 이러한 과정을 반복한다. 예를 들어 $n = 3$이면 다음과 같은 과정을 거치게된다.

$$3 \rightarrow 10 \rightarrow 5 \rightarrow 16 \rightarrow 8 \rightarrow 4 \rightarrow 2 \rightarrow 1$$

여러분이 할 일은 주어진 n에 대해서 이 알고리즘의 수행 과정을 시뮬레이션하는 것이다.

입력
한 줄에 정수 n이 주어진다.

출력
알고리즘의 수행 과정에서 n 값이 어떻게 변하는지를 모두 출력한다.

제약 조건
- $1 \leq n \leq 10^6$

예제
입력:

3

출력:

```
3 10 5 16 8 4 2 1
```

이 문제는 **콜라츠 추측**(Collatz conjecture)이라는 유명한 추측과 관련이 있는데, 그 내용은 입력 n의 값이 얼마이든 간에 앞의 알고리즘을 거치면 결국 1이 된다는 것이다. 그 누구도 이를 증명하진 못했지만, 이 문제에서는 n의 값이 최대 100만이기 때문에 훨씬 쉽게 해결할 수 있다.

이 문제는 간단한 시뮬레이션 문제라서 생각할 거리도 별로 없다. 다음과 같은 C++ 코드 정도면 이 문제를 풀어낼 수 있을 것이다.

```cpp
#include <iostream>

using namespace std;

int main() {
    int n;
    cin >> n;
    while (true) {
        cout << n << " ";
        if (n == 1) break;
        if (n%2 == 0) n /= 2;
        else n = n*3+1;
    }
    cout << "\n";
}
```

이 코드는 먼저 n을 입력받은 후, 알고리즘을 시뮬레이션하면서 단계가 끝날 때마다 n을 출력한다. 이 알고리즘이 문제 본문에 나와 있는 예제 입력 $n = 3$에 대해서 문제없이 동작한다는 것을 쉽게 확인할 수 있다.

이제 이 코드를 CSES에 제출해 보자. 그러면 시스템이 코드를 컴파일하고 여러 개의 테스트 케이스를 넣어 보면서 채점할 것이다. CSES는 코드가 각 테스트 케이스를 통과하는지를 알려준다. 또한 각 테스트 케이스마다 입력, 정답 출력, 제출한 코드의 출력을 살펴볼 수도 있다.

채점이 끝나면 CSES에서 다음과 같은 결과 보고를 받아 볼 수 있다.[2]

---

2   이 코드를 CSES에 제출하면 약간 다른 결과를 얻을 수도 있는데, 채점 환경에 새로운 기능이나 테스트 케이스가 추가될 수도 있기 때문이다.

Test	Verdict	Time (s)
#1	ACCEPTED	0.06 / 1.00
#2	ACCEPTED	0.06 / 1.00
#3	ACCEPTED	0.07 / 1.00
#4	ACCEPTED	0.06 / 1.00
#5	ACCEPTED	0.06 / 1.00
#6	TIME LIMIT EXCEEDED	– / 1.00
#7	TIME LIMIT EXCEEDED	– / 1.00
#8	WRONG ANSWER	0.07 / 1.00
#9	TIME LIMIT EXCEEDED	– / 1.00
#10	ACCEPTED	0.06 / 1.00

이 결과가 의미하는 것은 제출한 코드가 일부 테스트 케이스는 통과했지만(ACCEPT-ED, 정답), 몇몇 경우에는 너무 느렸고(TIME LIMIT EXCEEDED, 시간제한 초과), 간혹 잘못된 결과(WRONG ANSWER, 오답)를 낼 때도 있다는 것이다. 이는 다소 놀라운 결과이다.

오답을 내는 첫 번째 테스트 케이스의 입력은 $n = 138367$이다. 로컬 환경에서 코드에 이 입력을 넣고 테스트해 보면 상당히 느리다는 것을 알 수 있다. 사실 이 코드는 끝나지 않는다.

앞의 코드가 잘못된 이유는 시뮬레이션 과정에서 n 값이 꽤 커질 수 있기 때문이다. 좀 더 정확히 말하자면 값이 int 변수의 범위를 초과할 수 있기 때문이다. 이 문제를 해결하기 위해서는 n의 자료형을 단순히 long long으로 바꿔주기만 하면 된다. 그러면 다음과 같이 원하는 결과를 얻게 될 것이다.

Test	Verdict	Time (s)
#1	ACCEPTED	0.05 / 1.00
#2	ACCEPTED	0.06 / 1.00
#3	ACCEPTED	0.07 / 1.00
#4	ACCEPTED	0.06 / 1.00
#5	ACCEPTED	0.06 / 1.00
#6	ACCEPTED	0.05 / 1.00
#7	ACCEPTED	0.06 / 1.00
#8	ACCEPTED	0.05 / 1.00
#9	ACCEPTED	0.07 / 1.00
#10	ACCEPTED	0.06 / 1.00

이 예제에서 확인할 수 있듯, 아주 간단한 알고리즘에도 교묘한 버그가 있을 수 있다. 우리는 경진 프로그래밍을 통해서 제대로 동작하는 알고리즘을 작성하는 방법을 배울 수 있을 것이다.

1.4 그 밖의 참고자료

이 책 외에도 시중에 경진 프로그래밍과 관련된 책이 많이 나와 있다. 스티븐 스키에나(Steven S. Skiena)와 미구엘 레비야(Miguel A. Revilla)가 2003년에 쓴 *Programming Challenges*[3][32]는 이 분야의 선구적인 책이다. 좀 더 최근에 나온 책으로는 스티븐 할림(Steven Halim)과 펠릭스 할림(Felix Halim)이 쓴 *Competitive Programming 3*[4][16]이 있다. 두 책 모두 경진 프로그래밍과 관련된 배경지식 없이 읽을 수 있도록 쓰였다.

Looking for a Challenge?[8]는 난이도가 있는 책으로, 폴란드 프로그래밍 대회 문제 중에서 어려운 것들을 모아놓은 책이다. 이 책의 가장 흥미로운 요소는 문제를 어떻게 풀 것인가에 대해 자세한 분석을 해두었다는 데 있다. 이 책은 경진 프로그래밍 경험이 있는 독자들을 대상으로 쓰였다.

물론 알고리즘과 관련된 일반적인 책들도 경진 프로그래밍에 도움이 된다. 그러한 책 중 가장 광범위한 내용을 다루고 있는 책은 토머스 코멘(Thomas H. Cormen), 찰스 레이서슨(Charles E. Leiserson), 로널드 리베스트(Ronald L. Rivest), 클리퍼드 스타인(Clifford Stein)이 공저한 *Introduction to Algorithms*[5][7]이다. 이 책은 저자들 성의 앞글자를 따 CLRS라고 불리기도 한다. 이 책은 알고리즘과 관련된 내용을 상세하게 확인해 보고자 할 때, 그리고 알고리즘이 올바르다는 것을 엄밀하게 증명하는 방법을 알아보고자 할 때 좋은 참고가 될 것이다.

존 클라인버그(Jon Kleinberg)와 에바 타도스(Éva Tardos)가 쓴 *Algorithm Design*[22]은 알고리즘 설계 기법에 초점을 맞춘 책이며 분할 정복, 탐욕법, 동적 계획법, 최대 유량 알고리즘에 대해 꼼꼼히 설명한다. 스티븐 스키에나의 *The Algorithm Design Manual*[31]은 좀 더 실용적인 책으로, 계산 문제 및 풀이 방법에 대한 설명을 아주 많이 모아놓은 책이다.

---

3   (옮긴이) 번역서의 제목은 『알고리즘 트레이닝 북』(서환수 외 옮김. 한빛미디어, 2004)이다.
4   (옮긴이) 번역서의 제목은 『알고리즘 트레이닝』(김진현 옮김. 인사이트, 2017)이다.
5   (옮긴이) 번역서의 제목도 『Introduction to Algorithms』(문병로 외 옮김. 한빛미디어, 2014)이다.

2장

프로그래밍 기법

이 장에서는 경진 프로그래밍에 도움이 될만한 C++ 프로그래밍 언어의 특성을 몇 가지 살펴본다. 그와 더불어 프로그래밍할 때 재귀와 비트 연산을 어떻게 사용하는 지에 대한 예제도 살펴본다.

2.1절에서는 C++와 관련된 주제를 몇 가지 살펴보며 입출력 방법, 수를 처리하는 방법 그리고 코드를 짧게 만드는 방법을 다룬다.

2.2절에서는 재귀적 알고리즘을 집중적으로 살펴본다. 먼저, 어떤 집합의 모든 부분집합과 순열을, 재귀를 이용하여 생성하는 아름다운 방법을 배울 것이다. 그리고 나서는 퇴각 검색을 이용하여 크기가 $n \times n$인 체스판에 n개의 퀸을 서로 공격할 수 없도록 배치하는 방법의 수를 세어 볼 것이다.

2.3절에서는 비트 연산에 대한 기본적인 내용, 그리고 이를 이용하여 부분집합을 표현하는 방법을 살펴본다.

2.1 언어적 특성

경진 프로그래밍에서 사용되는 C++ 코드 템플릿의 전형적인 형태는 다음과 같다.

```
#include <bits/stdc++.h>

using namespace std;

int main() {
    // 이 부분에 풀이를 작성한다.
}
```

#include로 시작하는 코드 첫 줄은 표준 라이브러리 전체를 포함시키는 g++ 컴파일러의 기능이다. 이 경우 iostream, vector, algorithm 등의 라이브러리를 개별적으로 포함시키지 않아도 자동으로 사용할 수 있게 된다.

코드의 using 구문은 표준 라이브러리의 클래스 및 함수를 바로 사용할 수 있도록 하기 위한 선언문이다. 이 구문이 있으면, 예를 들어 std::cout이 아니라 cout과 같은 식으로 코드를 작성할 수 있게 된다.

작성한 코드는 다음 명령어로 컴파일한다.

```
g++ -std=c++11 -O2 -Wall test.cpp -o test
```

이 명령어는 test.cpp라는 소스 코드를 컴파일하여 test라는 실행 파일을 생성한다. 컴파일러는 C++11 표준을 따르고(-std=c++11), 코드를 최적화하며(-O2), 발생 가능한 오류에 대한 경고를 띄워준다(-Wall).

2.1.1 입력과 출력

대부분의 대회에서는 입력을 읽고 출력을 쓸 때 표준 스트림을 사용한다. C++의 표준 스트림은 입력에 대해서는 cin이고, 출력에 대해서는 cout이다. scanf, printf와 같은 C 언어 함수도 사용할 수 있다.

프로그램의 입력은 보통 공백 문자나 개행 문자로 구분된 문자열 및 수로 이루어진다. 이러한 입력을 cin 스트림으로 읽어 들이려면 다음과 같이 하면 된다.

```
int a, b;
string x;
cin >> a >> b >> x;
```

입력을 구성하는 각 원소 사이에 적어도 한 개의 공백 문자나 개행 문자가 존재할 경우, 이러한 형태의 코드는 항상 문제없이 동작한다. 예를 들어 이 코드는 다음과 같은 두 가지 형태의 입력을 모두 읽어 들일 수 있다.

```
123 456 monkey
```
← ① 공백 문자만 존재

```
123    456
monkey
```
② 공백 문자와 개행 문자가 모두 존재

cout 스트림을 이용하여 출력하려면 다음과 같이 하면 된다.

```
int a = 123, b = 456;
string x = "monkey";
cout << a << " " << b << " " << x << "\n";
```

간혹 입력과 출력이 프로그램의 병목이 될 때가 있다. 코드 시작 부분에 다음과 같은 코드를 추가하면 입력과 출력을 좀 더 효율적으로 할 수 있다.[1]

```
ios::sync_with_stdio(0);
cin.tie(0);
```

개행 문자 "\n"이 endl보다 빠르다는 점에 유의하라. 이는 endl을 사용하면 명시적으로 플러시(flush, 출력 버퍼 비우기)가 일어나기 때문이다.

C++ 표준 스트림 대신에 C 언어 함수인 scanf, printf를 사용할 수도 있다. 대체로 이 두 함수가 스트림보다 약간 더 빠르지만, 사용법이 좀 더 어렵기도 하다. 다음 코드는 두 개의 정수를 입력받는 코드이다.

```
int a, b;
scanf("%d %d", &a, &b);
```

다음 코드는 두 개의 정수를 출력하는 코드이다.

```
int a = 123, b = 456;
printf("%d %d\n", a, b);
```

때로는 입력 한 줄을 통째로, 공백을 포함한 채로 읽어 들이는 프로그램을 작성해야 한다. 그럴 때는 getline 함수를 사용하면 된다.

```
string s;
getline(cin, s);
```

만일 데이터의 양을 사전에 알 수 없다면 다음과 같은 형태의 반복문을 활용하면 된다.

```
while (cin >> x) {
    // 코드
}
```

---

1 (옮긴이) 단, 이 코드를 사용했을 때는 scanf, printf와 같은 C 언어 입출력 함수를 C++ 입출력 함수와 동시에 사용할 수 없다.

이 반복문은 입력에 포함된 원소를 하나하나씩 읽어 들이다가 더 이상 데이터가 남아 있지 않을 때 멈춘다.

몇몇 대회 시스템은 입력과 출력을 위해 파일을 사용하기도 한다. 이를 간단하게 처리하는 방법은 평소처럼 표준 스트림을 사용하는 코드를 작성한 후, 다음 두 줄을 코드의 시작 부분에 추가하는 것이다.

```
freopen("input.txt", "r", stdin);
freopen("output.txt", "w", stdout);
```

이 구문을 수행하고 나면 프로그램이 'input.txt' 파일에서 입력을 읽어 들이고, 'output.txt' 파일로 출력을 쓰게 된다.

2.1.2 수를 처리하는 방법

정수

경진 프로그래밍에서 가장 많이 사용되는 정수 자료형은 int이다. 이 자료형은 32bit 자료형이며[2], 범위는 $-2^{31} \ldots 2^{31}-1$(대략 $-2 \cdot 10^9 \ldots 2 \cdot 10^9$)이다. 만일 int로는 부족하다면 64bit 자료형인 long long을 사용하면 된다. 이 자료형의 범위는 $-2^{63} \ldots 2^{63}-1$(대략 $-9 \cdot 10^{18} \ldots 9 \cdot 10^{18}$)이다.

다음 코드에 long long 변수를 정의하는 방법이 나와 있다.

```
long long x = 123456789123456789LL;
```

접미사 LL은 이 정수값의 자료형이 long long임을 의미한다.

long long 자료형을 사용하다 보면 코드의 다른 어딘가에서 여전히 int 자료형을 사용하는 실수를 종종 하게 된다. 예를 들어 다음 코드에는 교묘한 버그가 숨어 있다.

```
int a = 123456789;
long long b = a*a;
cout << b << "\n"; // -1757895751
```

비록 값을 저장할 변수의 자료형은 long long이지만, 계산식 a*a에 포함된 두 수의 자료형이 모두 int이기 때문에 결과 또한 int가 된다. 이러한 이유로 인해 변수 b에는 잘못된 값이 저장된다. 이 문제를 해결하려면 a의 자료형을 long long으로 바꾸거

2 　사실 C++ 표준에 수의 크기가 정확히 규정되어 있지는 않으며, 컴파일러나 플랫폼에 따라 범위가 달라질 수 있다. 이 장에 나와 있는 범위는 여러분이 현대의 컴퓨터 시스템에서 흔히 볼 수 있는 것과 같을 것이다.

나 계산식을 (long long)a*a로 바꾸면 된다.

대부분의 대회 문제는 long long 자료형을 사용하면 충분하도록 출제된다. 그렇더라도 g++ 컴파일러가 128bit 자료형인 __int128_t를 지원한다는 사실을 알아두면 도움이 될 것이다. 값의 범위는 $-2^{127} \dots 2^{127}-1$(대략 $-10^{38} \dots 10^{38}$)이다. 그러나 모든 대회 시스템이 이 자료형을 지원하지는 않는다.

나머지 연산

문제의 답 자체는 매우 큰 정수지만, 그 값의 '모듈로(modulo) m'(예를 들어 '모듈로 10^9+7')을 구하기만 하면 충분한 경우가 종종 있다. 즉, 답을 m으로 나눈 나머지를 구하여 출력하는 것이다. 이런 경우에는 답이 매우 크더라도 int나 long long 같은 자료형으로 충분히 해결할 수 있다.

x를 m으로 나눈 나머지를 $x \bmod m$으로 나타내기로 하자. 예를 들어 $17 \bmod 5 = 2$인데, 이는 $17 = 3 \cdot 5 + 2$이기 때문이다. 나머지를 계산할 때의 중요한 성질은 다음과 같은 공식이 성립한다는 것이다.

$$(a+b) \bmod m = (a \bmod m + b \bmod m) \bmod m$$
$$(a-b) \bmod m = (a \bmod m - b \bmod m) \bmod m$$
$$(a \cdot b) \bmod m = (a \bmod m \cdot b \bmod m) \bmod m$$

따라서 매번 연산을 수행할 때마다 나머지를 취해 주면 되고, 그렇게 하면 값이 매우 커지는 경우가 절대 발생하지 않는다.

예를 들어 다음 코드는 n 팩토리얼, 즉 $n!$을 m으로 나눈 나머지를 구하는 코드이다.

```
long long x = 1;
for (int i = 1; i <= n; i++) {
    x = (x*i)%m;
}
cout << x << "\n";
```

통상적으로 우리는 나머지 값이 $0 \dots m-1$ 범위에 있길 기대한다. 하지만 C++ 및 그밖의 언어 중에 음수의 나머지를 0이나 음수로 처리하는 경우가 있다. 나머지가 음수가 되지 않도록 하는 간단한 방법은 우선 평소대로 나머지 연산을 한 후에 그 결과가 음수라면 m을 더해 주는 것이다.

```
x = x%m;
if (x < 0) x += m;
```

하지만 이러한 방법이 필요한 경우는 코드에 뺄셈이 포함되어 있고, 그 결과가 음수가 될 수 있는 경우뿐이다.

부동 소수점 실수

대부분의 경진 프로그래밍 문제는 정수만 사용해도 풀 수 있지만, 간혹 부동 소수점 실수가 필요할 때도 있다. C++의 부동 소수점 자료형 중 가장 유용한 것은 64bit double이고, g++ 컴파일러가 지원하는 확장 자료형인 80bit long double도 유용하다.[3] 대개 double이면 충분하지만, long double의 정밀도가 좀 더 높다.

대부분의 문제 본문에는 답을 어느 정도의 정밀도[4]로 구해야 하는지가 나와 있다. 이에 맞춰 답을 출력하는 간단한 방법은 printf 함수를 사용하고 형식 문자열에 답의 소수점 아래 자릿수를 명시하는 것이다. 예를 들어 다음 코드는 x의 값을 소수점 아래 9자리까지 출력한다.

```
printf("%.9f\n", x);
```

부동 소수점 실수를 사용할 때 어려운 점 중 하나는, 부동 소수점 형태로 정확하게 표현할 수 없어서 오차가 생기는 실수가 존재한다는 점이다. 다음 코드를 예로 들면 x의 정확한 값은 1이지만 변수에 저장된 값은 그보다 약간 작다.

```
double x = 0.3*3+0.1;
printf("%.20f\n", x); // 0.99999999999999988898
```

부동 소수점 실수를 == 연산자를 이용하여 비교하는 것은 위험한데, 이는 비교하는 값이 실제로는 일치하지만, 정밀도 오류로 인해 다르다는 결과가 나올 수도 있기 때문이다. 좀 더 나은 방법은 두 실수의 차이가 ε보다 작을 때 서로 일치한다고 판단하는 것이다. 이때 ε은 아주 작은 값이며, 예를 들어 아래 코드에서는 $\varepsilon = 10^{-9}$이다.

```
if (abs(a-b) < 1e-9) {
    // a와 b가 일치한다.
}
```

---

3 (옮긴이) 드물긴 하지만, 환경에 따라 longe double이 80bit가 아닐 수도 있다.
4 (옮긴이) 여기서 정밀도는 답을 소수점 아래 몇째 자리까지 정확하게 구해야 하는지를 의미한다.

참고로, 부동 소수점 실수가 부정확하긴 하지만 특정 범위까지의 정수는 정확하게 표현할 수 있다. 예를 들어 double을 사용하면 절댓값이 2^{53} 이하인 모든 정수를 정확하게 표현할 수 있다.

2.1.3 코드 짧게 만들기

자료형

typedef 명령어를 이용하면 자료형의 이름을 좀 더 짧게 만들 수 있다. 예를 들어 long long은 너무 길기 때문에 이를 다음과 같이 ll로 줄일 수 있다.

```
typedef long long ll;
```

그러고 나면 다음과 같은 코드를

```
long long a = 123456789;
long long b = 987654321;
cout << a*b << "\n";
```

다음처럼 짧게 만들 수 있다.

```
ll a = 123456789;
ll b = 987654321;
cout << a*b << "\n";
```

복잡한 형태의 자료형에도 typedef 명령어를 사용할 수 있다. 예를 들어 다음 코드는 정수 벡터에 vi라는 이름을, 정수 두 개의 조합(pair)에 pi라는 이름을 붙인다.

```
typedef vector<int> vi;
typedef pair<int,int> pi;
```

매크로

코드를 짧게 만드는 또 다른 방법은 **매크로**(macro)를 사용하는 것이다. 매크로는 코드를 컴파일하기 전에 코드에 포함된 특정 문자열을 다른 문자열로 치환하는 규칙을 의미한다. C++에서는 #define 지시문을 이용하여 매크로를 정의할 수 있다.

예를 들어 다음과 같이 매크로를 정의해 보자.

```
#define F first
#define S second
#define PB push_back
#define MP make_pair
```

그러고 나면 다음과 같은 코드를

```
v.push_back(make_pair(y1,x1));
v.push_back(make_pair(y2,x2));
int d = v[i].first+v[i].second;
```

다음처럼 짧게 만들 수 있다.

```
v.PB(MP(y1,x1));
v.PB(MP(y2,x2));
int d = v[i].F+v[i].S;
```

매크로에 인자를 줄 수도 있으며, 이를 이용하여 반복문이나 그 밖의 구조문을 짧게 만들 수 있다. 예를 들어 다음과 같은 매크로를 정의해 보자.

```
#define REP(i,a,b) for (int i = a; i <= b; i++)
```

그러고 나면 다음과 같은 코드를

```
for (int i = 1; i <= n; i++) {
    search(i);
}
```

다음처럼 짧게 만들 수 있다.

```
REP(i,1,n) {
    search(i);
}
```

2.2 재귀적 알고리즘

재귀(recursion)를 사용하면 알고리즘을 아름답게 구현할 수 있게 되는 경우가 많이 있다. 이 절에서는 문제의 답이 될 수 있는 후보들을 체계적으로 하나씩 살펴보는 재귀적 알고리즘을 다룬다. 먼저 부분집합과 순열을 생성하는 법을 살펴보고, 다음에는 좀 더 일반적인 형태의 퇴각 검색법을 살펴본다.

2.2.1 부분집합 생성하기

재귀를 활용하는 첫 번째 예로 원소가 n개인 집합의 모든 부분집합을 생성하는 알고리즘을 살펴보자. 예를 들어 {1, 2, 3}의 부분집합은 Ø, {1}, {2}, {3}, {1, 2}, {1, 3}, {2,

3}, {1, 2, 3}이다. 앞으로 살펴볼 재귀 함수 search를 이용하면 모든 부분집합을 생성할 수 있다. 이 함수는 다음과 같은 벡터를 사용한다.

```
vector<int> subset;
```

이 배열에는 각 부분집합의 원소가 저장된다. 함수의 인자로 1을 주고 호출하면 생성 작업이 시작된다.

```
void search(int k) {
    if (k == n+1) {
        // 부분집합을 처리한다.
    } else {
        // k를 부분집합에 포함시킨다.
        subset.push_back(k);
        search(k+1);
        subset.pop_back();
        // k를 부분집합에 포함시키지 않는다.
        search(k+1);
    }
}
```

search 함수의 인자가 k일 때, 이 함수는 원소 k를 부분집합(subset)에 포함할지, 아니면 포함하지 않을지를 결정한다. 그리고 두 경우에 모두 인자를 $k+1$로 주고 함수를 재귀적으로 호출한다. 그러다가 $k=n+1$이 되면, 함수가 모든 원소를 처리했기 때문에 하나의 부분집합이 생성된 것이다.

그림 2.1에 $n=3$일 때 부분집합이 생성되는 과정이 나와 있다. 함수를 호출할 때마다 위쪽 분기(k를 부분집합에 포함하는 경우)와 아래쪽 분기(k를 부분집합에 포함하지 않는 경우)를 차례로 선택하게 된다.

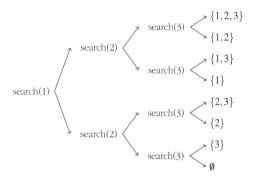

그림 2.1 집합 {1, 2, 3}의 부분집합을 생성하는 재귀 호출 트리

2.2.2 순열 생성하기

다음으로 살펴볼 예는 원소가 n개인 집합의 모든 순열을 생성하는 알고리즘이다. 예를 들어 {1, 2, 3}의 순열은 (1, 2, 3), (1, 3, 2), (2, 1, 3), (2, 3, 1), (3, 1, 2), (3, 2, 1)이다. 이번에도 생성 작업에 재귀를 이용한다. 이번에 살펴볼 함수 search는 다음과 같은 벡터를 사용한다.

```
vector<int> permutation;
```

이 배열에는 각 순열이 저장된다. 또한 다음과 같은 배열도 사용한다.

```
bool chosen[n+1];
```

이 배열은 각 원소를 순열에 포함했는지 여부를 나타낸다. 함수를 인자 없이 호출하면 생성 작업이 시작된다.

```
void search() {
    if (permutation.size() == n) {
        // 순열을 처리한다.
    } else {
        for (int i = 1; i <= n; i++) {
            if (chosen[i]) continue;
            chosen[i] = true;
            permutation.push_back(i);
            search();
            chosen[i] = false;
            permutation.pop_back();
        }
    }
}
```

함수를 호출할 때마다 새로운 원소를 순열(permutation)에 추가하고, 그 원소를 선택했음을 chosen에 기록한다. 그러다가 permutation의 크기와 집합의 크기가 같아지면 하나의 순열이 생성된 것이다.

　참고로, C++ 표준 라이브러리에도 순열을 생성하는 next_permutation 함수가 포함되어 있다. 이 함수에 순열을 하나 주고 호출하면 사전순으로 그다음에 오는 순열을 생성한다. 다음 코드는 {1, 2, ..., n}의 순열을 하나씩 살펴보는 코드이다.

```
for (int i = 1; i <= n; i++) {
    permutation.push_back(i);
}
```

```
do {
    // 순열을 처리한다.
} while (next_permutation(permutation.begin(),
                         permutation.end()));
```

2.2.3 퇴각 검색

퇴각 검색(backtracking, 백트래킹)은 비어 있는 해로 탐색을 시작하고, 단계마다 해를 확장해 나가는 방식의 알고리즘이다. 탐색 과정에서 해를 생성하는 모든 방법을 재귀적으로 하나하나 살펴보게 된다.

크기가 $n \times n$인 체스판에 n개의 퀸을 서로 공격할 수 없도록 배치하는 방법의 수를 세는 예제 문제를 살펴보자. 그림 2.2에 $n = 4$에 대한 해 두 개가 예로 나와 있다.

그림 2.2 크기가 4×4인 체스판에 4개의 퀸을 배치하는 방법

이 문제는 각 행을 차례로 살펴보면서 퀸을 배치하는 퇴각 검색으로 풀 수 있다. 좀 더 정확하게 말하면, 행마다 정확히 하나의 퀸을 배치하되, 그 퀸이 이전 단계에서 배치한 퀸을 공격할 수 없도록 배치한다. 체스판에 n개의 퀸을 모두 배치했다면 하나의 해를 구한 것이다.

예를 들어 $n = 4$일 때 퇴각 검색이 생성하는 부분적인 해가 그림 2.3에 나와 있다. 맨 아래쪽에 나와 있는 배치 중에서 왼쪽 세 개는 퀸들이 서로 공격할 수 있으므로 부적합하다. 그러나 네 번째 배치는 적합하고, 체스판에 퀸 두 개를 더 배치한다면 전체 문제의 해로 확장할 수도 있다. 그러한 방법은 오직 한 가지뿐이다.

이 알고리즘을 구현하면 다음과 같다.

```
void search(int y) {
    if (y == n) {
        count++;
        return;
    }
    for (int x = 0; x < n; x++) {
        if (col[x] || diag1[x+y] || diag2[x-y+n-1]) continue;
        col[x] = diag1[x+y] = diag2[x-y+n-1] = 1;
        search(y+1);
```

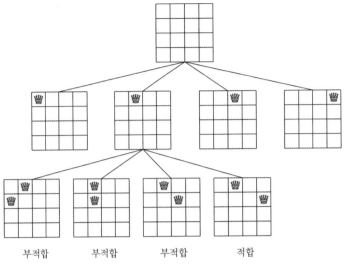

그림 2.3 퇴각 검색으로 생성한 부분적인 해

```
        col[x] = diag1[x+y] = diag2[x-y+n-1] = 0;
    }
}
```

search(0)을 호출하면 탐색이 시작된다. 체스판의 크기는 n이다. 이 코드는 해의 개수를 count에 저장하며, 행과 열의 번호가 0부터 $n-1$까지라고 가정한다. search 함수의 인자가 y일 때, 이 함수는 퀸을 y번 행에 배치한 후 인자를 $y+1$로 주고 함수를 재귀적으로 호출한다. 그러다가 $y=n$이 되면 하나의 해를 구한 것이므로 count의 값을 하나 증가시킨다.

배열 col은 퀸이 포함된 열을 추적하기 위한 것이고, 배열 diag1과 diag2는 대각선을 추적하기 위한 것이다. 퀸이 이미 배치된 열, 혹은 대각선에 퀸을 추가로 배치할수는 없다. 4×4 체스판에서 열과 대각선에 번호를 그림 2.4와 같이 붙였다.

0	1	2	3
0	1	2	3
0	1	2	3
0	1	2	3

col

0	1	2	3
1	2	3	4
2	3	4	5
3	4	5	6

diag1

3	4	5	6
2	3	4	5
1	2	3	4
0	1	2	3

diag2

그림 2.4 4×4 체스판의 위치마다 부여된 번호

앞에서 살펴본 퇴각 검색 알고리즘을 이용하면 8×8 체스판에 8개의 퀸을 배치하는 방법의 수가 92가지라는 것을 알 수 있다. n이 증가할 때마다 탐색은 급격히 느려지는데, 이는 가능한 방법의 수가 지수적으로 증가하기 때문이다. 가령 현대의 컴퓨터로 16×16 체스판에 16개의 퀸을 배치하는 방법의 수가 14772512가지라는 사실을 구하려면 분 단위의 시간이 걸린다.

사실, 아무도 큰 n에 대해 퀸을 배치하는 경우의 수를 효율적으로 구하는 방법을 알지 못한다. 현재까지 답이 알려진 가장 큰 n은 27이며, 그때의 경우의 수는 234907967154122528이다. 이 값은 2016년도에 한 연구자 그룹에 의해 알려졌으며, 답을 구하기 위해 컴퓨터 클러스터가 사용되었다.[29]

2.3 비트 연산

프로그램에서 사용되는 n비트 정수는 내부적으로 n개의 비트로 이루어진 이진수 형태로 저장된다. 예를 들어 C++의 int는 32bit 자료형이며, 이는 모든 int형 정수가 32개의 비트로 이루어진다는 의미이다. int형 정수 43을 이진수 형태로 표현하면 다음과 같다.

$$00000000000000000000000000101011$$

이러한 표현에서 사용되는 비트는 오른쪽에서 왼쪽의 순서로 인덱스가 매겨진다. 이진수로 표현된 $b_k \dots b_2 b_1 b_0$을 10진수 정수로 변환하려면 다음 공식을 사용한다.

$$b_k 2^k + \dots + b_2 2^2 + b_1 2^1 + b_0 2^0$$

예를 들면 다음과 같다.

$$1 \cdot 2^5 + 1 \cdot 2^3 + 1 \cdot 2^1 + 1 \cdot 2^0 = 43$$

정수의 이진수 표현에는 부호가 있을 수도 없을 수도 있다. 보통은 부호가 있는 표현을 사용하는데, 이는 음의 정수와 양의 정수를 모두 표현할 수 있다는 의미이다. 부호가 있는 n비트 정수 변수에는 -2^{n-1}부터 $2^{n-1}-1$까지의 정수를 저장할 수 있다. 예를 들어 C++의 int는 부호가 있는 자료형이며, 따라서 int형 변수에는 -2^{31}부터 $2^{31}-1$까지의 정수를 저장할 수 있다.

부호가 있는 정수 표현에서 제일 왼쪽 비트는 부호를 나타내며(0은 음이 아닌 정수를, 1은 음의 정수를 나타낸다), 나머지 $n-1$개 비트는 정수의 크기를 나타낸다. 2

의 보수(two's complement) 표현법이 사용되는데, 이는 어떤 수의 부호를 바꿀 때 그 수의 모든 비트를 뒤집은 후 1을 더하는 방식을 사용한다는 것이다. 예를 들어 int형 -43의 비트 표현은 다음과 같다.

$$11111111111111111111111111010101$$

부호가 없는 정수 표현으로는 음이 아닌 정수만 표현할 수 있지만, 대신에 좀 더 큰 수까지 표현할 수 있다. 부호가 없는 n비트 변수는 0부터 $2^n - 1$까지의 값을 가질 수 있다. 예를 들어 C++의 unsigned int형 변수는 0부터 $2^{32} - 1$까지의 값을 가질 수 있다.

두 표현법 사이에는 관계가 있는데, 부호가 있는 정수 $-x$는 부호가 없는 정수 $2^n - x$와 같다. 예를 들어 다음 코드는 부호가 있는 정수 $x = -43$이 부호가 없는 정수 $y = 2^{32} - 43$과 같다는 것을 보여준다.

```
int x = -43;
unsigned int y = x;
cout << x << "\n"; // -43
cout << y << "\n"; // 4294967253
```

정수의 값이 비트 표현법의 범위를 넘어가면 오버플로가 발생한다. 부호가 있는 표현에서 정수 $2^{n-1} - 1$의 다음 값은 -2^{n-1}이고, 부호가 없는 표현에서 $2^n - 1$의 다음 값은 0이다. 예를 들어 다음 코드를 살펴보자.

```
int x = 2147483647;
cout << x << "\n"; // 2147483647
x++;
cout << x << "\n"; // -2147483648
```

처음에는 x의 값이 $2^{31} - 1$이다. 이 값은 int형 변수에 저장할 수 있는 제일 큰 값이며, 따라서 $2^{31} - 1$의 다음 값은 -2^{31}이다.

2.3.1 비트 연산

AND 연산

AND 연산 $x \& y$의 수행 결과는 x와 y에 공통으로 비트 1이 들어간 위치에 1이 들어 있는 정수이다. 예를 들어 $22 \& 26 = 18$인데, 이는 다음과 같은 이유 때문이다.

$$10110 \ (22)$$
$$\underline{\& \ 11010 \ (26)}$$
$$= 10010 \ (18)$$

AND 연산을 이용하면 어떤 정수 x가 짝수인지 여부를 알 수 있다. 왜냐하면 x가 짝수일 때는 $x \ \& \ 1 = 0$이고 홀수일 때는 $x \ \& \ 1 = 1$이기 때문이다. 이를 일반화하면, x가 2^k로 나누어떨어지는 경우는 $x \ \& \ (2^k - 1) = 0$일 때다.

OR 연산

OR 연산 $x \,|\, y$의 수행 결과는 x와 y 중 하나에라도 비트 1이 들어간 위치에 1이 들어있는 정수이다. 예를 들어 $22 \,|\, 26 = 30$인데, 이는 다음과 같은 이유 때문이다.

$$10110 \ (22)$$
$$\underline{| \ 11010 \ (26)}$$
$$= 11110 \ (30)$$

XOR 연산

XOR 연산 $x \ \hat{} \ y$의 수행 결과는 x와 y 중 딱 하나에만 비트 1이 들어간 위치에 1이 들어있는 정수이다. 예를 들어 $22 \ \hat{} \ 26 = 12$인데, 이는 다음과 같은 이유 때문이다.

$$10110 \ (22)$$
$$\underline{\hat{} \ 11010 \ (26)}$$
$$= 01100 \ (12)$$

NOT 연산

NOT 연산 $\sim x$의 수행 결과는 x의 모든 비트를 뒤집어 놓은 정수이다. $\sim x = -x - 1$이라는 공식이 성립하며, 예를 들어 $\sim 29 = -30$이다. 비트 표현이라는 관점에서 보았을 때, NOT 연산의 결과는 비트 표현의 길이에 따라 달라질 수 있다. 이는 연산 과정에서 모든 비트를 뒤집기 때문이다. 예를 들어 32bit int로 표현된 정수에 대한 결과는 다음과 같다.

$$x = \quad 29 \ \ 00000000000000000000000000011101$$
$$\sim x = -30 \ \ 11111111111111111111111111100010$$

비트 시프트 연산

비트 왼쪽 시프트 연산 $x << k$는 정수의 오른쪽에 비트 0을 k개 덧붙이는 연산이고, 비트 오른쪽 시프트 연산 $x >> k$는 정수의 오른쪽 비트 k개를 제거하는 연산이다. 예를 들어 $14 << 2 = 56$인데, 왜냐하면 14와 56의 이진수 표현이 각각 1110과 111000이기 때문이다. 이와 비슷하게 $49 >> 3 = 6$인데, 왜냐하면 49과 6의 이진수 표현이 각각 110001과 110이기 때문이다. 참고로, $x << k$는 x에 2^k을 곱하는 것과 같고, $x >> k$는 x를 2^k으로 나눈 후 정수로 내림한 것과 같다.

비트마스크

비트마스크 $1 << k$는 k번째 위치에만 비트 1이 있고, 나머지 위치에는 비트 0이 있는 정수이다. 따라서 비트마스크를 사용하면 정수의 특정한 비트 하나에 접근할 수 있게 된다. 구체적인 예로 x & $(1 << k)$이 0이 아니면, 이는 정수 x의 k번째 비트가 1이라는 의미이다. 다음 코드는 int형 정수 x의 비트 표현을 출력하는 코드이다.

```
for (int k = 31; k >= 0; k--) {
    if (x&(1<<k)) cout << "1";
    else cout << "0";
}
```

비슷한 아이디어를 이용하여 정수의 특정한 비트 하나를 수정할 수도 있다. $x | (1 << k)$는 정수 x의 k번째 비트를 1로 바꾸는 공식이고, x & $\sim(1 << k)$는 k번째 비트를 0으로 바꾸는 공식이며, $x \wedge (1 << k)$는 k번째 비트를 뒤집는 공식이다. x & $(x - 1)$은 가장 오른쪽의 비트 1을 0으로 바꾸는 공식이며, x & $-x$는 정수 x의 모든 비트를 0으로 바꾸되, 비트 1 중에서 제일 오른쪽 것만 하나 남기는 공식이다. $x | (x - 1)$은 마지막 비트 1 다음에 나오는 모든 비트를 뒤집는 공식이다. 마지막으로, 양의 정수 x에 대해 x & $(x - 1) = 0$이면 x는 2의 거듭제곱이다.

    비트마스크를 사용할 때 주의할 점 중 하나는 1<<k이 항상 int형이라는 것이다. long long형 비트마스크를 사용하는 간단한 방법은 1LL<<k를 이용하는 것이다.

그 외의 기능

g++ 컴파일러는 비트 수를 셀 때 사용할 수 있는 다음과 같은 함수를 제공한다.

- __builtin_clz(x): 비트 표현의 왼쪽에 연속해서 있는 비트 0의 개수
- __builtin_ctz(x): 비트 표현의 오른쪽에 연속해서 있는 비트 0의 개수

- __builtin_popcount(x): 비트 표현에서 비트 1의 개수
- __builtin_parity(x): 비트 표현에서 비트 1의 개수에 대한 패리티(parity, 짝수 또는 홀수)

이러한 함수는 다음과 같이 사용할 수 있다.

```
int x = 5328; // 00000000000000000001010011010000
cout << __builtin_clz(x) << "\n"; // 19
cout << __builtin_ctz(x) << "\n"; // 4
cout << __builtin_popcount(x) << "\n"; // 5
cout << __builtin_parity(x) << "\n"; // 1
```

참고로 이 함수들은 int형 정수만을 지원하며, 함수 이름의 뒤에 ll을 덧붙이면 long long형 정수를 지원하는 함수가 된다.

2.3.2 집합 표현하기

집합 {0, 1, 2, ..., n-1}의 모든 부분집합을 n비트 정수를 이용하여 표현할 수 있다. 이때 정수의 비트 1은 그에 대응되는 원소가 부분집합에 속해 있음을 의미한다. 이러한 표현법을 이용하면 집합을 효율적으로 표현할 수 있다. 각 원소마다 비트 한 개만큼의 메모리를 사용하고, 집합에 대한 연산을 비트 연산을 이용하여 구현할 수 있기 때문이다.

예를 들어 int형 정수는 32bit이므로, int형 변수로 집합 {0, 1, 2, ..., 31}의 모든 부분집합을 표현할 수 있다. 집합 {1, 3, 4, 8}의 비트 표현은 다음과 같다.

$$00000000000000000000000100011010$$

이에 대응되는 정수는 $2^8 + 2^4 + 2^3 + 2^1 = 282$이다.

다음 코드는 {0, 1, 2, ..., 31}의 부분집합을 표현하기 위한 int형 변수 x를 선언하고, 원소 1, 3, 4, 8을 차례로 집합에 추가한 후, 집합의 크기를 출력하는 코드이다.

```
int x = 0;
x |= (1<<1);
x |= (1<<3);
x |= (1<<4);
x |= (1<<8);
cout << __builtin_popcount(x) << "\n"; // 4
```

그리고 다음 코드는 집합에 포함된 원소를 모두 출력하는 코드이다.[5]

```
for (int i = 0; i < 32; i++) {
    if (x&(1<<i)) cout << i << " ";
}
// 출력: 1 3 4 8
```

집합에 대한 연산

표 2.1에 집합에 대한 연산을 비트 연산으로 구현하는 방법이 나와 있다. 예를 들어, 다음 코드는 먼저 집합 $x = \{1, 3, 4, 8\}$과 $y = \{3, 6, 8, 9\}$를 만든 후, 이를 이용하여 집합 $z = x \cup y = \{1, 3, 4, 6, 8, 9\}$를 만드는 코드이다.

연산	집합에 대한 연산	비트 연산
교집합	$a \cap b$	$a \,\&\, b$
합집합	$a \cup b$	$a \mid b$
여집합	$\bar{a}$	$\sim a$
차집합	$a \setminus b$	$a \,\&\, (\sim b)$

표 2.1 비트 연산으로 집합에 대한 연산 구현하기

```
int x = (1<<1)|(1<<3)|(1<<4)|(1<<8);
int y = (1<<3)|(1<<6)|(1<<8)|(1<<9);
int z = x|y;
cout << __builtin_popcount(z) << "\n"; // 6
```

다음 코드는 $\{0, 1, 2, \ldots, n-1\}$의 모든 부분집합을 차례로 살펴보는 코드이다.

```
for (int b = 0; b < (1<<n); b++) {
    // 부분집합 b를 처리한다.
}
```

다음 코드는 부분집합 중에서 원소의 개수가 정확히 k개인 것만 살펴보는 코드이다.

```
for (int b = 0; b < (1<<n); b++) {
    if (__builtin_popcount(b) == k) {
        // 부분집합 b를 처리한다.
    }
}
```

---

5 (옮긴이) 참고로, C++11 표준까지는 $i = 31$일 때 코드 1<<i의 동작이 정의되어 있지 않다.

마지막으로, 다음 코드는 집합 x의 모든 부분집합을 차례로 살펴보는 코드이다.

```
int b = 0;
do {
    // 부분집합 b를 처리한다.
} while (b=(b-x)&x);
```

위의 코드는 왜 올바르게 동작할까? 아이디어는 공식 $b-x$가 x의 가장 오른쪽에 있는 1비트이면서 대응되는 b의 비트는 0인 비트를 찾는다는 점이다. 이 비트는 1이 되고 이후의 모든 비트는 0이 된다. 그러면 AND 연산에 의해 결괏값은 x의 부분집합이 된다. $b-x$는 $-(x-b)$와 같으므로 이를 b에 나오는 모든 1비트를 제거한 뒤 모든 비트를 뒤집고 1을 더하는 것으로 생각해도 된다.

C++ 비트셋

C++ 표준 라이브러리는 **비트셋**(bitset)이라는 자료 구조를 제공하며, 이는 원소가 0 또는 1인 배열과 같이 쓸 수 있다. 예를 들어 다음 코드는 10개의 원소로 구성된 비트셋을 활용하는 코드이다.

```
bitset<10> s;
s[1] = 1;
s[3] = 1;
s[4] = 1;
s[7] = 1;
cout << s[4] << "\n"; // 1
cout << s[5] << "\n"; // 0
```

함수 count는 비트셋에 포함된 비트 1의 개수를 반환한다.

```
cout << s.count() << "\n"; // 4
```

비트 연산을 비트셋에 대해서도 그대로 적용할 수 있다.

```
bitset<10> a, b;
// ...
bitset<10> c = a&b;
bitset<10> d = a|b;
bitset<10> e = a^b;
```

3장

효율성

알고리즘의 효율성은 경진 프로그래밍의 핵심에 해당한다. 이 장에서는 효율적인 알고리즘을 설계할 때 도움이 되는 도구에 대해 배울 것이다.

3.1절에서는 시간 복잡도라는 개념을 살펴본다. 이 개념은 알고리즘을 직접 구현하지 않고도 수행 시간을 추정해 볼 수 있게 해준다. 알고리즘의 시간 복잡도는 입력의 크기가 커질 때 수행 시간이 어떤 속도로 증가하는지를 나타내는 개념이다.

3.2절에서는 다양한 방법으로 풀 수 있는 알고리즘 설계 예제를 두 개 살펴본다. 두 문제 모두 속도가 느린 무차별 알고리즘(brute force algorithm)을 쉽게 떠올릴 수 있는 문제이며, 뒤에서 그보다 훨씬 효율적인 알고리즘도 살펴볼 것이다.

3.3절에서는 코드 최적화를 살펴본다. 먼저 컴파일러에 의해 생성되는 기계 코드를 통해 최적화 트릭을 살펴본다. 다음으로 현대 프로세서가 캐시와 병렬화를 활용하여 코드 실행을 빠르게 하는 방법을 알아볼 것이다.

3.1 시간 복잡도

알고리즘의 **시간 복잡도**(time complexity)는 입력에 대해 알고리즘이 얼마만큼의 시간을 사용할지를 근사적으로 알려준다. 시간 복잡도를 계산해 보면, 알고리즘을 구현하지 않고도 문제를 풀 만큼 알고리즘의 속도가 빠른지 여부를 알 수 있다.

시간 복잡도는 $O(\cdots)$로 표기하며, 이때 괄호 안에는 어떤 함수가 들어간다. 보통 변수 n으로 입력의 크기를 나타낸다. 예를 들면 입력이 정수 배열일 때 n은 배열의 크기를 나타내고, 입력이 문자열일 때 n은 문자열의 길이를 나타낼 것이다.

3.1.1 계산 규칙

만일 코드가 단일 명령어로만 구성되어 있다면 시간 복잡도는 $O(1)$이다. 예를 들어 다음 코드의 시간 복잡도는 $O(1)$이다.

```
a++;
b++;
c = a+b;
```

반복문의 시간 복잡도는 반복문 안의 내용이 몇 번 수행되는지를 근사적으로 알려준다. 예를 들어 다음 코드의 시간 복잡도는 $O(n)$인데, 반복문 안의 내용이 n번 수행되기 때문이다. 이때 "..."에 해당하는 코드의 시간 복잡도가 $O(1)$이라고 가정한다.

```
for (int i = 1; i <= n; i++) {
    ...
}
```

또한 다음 코드의 시간 복잡도는 $O(n^2)$이다.

```
for (int i = 1; i <= n; i++) {
    for (int j = 1; j <= n; j++) {
        ...
    }
}
```

일반적으로, 반복문이 k중으로 중첩되어 있으며 각 반복문이 n번씩 수행된다면, 그 시간 복잡도는 $O(n^k)$이다.

시간 복잡도가 반복문 내부 코드의 수행 횟수를 정확하게 알려주지는 않는다. 이는 시간 복잡도에서 함수의 차수만 중요하고 상수 인자는 무시되기 때문이다. 다음 세 개의 코드는 반복문 내부가 각각 $3n$, $n+5$, $\lceil n/2 \rceil$번씩 수행되는 예제이다. 그러나 코드의 시간 복잡도는 $O(n)$으로 모두 같다.

```
for (int i = 1; i <= 3*n; i++) {
    ...  // 3n번 수행
}

for (int i = 1; i <= n+5; i++) {
    ...  // n+5번 수행
}

for (int i = 1; i <= n; i += 2) {
    ...  // n/2번 수행
}
```

또 다른 예를 들어보면 다음 코드의 시간 복잡도는 $O(n^2)$이다. 이는 반복문 제일 안쪽 부분이 $1+2+\ldots+n=\frac{1}{2}(n^2+n)$번 수행되기 때문이다.

```
for (int i = 1; i <= n; i++) {
    for (int j = 1; j <= i; j++) {
        ...
    }
}
```

만일 알고리즘이 여러 단계가 연달아 있는 형태로 구성되어 있다면, 전체 시간 복잡도는 각 단계의 시간 복잡도 중에서 제일 큰 것이 된다. 그 이유는 가장 느린 단계가 알고리즘의 병목이 되기 때문이다. 예를 들어 다음 코드는 시간 복잡도가 각각 $O(n)$, $O(n^2)$, $O(n)$인 세 단계로 구성되어 있으며, 따라서 전체 시간 복잡도는 $O(n^2)$이다.

```
for (int i = 1; i <= n; i++) {
    ...
}
for (int i = 1; i <= n; i++) {
    for (int j = 1; j <= n; j++) {
        ...
    }
}
for (int i = 1; i <= n; i++) {
    ...
}
```

시간 복잡도가 여러 인자에 영향을 받을 때도 있으며, 그럴 때는 시간 복잡도 함수에 여러 변수가 포함된다. 예를 들어, 다음 코드의 시간 복잡도는 $O(nm)$이다.

```
for (int i = 1; i <= n; i++) {
    for (int j = 1; j <= m; j++) {
        ...
    }
}
```

재귀 함수의 시간 복잡도는 함수가 몇 번 호출되는지, 그리고 각 호출 때의 시간 복잡도가 어떻게 되는지에 따라 결정된다. 전체 시간 복잡도는 이 둘을 곱한 형태가 된다. 예를 들어 다음 함수를 살펴보자.

```
void f(int n) {
    if (n == 1) return;
    f(n-1);
}
```

f(n)을 수행하면 함수 호출이 n번 발생하고, 각 호출의 시간 복잡도는 $O(1)$이다. 따라서 전체 시간 복잡도는 $O(n)$이 된다.

또 다른 예로 다음 함수를 살펴보자.

```
void g(int n) {
    if (n == 1) return;
    g(n-1);
    g(n-1);
}
```

인자를 n으로 주고 이 함수를 호출하면 어떤 일이 일어날까? 먼저, 인자가 $n-1$인 함수 호출이 두 번 일어나고, 인자가 $n-2$인 함수 호출은 네 번 일어나며, 또 인자가 $n-3$인 함수 호출은 여덟 번 일어나고, 이러한 과정이 계속 진행된다. 이를 일반화하면, 인자가 $n-k$인 함수 호출은 2^k번 일어나고, 이때 $k = 0, 1, \ldots, n-1$이다. 따라서 시간 복잡도는 다음과 같다.

$$1 + 2 + 4 + \cdots + 2^{n-1} = 2^n - 1 = O(2^n)$$

3.1.2 자주 접할 수 있는 시간 복잡도

알고리즘의 시간 복잡도 중에서 자주 접할 수 있는 형태로는 다음과 같은 것들이 있다.

$O(1)$

상수 시간 알고리즘(constant-time algorithm)의 수행 시간은 입력의 크기에 영향을 받지 않는다. 상수 시간 알고리즘의 예로는 공식을 이용하여 답을 바로 계산해내는 알고리즘이 있다.

$O(\log n)$

로그 시간 알고리즘(logarithmic algorithm)은 대체로 단계마다 입력의 크기를 절반씩 줄여 나간다. n을 계속 2로 나눠가면서 1이 되도록 하는 데에 필요한 단계 수는 $\log_2 n$이고, 따라서 이러한 알고리즘의 수행 시간은 로그 시간이다. 로그의 밑수가 시간 복잡도에 나타나 있지 않음에 유의하라.

$O(\sqrt{n})$

제곱근 시간 알고리즘(square root algorithm)은 $O(\log n)$보다 느리지만 $O(n)$보다는

빠르다. 제곱근의 특별한 성질은 $\sqrt{n} = n/\sqrt{n}$이 성립한다는 것인데, 따라서 n개의 원소를 각각 $O(\sqrt{n})$개씩의 원소로 이루어진 그룹 $O(\sqrt{n})$개로 나눌 수 있다.

O(n)

선형 시간 알고리즘(linear algorithm)은 입력을 쭉 살펴보는 과정을 상수 번 수행한다. 대부분의 경우에 선형 시간이 가장 효율적인 시간 복잡도인데, 이는 답을 구하기 위해서 입력을 적어도 한 번은 쭉 살펴봐야 하기 때문이다.

O(n log n)

이 시간 복잡도는 입력을 정렬하는 과정의 시간 복잡도를 기술할 때 자주 사용된다. 이는 효율적인 정렬 알고리즘의 시간 복잡도가 $O(n \log n)$이기 때문이다. 또 다른 예로는 연산을 한 번 수행할 때마다 $O(\log n)$ 시간이 걸리는 자료 구조를 사용하는 알고리즘이 있다.

O(n²)

제곱 시간 알고리즘(quadratic algorithm)은 보통 2중으로 중첩된 반복문을 사용한다. $O(n^2)$ 시간에 입력 원소 두 개로 만들 수 있는 모든 조합을 한 번씩 살펴볼 수도 있다.

O(n³)

세제곱 시간 알고리즘(cubic algorithm)은 보통 3중으로 중첩된 반복문을 사용한다. $O(n^3)$ 시간에 입력 원소 세 개로 만들 수 있는 모든 조합(triplet)을 한 번씩 살펴볼 수도 있다.

O(2ⁿ)

이 시간 복잡도는 입력 원소로 만들 수 있는 모든 부분집합을 한 번씩 살펴보는 알고리즘의 시간 복잡도를 기술할 때 자주 사용된다. 예를 들어, $\{1, 2, 3\}$으로 만들 수 있는 부분집합을 모두 나열하면 $\emptyset$, $\{1\}$, $\{2\}$, $\{3\}$, $\{1, 2\}$, $\{1, 3\}$, $\{2, 3\}$, $\{1, 2, 3\}$과 같다.

O(n!)

이 시간 복잡도는 입력 원소로 만들 수 있는 모든 순열을 한 번씩 살펴보는 알고리즘의 시간 복잡도를 기술할 때 자주 사용된다. 예를 들어, $\{1, 2, 3\}$으로 만들 수 있는 순열을 모두 나열하면 $(1, 2, 3)$, $(1, 3, 2)$, $(2, 1, 3)$, $(2, 3, 1)$, $(3, 1, 2)$, $(3, 2, 1)$과 같다.

알고리즘의 시간 복잡도가 어떤 상수 k에 대해 $O(n^k)$을 넘지 않으면 **다항 시간 알고리즘**(polynomial algorithm)이라고 한다. 앞에서 살펴본 시간 복잡도 중에서 $O(2^n)$과 $O(n!)$을 뺀 나머지는 모두 다항 시간이다. 실제 상황에서는 대개의 경우에 상수 k가 작으며, 따라서 시간 복잡도가 다항 시간이라는 것은 알고리즘이 매우 큰 입력까지도 처리할 수 있다는 것과 비슷한 의미이다.

이 책에서 살펴볼 알고리즘 대부분은 다항 시간 알고리즘이다. 그러나 중요한 문제 중에서 아직 다항 시간 알고리즘이 알려지지 않은 문제, 즉 아직 아무도 효율적인 풀이를 알지 못하는 문제도 많이 존재한다. 중요한 개념 중 하나인 **NP-하드 문제**(NP-hard problem)는 아직 다항 시간 알고리즘이 알려지지 않은 것들의 집합이다.

3.1.3 효율성 추정하기

알고리즘의 시간 복잡도를 계산해 보면, 알고리즘을 구현하기 전에도 그 알고리즘이 문제를 풀 만큼 효율적인지를 확인해 볼 수 있다. 효율성 추정의 출발점이 되는 것은 현대의 컴퓨터가 초마다 수억 개의 간단한 연산을 수행할 수 있다는 사실을 아는 것이다.

예를 들어 문제의 시간제한이 1초이며 입력의 크기가 $n = 10^5$이라고 해보자. 만일 시간 복잡도가 $O(n^2)$이라면 알고리즘은 약 $(10^5)^2 = 10^{10}$번의 연산을 수행할 것이다. 이를 위해서는 적어도 수십 초가 필요하며, 따라서 이 알고리즘은 문제를 풀기에는 너무 느리다. 그러나 시간 복잡도가 $O(n \log n)$이라면 연산 횟수가 $10^5 \log 10^5 \approx 1.6 \cdot 10^6$번 정도가 되고, 따라서 알고리즘이 시간제한 안에 들어오게 된다.

역으로, 입력의 크기를 이용하여 그 문제를 풀기에 적합한 알고리즘의 시간 복잡도를 추정해 볼 수도 있다. 표 3.1에 그러한 추정 예가 나와 있으며, 이때 시간 제한은 1초라고 가정했다.

입력의 크기	추정 시간 복잡도
$n \leq 10$	$O(n!)$
$n \leq 20$	$O(2^n)$
$n \leq 500$	$O(n^3)$
$n \leq 5000$	$O(n^2)$
$n \leq 10^6$	$O(n \log n)$이나 $O(n)$
n이 클 때	$O(1)$이나 $O(\log n)$

표 3.1 입력의 크기로부터 시간 복잡도 추정하기

예를 들어 입력의 크기가 $n = 10^5$였다면, 그 문제를 푸는 알고리즘의 시간 복잡도가 $O(n)$이나 $O(n \log n)$이라는 것을 예상할 수 있다. 이러한 정보는 알고리즘을 설계할 때 도움이 되는데, 시간 복잡도가 이 기준보다 비효율적인 접근법을 배제하고 생각할 수 있게 되기 때문이다.

그렇다고 하더라도, 시간 복잡도라는 개념이 효율성에 대한 추정치일 뿐이라는 것을 염두에 두어야 한다. 이는 시간 복잡도에서 상수 인자를 무시하기 때문이다. 예를 들어 시간 복잡도가 $O(n)$인 알고리즘에는 $n/2$번의 연산을 수행하는 알고리즘과 $5n$번의 연산을 수행하는 알고리즘이 모두 포함된다. 이 경우에는 상수 인자가 두 알고리즘의 실제 수행 시간에 큰 영향을 미친다.

3.1.4 엄밀한 정의

알고리즘의 수행 시간이 $O(f(n))$이라는 것의 정확한 의미는 무엇일까? 정확한 의미는 어떤 상수 c와 n_0이 존재하여, 크기가 $n \geq n_0$인 모든 입력에 대해 알고리즘이 최대 $cf(n)$번의 연산만을 수행한다는 것이다. 즉, O 표기법은 충분히 큰 입력에 대해 알고리즘 수행 시간의 상한을 알려준다.

예를 들어 다음과 같은 알고리즘의 수행 시간이 $O(n^2)$이라고 말하더라도 엄밀하게는 아무런 문제가 없다.

```
for (int i = 1; i <= n; i++) {
    ...
}
```

하지만 좀 더 나은 상한은 $O(n)$일 것이다. 게다가 상한이 $O(n^2)$이라고 말하는 것은 오해를 불러일으킬 수 있다. 사실 대부분의 사람은 O 표기법이 시간 복잡도를 정확하게 알려준다고 생각하기 때문이다.

널리 사용되는 표기법이 두 개 더 있다. Ω 표기법은 알고리즘 수행 시간의 하한을 알려준다. 어떤 상수 c와 n_0이 존재하여, 크기가 $n \geq n_0$인 모든 입력에 대해 알고리즘이 최소한 $cf(n)$번의 연산을 수행한다면, 알고리즘의 시간 복잡도가 $\Omega(f(n))$이라고 한다. 마지막으로, Θ 표기법은 시간 복잡도를 정확하게 알려준다. 어떤 알고리즘의 시간 복잡도가 $\Theta(f(n))$이라는 것은 $O(f(n))$이면서 $\Omega(f(n))$이라는 의미이다. 예를 들어, 앞에서 살펴본 알고리즘의 시간 복잡도는 $O(n)$이면서 $\Omega(n)$이기 때문에 $\Theta(n)$이다.

알고리즘의 시간 복잡도를 나타낼 때 외의 상황에서도 이러한 표기법을 사용할 수 있다. 가령 배열에 $O(n)$개의 값이 저장되어 있다거나, 알고리즘이 $O(\log n)$번의 단계를 수행한다고 이야기할 수 있다.

3.2 알고리즘 설계 예제

이 절에서는 문제를 여러 가지 방법으로 풀 수 있는 두 가지 알고리즘 설계 예제를 살펴본다. 먼저 간단한 무차별 알고리즘을 살펴보고, 알고리즘 설계 아이디어를 적용하여 좀 더 효율적인 풀이를 찾아본다.

3.2.1 최대 부분 배열 합

우리가 살펴볼 첫 번째 문제는 배열에 수 n개가 들어있을 때 **최대 부분 배열 합**(maximum subarray sum)을 구하는 문제이다. 즉, 배열에서 연속해 있는 값들을 택하여 그 합을 최대로 만드는 것이다. 이 문제는 배열에 음수가 포함되어 있을 때 좀 더 재밌어진다. 예를 들어 그림 3.1에 예제 배열과 합이 최대인 부분 배열이 나와 있다.

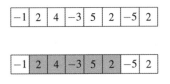

그림 3.1 이 배열의 합이 최대인 부분 배열은 [2, 4, -3, 5, 2]이며, 그 합은 10이다.

$O(n^3)$ 시간 풀이

이 문제를 푸는 직관적인 방법은 가능한 모든 부분 배열을 하나씩 살펴보고, 그 부분 배열의 합을 구한 후, 최대 합을 관리해 나가는 것이다. 다음 코드는 이 알고리즘을 구현한 것이다.

```
int best = 0;
for (int a = 0; a < n; a++) {
    for (int b = a; b < n; b++) {
        int sum = 0;
        for (int k = a; k <= b; k++) {
            sum += array[k];
        }
        best = max(best,sum);
    }
}
cout << best << "\n";
```

변수 a와 b는 부분 배열의 첫 번째 위치와 마지막 위치를 나타내고, 부분 배열의 합을 계산하여 변수 sum에 저장한다. 변수 best에는 답을 구하는 과정에서 찾은 최대 합을 기록한다. 이 알고리즘의 시간 복잡도는 $O(n^3)$인데, 입력을 한 번씩 살펴보는 반복문이 3중으로 중첩되어 있기 때문이다.

$O(n^2)$ 시간 풀이

앞의 알고리즘에서 반복문 하나를 줄이면 좀 더 효율적인 알고리즘을 쉽게 만들 수 있다. 이를 위해서는 부분 배열의 오른쪽 끝을 이동해 가면서 그 합도 같이 계산해나가면 된다. 그러면 코드가 다음처럼 된다.

```
int best = 0;
for (int a = 0; a < n; a++) {
    int sum = 0;
    for (int b = a; b < n; b++) {
        sum += array[b];
        best = max(best,sum);
    }
}
cout << best << "\n";
```

이처럼 수정된 알고리즘의 시간 복잡도는 $O(n^2)$이다.

$O(n)$ 시간 풀이

사실 이 문제를 $O(n)$ 시간에 풀 수도 있으며, 이는 문제를 푸는 데에 반복문 하나면 충분하다는 의미이다. 아이디어는 배열의 각 위치에 대해, 그 위치에서 끝나면서 합이 최대인 부분 배열을 계산해 나가는 것이다. 그러면 계산한 합 중에 최대를 구하여 문제의 답을 구할 수 있다.

위치 k에서 끝나면서 합이 최대인 부분 배열을 구하는 부분 문제를 생각해 보자. 가능한 경우는 다음 두 가지뿐이다.

1. 부분 배열이 위치 k의 원소 하나만으로 이루어진 경우
2. 위치 $k-1$에서 끝나는 부분 배열에 위치 k의 원소를 덧붙여 부분 배열을 만드는 경우

두 번째 경우, 우리는 부분 배열 중에서 합이 최대인 것을 구하려 하므로, 위치 $k-1$에서 끝나는 부분 배열도 합이 최대인 부분 배열이어야 한다. 따라서 배열을 왼쪽에서 오른쪽으로 살펴보면서, 각 위치에서 끝나는 최대 부분 배열 합을 계산하면

이 문제를 효율적으로 풀 수 있다.

다음 코드는 이 알고리즘을 구현한 것이다.

```cpp
int best = 0, sum = 0;
for (int k = 0; k < n; k++) {
    sum = max(array[k],sum+array[k]);
    best = max(best,sum);
}
cout << best << "\n";
```

이 알고리즘은 입력을 한 번씩 살펴보는 반복문을 하나만 사용하며, 따라서 시간 복잡도는 $O(n)$이다. 이는 가장 효율적인 시간 복잡도인데, 이 문제를 푸는 어떤 알고리즘이라도 배열의 모든 원소를 적어도 한 번씩은 살펴봐야 하기 때문이다.

효율성 비교

앞의 알고리즘은 실제 상황에서 얼마나 효율적일까? 현대의 컴퓨터로 다양한 n 값에 대해 앞의 알고리즘을 수행했을 때의 소요 시간이 표 3.2에 나와 있다. 경우마다 입력을 임의로 생성하였으며, 입력을 읽는 데 드는 시간은 측정하지 않았다.

배열의 크기 n	$O(n^3)$(초)	$O(n^2)$(초)	$O(n)$(초)
10^2	0.0	0.0	0.0
10^3	0.1	0.0	0.0
10^4	> 10.0	0.1	0.0
10^5	> 10.0	5.3	0.0
10^6	> 10.0	> 10.0	0.0
10^7	> 10.0	> 10.0	0.0

표 3.2 최대 부분 배열 합 문제에 대한 알고리즘별 수행 시간 비교

비교 결과를 살펴보면 입력의 크기가 작을 때는 모든 알고리즘이 빠르게 수행되지만, 크기가 커지면서 수행 시간이 눈에 띄게 달라지는 것을 확인할 수 있다. $O(n^3)$ 알고리즘이 느려지는 것은 $n = 10^4$일 때이고, $O(n^2)$ 알고리즘이 느려지는 것은 $n = 10^5$일 때이다. 가장 큰 입력에 대해서도 즉각적으로 답을 계산해내는 것은 오직 $O(n)$ 알고리즘뿐이다.

3.2.2 두 퀸 문제

우리가 살펴볼 다음 문제는 크기가 $n \times n$인 체스판이 있을 때 퀸 두 개를 서로 공격

할 수 없도록 배치하는 방법의 수를 세는 문제이다. 예를 들어 그림 3.2에 나와 있듯 3 × 3 체스판에 퀸 두 개를 배치하는 방법의 수는 여덟 가지이다. $q(n)$이 $n \times n$ 체스판에 대해 가능한 방법의 수를 나타낸다고 하자. 예를 들어 $q(3) = 8$이며, 표 3.3에 $1 \leq n \leq 10$에 대한 $q(n)$의 값이 나와 있다.

우선, 이 문제를 푸는 쉬운 방법은 체스판 위에 퀸 두 개를 배치하는 모든 방법을 하나씩 살펴보면서 둘이 서로 공격할 수 없는 경우의 수를 세는 것이다. 이러한 알고리즘의 수행 시간은 $O(n^4)$인데, 첫 번째 퀸의 위치를 정할 때 가능한 경우가 n^2가지 존재하고, 경우마다 두 번째 퀸이 놓일 수 있는 위치가 $n^2 - 1$가지씩이기 때문이다.

가능한 경우의 수가 빠르게 증가하기 때문에 방법을 하나하나 세는 알고리즘은 큰 n을 처리하기에는 너무 느리다. 따라서 효율적인 알고리즘을 만들려면 경우의 수를 그룹 단위로 묶어서 세는 방법을 찾아야 한다. 유용한 사실 하나는, 한 개의 퀸이 공

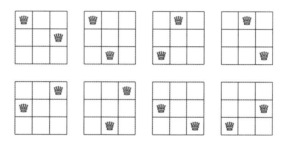

그림 3.2 크기가 3 × 3인 체스판에 서로 공격할 수 없도록 퀸 두 개를 배치하는 모든 방법

체스판의 크기 n	가능한 방법의 수 $q(n)$
1	0
2	0
3	8
4	44
5	140
6	340
7	700
8	1288
9	2184
10	3480

표 3.3 함수 $q(n)$의 처음 몇 개의 값(크기가 $n \times n$인 체스판에 퀸 두 개를 서로 공격할 수 없도록 배치하는 방법의 수)

격할 수 있는 칸의 수를 비교적 쉽게 헤아릴 수 있다는 것이다(그림 3.3). 먼저, 퀸은 가로 방향으로 $n-1$개, 세로 방향으로도 $n-1$개의 칸을 공격할 수 있다. 또한 대각선 방향에 있는 칸의 개수가 d개일 때, 퀸은 대각선 방향으로 $d-1$개의 칸을 공격할 수 있다. 이는 양쪽 대각선 방향 모두에 대해 성립한다. 이러한 사실을 이용하면 두 번째 퀸을 배치할 수 있는 칸의 개수를 $O(1)$에 계산할 수 있고, 최종적인 알고리즘의 시간 복잡도는 $O(n^2)$이 된다.

이 문제를 푸는 또 다른 방법은 가능한 경우의 수를 계산해내는 점화식을 세워 보는 것이다. 이는 다음과 같은 물음으로 연결된다. 만일 우리가 $q(n)$의 값을 알고 있다면, 이를 어떻게 이용해야 $q(n+1)$의 값을 구할 수 있겠는가?

재귀적 풀이를 찾기 위해서 $n \times n$ 체스판의 마지막 행과 열에 초점을 한 번 맞춰보자(그림 3.4). 우선, 마지막 행과 열에 퀸을 배치하지 않는다고 하면, 그때 가능한 경우의 수는 $q(n-1)$이 될 것이다. 다음으로, 마지막 행이나 열에 퀸을 배치할 수 있는 칸의 개수는 $2n-1$개다. 그 퀸이 공격할 수 있는 칸의 개수는 $3(n-1)$개고, 따라서 두 번째 퀸을 배치할 수 있는 칸의 개수는 $n^2 - 3(n-1) - 1$개가 된다. 마지막으로, 마지막 행과 열에 퀸 두 개를 모두 배치하는 방법의 수는 $(n-1)(n-2)$가지이다. 이러한 경우를 두 번씩 계산했기 때문에 결과에서 이만큼의 값을 빼 주어야 한다. 이러한 내용을 조합하면 다음과 같은 점화식을 세울 수 있다.

$$q(n) = q(n-1) + (2n-1)(n^2 - 3(n-1) - 1) - (n-1)(n-2)$$
$$= q(n-1) + 2(n-1)^2(n-2)$$

이는 이 문제에 대한 $O(n)$ 풀이이다.

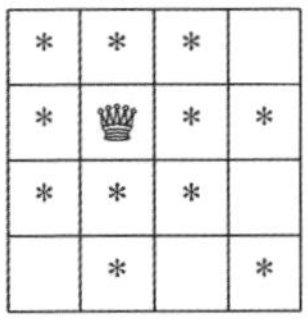

그림 3.3 이 퀸은 체스판 위에 '*'로 표시된 칸을 모두 공격할 수 있다.

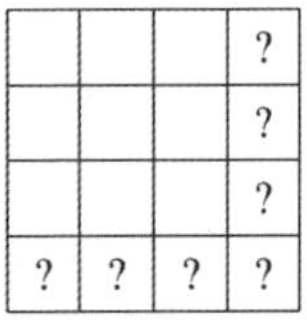

그림 3.4 퀸을 배치할 수 있는 마지막 행과 열의 칸

최종적으로 다음과 같은 닫힌 형태의 공식(closed-form formula)을 이용할 수도 있다.

$$q(n) = \frac{n^4}{2} - \frac{5n^3}{3} + \frac{3n^2}{2} - \frac{n}{3}$$

앞의 점화식을 이용하면 이 공식이 성립한다는 것을 증명할 수 있다. 이 공식을 이용하면 $O(1)$에 문제를 풀 수 있다.

3.3 코드 최적화

시간 복잡도를 통해서도 알고리즘의 효율에 관해 많은 것을 알 수 있지만, 어떻게 구현되었는지 역시 중요하다. 예를 들어, 배열에 원소 x가 있는지를 찾는 다음의 두 코드를 보자.

```
bool ok = false;
for (int i = 0; i < n; i++) {
    if (a[i] == x) ok = true;
}

bool ok = false;
for (int i = 0; i < n; i++) {
    if (a[i] == x) {ok = true; break;}
}
```

두 코드 모두 $O(n)$ 시간에 동작하지만 실제로는 두 번째 코드가 훨씬 효율적일 수 있는데, x를 찾으면 바로 반복문을 멈추기 때문이다. 이는 유용한 최적화인데, 실제로 코드의 성능을 향상시키면서 쉽게 구현할 수 있기 때문이다.

이 코드를 더 개선할 수 있을까? 시도해 볼 수 있는 고전적인 트릭으로 **보초값** (sentinel value)이 있는데, 값이 x인 원소를 배열의 마지막에 추가하는 것이다. 그러면 반복문에서 $i < n$을 확인할 필요가 없다.

```
a[n] = x;
int i;
bool ok = false;
for (i = 0; a[i] != x; i++);
if (i < n) ok = true;
```

좋은 방법이기는 하지만 실제로 매우 유용하지는 않다. $i < n$은 알고리즘에서 큰 병

목이 아니며, 배열 원소에 접근하는 것이 훨씬 많은 시간이 들기 때문이다. 즉, 최적화가 항상 유용한 것은 아니며, 코드를 이해하기 복잡하게 만들 뿐이기도 하다.

3.3.1 컴파일러 출력

C++ 컴파일러는 C++ 코드를 프로세서가 실행할 수 있는 기계 코드로 변환한다. 컴파일러의 중요한 역할 중 하나는 코드를 최적화하는 것이다. 최종 기계 코드는 C++ 코드에 대응됨과 동시에 가능한 한 빨라야 한다. 대개의 경우 많은 종류의 최적화를 적용할 수 있다.

g++ 컴파일러가 만드는 어셈블리 형식의 기계 코드는 다음과 같이 –S 플래그를 사용하여 확인할 수 있다.

```
g++ -S test.cpp -o test.out
```

이 명령어는 어셈블리 코드를 담고 있는 **test.out** 파일을 생성한다. 유용한 온라인 도구 Compiler Explorer[1]도 있는데, 이를 활용하면 g++를 포함한 여러 컴파일러의 출력을 확인할 수 있다.

컴파일러 최적화

예를 들어 다음의 C++ 코드를 살펴보자.

```
int collatz(int n) {
    if (n%2 == 0) return n/2;
    else return 3*n+1;
}
```

g++의 어셈블리 출력(–O2 최적화 플래그를 사용)은 다음과 같다.

```
        test    dil, 1
        jne     .L2
        mov     eax, edi
        shr     eax, 31
        add     eax, edi
        sar     eax
        ret
.L2:
        lea     eax, [rdi+1+rdi*2]
        ret
```

---

1 https://godbolt.org/

이 짧은 어셈블리 출력에서도 많은 최적화를 찾을 수 있다. test 명령은 n의 가장 오른쪽 비트가 1인지를 살핀다. 즉, n이 홀수인지를 확인하는 방법인데, 모듈로 연산보다 빠르게 동작한다. 다음으로 sar 명령은 $n/2$를 계산하기 위한 오른쪽 비트 시프트 연산이다. 마지막으로, $3n + 1$의 값을 계산하는 데는 약간의 트릭이 더 필요하다. lea 연산의 실제 목적은 배열 원소의 메모리 주소를 확인하기 위한 것인데, 간단한 연산을 위해서도 사용할 수 있다.

C++ 코드에서 이러한 최적화 트릭(모듈로 혹은 나누기 연산 대신 비트 연산 적용 등)을 적용하는 것은 보통 유용하지 않은데, 컴파일러 역시 이러한 최적화를 적용할 수 있기 때문이다. 또한 컴파일러는 불필요한 코드를 확인하고 제거하기도 한다. 예를 들어 다음의 함수를 살펴보자.

```
void test(int n) {
    int s = 0;
    for (int i = 1; i <= n; i++) {
        s += i;
    }
}
```

이 코드에 대응되는 어셈블리 출력은 다음과 같다.

```
ret
```

즉, 함수에서 리턴하기만 한다. s의 값은 사용되지 않기 때문에 변수와 루프 모두 제거할 수 있으며, 이 코드는 $O(1)$ 시간에 동작하게 된다. 이러한 이유로, 코드의 실행 시간을 측정하기 위해서는 코드의 결과가 사용되도록 하는 것(예를 들어 값을 출력하기)이 중요한데, 그래야 컴파일러가 최적화하는 과정에서 코드를 삭제하지 않게 되기 때문이다.

하드웨어 특정 최적화

g++ 플래그 중 –march=native는 하드웨어 특정 최적화(hardware-specific optimization)를 적용하는 데 사용된다. 예를 들어, 어떤 프로세서는 다른 프로세서에 없는 특별한 연산이 있다. 여기서 native는 컴파일러가 프로세서의 실제 구조를 파악하여 가능한 경우 하드웨어 특정 최적화를 적용한다는 뜻이다.

예를 들어 g++ 함수 __builtin_popcount를 사용하여 1비트의 합을 계산하는 다음의 코드를 살펴보자.

```
c = 0;
for (int i = 1; i <= n; i++) {
    c += __builtin_popcount(1);
}
```

많은 프로세서에는 비트 세기 연산을 효율적으로 하는 특수 명령인 popcnt가 있다. 하지만 모든 프로세서에 이 명령이 있지는 않기 때문에 g++ 컴파일러는 이를 기본적으로 사용하지는 않으며, -march=native 플래그를 사용해야 이 명령이 사용된다. 플래그를 사용하면 위의 코드는 두세 배 빠르게 동작한다.

-march=native 플래그는 경진 시스템에서 잘 사용되지 않지만, 코드 내에 #pragma 지시문을 사용하여 구조를 지정할 수 있다. 하지만 여기서는 native 값은 사용할 수 없으며, 구조의 이름을 직접 적어야 한다. 예를 들어 다음과 같이 사용하면 된다(샌디브리지 구조인 경우).

```
#pragma GCC target ("arch=sandybridge")
```

3.3.2 프로세서의 특징

프로세서가 코드를 실행하는 과정에서도 가능한 한 빠르게 실행하기 위한 방법이 적용된다. 메모리 접근을 빠르게 하기 위해 캐시를 사용하며, 여러 연산을 병렬적으로 실행할 수도 있다. 현대 프로세서는 매우 복잡하며 대부분의 사람들은 프로세서가 어떻게 동작하는지 정확히 알지 못한다.

캐시

메인 메모리를 사용하는 것은 상대적으로 느린 데 비해, 프로세서에 있는 캐시를 사용하면 메모리의 작은 부분을 빠르게 접근할 수 있다. 특정 메모리의 내용을 읽거나 쓸 때 근처의 메모리에 자동으로 캐시가 적용된다. 특히 배열 원소를 왼쪽에서 오른쪽으로 살펴보는 것은 빠르게 동작하고 임의의 위치에 있는 원소를 살펴보는 것은 느리다.

예를 들어 다음 코드를 살펴보자.

```
for (int i = 0; i < n; i++) {
    for (int j = 0; j < n; j++) {
        s += x[i][j];
    }
}
```

```
for (int i = 0; i < n; i++) {
    for (int j = 0; j < n; j++) {
        s += x[j][i];
    }
}
```

두 코드 모두 2차원 배열의 값의 합을 계산하지만, 첫 번째 코드가 훨씬 효율적인데, 이 코드가 캐시 친화적(cache-friendly)이기 때문이다. 배열 원소는 메모리에 다음의 순서로 저장되어 있다.

$$x[0][0], x[0][1], \ldots, x[0][n-1], x[1][0], x[1][1], \ldots$$

즉, 바깥쪽 루프가 첫 번째 인덱스를 처리하고 안쪽 루프가 두 번째 인덱스를 처리하는 것이 더 좋다.

병렬화

현대 프로세서는 여러 명령을 동시에 실행할 수 있으며, 이는 많은 상황에서 자동으로 적용된다. 일반적으로 연속된 두 명령은 한 명령이 다른 명령에 의존하는 경우가 아니면 병렬적으로 실행할 수 있다. 예를 들어 다음의 코드를 살펴보자.

```
ll f = 1;
for (int i = 1; i <= n; i++) {
    f = (f*i)%M;
}
```

이 코드는 루프를 이용하여 n 팩토리얼에 M 모듈로 연산을 적용한 결과를 계산한다. 이 코드를 다음과 같이 바꾸면 더 효율적으로 동작한다(n이 짝수라고 가정).

```
ll f1 = 1;
ll f2 = 1;
for (int i = 1; i <= n; i += 2) {
    f1 = (f1*i)%M;
    f2 = (f2*(i+1))%M;
}
ll f = f1*f2%M;
```

아이디어는 두 개의 독립적인 변수를 이용하는 것이다. f_1에는 $1 \cdot 3 \cdot 5 \cdots \cdot n-1$의 결과를 저장하며, f_2에는 $2 \cdot 4 \cdot 6 \cdots \cdot n$의 결과를 저장한다. 루프가 끝나면 두 결과를 조합한다. 놀랍게도 이 코드는 첫 번째 코드보다 두 배 가까이 빠르게 동작하는데, 프로세서가 f_1과 f_2를 계산하는 코드를 동시에 실행할 수 있기 때문이다. 여기서 너 많은 변수(4개 혹은 8개)를 사용하면 코드의 속도를 더 향상시킬 수 있다.

4장

정렬과 탐색

효율적인 알고리즘 중 상당수는 입력 데이터를 정렬하는 데 바탕을 두고 있는데, 이는 정렬을 수행함으로써 문제가 쉬워지는 경우가 많이 있기 때문이다. 이 장에서는 알고리즘 설계 도구로서의 정렬에 대한 이론과 실제를 살펴본다.

4.1절에서는 먼저 중요한 정렬 알고리즘을 세 가지 살펴본다. 버블 정렬, 병합 정렬 그리고 계수 정렬이다. 그 다음에는 C++ 표준 라이브러리에서 제공하는 정렬 알고리즘을 사용하는 방법을 배울 것이다.

4.2절에서는 효율적인 알고리즘을 설계할 때 정렬이 서브루틴으로 어떻게 사용될 수 있는지를 살펴본다. 예를 들어 배열의 모든 원소가 유일한지를 빠르게 판단하고 싶다면, 배열을 먼저 정렬한 후에 연달아 있는 두 원소를 모두 확인하면 된다.

4.3절에서는 이진 탐색을 살펴본다. 이진 탐색도 효율적인 알고리즘을 만들기 위한 중요 재료 중 하나이다.

4.1 정렬 알고리즘

정렬에서 다루는 기본적인 문제는 다음과 같다. 원소 n개로 이루어진 배열이 주어질 때, 원소들을 크기가 증가하는 순서로 정렬하라. 예를 들어 그림 4.1에 정렬을 수행하기 전과 수행한 후의 배열이 나와 있다.

이 절에서는 기초적인 정렬 알고리즘 몇 가지와 그 성질에 대해 살펴본다. $O(n^2)$ 시간 정렬 알고리즘을 설계하는 것은 간단하지만, 그보다 더 효율적인 알고리즘도 존재한다. 정렬과 관련된 이론적인 내용을 살펴본 후에는 C++에서 실제로 정렬을 사용하는 데 초점을 맞출 것이다.

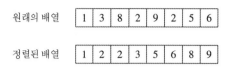

그림 4.1 정렬 수행 전후의 배열

4.1.1 버블 정렬

버블 정렬(bubble sort)은 $O(n^2)$ 시간에 동작하는 간단한 정렬 알고리즘이다. 이 알고리즘은 n번의 라운드로 이루어져 있으며, 라운드마다 배열의 원소를 한 번씩 쭉 살펴본다. 연달아 있는 원소 두 개의 순서가 잘못되어 있는 것을 발견하면 두 원소를 맞바꾼다. 이를 구현하면 다음과 같다.

```
for (int i = 0; i < n; i++) {
    for (int j = 0; j < n-1; j++) {
        if (array[j] > array[j+1]) {
            swap(array[j],array[j+1]);
        }
    }
}
```

버블 정렬의 첫 번째 라운드가 끝나면 가장 큰 원소가 올바른 위치에 놓이게 된다. 좀 더 일반적으로, k번의 라운드가 끝나면 가장 큰 원소 k개가 올바른 위치에 놓이게 된다. 따라서 n번의 라운드가 끝나면 배열 전체가 정렬된다.

버블 정렬을 이용하여 예제 배열을 정렬할 때, 첫 번째 라운드에서 원소를 어떻게 맞바꾸게 되는지가 그림 4.2에 나와 있다.

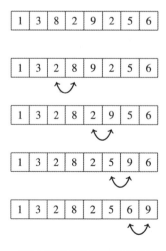

그림 4.2 버블 정렬의 첫 번째 라운드

버블 정렬은 항상 배열에서 연달아 있는 원소만을 맞바꾸는 정렬 알고리즘의 한 예다. 그러한 알고리즘의 시간 복잡도는 최소한 $O(n^2)$이라는 것이 알려져 있는데, 최악의 경우에 원소를 $O(n^2)$번 맞바꿔야 정렬되기 때문이다.

역위

역위(inversion)는 정렬 알고리즘을 분석할 때 유용한 개념이다. 배열 인덱스의 조합 (a, b)가 $a < b$이지만 array[a] > array[b]를 만족할 때, 즉 원소의 순서가 잘못되었을 때, 이를 역위라 한다. 예를 들어 그림 4.3의 배열에는 (3, 4), (3, 5), (6, 7)과 같이 역위가 세 쌍 존재한다.

$$
\begin{array}{cccccccc}
0 & 1 & 2 & 3 & 4 & 5 & 6 & 7 \\
\hline
1 & 2 & 2 & 6 & 3 & 5 & 9 & 8 \\
\hline
\end{array}
$$

그림 4.3 이 배열에는 (3, 4), (3, 5), (6, 7)과 같이 역위가 세 쌍 존재한다.

역위의 개수는 배열을 정렬하는 데 필요한 작업량을 나타낸다. 만일 배열에 역위가 존재하지 않는다면 이는 정렬이 완벽하게 된 것이다. 반면에 배열의 원소가 역순일 때 역위의 개수는 다음과 같다.

$$
1 + 2 + \cdots + (n-1) = \frac{n(n-1)}{2} = O(n^2)
$$

이는 역위의 개수가 최대인 경우이다.

연달아 있는 두 원소의 순서가 잘못되어 있을 때, 이 둘을 맞바꾸면 배열의 역위 개수가 정확히 한 개 줄어든다. 즉, 정렬 알고리즘이 연달아 있는 원소만을 맞바꾼다면, 단계마다 역위의 개수가 많아야 한 개만 줄어들고, 따라서 알고리즘의 시간 복잡도는 최소한 $O(n^2)$이 된다.

4.1.2 병합 정렬

정렬 알고리즘을 효율적으로 만들기 위해서는 배열의 다른 위치에 있는 원소들의 순서를 바로잡는 방식을 사용해야 한다. 그러한 방식을 이용하는 $O(n \log n)$ 정렬 알고리즘이 여러 가지 있다. 그중 하나인 **병합 정렬**(merge sort)은 재귀를 이용한다. 병합 정렬은 부분 배열 array[$a \ldots b$]를 다음과 같이 정렬한다.

1. 만일 $a = b$라면 아무것도 하지 않는다. 부분 배열이 원소 한 개로 이루어져 있으

며, 이는 이미 정렬되어 있기 때문이다.

2. 가운데 원소의 위치를 $k = \lfloor (a + b)/2 \rfloor$와 같이 계산한다.

3. 재귀적으로 부분 배열 array[a … k]를 정렬한다.

4. 재귀적으로 부분 배열 array[k + 1 … b]를 정렬한다.

5. 정렬된 부분 배열 array[a … k]와 array[k + 1 … b]를 병합하여 정렬된 부분 배열 array[a … b]로 만든다.

그림 4.4에 병합 정렬을 이용하여 여덟 개의 원소로 이루어진 배열을 정렬하는 예제가 나와 있다. 먼저, 배열을 네 개의 원소로 이루어진 부분 배열 두 개로 나눈다. 그리고 알고리즘을 재귀적으로 호출하여 두 부분 배열을 정렬한다. 마지막으로, 정렬된 부분 배열을 병합하여 여덟 개의 원소로 이루어진 정렬된 배열로 만든다.

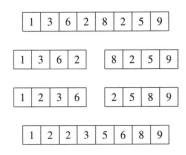

그림 4.4 병합 정렬을 이용하여 배열 정렬하기

병합 정렬이 효율적인 이유는 단계마다 부분 배열의 크기를 절반으로 줄여나가기 때문이다. 그 후에 정렬된 부분 배열을 선형 시간에 병합할 수 있는데, 이는 부분 배열이 이미 정렬되어 있기 때문이다. 재귀 호출의 단계가 $O(\log n)$이고, 각 단계를 처리하는 데 총 $O(n)$시간이 걸리기 때문에 이 알고리즘의 전체 시간 복잡도는 $O(n \log n)$이다.

4.1.3 정렬의 하한

배열을 $O(n \log n)$ 시간보다 빠르게 정렬하는 것이 가능할까? 배열의 원소를 비교하는 데에 기반을 둔 정렬 알고리즘으로 한정한다면, 그럴 수 없다는 것이 알려져 있다.

시간 복잡도의 하한을 증명하기 위해서, 정렬을 두 원소를 비교함으로써 배열의 구성에 대한 정보를 얻어 나가는 과정으로 이해해 보자. 이러한 과정을 수행하며 생성되는 트리가 그림 4.5에 나와 있다.

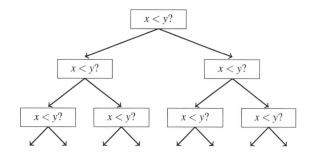

그림 **4.5** 배열의 원소를 비교하여 정렬하는 알고리즘의 진행 과정

여기서 $x<y$?의 의미는 원소 x와 y를 비교한다는 것이다. 만일 $x<y$라면 트리의 왼쪽으로, 그렇지 않다면 오른쪽으로 과정을 계속 진행해 나간다. 과정의 결과는 배열을 정렬하는 방법 하나에 대응된다. 그렇기 때문에 이 트리의 높이는 최소한 다음 값만큼은 되어야 한다.

$$\log_2(n!) = \log_2(1) + \log_2(2) + \cdots + \log_2(n)$$

이 값의 하한을 구하기 위해서, 합의 마지막 $n/2$개의 항만 남기고 각 값을 $\log_2(n/2)$로 바꿔준다. 그러면 다음과 같은 근사식을 얻는다.

$$\log_2(n!) \geq (n/2) \cdot \log_2(n/2)$$

따라서 트리의 높이는, 그리고 최악의 경우에 정렬 알고리즘이 수행해야 하는 단계 수는 $\Omega(n \log n)$이다.

4.1.4 계수 정렬

배열의 원소를 직접 비교하는 대신에 다른 정보를 이용하는 정렬 알고리즘에 대해서는 $\Omega(n \log n)$이란 하한이 적용되지 않는다. 그러한 알고리즘의 예로 **계수 정렬**(counting sort)이 있다. 이 알고리즘은 배열의 모든 원소가 $0 \dots c$ 범위의 정수이며 $c=O(n)$일 때 $O(n)$ 시간에 배열을 정렬하는 알고리즘이다.

이 알고리즘에서는 일종의 장부와 같은 배열을 사용하며, 장부 배열의 인덱스는 원래 배열의 원소들이다. 원래 배열을 한번 살펴보면서 각각의 원소가 배열에 몇 개 들어있는지를 계산한다. 그림 4.6에 예제 배열 하나와 그에 대응되는 장부 배열이 나와 있다. 예를 들어 위치 3의 값은 2인데, 이는 원래 배열에 3이라는 값이 2번 들어 있기 때문이다.

| 1 | 3 | 6 | 9 | 9 | 3 | 5 | 9 |

0	1	2	3	4	5	6	7	8	9
0	1	0	2	0	1	1	0	0	3

그림 4.6 계수 정렬을 이용하여 배열 정렬하기

장부 배열을 만드는 데는 $O(n)$ 시간이 걸린다. 그러고 난 후, 정렬된 배열을 만드는 데도 $O(n)$ 시간이 걸린다. 각 원소가 배열에 몇 번 들어가야 하는지 장부 배열을 이용하여 알아낼 수 있기 때문이다. 따라서 계수 정렬의 전체 시간 복잡도는 $O(n)$이다.

계수 정렬은 매우 효율적인 알고리즘이지만, 원래 배열의 원소를 장부 배열의 인덱스로 사용할 수 있을 만큼 상수 c가 작을 때만 사용할 수 있다.

4.1.5 실제 상황에서의 정렬

실제 상황에서는 정렬 알고리즘을 직접 구현할 필요가 있는 경우가 거의 없다. 모든 현대 프로그래밍 언어의 표준 라이브러리 안에 좋은 정렬 알고리즘이 구현되어 있기 때문이다. 라이브러리 함수를 이용할 때의 장점이 여러 가지가 있는데, 구현이 정확하고 효율적이며, 사용하기도 편리하다는 것이다.

C++의 경우, sort 함수가 자료 구조의 내용물을 효율적으로[1] 정렬한다. 예를 들어 다음 코드는 벡터의 원소를 오름차순으로 정렬한다.

```
vector<int> v = {4,2,5,3,5,8,3};
sort(v.begin(),v.end());
```

정렬을 수행하고 나면 벡터의 내용이 [2, 3, 3, 4, 5, 5, 8]로 바뀐다. 정렬의 순서는 기본적으로 오름차순이지만, 다음과 같이 역순으로 정렬할 수도 있다.

```
sort(v.rbegin(),v.rend());
```

일반적인 배열은 다음과 같이 정렬한다.

---

1 C++11 표준은 sort 함수가 $O(n \log n)$에 동작해야 한다고 규정하고 있다. 실제 구현은 컴파일러에 따라 다를 수 있다.

```
int n = 7; // 배열의 크기
int a[] = {4,2,5,3,5,8,3};
sort(a,a+n);
```

또한, 다음 코드는 문자열 s를 정렬하는 코드이다.

```
string s = "monkey";
sort(s.begin(), s.end());
```

문자열을 정렬한다는 말의 의미는 문자열을 이루는 글자를 정렬한다는 것이다. 예를 들어, 문자열 "monkey"는 "ekmnoy"가 된다.

비교 연산자

sort 함수를 사용하기 위해서는 정렬할 원소의 자료형에 대해 **비교 연산자**(comparison operator)가 정의되어 있어야 한다. 정렬을 수행하면서 두 원소의 순서를 결정해야 할 때마다 이 연산자가 사용된다.

대부분의 C++ 자료형에는 비교 연산자가 내장되어 있으며, 원소가 그러한 자료형일 때는 추가적인 구현 없이도 정렬을 사용할 수 있다. 수는 값의 크기에 따라 정렬하며, 문자열은 알파벳순으로 정렬한다. 두 원소의 조합(pair)의 경우에는 먼저 첫 번째 원소를 기준으로, 그리고 그다음에는 두 번째 원소를 기준으로 정렬한다.

```
vector<pair<int,int>> v;
v.push_back({1,5});
v.push_back({2,3});
v.push_back({1,2});
sort(v.begin(), v.end());
// 결과: [(1,2),(1,5),(2,3)]
```

이와 비슷하게, 여러 원소의 조합(tuple)의 경우에는 먼저 첫 번째 원소를 기준으로, 그리고 그다음에는 두 번째 원소를 기준으로, 그리고 나머지 원소에 대해서도 같은 방식을 적용하여 정렬한다.[2]

```
vector<tuple<int,int,int>> v;
v.push_back({2,1,4});
v.push_back({1,5,3});
```

---

2 일부 오래된 컴파일러의 경우, tuple을 만들려면 중괄호 대신 make_tuple 함수를 이용해야 한다(예를 들어 {1,2,5}는 make_tuple(1,2,5)가 된다).

```
v.push_back({2,1,3});
sort(v.begin(), v.end());
// 결과: [(1,5,3),(2,1,3),(2,1,4)]
```

사용자 정의 구조체에는 기본 비교 연산자가 없다. 비교 연산자를 사용하려면 구조체 안에 함수 operator<를 정의해야 하며, 함수의 인자는 비교할 원소와 같은 자료형의 다른 값이다. 이 함수는 비교할 원소가 함수의 인자보다 작다면 true를 반환하고, 그렇지 않다면 false를 반환한다.

예를 들어 다음 구조체 point는 점의 x, y 좌푯값을 저장하기 위한 것이다. 정의된 비교 연산자는 먼저 x 좌표를 기준으로, 그리고 그다음에는 y 좌표를 기준으로 정렬한다.

```
struct point {
    int x, y;
    bool operator<(const point &p) {
        if (x == p.x) return y < p.y;
        else return x < p.x;
    }
};
```

비교 함수

외부에 정의된 **비교 함수**(comparison function)를 sort 함수에 콜백 함수 형태로 줄 수도 있다. 예를 들어 다음 비교 함수 comp는 문자열을 먼저 길이순으로, 그리고 그다음에는 알파벳순으로 정렬한다.

```
bool comp(string a, string b) {
    if (a.size() == b.size()) return a < b;
    else return a.size() < b.size();
}
```

그러고 나면 문자열 벡터를 다음과 같이 정렬할 수 있게 된다.

```
sort(v.begin(), v.end(), comp);
```

4.2 정렬을 이용한 문제 풀이

무차별 알고리즘을 이용하여 $O(n^2)$ 시간에 문제를 쉽게 풀어낼 수 있는 경우가 많이 있지만, 그런 알고리즘은 입력의 크기가 클 때 사용하기에는 너무 느리다. 사실, $O(n^2)$ 시간에 쉽게 풀 수 있는 문제에 대한 $O(n)$이나 $O(n \log n)$ 시간 알고리즘을 찾아내는 것이 알고리즘 설계의 목표가 될 때가 자주 있다.

예를 들어 배열의 모든 원소가 유일한지를 검사하려 한다고 해보자. 무차별 알고리즘은 두 원소의 모든 조합을 $O(n^2)$에 살펴보는 것이다.

```
bool ok = true;
for (int i = 0; i < n; i++) {
    for (int j = i+1; j < n; j++) {
        if (array[i] == array[j]) ok = false;
    }
}
```

반면에, 이 문제를 $O(n \log n)$에 풀고 싶다면 먼저 배열을 정렬해야 한다. 그러고 나면, 배열에 같은 원소가 있을 때 그 원소들이 정렬된 배열에서 나란히 나타나게 된다. 따라서 이를 $O(n)$에 간단하게 확인할 수 있다.

```
bool ok = true;
sort(array, array+n);
for (int i = 0; i < n-1; i++) {
    if (array[i] == array[i+1]) ok = false;
}
```

그 밖의 여러 문제도 이와 비슷한 방식을 이용하여 $O(n \log n)$에 풀 수 있다. 그 예로는 서로 다른 원소의 개수를 세는 문제, 가장 빈번한 값을 구하는 문제, 그리고 차이가 가장 작은 두 원소를 구하는 문제 등이 있다.

4.2.1 스윕 라인 알고리즘

스윕 라인 알고리즘(sweep line algorithm)은 정렬된 순서대로 처리되는 이벤트의 집합으로 문제를 모델링하는 방법이다. 예를 들어 어떤 특정일에 손님들이 한 음식점을 언제 방문했고 언제 떠났는지에 대한 정보를 모두 알고 있다고 해보자. 문제는 음식점에 동시에 존재했던 손님 수의 최댓값을 구하는 것이다.

그림 4.7에 이 문제의 한 예가 나와 있다. 손님은 네 명이며, 각각을 A, B, C, D로 나타냈다. 이 예에 대해 동시에 존재했던 손님 수의 최댓값은 3이며, 그 기간은 A가

방문했을 때부터 B가 떠날 때까지이다.

이 문제를 풀기 위해서는 손님마다 방문과 떠남이라는 이벤트 두 개를 만들어야한다. 그리고 이벤트를 시간순으로 정렬하여 차례로 살펴본다. 동시에 존재했던 손님 수의 최댓값을 구하기 위해서 카운터 변수를 하나 두는데, 손님이 방문하면 카운터의 값을 증가시키고, 손님이 떠나면 감소시킨다. 카운터의 최댓값이 이 문제에 대한 답이다.

그림 4.8에 예제 시나리오에 대한 이벤트가 나와 있다. 손님마다 이벤트가 두 개씩 할당되는데, "+"는 손님이 방문함을 나타내고, "-"는 손님이 떠남을 의미한다. 이 알고리즘의 수행 시간은 $O(n \log n)$인데, 이벤트를 정렬하는 데 $O(n \log n)$ 시간이 걸리고, 스윕 라인과 관련된 부분은 $O(n)$ 시간이 걸리기 때문이다.

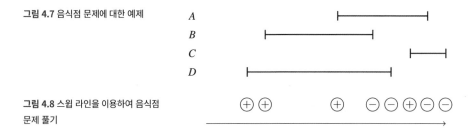

그림 4.7 음식점 문제에 대한 예제

그림 4.8 스윕 라인을 이용하여 음식점 문제 풀기

4.2.2 이벤트 스케줄링

입력 데이터를 정렬한 후 탐욕법 기반의 전략(greedy strategy)으로 해를 구하여 풀 수 있는 스케줄링 문제가 여러 가지 있다. 탐욕 알고리즘은 현재 상황에서 최선으로 보이는 선택을 하며, 한번 선택한 것을 되돌리지 않는 방식이다.

다음과 같은 문제를 예로 들어 살펴보자. 이벤트 n개의 시작 시각과 종료 시각이 주어질 때, 최대한 많은 수의 이벤트를 포함하는 스케줄을 구하려 한다. 그림 4.9에 이 문제에 대한 예가 하나 나와 있으며, 최적해는 두 개의 이벤트를 선택하는 것이다.

이 문제의 경우, 입력 데이터를 여러 가지 기준으로 정렬할 수 있다. 가능한 전략 중 하나는 이벤트를 길이순으로 정렬하고, 최대한 짧은 이벤트부터 차례로 선택해 나가는 것이다. 하지만 그림 4.10에서 볼 수 있듯, 이 전략이 항상 통하는 것은 아니다. 또 다른 방법은 이벤트를 시작 시각 기준으로 정렬한 후, 스케줄링할 수 있는 이벤트 중에서 가장 먼저 시작하는 것을 차례로 선택해 나가는 것이다. 그러나 이 전략에 대해서도 그림 4.11과 같은 반례가 존재한다.

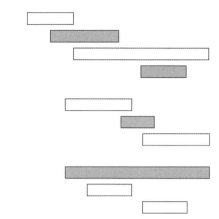

그림 4.9 스케줄링 문제에 대한 예제와 두 개의
이벤트로 이루어진 최적해

그림 4.10 길이가 짧은 이벤트를 선택하면 한
개의 이벤트만 선택할 수 있지만, 두 개의 긴 이
벤트를 모두 선택하는 해도 존재한다.

그림 4.11 첫 번째 이벤트를 선택하면 그 외의
다른 이벤트를 선택할 수 없게 되지만, 나머지
두 개의 이벤트를 선택하는 해도 존재한다.

세 번째 아이디어는 이벤트를 종료 시각 기준으로 정렬한 후, 스케줄링할 수 있는 이
벤트 중에서 가장 먼저 종료하는 것을 차례로 선택해 나가는 것이다. 이 알고리즘으
로 항상 최적해를 구할 수 있다는 것이 알려져 있다. 그 이유를 설명하기 위해서, 가
장 먼저 종료하는 이벤트가 아니라 다른 이벤트를 선택하면 어떻게 되는지를 한번
생각해 보자. 그 다음 이벤트를 선택할 때 가능한 경우가 몇 가지인지를 생각해 보
면, 기껏해야 원래 방법과 동일한 가지 수라는 것을 알 수 있다. 따라서 좀 더 늦게
종료하는 이벤트를 선택함으로써 더 나은 해를 구할 수 있는 경우는 존재하지 않으
며, 그렇기에 탐욕 알고리즘으로 올바른 답을 구할 수 있다.

4.2.3 작업과 데드라인

마지막으로 살펴볼 문제는 다음과 같다. 작업 n개의 소요 시간과 데드라인이 주어질
때, 작업을 어떤 순서로 수행할지를 결정하려 한다. 작업의 데드라인이 d이고 그 작
업 수행을 완료했을 때의 시간이 x라면, 그 작업에 대해 $d-x$점의 점수를 얻는다. 얻
을 수 있는 최대 점수는 얼마겠는가?

예를 들어 작업의 목록이 다음과 같다고 해보자.

작업	소요 시간	데드라인
A	4	2
B	3	10
C	2	8
D	4	15

그림 4.12에 예제 시나리오에 대한 최적의 작업 스케줄이 나와 있다. 이 스케줄대로 작업을 수행할 경우, C에 대해 6점, B에 대해 5점, A에 대해 7점, 그리고 D에 대해 2점을 얻는다. 따라서 전체 점수는 6점이다.

사실 이 문제의 최적해는 데드라인에 전혀 영향을 받지 않으며, 올바른 탐욕 알고리즘은 단순히 소요 시간이 증가하는 순서로 작업을 수행하는 것이다. 두 개의 작업을 연달아 수행할 때, 먼저 수행할 작업의 소요 시간이 좀 더 길다면 이 둘을 맞바꾸어 좀 더 좋은 해를 구할 수 있기 때문이다.

그림 4.13의 예제를 살펴보면, 소요 시간이 각각 a와 b인 작업 X와 Y가 나와 있다. 원래는 작업 X가 Y보다 먼저 스케줄되어 있다. 하지만 $a > b$가 성립하기 때문에 두 작업을 맞바꿔야 한다. 그러고 나면 X에 대해서는 b점을 잃게 되지만, Y에 대해서는 a점을 더 얻게 된다. 그러면 전체 점수는 $a - b > 0$만큼 증가하게 된다. 따라서 최적해에 대해서는 소요 시간이 짧은 작업이 긴 작업보다 먼저 스케줄되어야 하며, 이는 작업을 소요 시간순으로 정렬하여 스케줄해야 한다는 의미이다.

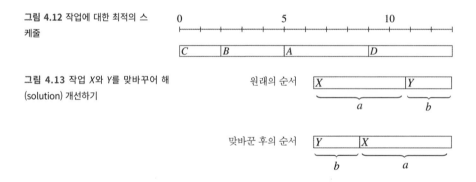

그림 4.12 작업에 대한 최적의 스케줄

그림 4.13 작업 X와 Y를 맞바꾸어 해 (solution) 개선하기

4.3 이진 탐색

이진 탐색(binary search)은 정렬된 배열에 특정 원소가 존재하는지 여부를 파악하는 등의 문제를 $O(\log n)$ 시간에 해결하는 알고리즘이다. 이 절에서는 먼저 이진 탐색의 구현에 초점을 맞출 것이다. 그러고 난 후, 문제의 최적해를 구할 때 이진 탐색을 어떻게 활용할 수 있는지를 살펴볼 것이다.

4.3.1 이진 탐색 구현하기

원소 n개가 정렬된 배열이 있을 때, 이 배열에 목푯값 x가 포함되어 있는지를 판별하려 한다고 해보자. 이제 이 문제에 대한 이진 탐색 알고리즘을 구현하는 두 가지 방법을 살펴보자.

첫 번째 방법

이진 탐색을 구현할 때 가장 많이 사용하는 방법은 사전에서 단어를 찾는 방법과 비슷하다.[3] 탐색은 배열의 특정 부분 배열을 살펴보며 진행되며, 처음에는 배열 전체를 놓고 시작한다. 이후에 단계별로 알고리즘을 진행해 나가면서 탐색 범위를 절반으로 줄여나간다. 단계마다 현재 살펴보고 있는 부분 배열 중앙의 원소를 검사한다. 만일 중앙 원소가 목푯값과 같다면 탐색을 끝낸다. 그렇지 않으면 중앙 원소의 값에 따라 부분 배열의 왼쪽, 혹은 오른쪽 절반을 택하여 재귀적으로 탐색을 계속해 나간다. 배열에서 9라는 값을 탐색해 나가는 예가 그림 4.14에 나와 있다.

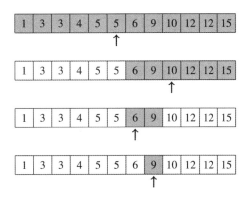

그림 4.14 이진 탐색을 구현하는 전통적인 방법. 단계마다 현재 살펴보고 있는 부분 배열 중앙의 원소를 검사하고, 이후 왼쪽이나 오른쪽 부분에 대해 계속 진행한다.

다음 코드는 이 탐색 알고리즘을 구현한 것이다.

```
int a = 0, b = n-1;
while (a <= b) {
    int k = (a+b)/2;
    if (array[k] == x) {
        // 위치 k에서 x를 찾음
    }
    if (array[k] < x) a = k+1;
    else b = k-1;
}
```

이 구현 방법은 범위 $a \ldots b$의 부분 배열을 살펴보게 되어 있으며, 시작할 때의 범위는 $0 \ldots n-1$이다. 알고리즘이 단계마다 부분 배열의 크기를 절반씩 줄여나가기 때문

---

3 필자를 포함하여, 어떤 사람들은 아직도 출판된 형태의 사전을 사용한다. 또 다른 예를 들자면 인쇄된 전화번호부에서 전화번호를 찾는 것이 있을 텐데, 이쪽이 좀 더 시대에 뒤처진 예일 것이다.

에 시작 복잡도는 $O(\log n)$이다.

두 번째 방법

이진 탐색을 구현하는 또 다른 방법은 배열을 왼쪽에서 오른쪽으로 건너뛰어 가며 살펴보는 것이다. 처음에는 $n/2$개의 원소를 건너뛴다. 라운드마다 건너뛸 원소 수를 $n/4$, $n/8$, $n/16$과 같은 식으로 절반씩 줄여나가면서 1이 될 때까지 진행한다. 각 라운드에서는 원소를 계속 건너뛰는데, 원소를 건너뜀으로써 배열의 범위를 벗어나거나, 건너뛴 후의 원소가 목표 값을 벗어난다면 건너뛰지 않고 멈춘다. 이처럼 진행하고 나면 찾고자 하는 원소에 도달하게 되고, 혹 그렇지 않다면 배열에 그 원소가 존재하지 않는다는 것을 알 수 있다. 앞에서와 같은 예제에 대한 진행 과정이 그림 4.15에 나와 있다.

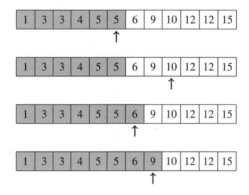

그림 4.15 이진 탐색을 구현하는 또 다른 방법. 배열을 왼쪽에서 오른쪽으로, 원소를 건너뛰며 탐색해 나간다.

다음 코드는 이 탐색 알고리즘을 구현한 것이다.

```
int k = 0;
for (int b = n/2; b >= 1; b /= 2) {
    while (k+b < n && array[k+b] <= x) k += b;
}
if (array[k] == x) {
    // 위치 k에서 x를 찾음
}
```

탐색 과정에서 건너뛸 원소 수는 변수 b에 저장된다. 이 알고리즘의 시간 복잡도도 $O(\log n)$인데, 코드 안의 while 반복문이 같은 b에 대해 최대 두 번만 수행되기 때문이다.

4.3.2 최적해 구하기

어떤 문제를 풀 때, valid(x)라는 함수가 있어서 x가 올바른 해이면 true를 반환하고, 그렇지 않으면 false를 반환한다고 해보자. 이에 덧붙여서, valid(x)가 $x < k$일 때 false이고 $x \geq k$일 때 true임을 우리가 알고 있다고 해보자. 이런 상황에서는 이진 탐색을 이용하여 효율적으로 k의 값을 구할 수 있다.

아이디어는 valid(x)가 false인 x의 최댓값을 이진 탐색으로 구하는 것이다. 그러면 그다음 값인 $k = x + 1$은 valid(k)가 true인 k의 최솟값이 된다. 다음 코드는 이를 구현한 것이다.

```
int x = -1;
for (int b = z; b >= 1; b /= 2) {
    while (!valid(x+b)) x += b;
}
int k = x+1;
```

처음에 건너뛸 원소의 개수 z는 답의 상한이 되어야 한다. 즉, valid(z)가 true임이 확실하다는 것이 보장되는 값이어야 한다. 이 알고리즘은 valid 함수를 $O(\log z)$번 호출하며, 따라서 전체 수행 시간은 valid의 수행 시간에 달려있다. 가령 이 함수의 수행 시간이 $O(n)$이라면, 전체 수행 시간은 $O(n \log z)$가 된다.

예제

다음과 같이 기계 n대를 이용하여 k개의 작업을 처리해야 하는 문제를 생각해 보자. i번 기계에는 p_i라는 값이 할당되어 있는데, 이는 이 기계로 한 개의 작업을 처리하는 데 드는 시간이다. 모든 작업을 처리하는 데 드는 시간의 최솟값은 얼마겠는가?

예를 들어, $k = 8$, $n = 3$이고, 처리 시간이 $p_1 = 2$, $p_2 = 3$, $p_3 = 7$이라고 해보자. 이 경우 모든 작업을 처리하는 데 드는 최소 시간은 9이며, 이에 대응되는 스케줄링 방법이 그림 4.16에 나와 있다.

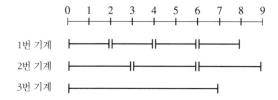

그림 4.16 최적의 처리 스케줄링. 1번 기계는 4개, 2번 기계는 3개, 그리고 3번 기계는 1개의 작업을 처리한다.

함수 valid(x)가 x만큼의 시간 안에 모든 작업을 처리할 수 있는지를 판별하는 함수라고 해보자. 앞의 예제에 대해서 valid(9)는 당연히 true인데, 이는 그림 4.16과 같은 스케줄링 방법을 사용하면 되기 때문이다. 반면 valid(8)은 반드시 false여야 하는데, 이는 최소 시간이 9이기 때문이다.

valid(x)는 쉽게 구할 수 있는데, 이는 i번 기계로 x만큼의 시간 안에 처리할 수 있는 작업의 최대 개수가 $\lfloor x/p_i \rfloor$이기 때문이다. 따라서 모든 $\lfloor x/p_i \rfloor$를 합한 값이 k 이상이라면 x는 올바른 해다. 이제 이진 탐색을 이용하면 valid(x)가 true인 x의 최솟값을 구할 수 있다.

이 알고리즘은 얼마나 효율적일까? valid 함수의 수행 시간은 $O(n)$이며, 따라서 알고리즘의 전체 시간 복잡도는 $O(n \log z)$이다. 여기에서 z는 답의 상한을 의미한다. z의 값으로는 kp_1을 사용할 수 있는데, 이는 1번 기계가 모든 작업을 처리하는 해에 대응된다. 따라서 이 값은 올바른 상한값이 된다.

5장

자료 구조

이 장에서는 C++ 표준 라이브러리의 가장 중요한 자료 구조를 몇 가지 살펴본다. 어떤 자료 구조가 표준 라이브러리에 있으며 사용법이 어떠한지를 아는 것은 경진 프로그래밍에서 매우 중요하다. 이를 활용하면 알고리즘 구현 시간을 많이 절약할 수 있게 된다.

5.1절에서는 효율적인 동적 배열인 벡터를 살펴본다. 다음으로 자료 구조에서 반복자와 범위를 사용하는 방법을 살펴보고, 덱, 스택, 큐를 간단히 살펴본다.

5.2절에서는 셋, 맵, 우선순위 큐를 살펴본다. 이들 자료 구조는 효율적인 알고리즘을 구현하기 위한 재료로 많이 사용되는데, 원소를 탐색하고 갱신하는 과정을 효율적으로 수행할 수 있는 자료 구조이기 때문이다.

5.3절에서는 실제로 자료 구조를 사용할 때의 효율성에 관한 몇 가지 결과를 살펴볼 것이다. 단순히 시간 복잡도만을 고려했을 때에는 알 수 없는 성능 차이를 확인할 수 있을 것이다.

5.1 동적 배열

C++에서 일반적인 배열은 크기가 고정되어 있고, 한 번 생성한 배열의 크기를 바꾸는 것은 불가능하다. 예를 들어 다음 코드는 정수 원소 n개로 이루어진 배열을 생성한다.

```
int array[n];
```

동적 배열(dynamic array)은 프로그램이 실행되는 동안 크기가 변할 수 있는 배열이다. C++ 표준 라이브러리에 여러 가지 동적 배열이 구현되어 있는데, 그중 가장 유용한 것은 벡터이나.

5.1.1 벡터

벡터(vector)는 원소를 마지막에 추가하거나 삭제하는 과정을 효율적으로 할 수 있는 동적 배열이다. 예를 들어 다음 코드는 빈 벡터를 생성하고 원소 세 개를 추가하는 코드이다.

```
vector<int> v;
v.push_back(3); // [3]
v.push_back(2); // [3,2]
v.push_back(5); // [3,2,5]
```

이 원소들에 일반적인 배열과 같은 방식으로 접근할 수 있다.

```
cout << v[0] << "\n"; // 3
cout << v[1] << "\n"; // 2
cout << v[2] << "\n"; // 5
```

벡터를 생성하는 다른 방법으로 다음 코드와 같이 원소의 목록을 나열하는 방법이 있다.

```
vector<int> v = {2,4,2,5,1};
```

원소의 개수와 초깃값을 주는 것도 가능하다.

```
vector<int> a(8); // 크기 8, 초깃값 0
vector<int> b(8,2); // 크기 8, 초깃값 2
```

size 함수는 벡터 안의 원소 개수를 반환하는 함수이다. 예를 들어 다음 코드는 벡터를 순회하면서 원소를 출력하는 코드이다.

```
for (int i = 0; i < v.size(); i++) {
    cout << v[i] << "\n";
}
```

벡터를 순회하는 더 짧은 코드는 다음과 같다.[1]

---

[1] (옮긴이) 이 코드는 v의 각 원소를 순회하면서 값을 x로 복사하기 때문에, v가 기본 자료형(int 등)이 아닌 경우에는 시간이 오래 걸릴 수 있다. for (const auto& x : v)와 같이 참조 복사를 사용함으로써 이 문제를 피할 수 있다.

```
for (auto x : v) {
    cout << x << "\n";
}
```

back 함수는 벡터의 마지막 원소를 반환하고 pop_back 함수는 마지막 원소를 삭제한다.

```
vector<int> v = {2,4,2,5,1};
cout << v.back() << "\n"; // 1
v.pop_back();
cout << v.back() << "\n"; // 5
```

벡터에서 push_back 함수와 pop_back 함수는 평균 $O(1)$ 시간에 동작하도록 구현되어 있다. 대개의 경우, 벡터를 사용할 때의 실행 속도는 일반적인 배열을 사용하는 것과 거의 같다.

5.1.2 반복자와 범위

반복자(iterator)는 자료 구조의 원소를 가리키는 변수이다. begin 반복자는 자료 구조의 첫 번째 원소를 가리키고 end 반복자는 마지막 원소 다음을 가리킨다. 원소가 8개인 벡터 v를 예로 들어 살펴보면 다음과 같다.

$$[\,5, 2, 3, 1, 2, 5, 7, 1\,]$$

↑   ↑

v.begin()   v.end()

중요하게 살펴봐야 할 점은, begin()은 자료 구조의 원소를 가리키지만 end()는 자료 구조 바깥을 가리킨다는 점이다.

범위(range)는 자료 구조의 연속된 원소를 의미한다. 일반적으로 범위를 나타내기 위해 첫 번째 원소와 마지막 원소 다음을 가리키는 반복자를 사용한다. 예를 들어, 반복자 begin()부터 반복자 end()까지의 범위는 자료 구조의 모든 원소를 포함하는 범위이다.

C++ 표준 라이브러리의 함수는 범위를 사용하는 경우가 많다. 예를 들어 다음 코드는 벡터를 정렬하고, 원소의 순서를 뒤집은 후, 원소를 뒤섞는 코드이다.

```
sort(v.begin(),v.end());
reverse(v.begin(),v.end());
random_shuffle(v.begin(),v.end());
```

반복자가 가리키는 원소는 *를 이용하여 접근할 수 있다. 예를 들어 다음 코드는 벡터의 첫 번째 원소를 출력하는 코드이다.

```
cout << *v.begin() << "\n";
```

더 유용한 함수로, 정렬된 범위에서 원소가 *x* 이상인 첫 번째 원소의 반복자를 반환하는 lower_bound 함수와 원소가 *x*보다 큰 첫 번째 원소의 반복자를 반환하는 upper_bound 함수가 있다.

```
vector<int> v = {2,3,3,5,7,8,8,8};
auto a = lower_bound(v.begin(),v.end(),5);
auto b = upper_bound(v.begin(),v.end(),5);
cout << *a << " " << *b << "\n"; // 5 7
```

이 함수는 주어진 범위가 정렬되어 있을 때만 올바르게 동작하며, 이때 이진 탐색을 이용하여 조건에 맞는 원소를 로그 시간에 구한다. 그런 원소가 없는 경우, 함수가 반환하는 값은 범위의 마지막 원소 다음을 가리키는 반복자이다.

C++ 표준 라이브러리에는 살펴볼 만한 함수가 많다. 예를 들어, 다음 코드를 실행한 결과는 정렬되어 있으며 중복 원소가 삭제된 벡터이다.

```
sort(v.begin(),v.end());
v.erase(unique(v.begin(),v.end()),v.end());
```

5.1.3 다른 자료 구조

덱(deque)은 양쪽 끝 원소를 효율적으로 처리할 수 있는 동적 배열이다. 벡터처럼 push_back 함수와 pop_back 함수가 있으며, 벡터에 없는 push_front 함수와 pop_front 함수도 있다. 덱은 다음과 같이 사용할 수 있다.

```
deque<int> d;
d.push_back(5); // [5]
d.push_back(2); // [5,2]
d.push_front(3); // [3,5,2]
d.pop_back(); // [3,5]
d.pop_front(); // [5]
```

덱에 대한 연산도 평균 $O(1)$ 시간이 걸린다. 하지만 덱은 벡터보다 실행 시간의 상수 항이 크며, 따라서 배열의 양쪽 끝 모두에서 원소를 추가하거나 삭제할 필요가 있을 때만 사용하는 것이 좋다.

C++에서는 덱을 기반으로 한 두 가지 자료 구조를 더 제공한다. **스택**(stack)은 끝에서 원소를 넣고 빼는 push 함수와 pop 함수, 마지막 원소를 반환하는 top 함수가 있는 자료 구조이다.

```
stack<int> s;
s.push(2); // [2]
s.push(5); // [2,5]
cout << s.top() << "\n"; // 5
s.pop(); // [2]
cout << s.top() << "\n"; // 2
```

큐(queue)에서는 원소가 마지막에 추가되며 앞에서부터 삭제된다. 첫 번째 원소와 마지막 원소를 반환하는 front 함수와 back 함수도 있다.

```
queue<int> q;
q.push(2); // [2]
q.push(5); // [2,5]
cout << q.front() << "\n"; // 2
q.pop(); // [5]
cout << q.back() << "\n"; // 5
```

5.2 집합 자료 구조

셋(set)은 원소의 집합을 관리하는 자료 구조이다. 셋의 기본 연산은 원소 추가, 탐색, 삭제이다. 셋은 이러한 연산이 모두 효율적으로 동작할 수 있도록 구현되어 있으며, 이를 활용하면 알고리즘의 실행 시간을 개선하는 데도 도움이 된다.[2]

5.2.1 셋과 멀티셋

C++ 표준 라이브러리에는 집합 자료 구조가 두 개 있다.

- set은 균형 잡힌 이진 탐색 트리를 기반으로 만들어져 있으며, 연산은 $O(\log n)$ 시간에 동작한다.

- unordered_set은 해시 테이블을 기반으로 만들어져 있으며, 연산은 평균적으로[3] $O(1)$ 시간에 동작한다.

---

2 (옮긴이) 수학에서 원소의 모임을 나타내는 단어와 여기서 살펴보는 집합 자료 구조 모두 영문 표현이 set으로 같다. 다른 자료 구조와 번역의 일관성을 맞추기 위해, 이 자료 구조를 나타낼 때는 셋으로 번역하였다.
3 최악의 경우에 대한 시간 복잡도는 $O(n)$이지만, 그러한 경우는 매우 드물다.

두 자료 구조는 모두 효율적이며, 대부분의 경우에는 어떤 것을 사용해도 괜찮다.[4] 사용하는 방법이 같기 때문에 앞으로 나올 예제에서는 set을 사용하기로 한다.

다음 코드는 정수 셋을 만들고 기본 연산을 수행하는 예제이다. insert 함수는 원소를 추가하는 함수이고, count 함수는 원소의 개수를 반환하는 함수이며, erase 함수는 원소를 삭제하는 함수이다.

```
set<int> s;
s.insert(3);
s.insert(2);
s.insert(5);
cout << s.count(3) << "\n"; // 1
cout << s.count(4) << "\n"; // 0
s.erase(3);
s.insert(4);
cout << s.count(3) << "\n"; // 0
cout << s.count(4) << "\n"; // 1
```

셋의 중요한 성질 중 하나는 모든 원소가 서로 다르다는 것이다. 즉, count 함수가 반환하는 값은 무조건 0(원소가 없는 경우)이거나 1(원소가 있는 경우)이며, insert 함수는 추가하려는 원소가 이미 있는 경우에는 원소를 추가하지 않는다. 다음 코드에서 이를 확인할 수 있다.

```
set<int> s;
s.insert(3);
s.insert(3);
s.insert(3);
cout << s.count(3) << "\n"; // 1
```

셋은 벡터와 비슷한 방식으로 사용할 수 있지만, [] 기호를 사용하여 원소에 접근할 수는 없다. 다음 코드는 셋의 크기를 출력하고 모든 원소를 출력하는 코드이다.

```
cout << s.size() << "\n";
for (auto x : s) {
    cout << x << "\n";
}
```

find(x) 함수는 값이 x인 원소를 가리키는 반복자를 반환한다. 그러한 원소가 없는

---

4 (옮긴이) 그러나 코드포스, 탑코더 등의 경진 플랫폼에서는 대회 참가자가 데이터를 추가하는 것이 가능하기 때문에, 앞 주석에서 언급한 최악의 경우를 유발하는 데이터가 포함될 수 있다. 그러므로 일반적으로는 set을 사용하는 것이 좋다.

경우에는 end()를 반환한다.

```
auto it = s.find(x);
if (it == s.end()) {
    // x가 s에 없다.
}
```

정렬된 집합

C++ 집합 자료 구조 두 개의 가장 큰 차이는 set은 정렬되어 있고 unordered_set은 그렇지 않다는 점이다. 즉, 원소를 정렬된 상태로 저장하는 집합을 원한다면 set 자료 구조를 사용해야 한다.

예를 들어 집합에서 가장 작은 원소와 가장 큰 원소를 구하는 문제를 생각해 보자. 이를 효율적으로 구하려면 set 자료 구조를 사용하면 된다. 원소가 정렬되어 있기 때문에 다음 코드처럼 가장 작은 원소와 가장 큰 원소를 구할 수 있다.

```
auto first = s.begin();
auto last = s.end(); last--;
cout << *first << " " << *last << "\n";
```

end()가 마지막 원소 다음을 가리키기 때문에 반복자를 감소시켜서 마지막 원소에 접근했음에 유의하라.

set 자료 구조에 lower_bound(x) 함수와 upper_bound(x) 함수도 있는데, 각각은 값이 x 이상인 첫 번째 원소와 x보다 큰 첫 번째 원소의 반복자를 반환하는 함수이다. 두 함수 모두 그러한 원소가 존재하지 않을 때 end()를 반환한다.

```
cout << *s.lower_bound(x) << "\n";
cout << *s.upper_bound(x) << "\n";
```

멀티셋

멀티셋(multiset)은 같은 값을 여러 개 가질 수 있는 집합이다. C++에는 multiset과 unordered_multiset 자료 구조가 있고, 둘의 관계는 set과 unordered_set의 관계와 같다. 예를 들어, 다음 코드는 5를 세 번 멀티셋에 추가하는 코드이다.

```
multiset<int> s;
s.insert(5);
s.insert(5);
s.insert(5);
cout << s.count(5) << "\n"; // 3
```

다음 코드의 erase 함수는 멀티셋에서 특정 값을 모두 삭제하는 함수이다.

```
s.erase(5);
cout << s.count(5) << "\n"; // 0
```

원소 중 하나만을 삭제해야 한다면 다음과 같이 할 수 있다.

```
s.erase(s.find(5));
cout << s.count(5) << "\n"; // 2
```

count 함수와 erase 함수의 복잡도에는 $O(k)$ 항이 추가로 들어가며, 이때 k는 개수를 구하거나 삭제할 원소의 개수를 의미한다. 멀티셋에서 count 함수를 이용하여 개수를 구하는 것은 효율적이지 않다.

5.2.2 맵

맵(map)은 키(key)와 값의 쌍을 저장하는 집합이다. 맵은 배열의 일반화된 형태라고 할 수 있다. 일반적인 배열은 키가 0부터 $n-1$까지의 연속된 정수인 셈이며, 이때 n은 배열의 크기이다. 반면, 맵에서는 키가 어떤 형태의 값이어도 상관없고 연속된 값이 아니어도 된다.

C++ 표준 라이브러리에는 집합 자료 구조에 대응되는 맵 자료 구조가 두 개 있다. map은 균형 잡힌 이진 탐색 트리를 기반으로 하며, 원소에 접근하는 데 $O(\log n)$ 시간이 걸린다. unordered_map은 해시를 이용하며, 원소에 접근하는 데 평균적으로 $O(1)$ 시간이 걸린다.

다음 코드는 키가 문자열이고 값이 정수인 맵을 만드는 코드이다.

```
map<string,int> m;
m["monkey"] = 4;
m["banana"] = 3;
m["harpsichord"] = 9;
cout << m["banana"] << "\n"; // 3
```

특정 키의 값을 요청했는데 맵에 그 키가 없는 경우, 키가 자동으로 생성되며 값은 기본값으로 설정된다. 예를 들어 다음 코드를 수행하고 나면 키 "aybabtu"와 그에 대한 값 0이 맵에 추가된다.

```
map<string,int> m;
cout << m["aybabtu"] << "\n"; // 0
```

다음 코드의 count 함수는 맵에 키가 존재하는지를 확인하는 함수이다.

```
if (m.count("aybabtu")) {
    // 키가 존재한다.
}
```

다음 코드는 맵에 저장된 모든 키와 값을 출력하는 코드이다.

```
for (auto x : m) {
    cout << x.first << " " << x.second << "\n";
}
```

5.2.3 우선순위 큐

우선순위 큐(priority queue)는 원소의 추가, 탐색, 그리고 삭제 연산이 있는 멀티셋이다. 이때 탐색 및 삭제의 대상이 되는 원소는 최소, 또는 최대 원소이며, 둘 중 어느 쪽이 대상이 되는지는 큐의 속성에 달려있다. 원소의 추가와 삭제는 $O(\log n)$ 시간이 걸리며, 탐색은 $O(1)$ 시간이 걸린다.

보통 우선순위 큐는 특별한 형태의 이진 트리인 **힙**(heap)을 기반으로 만들어진다. multiset에는 우선순위 큐의 모든 연산을 포함하여 더 많은 기능이 있지만, 우선순위 큐가 실행 시간의 상수항이 더 작다. 즉, 필요한 연산이 최대 혹은 최소 원소를 빨리 구하는 것뿐이라면 우선순위 큐를 사용하는 것이 좋다.

기본적으로 C++ 우선순위 큐에서는 원소가 내림차순으로 정렬되어 있으며, 탐색 및 삭제의 대상이 되는 것은 최대 원소이다. 다음 코드에서 이를 확인할 수 있다.

```
priority_queue<int> q;
q.push(3);
q.push(5);
q.push(7);
q.push(2);
cout << q.top() << "\n"; // 7
q.pop();
cout << q.top() << "\n"; // 5
q.pop();
q.push(6);
cout << q.top() << "\n"; // 6
q.pop();
```

우선순위 큐에서 원소 탐색 및 삭제를 최소 원소에 대해 하고 싶다면 다음과 같이 하면 된다.

```
priority_queue<int,vector<int>,greater<int>> q;
```

5.2.4 정책 기반 집합

g++ 컴파일러에는 C++ 표준 라이브러리에 없는 자료 구조인 **정책 기반**(policy-based) 자료 구조가 있다. 이를 사용하기 위해서는 다음 코드를 삽입하면 된다.

```
#include <ext/pb_ds/assoc_container.hpp>
using namespace __gnu_pbds;
```

그러고 나면, set처럼 동작하면서도 배열처럼 원소에 접근할 수 있는 indexed_set 자료 구조를 만들 수 있다. int 값에 대해서는 다음과 같이 정의하면 된다.

```
typedef tree<int,null_type,less<int>,rb_tree_tag,
            tree_order_statistics_node_update> indexed_set;
```

그러면 다음과 같이 집합을 만들 수 있다.

```
indexed_set s;
s.insert(2);
s.insert(3);
s.insert(7);
s.insert(9);
```

이 집합에 대해서는 정렬된 배열에서처럼 원소에 접근할 수 있다. find_by_order 함수는 주어진 위치에 해당하는 원소의 반복자를 반환한다.

```
auto x = s.find_by_order(2);
cout << *x << "\n"; // 7
```

order_of_key 함수는 주어진 원소의 위치를 반환한다.

```
cout << s.order_of_key(7) << "\n"; // 2
```

원소가 집합에 없다면 그 원소가 집합에 있었을 때 어느 위치에 있어야 하는지를 반환한다.

```
cout << s.order_of_key(6) << "\n"; // 2
cout << s.order_of_key(8) << "\n"; // 3
```

두 함수는 모두 로그 시간에 동작한다.

5.3 실험

이 절에서는 지금까지 살펴보았던 자료 구조의 실제 효율성과 관련된 결과를 살펴볼 것이다. 시간 복잡도는 효율성이 어떠한지를 알아보기 위한 좋은 수단이지만, 모든 정보를 담고 있는 것은 아니기 때문에 실제 구현과 데이터를 이용하여 실험을 해보는 것도 의미가 있다.

5.3.1 집합과 정렬

많은 문제는 집합 자료 구조를 사용하거나 정렬을 통해 풀 수 있다. 대부분의 경우 정렬을 이용한 알고리즘이 훨씬 빠르지만, 시간 복잡도만 본다면 이를 알기 쉽지 않다.

예를 들어 벡터의 서로 다른 원소의 수를 계산하는 문제를 생각해 보자. 한 가지 방법은 모든 원소를 집합 자료 구조에 넣고 그 크기를 반환하는 것이다. 이때 원소의 순서는 중요하지 않기 때문에 set과 unordered_set 모두를 사용할 수 있다. 다른 방법으로는 벡터를 정렬한 뒤 원소를 하나씩 살펴보는 것이 있다. 정렬된 배열에서는 서로 다른 원소의 개수를 쉽게 셀 수 있다.

지금 언급한 알고리즘을 임의의 int 벡터에 대해 실험한 결과가 표 5.1에 나와 있다. unordered_set을 이용한 알고리즘은 set을 이용한 알고리즘보다 두 배 가량 빠르며, 정렬 알고리즘은 set을 이용한 알고리즘보다 10배 이상 빠르다. set 알고리즘과 정렬 알고리즘은 모두 $O(n \log n)$ 시간에 동작하지만 후자가 훨씬 빠르다. 그 이유는 정렬은 간단한 연산이지만, set에서 사용하는 균형 잡힌 이진 탐색 트리는 복잡한 자료 구조이기 때문이다.

입력의 크기 n	set(초)	unordered_set(초)	정렬(초)
10^6	0.65	0.34	0.11
$2 \cdot 10^6$	1.50	0.76	0.18
$4 \cdot 10^6$	3.38	1.63	0.33
$8 \cdot 10^6$	7.57	3.45	0.68
$16 \cdot 10^6$	17.35	7.18	1.38

표 5.1 벡터의 서로 다른 원소의 개수를 세는 실험의 결과. 처음 두 개의 알고리즘은 원소를 집합 자료 구조에 추가하며, 마지막 알고리즘은 벡터를 정렬하고 이웃한 원소를 하나씩 살펴본다.

5.3.2 맵과 배열

맵은 어떤 값도 키로 활용할 수 있기 때문에 배열보다 편리하지만, 그만큼 실행 시간의 상수항이 큰 자료 구조이다. 다음 실험에서는 1부터 10^6 사이의 임의의 정수 n개로 이루어진 벡터에 대해서, 각 원소를 하나씩 세며 가장 빈도가 높은 값을 구할 것이다. 먼저 맵을 사용해 보고, 상한 10^6이 크지 않은 값이기 때문에 배열도 사용해 볼 것이다.

표 5.2에 실험 결과가 나와 있다. unordered_map이 map보다 세 배 정도 빠르며, 배열은 거의 100배 빠르다. 즉, 배열을 사용할 수 있는 상황이라면 맵 대신 배열을 사용해야 한다. unordered_map의 실행 시간이 $O(1)$이지만 상수항이 크다는 점에 유의해야 한다.

입력의 크기 n	map(초)	unordered_map(초)	배열(초)
10^6	0.55	0.23	0.01
$2 \cdot 10^6$	1.14	0.39	0.02
$4 \cdot 10^6$	2.34	0.73	0.03
$8 \cdot 10^6$	4.68	1.46	0.06
$16 \cdot 10^6$	9.57	2.83	0.11

표 5.2 벡터에서 가장 빈도가 높은 원소를 구하는 실험의 결과. 처음 두 개의 알고리즘은 맵 자료 구조를 사용하고, 마지막 알고리즘은 배열을 사용한다.

5.3.3 우선순위 큐와 멀티셋

우선순위 큐가 정말 멀티셋보다 빠를까? 이를 확인하기 위해 임의의 int n개로 이루어진 벡터 두 개를 이용한 실험을 진행했다. 먼저 첫 번째 벡터의 모든 원소를 자료 구조에 추가한다. 그리고 두 번째 벡터의 각 원소를 하나씩 살펴보면서, 자료 구조에 저장된 값 중 가장 작은 값을 삭제한 후에 살펴보던 원소를 새로 추가하는 과정을 반복한다.

표 5.3에 실험 결과가 나와 있다. 이 문제에서 우선순위 큐를 사용하는 것이 멀티셋을 사용하는 것보다 다섯 배 정도 빠르다.

입력의 크기 n	multiset(초)	priority_queue(초)
10^6	1.17	0.19
$2 \cdot 10^6$	2.77	0.41
$4 \cdot 10^6$	6.10	1.05
$8 \cdot 10^6$	13.96	2.52
$16 \cdot 10^6$	30.93	5.95

표 5.3 멀티셋과 우선순위 큐에 원소를 추가하고 삭제하는 실험의 결과

6장

G u i d e   t o   C o m p e t i t i v e   P r o g r a m m i n g

동적 계획법

동적 계획법(dynamic programming)은 문제의 최적해를 구하거나 답의 개수를 세는 과정에 사용할 수 있는 알고리즘 설계 기법이다. 이 장에서는 동적 계획법에 대해 살펴볼 것이며, 이 책의 뒷부분에서도 알고리즘을 설계할 때 동적 계획법을 자주 사용하게 될 것이다.

6.1절에서는 동전 교환 문제를 통해 동적 계획법의 기본 요소를 살펴본다. 이 문제는 각각의 가치 값을 갖는 동전 여러 개가 있을 때 가장 적은 수의 동전을 사용하여 특정한 액수를 맞추는 방법을 구하는 문제이다. 간단한 탐욕 알고리즘으로 문제를 풀 수도 있겠지만, 이 경우 항상 최적해를 구하지는 못한다는 것을 앞으로 살펴볼 것이다. 그러나 동적 계획법을 이용하면 항상 최적해를 구하는 효율적인 알고리즘을 만들 수 있다.

6.2절에서는 동적 계획법을 이용하여 풀 수 있는 여러 문제를 살펴볼 것이다. 살펴볼 문제로는 배열에서 최장 증가 부분 수열을 구하는 문제, 이차원 격자에서 최적의 경로를 구하는 문제, 짐 싸기 문제에서 가능한 모든 무게의 합을 생성하는 문제가 있다.

6.1 기본 개념

이 절에서는 동전 교환 문제를 통해 동적 계획법의 기본 요소를 하나씩 살펴본다. 먼저 문제를 풀 수 있는 탐욕 알고리즘을 살펴볼 텐데, 이 알고리즘은 항상 최적해를 보장하지 않는다. 그리고 나서 이 문제를 동적 계획법을 이용하여 효율적으로 풀 수 있음을 보일 것이다.

6.1.1 탐욕법이 실패하는 경우

여러 동전의 값 coins = {$c_1, c_2, \ldots, c_k$}와 만들어야 하는 목표 액수 n이 주어신나고 하자. 이때 가장 적은 수의 동전을 사용하여 합이 n이 되도록 만들어야 한다. 각 동전을 얼마나 쓸 수 있는지에는 별다른 제한이 없다. 예를 들어 coins = {1, 2, 5}이고 $n = 12$일 때, 최적해는 동전을 세 개 사용하여 $5 + 5 + 2 = 12$를 만드는 것이다.

자연스럽게 떠올릴 수 있는 탐욕 알고리즘이 있을 것이다. 항상 액수가 제일 큰 동전을 택하되, 합이 목표 액수를 넘지 않도록 하는 것이다. 예를 들어 $n = 12$일 때, 먼저 값이 5인 동전을 두 개 선택하고 다음으로 값이 2인 동전을 하나 선택하면 답이 된다. 일견 괜찮아 보이는 방법이지만, 이 방법이 항상 최적일까?

사실 이 방법이 항상 성립하지는 않는다. 예를 들어 coins = {1, 3, 4}이고 $n = 6$일 때, 최적해는 동전을 두 개 사용하여 $3 + 3 = 6$을 만드는 것이다. 하지만 탐욕 알고리즘은 동전을 세 개 사용하는 방법을 답으로 낸다($4 + 1 + 1 = 6$). 이 반례를 통해 탐욕 알고리즘이 항상 정답을 구하지는 못한다는 것을 알 수 있다.[1]

그렇다면 이 문제를 어떻게 풀 수 있을까? 또 다른 탐욕 알고리즘을 찾아볼 수도 있겠지만, 바로 떠올릴만한 방법은 보이지 않는다. 그 외의 가능한 방법으로는 모든 가능한 방식을 시도해보는 무차별 알고리즘이 있을 것이다. 이 경우 항상 정답을 구할 수 있겠지만 입력의 크기가 커지면 매우 느릴 것이다.

하지만 동적 계획법을 이용하면 무차별 알고리즘과 흡사하게 동작하면서도 효율적인 알고리즘을 만들 수 있다. 따라서 알고리즘이 정확하다는 것을 확신할 수 있고, 알고리즘으로 큰 입력도 처리할 수 있다. 그뿐만 아니라, 이 방법을 다른 여러 문제에도 적용할 수 있다.

6.1.2 최적해 구하기

동적 계획법을 사용하기 위해서는 문제의 재귀적인 구조를 찾아야 하는데, 그러면 작은 문제의 답을 이용하여 원래의 답을 계산할 수 있게 되기 때문이다. 동전 문제를 자연스럽게 다음과 같은 재귀 문제로 바꿀 수 있다. 합 x를 만들기 위한 동전의 최소 개수를 의미하는 함수 solve(x)의 값을 구하는 것이다. 이 함수의 값은 당연히 동전의 값에 따라 달라진다. 예를 들어 coins = {1, 3, 4}이면 이 함수의 값은 다음과 같이 될 것이다.

---

1   이 문제의 정답을 탐욕 알고리즘으로 구할 수 있는 경우가 정확히 언제냐 하는 것은 흥미로운 질문거리이다. 이를 검사하는 효율적인 알고리즘이 피어슨(Pearson)의 논문에 나와 있다.[28]

$$\text{solve}(0) = 0$$

$$\text{solve}(1) = 1$$

$$\text{solve}(2) = 2$$

$$\text{solve}(3) = 1$$

$$\text{solve}(4) = 1$$

$$\text{solve}(5) = 2$$

$$\text{solve}(6) = 2$$

$$\text{solve}(7) = 2$$

$$\text{solve}(8) = 2$$

$$\text{solve}(9) = 3$$

$$\text{solve}(10) = 3$$

예를 들어 합 10을 만들기 위해서는 최소 세 개의 동전이 필요하므로 $\text{solve}(10) = 3$이다. 최적해는 $3+3+4=10$이다.

solve 함수의 중요한 성질 중 하나는 작은 함숫값을 이용하여 큰 함숫값을 재귀적으로 구할 수 있다는 점이다. 이 아이디어의 핵심은 우리가 첫 번째로 어떤 동전을 선택하는지에 초점을 맞추는 것이다. 예를 들어, 앞의 예제에서 첫 번째로 선택할 수 있는 동전의 값은 1, 3, 4 중 하나이다. 만약에 값이 1인 동전을 처음 선택한다면 남은 일은 최소한의 동전을 이용하여 합 9를 만드는 일이 되고, 이는 원래 문제의 부분 문제가 된다. 물론 3 혹은 4를 선택하는 경우도 마찬가지이다. 따라서 다음과 같은 점화식을 이용하여 동전의 최소 개수를 구할 수 있다.

$$\text{solve}(x) = \min(\text{solve}(x-1)+1,$$
$$\text{solve}(x-3)+1,$$
$$\text{solve}(x-4)+1)$$

이 재귀 함수의 기저 조건(base case)은 $\text{solve}(0) = 0$이다. 합을 0으로 만들기 위해서는 동전이 필요하지 않기 때문이다. 예를 들면 다음과 같다.

$$\text{solve}(10) = \text{solve}(7)+1 = \text{solve}(4)+2 = \text{solve}(0)+3 = 3$$

이제 합 x를 만들기 위한 동전의 최소 개수를 계산하는 일반적인 형태의 점화식을 다음과 같이 나타낼 수 있다.

$$\text{solve}(x) = \begin{cases} \infty & x < 0 \\ 0 & x = 0 \\ \min_{c \in \text{coins}} \text{solve}(x-c)+1 & x > 0 \end{cases}$$

먼저 $x < 0$일 때의 값은 무한대로 정의했는데, 합을 음수로 만들 수는 없기 때문이다. 합을 0으로 만들기 위해서는 동전이 필요하지 않기 때문에 $x = 0$일 때의 값은 0이다. $x > 0$일 때는 첫 번째로 고를 수 있는 동전을 변수 c로 두고, 가능한 한 각각의 경우에 대해 값을 계산하게 된다.

이 문제를 풀기 위한 점화식을 찾은 후, 이를 그대로 구현하면 다음과 같은 C++ 풀이가 된다(상수 INF는 무한대를 의미한다).

```cpp
int solve(int x) {
    if (x < 0) return INF;
    if (x == 0) return 0;
    int best = INF;
    for (auto c : coins) {
        best = min(best, solve(x-c)+1);
    }
    return best;
}
```

이렇게 구현한 함수는 효율적이지 않은데, 이 함수에서는 합을 구하는 수많은 방법을 모두 살펴보기 때문이다. 여기에서 약간만 개선하면 함수를 효율적으로 만들 수 있다.

메모이제이션

동적 계획법에서 아주 중요한 개념인 **메모이제이션**(memoization)은 함수의 값을 계산한 뒤 이를 배열에 저장하는 방법을 말한다. 그러면 그 값이 다시 필요할 때마다 함수를 새로 호출하지 않고도 값을 가져올 수 있게 된다. 이를 위해 다음의 배열을 정의한다.

```cpp
bool ready[N];
int value[N];
```

여기에서 ready[x]는 solve(x)의 값이 계산되었는지를 의미하며, 계산되었다면 그 값은 value[x]에 저장된다. 이때 상수 N은 필요한 모든 값이 배열 범위 안에 저장될 수 있도록 정하면 된다.

이를 이용하여 함수를 다음과 같이 효율적으로 구현할 수 있다.

```
int solve(int x) {
    if (x < 0) return INF;
    if (x == 0) return 0;
    if (ready[x]) return value[x];
    int best = INF;
    for (auto c : coins) {
        best = min(best, solve(x-c)+1);
    }
    ready[x] = true;
    value[x] = best;
    return best;
}
```

기저 조건에 해당하는 $x < 0$인 경우와 $x = 0$인 경우를 처리하는 방식은 이전과 같다. 그리고 ready[x]를 통해 solve(x)의 값이 value[x]에 이미 저장되었는지를 확인하고, 저장되었다면 그 값을 즉시 반환한다. 그렇지 않은 경우 solve(x)의 값을 재귀적으로 계산하고 그 값을 value[x]에 저장한다.

이 함수는 효율적으로 동작하는데, 각 x에 대해 재귀적으로 계산되는 횟수가 단 한 번씩이기 때문이다. solve(x)의 값을 value[x]에 저장하고 나면, 같은 x에 대해 함수가 호출될 때마다 그 값을 효율적으로 가져올 수 있게 된다. 이 알고리즘의 시간 복잡도는 $O(nk)$가 되며, 이때 n은 만들고자 하는 동전의 합이고 k는 동전 종류의 개수이다.

반복문을 이용한 구현

value 배열을 구할 때 다음과 같이 반복문을 이용할 수도 있다.

```
value[0] = 0;
for (int x = 1; x <= n; x++) {
    value[x] = INF;
    for (auto c : coins) {
        if (x-c >= 0) {
            value[x] = min(value[x], value[x-c]+1);
        }
    }
}
```

사실 경진 프로그래머 대부분은 이 방식을 선호하는데, 코드가 더 짧고 실행 속도도 더 빠르기 때문이다. 앞으로 나올 예제에서는 반복문을 이용하는 방식도 사용할 것이다. 그러나 일반적으로는 동적 계획법을 구상할 때 재귀 함수로 나타내는 게 좀 더 쉬운 편이다.

해답 구성하기

문제에 따라서는 최적해의 값뿐 아니라 그 값이 어떻게 만들어지는지를 구해야 하는 경우도 있다. 동전 문제의 최적해가 어떻게 만들어지는지를 구하기 위해서는 새로운 배열을 정의하여 각각의 합을 만들기 위해 어떤 동전을 첫 번째로 선택하는지를 저장하면 된다.

```
int first[N];
```

그러면 다음과 같이 알고리즘을 수정할 수 있다.

```
value[0] = 0;
for (int x = 1; x <= n; x++) {
    value[x] = INF;
    for (auto c : coins) {
        if (x-c >= 0 && value[x-c]+1 < value[x]) {
            value[x] = value[x-c]+1;
            first[x] = c;
        }
    }
}
```

그러고 나면 다음 코드를 이용하여 합을 n으로 만드는 최적해에 사용되는 동전을 출력할 수 있다.

```
while (n > 0) {
    cout << first[n] << "\n";
    n -= first[n];
}
```

6.1.3 해의 개수 세기

동전 문제를 변형하여 합 x를 만드는 경우의 수를 세는 문제를 생각해 보자. 예를 들어 coins = {1, 3, 4}이고 $x = 5$이면 다음과 같이 6가지의 방법이 존재한다.

- 1+1+1+1+1
- 1+1+3
- 1+3+1

- 3+1+1
- 1+4
- 4+1

이 문제 역시 재귀적으로 풀 수 있다. 합 x를 만드는 경우의 수를 solve(x)로 나타내기로 하자. 예를 들어 coins = {1, 3, 4}이면 solve(5) = 6이고 점화식은 다음과 같이 나타낼 수 있다.

$$\text{solve}(x) = \text{solve}(x-1) +$$
$$\text{solve}(x-3) +$$
$$\text{solve}(x-4)$$

이를 일반화하면 다음 식으로 나타낼 수 있다.

$$\text{solve}(x) = \begin{cases} 0 & x < 0 \\ 1 & x = 0 \\ \sum_{c \in \text{coins}} \text{solve}(x-c) & x > 0 \end{cases}$$

$x < 0$이면 가능한 방법이 존재하지 않으므로 값은 0이다. $x = 0$일 때는 값이 1이 되는데, 합을 0으로 만드는 방법은 동전을 사용하지 않는 한 가지 경우뿐이기 때문이다. 그 외의 경우에는 모든 coins의 값 c에 대해 solve$(x-c)$의 값을 더함으로써 구할 수 있다.

다음은 $0 \le x \le n$인 x에 대해 solve(x)의 값을 count[x] 배열에 저장하는 코드이다.

```
count[0] = 1;
for (int x = 1; x <= n; x++) {
    for (auto c : coins) {
        if (x-c >= 0) {
            count[x] += count[x-c];
        }
    }
}
```

가끔 답으로 계산되는 값이 매우 커서 정확한 값 대신 이를 특정한 값 m(예를 들어 $m = 10^9 + 7$)으로 나눈 나머지를 구하는 경우도 있다. 그럴 때는 코드를 수정하여 모든 계산에 m에 대한 나머지 연산을 추가하면 된다. 이 문제에서는 다음 코드를

```
count[x] %= m;
```

다음 코드 밑에 추가하면 된다.

```
count[x] += count[x-c];
```

6.2 다른 예제

동적 계획법의 기본 개념에 대해 알아보았으니 이제 동적 계획법을 이용해 효율적으로 풀 수 있는 문제를 다뤄보자. 앞으로 살펴보겠지만, 동적 계획법은 알고리즘 설계에 여러 방면으로 적용할 수 있는 유용한 기술이다.

6.2.1 최장 증가 부분 수열

원소가 n개인 배열의 일부 원소를 골라내어 만든 부분 수열 중에서, 각 원소가 이전 원소보다 크다는 조건을 만족하면서 그 길이가 최대인 것을 **최장 증가 부분 수열**(longest increasing subsequence)이라 한다. 예를 들어 그림 6.1에 원소가 8개인 배열의 최장 증가 부분 수열이 나와 있다.

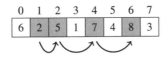

그림 6.1 이 배열의 최장 증가 부분 수열은 [2, 5, 7, 8]이다.

주어진 배열의 최장 증가 부분 수열은 동적 계획법을 이용하여 효율적으로 구할 수 있다. length(k)를 위치 k에서 끝나는 최장 증가 부분 수열의 길이라고 하자. 그러면 $0 \leq k \leq n-1$을 만족하는 모든 k에 대해 length(k)를 계산하여 최장 증가 부분 수열의 길이를 구할 수 있다. 위의 예제에 대한 함수의 값은 다음과 같다.

$$length(0) = 1$$
$$length(1) = 1$$
$$length(2) = 2$$
$$length(3) = 1$$
$$length(4) = 3$$
$$length(5) = 2$$
$$length(6) = 4$$
$$length(7) = 2$$

예를 들어 위치 6에서 끝나는 최장 증가 부분 수열이 4개의 원소로 구성되어 있기 때문에 length(6) = 4이다.

length(k)의 값을 계산하기 위해서는 array[i] < array[k]이면서 length(i)가 최대가

되는 위치 $i < k$를 찾아야 한다. 그러면 length(k) = length(i) + 1임을 알 수 있는데, 이는 i에서 끝나는 최장 증가 부분 수열의 마지막에 array[k]를 추가하는 것이 최적이기 때문이다. 하지만 이를 만족하는 i가 없다면 부분 수열은 array[k]만을 포함하게 되므로 length(k) = 1이 된다.

모든 함숫값이 더 작은 값을 통해 계산될 수 있으므로 동적 계획법을 이용할 수 있다. 다음 코드에서 함수의 값은 배열 length에 저장된다.

```
for (int k = 0; k < n; k++) {
    length[k] = 1;
    for (int i = 0; i < k; i++) {
        if (array[i] < array[k]) {
            length[k] = max(length[k],length[i]+1);
        }
    }
}
```

이 알고리즘은 $O(n^2)$ 시간에 동작한다.[2]

6.2.2 격자상의 경로

다음 문제는 $n \times n$ 격자가 있을 때 왼쪽 위 지점에서 오른쪽 아래 지점으로 가는 경로를 구하는 문제이다. 이때 제약이 하나 있는데, 움직이는 방향은 오른쪽과 아래만 가능하다. 각 지점에는 정수가 할당되어 있고, 경로가 지나가는 지점의 값을 모두 더한 값이 가장 커야 한다.

예를 들어 그림 6.2에 5 × 5 격자에서의 최적 경로가 나와 있다. 이 경로가 지나는 값의 합은 67이고, 이 값이 왼쪽 위에서 오른쪽 아래로 가는 경로 중 가능한 최대의 값이다.

3	7	9	2	7
9	8	3	5	5
1	7	9	8	5
3	8	6	4	10
6	3	9	7	8

그림 6.2 왼쪽 위 지점에서 오른쪽 아래 지점으로 가는 최적 경로

---

2 이 문제에서 값을 더 효율적으로 계산하여 $O(n \log n)$ 시간에 동작하도록 할 수 있다. 그 방법을 찾을 수 있겠는가?

이 격자에서 행과 열의 번호가 1부터 n까지라고, 그리고 value[y][x]가 (y, x) 지점의 값이라고 가정하자. 왼쪽 위 지점에서 (y, x) 지점까지의 경로의 최댓값을 sum(y, x)로 나타내기로 하자. 그러면 sum(n, n)이 왼쪽 위에서 오른쪽 아래까지의 경로 중 최댓값이 된다. 예를 들어 앞의 격자에서는 sum(5, 5) = 67이 된다. 그러면 다음과 같은 공식을 사용할 수 있다.

$$\text{sum}(y, x) = \max(\text{sum}(y, x-1), \text{sum}(y-1, x)) + \text{value}[y][x]$$

이는 (y, x) 지점에서 끝나는 경로의 직전 지점은 $(y, x-1)$ 또는 $(y-1, x)$가 되기 때문이다(그림 6.3). 따라서 합을 최대화하는 방향을 선택하면 된다. $y = 0$이거나 $x = 0$일 때 sum(y, x) = 0으로 정의한다면 이 점화식을 맨 왼쪽 줄과 맨 윗줄의 지점들에도 적용할 수 있다.

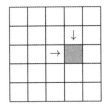

그림 6.3 경로상의 한 지점에 도달하기 위한 두 가지 방법

sum 함수가 두 개의 인자를 받기 때문에 동적 계획법에서 사용할 배열도 2차원으로 구성된다. 예를 들어 다음과 같이 배열을 정의하고

```
int sum[N][N];
```

다음과 같이 합을 계산할 수 있다.

```
for (int y = 1; y <= n; y++) {
    for (int x = 1; x <= n; x++) {
        sum[y][x] = max(sum[y][x-1],sum[y-1][x])+value[y][x];
    }
}
```

이 알고리즘의 시간 복잡도는 $O(n^2)$이다.

6.2.3 짐 싸기 문제

짐 싸기(knapsack)는 여러 물건이 있을 때 특정한 조건을 만족하는 조합을 구하는 문제를 의미한다. 짐 싸기 문제는 동적 계획법을 이용하여 풀 수 있는 경우가 많다.

이 절에서는 다음 문제를 살펴볼 것이다. 무게의 목록 $[w_1, w_2, \ldots, w_n]$이 있을 때 이를 조합하여 만들 수 있는 모든 합을 구하는 문제이다. 예를 들어 그림 6.4에 무게가 [1, 3, 3, 5]인 경우의 가능한 합이 나와 있다. 이 경우 0부터 12까지의 값 중에서 2와 10을 제외한 나머지 값을 합으로 만들어낼 수 있다. 예를 들어 합을 7로 만들려면 [1, 3, 3]을 조합하면 된다.

그림 6.4 [1, 3, 3, 5]를 이용하여 합을 구성하는 경우

문제를 풀기 위해서 첫 k개의 값만으로 합을 만드는 부분 문제를 생각해 보자. 처음 k개의 무게를 사용하여 합 x를 만들 수 있다면 possible(x, k) = true, 그렇지 않으면 possible(x, k) = false로 나타내기로 하자. 이 함수의 값은 다음 공식을 사용하여 재귀적으로 계산할 수 있다.

$$\text{possible}(x, k) = \text{possible}(x - w_k, k - 1) \text{ or } \text{possible}(x, k - 1)$$

합을 만들 때 w_k를 사용하거나 사용하지 않는 두 가지 경우가 있으므로 위의 공식이 성립한다. w_k를 사용하면 첫 $k-1$개의 값을 이용하여 합을 $x-w_k$로 만들어야 하고, w_k를 사용하지 않는다면 첫 $k-1$개의 값으로 합 x를 만들어야 한다. 기저 조건은 다음과 같다.

$$\text{possible}(x, 0) = \begin{cases} \text{true} & x = 0 \\ \text{false} & x \neq 0 \end{cases}$$

이는 아무 원소도 사용하지 않는다면 만들 수 있는 합이 0밖에 없기 때문이다. 최종적으로 possible(x, n)은 모든 값을 사용하여 합 x를 만들 수 있는지를 나타내는 값이 된다.

그림 6.5에 무게가 [1, 3, 3, 5]일 때 모든 함숫값을 계산하는 과정이 나와 있다(값이 true인 경우를 "✓" 표시로 나타냈다). 예를 들어 $k=2$에 해당하는 행은 [1, 3]을 이용하여 만들어낼 수 있는 합이 [0, 1, 3, 4]임을 의미한다.

	0	1	2	3	4	5	6	7	8	9	10	11	12
$k=0$	✓												
$k=1$	✓	✓											
$k=2$	✓	✓		✓	✓								
$k=3$	✓	✓		✓	✓		✓	✓					
$k=4$	✓	✓		✓	✓	✓	✓	✓	✓	✓		✓	✓

그림 6.5 동적 계획법을 이용하여 [1, 3, 3, 5]에 대한 짐 싸기 문제 풀기

모든 무게의 합을 m이라고 하자. 앞에서 살펴본 점화식을 코드로 구현하면 다음과 같이 시간 복잡도가 $O(nm)$인 동적 계획법 코드가 된다.

```
possible[0][0] = true;
for (int k = 1; k <= n; k++) {
    for (int x = 0; x <= m; x++) {
        if (x-w[k] >= 0) {
            possible[x][k] |= possible[x-w[k]][k-1];
        }
        possible[x][k] |= possible[x][k-1];
    }
}
```

사실 이 문제의 동적 계획법 풀이를 계산 과정에서 1차원 배열 possible[x]만을 사용하는 방법으로 효율적으로 구현할 수도 있다. 이때 possible[x]는 합이 x인 부분집합을 구성할 수 있는지를 나타낸다. 또한 오른쪽(값이 큰 경우)부터 왼쪽(값이 작은 경우)의 순서로 계산하는 트릭을 사용해야 이 방식이 올바르게 동작한다.

```
possible[0] = true;
for (int k = 1; k <= n; k++) {
    for (int x = m-w[k]; x >= 0; x--) {
        possible[x+w[k]] |= possible[x];
    }
}
```

이 절에서 다뤘던 동적 계획법에 대한 아이디어를 다른 짐 싸기 문제에도 적용할 수 있다. 예를 들면 각 물건의 무게와 가치가 주어지고 무게의 합이 특정한 값을 넘지 않으면서 가치를 최대로 하는 조합을 구하는 문제가 있다.

6.2.4 순열을 부분집합으로 바꾸기

동적 계획법을 사용하다 보면 순열에 대한 반복을 부분집합에 대한 반복으로 바꿀 수 있는 경우가 있다. 이렇게 하는 것이 도움이 되는 이유는 순열의 개수인 $n!$이 부분

집합의 개수인 2^n보다 훨씬 크기 때문이다. 예를 들어 $n = 20$일 때 $n! \approx 2.4 \cdot 10^{18}$이고 $2^n \approx 10^6$이다. 즉 특정한 n에 대해서, 모든 순열을 살펴보는 것은 효율적이지 않지만 모든 부분집합을 살펴보는 것은 효율적일 수 있다.

예를 들어 다음과 같은 문제를 생각해 보자. 최대 하중이 x인 엘리베이터가 있고 1층에서 꼭대기 층까지 가려고 하는 사람 n명이 있다. 각 사람을 번호 $0, 1, \ldots, n-1$로 표기하고, i번째 사람의 무게를 weight[i]이라고 하자. 모든 사람이 꼭대기 층까지 가려면 엘리베이터가 최소 몇 번 운행해야 하는가?

예를 들어 $x = 12$, $n = 5$로 놓고, 무게가 다음과 같은 경우를 살펴보자.

- weight[0] = 2
- weight[1] = 3
- weight[2] = 4
- weight[3] = 5
- weight[4] = 9

이 경우 최소 운행 횟수는 2이다. 최적해 중 하나는 다음과 같다. 먼저 0, 2, 3번 사람이 엘리베이터를 타고(총 무게 11), 다음으로 1, 4번 사람이 엘리베이터를 탄다(총 무게 12).

이 문제를 $O(n!n)$ 시간에 쉽게 풀 수 있는데, 그 방법은 사람 n명에 대한 모든 가능한 순열을 살펴보는 것이다. 하지만 동적 계획법을 이용하면 보다 효율적인 $O(2^n n)$ 시간의 알고리즘을 만들 수 있다. 모든 사람의 부분집합에 대해, 최소 운행 횟수와 마지막으로 타는 사람들의 무게의 합의 최솟값을 계산하면 된다.

rides(S)를 부분집합 S에 대한 최소 운행 횟수, last(S)를 운행 횟수가 최소일 때 마지막으로 타는 사람들의 무게의 합의 최솟값으로 정의하자. 예를 들어 앞의 경우에서 계산되는 값은 다음과 같다.

$$\text{rides}(\{3, 4\}) = 2, \ \text{last}(\{3, 4\}) = 5$$

3, 4번 사람이 꼭대기 층으로 가기 위해서는 엘리베이터가 최소한 두 번 운행해야 하고, 4번 사람이 먼저 타면 마지막으로 타는 사람의 무게의 합이 최소가 되기 때문이다. 이렇게 정의하면 우리가 구하는 답은 rides($\{0 \ldots n-1\}$)이 된다.

먼저 이 함수의 값을 재귀적으로 계산해본 다음, 동적 계획법을 적용해 보자. 부분집합 S에 대한 값을 계산하려면 S에 속하는 모든 사람을 하나씩 살펴보고, 마지막에 엘리베이터를 타는 사람 p의 최적해를 구해야 한다. last($S \setminus p$) + weight[p] $\leq x$라면,

마지막으로 운행할 때 p번 사람도 같이 타면 된다. 그렇지 않다면 p번 사람이 올라갈 수 있도록 엘리베이터를 한 번 더 운행해야 한다.

이 문제의 동적 계획법 풀이를 구현하는 좋은 방법은 비트 연산을 이용하는 것이다. 먼저 다음과 같은 배열을 정의한다.

```
pair<int,int> best[1<<N];
```

이 배열은 각 부분집합 S에 대해 ($\text{rides}(S)$, $\text{last}(S)$)의 조합을 저장한다. 사람이 없는 경우에 대해서는 다음과 같이 빈 운행 하나를 만든다.

```
best[0] = {1,0};
```

그러면 다음과 같이 배열을 채울 수 있다.

```
for (int s = 1; s < (1<<n); s++) {
    // 초깃값: n+1번 운행해야 하는 경우로 설정한다.
    best[s] = {n+1,0};
    for (int p = 0; p < n; p++) {
        if (s&(1<<p)) {
            auto option = best[s^(1<<p)];
            if (option.second+weight[p] <= x) {
                // p를 기존의 운행에 추가한다.
                option.second += weight[p];
            } else {
                // 새로운 운행을 추가하고 p를 추가한다.
                option.first++;
                option.second = weight[p];
            }
            best[s] = min(best[s], option);
        }
    }
}
```

앞의 반복문에서 $S_1 \subset S_2$인 모든 S_1과 S_2에 대해 S_1이 S_2보다 먼저 처리된다. 즉, 이 코드는 올바른 순서로 계산을 수행한다.

6.2.5 타일 세기

동적 계획법의 상태를 정의할 때, 특정한 값의 조합을 상태로 사용하는 것보다 복잡해지는 경우가 있다. $n \times m$ 크기의 격자를 1×2 타일과 2×1 타일로 채우는 경우의 수를 계산하는 문제를 생각해 보자. 예를 들어 4×7 격자를 채우는 방법은 총 781가지로, 그중 한 가지 경우가 그림 6.6에 나와 있다.

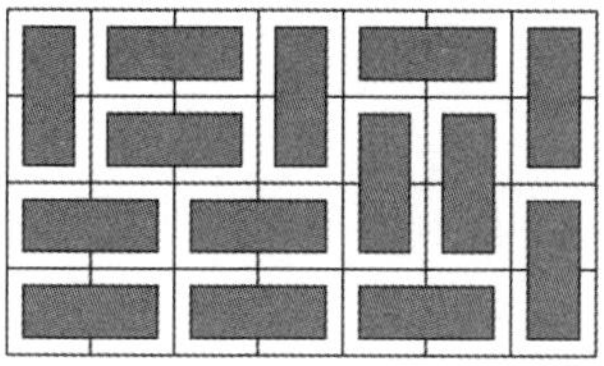

그림 6.6 4 × 7 크기의 격자를 1 × 2 타일과 2 × 1 타일로 채우는 경우 중 하나

이 문제는 격자를 행 단위로 하나씩 살펴보는 동적 계획법으로 풀 수 있다. 각 행은 {⊓, ⊔, ⊏, ⊐}의 네 글자로 이루어진 길이 m의 문자열로 나타낼 수 있다. 예를 들어 그림 6.6은 네 개의 행으로 구성되어 있으며 각 행을 다음과 같은 문자열로 나타낼 수 있다.

- ⊓⊏⊐⊓⊏⊐⊓
- ⊔⊏⊐⊔⊓⊓⊔
- ⊏⊐⊏⊐⊔⊔⊓
- ⊏⊐⊏⊐⊏⊐⊔

격자의 각 행에 1부터 n까지 번호를 붙이기로 하자. 그리고 count(k, x)를 1행부터 k행까지 만들 수 있는 경우의 수로 정의하자. 이때 x는 k행에 해당하는 문자열이다. 각 행이 유효한 경우인지는 직전 행만 살펴보면 알 수 있기 때문에 동적 계획법을 적용할 수 있다.

해가 유효하려면 1행에는 ⊔이 없고 n행에는 ⊓이 없어야 하고, 모든 인접한 행은 서로 호환되어야 한다. 예를 들어, ⊔⊏⊐⊔⊓⊓⊔과 ⊏⊐⊏⊐⊔⊔⊓은 호환되지만 ⊓⊏⊐⊓⊏⊐⊓과 ⊏⊐⊏⊐⊏⊐⊔은 호환되지 않는다.

각 행은 문자 m개로 구성되어 있고 각 문자의 경우의 수는 네 가지이기 때문에, 행의 상태에 대한 서로 다른 경우의 수는 최대 4^m이다. 각 행에 대해 $O(4^m)$의 가능한 상태를 하나씩 살펴보고, 또 각 상태에 대해 가능한 직전 행의 상태 $O(4^m)$가지가 있으므로 총 시간 복잡도는 $O(n4^{2m})$이 된다. 실제로 구현할 때는 격자를 회전하여 짧은 쪽의 길이가 m이 되도록 하는 게 좋은데, 4^{2m} 항이 시간 복잡도에서 더 크게 작용하기 때문이다.

행을 나타내는 방법을 좀 더 간결하게 바꾸면 보다 효율적인 풀이가 된다. 이전 행에서 어느 열에 세로 타일의 윗부분이 있는지만 알면 되기 때문이다. 그러므로 ⊓과 □만 이용하여 행을 표현할 수 있다. 이때 □는 ⊔, ⊏, ⊐을 모두 나타내는 글자이다.

이 표현을 이용하면 서로 다른 행의 개수는 2^m이 되므로 시간 복잡도는 $O(n2^{2m})$이 된다.

마지막으로, 모든 조합의 경우를 세는 공식도 있다.

$$\prod_{a=1}^{\lceil n/2 \rceil} \prod_{b=1}^{\lceil m/2 \rceil} 4 \cdot \left(\cos^2 \frac{\pi a}{n+1} + \cos^2 \frac{\pi b}{m+1} \right)$$

이 공식을 이용하면 모든 조합의 수를 $O(nm)$ 시간만에 효율적으로 계산할 수 있게 된다. 하지만 이 경우 답이 실수의 곱으로 표현되기 때문에 중간 계산 결과를 정확하게 저장하는 방법을 생각해두어야 한다.

7장

그래프 알고리즘

많은 프로그래밍 문제는 주어진 상황을 그래프로 표현하고 적절한 그래프 알고리즘을 이용함으로써 해결할 수 있다. 이 장에서는 그래프에 대한 기본적인 내용과 여러 중요한 그래프 알고리즘을 살펴볼 것이다.

7.1절에서는 그래프와 관련된 용어와 그래프 알고리즘에서 그래프를 나타낼 때 사용하는 여러 가지 자료 구조를 살펴볼 것이다.

7.2절에서는 두 가지 그래프 순회 알고리즘을 살펴본다. 깊이 우선 탐색은 시작 노드에서 도달할 수 있는 모든 노드를 방문하는 간단한 방법이며, 너비 우선 탐색은 시작 노드에서 가까운 순서대로 노드를 방문하는 방법이다.

7.3절에서는 가중 그래프에서 최단 경로를 구하는 알고리즘을 살펴본다. 벨만-포드 알고리즘은 시작 노드에서 다른 모든 노드까지의 최단 경로를 구하는 간단한 알고리즘이다. 다익스트라 알고리즘은 모든 가중치가 음수가 아닌 경우에 적용할 수 있는 좀 더 효율적인 알고리즘이다. 플로이드-워셜 알고리즘은 그래프의 모든 노드 조합 간의 최단 경로를 구하는 알고리즘이다.

7.4절에서는 사이클 없는 방향 그래프의 여러 성질을 살펴본다. 위상 정렬을 적용하는 방법, 그리고 이러한 그래프를 효율적으로 처리하기 위해 동적 계획법을 적용하는 방법을 다룰 것이다.

7.5절에서는 노드마다 후속 노드가 유일하게 존재하는 특수한 그래프를 살펴본다. 각 노드의 후속 노드를 구하는 효율적인 방법과 사이클을 찾는 플로이드 알고리즘을 다룰 것이다.

7.6절에서는 최소 신장 트리를 구하는 알고리즘인 크루스칼 알고리즘과 프림 알

고리즘을 살펴본다. 크루스칼 알고리즘에서는 유니온-파인드 자료 구조를 이용하는데, 이는 다른 알고리즘에도 많이 사용된다.

7.1 그래프 기본

이 절에서는 먼저 그래프와 그 성질에 관해 이야기할 때 자주 사용하는 용어에 대해 살펴본다. 그 다음에는 알고리즘에서 그래프를 나타내기 위해 사용하는 자료 구조를 살펴볼 것이다.

7.1.1 그래프 용어

그래프(graph)는 **노드**(node, **정점**(vertex)이라고도 함)와 그들을 잇는 **간선**(edge)으로 구성되어 있다. 이 책에서는 변수 n을 노드의 개수를 나타내는 데 사용하고, 변수 m을 간선의 개수를 나타내는 데 사용하기로 한다. 노드는 정수 1, 2, ..., n으로 나타낸다. 예를 들어 그림 7.1에 노드가 다섯 개이고 간선이 일곱 개인 그래프가 나와 있다.

경로(path)는 한 노드에서 그래프의 간선을 지나 다른 노드까지 가는 길을 의미한다. 경로의 길이는 경로에 포함된 간선의 개수이다. 예를 들어 그림 7.2에 1번 노드에서 5번 노드로 가는 길이가 3인 경로(1 → 3 → 4 → 5)가 나와 있다. **사이클**(cycle)은 처음 노드와 마지막 노드가 같은 경로를 의미한다. 예를 들어 그림 7.3에 1 → 3 → 4 → 1로 구성된 사이클이 나와 있다.

그래프의 모든 노드 간에 경로가 있는 경우를 **연결 그래프**(connected graph)라고 한다. 그림 7.4를 예로 들면 왼쪽 그래프는 연결 그래프이지만 오른쪽 그래프는 4번 노드에서 다른 노드로 갈 수 없으므로 연결 그래프가 아니다.

그래프의 연결된 부분을 **컴포넌트**(component)라고 표현한다. 그림 7.5에 나와 있는 그래프는 {1, 2, 3}, {4, 5, 6, 7}, {8}의 세 컴포넌트로 구성되어 있다.

트리(tree)는 사이클이 없는 연결 그래프를 말한다. 그림 7.6에 트리인 그래프의 예가 나와 있다.

방향 그래프(directed graph)에서는 간선의 한 방향으로만 이동할 수 있다. 그림 7.7에 방향 그래프의 예가 나와 있다. 이 그래프에는 3번 노드에서 5번 노드로 이어지는 경로 3 → 1 → 2 → 5가 존재하지만, 5번 노드에서 3번 노드로 가는 경로는 없다.

가중 그래프(weighted graph)는 간선마다 **가중치**(weight)가 존재하는 그래프이

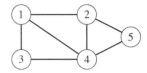

그림 7.1 노드가 다섯 개이고 간선이 일곱 개인 그래프

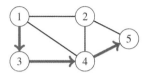

그림 7.2 1번 노드에서 5번 노드까지 이어지는 경로

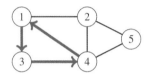

그림 7.3 세 노드로 이루어진 사이클

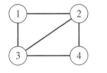

그림 7.4 왼쪽 그래프는 연결 그래프이며, 오른쪽 그래프는 그렇지 않다.

그림 7.5 컴포넌트 세 개로 구성된 그래프

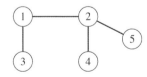

그림 7.6 트리

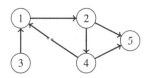

그림 7.7 방향 그래프

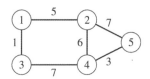

그림 7.8 가중 그래프

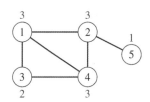

그림 7.9 노드의 차수

다. 많은 경우에 간선의 가중치를 그 간선의 길이로 해석하며, 이때 경로의 길이는 간선 가중치의 합이다. 예를 들어 그림 7.8에 나와 있는 그래프는 가중 그래프이며, 경로 1 → 3 → 4 → 5의 길이는 1+7+3=11이다. 이 경로는 1번 노드에서 5번 노드까지 가는 경로 중 가장 짧다.

두 노드를 잇는 간선이 있을 때 두 노드를 **이웃**(neighbor) 노드, 또는 **인접한**(adjacent) 노드라고 표현한다. 노드의 **차수**(degree)는 이웃 노드의 개수이다. 그림 7.9에 각각의 노드에 대한 차수가 나와 있다. 예를 들어 2번 노드의 이웃은 1, 4, 5번 노드이므로 차수는 3이다.

그래프의 간선 개수를 m이라고 할 때, 차수의 합은 항상 $2m$이다. 각 간선은 그 간선이 잇는 두 노드의 차수를 1씩 증가시키기 때문이다. 즉, 차수의 합은 항상 짝수이다. 모든 노드의 차수가 상수 d로 같은 경우를 **정규 그래프**(regular graph)라고 하며, 모든 노드의 차수가 $n-1$인 경우, 즉 모든 두 노드 간에 간선이 있는 경우를 **완전 그래프**(complete graph)라고 한다.

방향 그래프에서 **진입 차수**(indegree)는 그 노드로 향하는 간선의 개수이며 **진출 차수**(outdegree)는 그 노드에서 시작하는 간선의 개수이다.

그림 7.10에 각 노드의 진입 차수와 진출 차수가 나와 있다. 예를 들어 2번 노드의 진입 차수는 2이고 진출 차수는 1이다.

어떤 그래프의 모든 노드를 두 가지 색깔 중 하나로 칠하되, 이웃 노드의 색깔이 같은 경우가 없도록 만들 수 있다면 그 그래프를 **이분 그래프**(bipartite graph)라고 한다. 그래프가 이분 그래프인 경우는 홀수 개의 간선으로 이루어진 사이클이 없는 경우와 일치한다. 그림 7.11에 이분 그래프 하나와 각 노드에 색깔을 칠한 결과가 나와 있다.

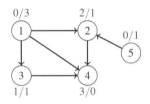

그림 7.10 진입 차수와 진출 차수

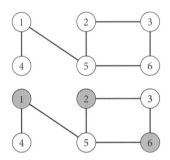

그림 7.11 이분 그래프 하나와 각 노드를 색깔로 구분한 결과

7.1.2 그래프의 표현

그래프를 알고리즘에서 표현하는 방법에는 여러 가지가 있다. 그래프의 크기가 어느 정도인지, 그리고 알고리즘에서 그래프를 어떻게 처리하는지에 따라 알맞은 자료 구조가 결정된다. 우리는 그래프를 표현하는 세 가지 방법을 살펴볼 것이다.

인접 리스트

인접 리스트(adjacency list) 표현법은 그래프의 각 노드 x에 대한 인접 리스트, 즉 x에서 출발하는 간선이 있는 노드의 리스트를 관리한다. 인접 리스트는 그래프를 나타내는 가장 대중적인 방법으로, 알고리즘 대부분은 이 방식을 이용하여 효율적으로 구현할 수 있다.

인접 리스트를 편리하게 저장하는 방법은 다음과 같이 벡터의 배열을 만드는 것이다.

```
vector<int> adj[N];
```

상수 N은 모든 인접 리스트를 저장할 수 있게 설정한다. 예를 들어 그림 7.12a에 나와 있는 그래프는 다음과 같이 인접 리스트로 표현할 수 있다.

```
adj[1].push_back(2);
adj[2].push_back(3);
adj[2].push_back(4);
adj[3].push_back(4);
adj[4].push_back(1);
```

무방향 그래프를 저장하는 방식도 비슷하며, 각각의 간선이 양방향에 대해 저장된다는 점이 다르다.

가중 그래프에 대해서는 다음과 같이 확장하면 된다.

```
vector<pair<int,int>> adj[N];
```

이 경우 노드 a의 인접 리스트에는 (b, w) 형태의 정보가 저장되며, 이는 노드 a에서 노드 b로 향하는 가중치가 w인 간선이 있음을 의미한다. 예를 들어 그림 7.12b에 나와 있는 그래프는 다음과 같이 표현할 수 있다.

```
adj[1].push_back({2,5});
adj[2].push_back({3,7});
adj[2].push_back({4,6});
adj[3].push_back({4,5});
adj[4].push_back({1,2});
```

인접 리스트를 이용하면 주어진 노드에서 출발하여 갈 수 있는 노드를 효율적으로

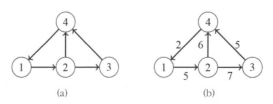

(a)   (b)

그림 7.12 예제 그래프

구할 수 있다. 예를 들어 다음 코드는 노드 s에서 갈 수 있는 모든 노드를 처리하는 반복문이다.

```
for (auto u : adj[s]) {
    // 노드 u를 처리한다.
}
```

인접 행렬

인접 행렬(adjacency matrix)은 그래프에 포함된 간선을 나타내는 행렬이다. 인접 행렬에서는 두 노드 사이에 간선이 있는지를 효율적으로 확인할 수 있다. 인접 행렬은 다음과 같은 배열로 나타낼 수 있다.

```
int adj[N][N];
```

여기에서 adj[a][b]는 노드 a에서 노드 b로 향하는 간선이 있는지를 나타낸다. 그러한 간선이 그래프에 있다면 adj[a][b] = 1이고, 그렇지 않다면 adj[a][b] = 0이다. 예를 들어 그림 7.12a에 나와 있는 그래프를 인접행렬로 나타내면 다음과 같다.

$$\begin{bmatrix} 0 & 1 & 0 & 0 \\ 0 & 0 & 1 & 1 \\ 0 & 0 & 0 & 1 \\ 1 & 0 & 0 & 0 \end{bmatrix}$$

가중 그래프에 대해서는 각각의 값이 간선의 가중치를 나타내도록 확장할 수 있다. 이 표현 방식을 적용하면 그림 7.12b에 나와 있는 그래프를 다음과 같은 행렬로 나타낼 수 있다.

$$\begin{bmatrix} 0 & 5 & 0 & 0 \\ 0 & 0 & 7 & 6 \\ 0 & 0 & 0 & 5 \\ 2 & 0 & 0 & 0 \end{bmatrix}$$

인접 행렬의 단점은 원소의 개수가 n^2개나 되며, 그중 대부분이 0으로 채워진다는 점이다. 이 때문에 그래프가 크면 이 표현 방법을 사용할 수 없다.

간선 리스트

간선 리스트(edge list)는 그래프의 모든 간선을 특정한 순서에 따라 저장한 리스트이다. 이 방식은 알고리즘이 모든 간선을 살펴보는 형태로 되어 있으며, 특정한 노드에서 출발하는 간선을 알 필요가 없을 때 편리하게 사용할 수 있다.

간선 리스트는 다음과 같은 벡터로 저장할 수 있다.

```
vector<pair<int,int>> edges;
```

벡터에 저장된 원소 (a, b)는 노드 a에서 노드 b로 가는 간선을 나타낸다. 즉, 그림 7.12a에 나와 있는 그래프는 다음과 같이 나타낼 수 있다.

```
edges.push_back({1,2});
edges.push_back({2,3});
edges.push_back({2,4});
edges.push_back({3,4});
edges.push_back({4,1});
```

가중 그래프에 대해서는 다음과 같은 구조로 확장할 수 있다.

```
vector<tuple<int,int,int>> edges;
```

이 리스트에 저장된 원소는 (a, b, w)의 형태인데, 이는 노드 a에서 노드 b로 향하는 가중치가 w인 간선이 있음을 의미한다. 예를 들어 그림 7.12b에 나와 있는 그래프는 다음과 같이 나타낼 수 있다.[1]

```
edges.push_back({1,2,5});
edges.push_back({2,3,7});
edges.push_back({2,4,6});
edges.push_back({3,4,5});
edges.push_back({4,1,2});
```

7.2 그래프 순회

이 절에서는 깊이 우선 탐색과 너비 우선 탐색이라는 두 가지 기본 그래프 알고리즘을 살펴본다. 두 알고리즘 모두 그래프의 특정 노드를 시작 노드로 삼을 때, 그 노드에서 도달 가능한 모든 노드를 방문하는 알고리즘이다. 두 알고리즘의 차이는 노드를 방문하는 순서에 있다.

---

1   오래된 컴파일러의 경우, 중괄호 대신 make_tuple 함수를 이용해야 한다. 예를 들어 {1,2,5}는 make_tuple(1,2,5)가 된다.

7.2.1 깊이 우선 탐색

깊이 우선 탐색(Depth-First Search, DFS)은 직관적인 그래프 순회 방식이다. 시작 노드에서부터 출발하여 그래프의 간선을 따라 이동해 가며 도달 가능한 모든 노드를 처리한다.

깊이 우선 탐색은 새로운 노드가 발견되는 동안 단일한 경로를 따른다. 그 다음에는 방문했던 이전 노드로 돌아가 그래프의 다른 부분을 탐색하기 시작한다. 알고리즘을 진행하는 과정에서 방문했던 노드를 기록하므로 각 노드는 한 번씩만 처리된다.

그림 7.13에 깊이 우선 탐색으로 그래프를 처리하는 과정이 나와 있다. 탐색은 어떤 노드에서도 출발할 수 있다. 이 예제에서는 1번 노드에서 시작한다. 먼저 $1 \rightarrow 2 \rightarrow 3 \rightarrow 5$의 경로를 따라 노드를 차례로 방문한다. 그런 다음 1번 노드로 돌아가서 방문하지 않은 노드인 4번 노드를 방문한다.

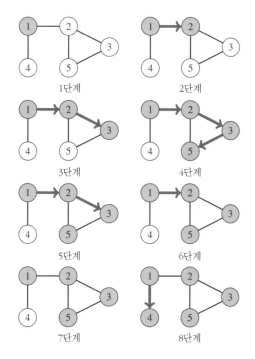

그림 7.13 깊이 우선 탐색

구현

깊이 우선 탐색은 재귀를 이용하여 편리하게 구현할 수 있다. 다음에 나올 dfs 함수는 주어진 노드에 대해 깊이 우선 탐색을 수행하는 함수이다. 이 함수에서는 그래프가 인접 리스트 형태로 다음과 같은 배열에 저장되었다고 가정한다.

```
vector<int> adj[N];
```

이때 다음과 같은 배열을 관리한다.

```
bool visited[N];
```

이 배열은 방문했던 노드를 기록하기 위한 배열이다. 처음에는 배열의 모든 값이 false이다. 탐색 과정에서 노드 s를 방문할 때마다 visited[s]의 값이 true가 된다. 함수는 다음과 같이 구현할 수 있다.

```
void dfs(int s) {
    if (visited[s]) return;
    visited[s] = true;
    // 노드 s를 처리한다.
    for (auto u: adj[s]) {
        dfs(u);
    }
}
```

깊이 우선 탐색의 시간 복잡도는 $O(n+m)$으로, n은 노드의 개수이고 m은 간선의 개수이다. 이 알고리즘이 각 노드와 간선을 한 번씩 처리하기 때문에 이와 같은 시간 복잡도가 성립한다.

7.2.2 너비 우선 탐색

너비 우선 탐색(Breadth-First Search, BFS)은 시작 노드에서 각 노드까지의 거리가 증가하는 순서대로 노드를 방문하는 방식이다. 따라서 특정한 시작 노드에서 다른 모든 노드까지의 거리를 너비 우선 탐색을 이용하여 계산할 수 있다. 하지만 너비 우선 탐색은 깊이 우선 탐색보다 구현하기 더 어렵다.

너비 우선 탐색은 노드를 단계별로 차례차례 방문한다. 먼저 시작 노드와의 거리가 1인 노드를 방문하고, 다음으로 거리가 2인 노드를 방문하고, 이러한 방식을 반복한다. 이 과정을 모든 노드를 방문할 때까지 진행한다.

그림 7.14에 너비 우선 탐색으로 그래프를 순회하는 과정이 나와 있다. 1번 노드부터 탐색을 시작한다고 하자. 먼저 거리가 1인 2번 노드와 4번 노드를 방문하고, 거리가 2인 3번 노드와 5번 노드를 방문하고, 마지막으로 거리가 3인 6번 노드를 방문한다.

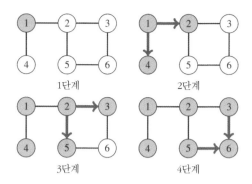

그림 7.14 너비 우선 탐색

구현

너비 우선 탐색은 깊이 우선 탐색보다 구현이 더 어려운데, 노드 방문이 그래프의 여러 부분에 걸쳐 진행되기 때문이다. 일반적인 구현은 방문할 노드를 관리하기 위한 큐를 사용하며, 단계마다 큐에서 다음 노드를 가져와서 처리한다.

여기서 살펴볼 코드는 그래프가 인접 리스트로 저장되어 있다고 가정하며, 다음과 같은 자료 구조를 사용한다.

```
queue<int> q;
bool visited[N];
int distance[N];
```

큐 q에는 처리할 노드가 시작 노드와의 거리가 증가하는 순서대로 들어간다. 새로운 노드는 항상 큐의 마지막에 추가되며, 큐의 첫 번째에 있는 노드가 다음에 처리할 노드가 된다. visited 배열은 어떤 노드를 방문했는지를 저장하기 위한 배열이고, distance 배열에는 노드별로 시작 노드와의 거리가 저장된다.

노드 x에서 시작하는 너비 우선 탐색은 다음과 같이 구현할 수 있다.

```
visited[x] = true;
distance[x] = 0;
q.push(x);
while (!q.empty()) {
    int s = q.front(); q.pop();
    // 노드 s를 처리한다.
    for (auto u : adj[s]) {
        if (visited[u]) continue;
        visited[u] = true;
        distance[u] = distance[s]+1;
        q.push(u);
    }
}
```

깊이 우선 탐색과 마찬가지로, 너비 우선 탐색의 시간 복잡도도 $O(n+m)$이 된다. 이때도 n은 노드의 개수이고 m은 간선의 개수이다.

7.2.3 응용

그래프 순회 알고리즘을 이용하면 그래프가 특정한 성질을 갖는지를 다양하게 검사할 수 있다. 대부분의 검사에서 깊이 우선 탐색과 너비 우선 탐색을 모두 사용할 수 있지만, 구현하기 쉬운 깊이 우선 탐색이 일반적으로 많이 사용된다. 이후의 설명에서는 그래프가 무방향 그래프라고 가정한다.

연결성 확인

그래프의 모든 노드 사이에 경로가 있는 경우를 연결 그래프라 부른다. 그래프가 연결 그래프인지를 확인하기 위해서는 임의의 노드에서 출발하여 다른 모든 노드를 방문할 수 있는지를 확인하면 된다.

그림 7.15에 나와 있는 그래프를 예로 들어보자. 1번 노드에서 출발하는 깊이 우선 탐색을 수행했을 때, 모든 노드를 방문할 수 없으므로 그래프가 연결 그래프가 아니라고 판단할 수 있다. 이와 비슷하게, 아직 방문하지 않은 노드에 대해 깊이 우선 탐색을 진행하는 과정을 모든 노드를 방문할 때까지 반복하면 그래프의 모든 컴포넌트를 구할 수 있다.

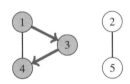

그림 7.15 그래프의 연결성 확인

사이클 찾기

그래프 탐색 과정에서 이미 방문했던 노드(현재 경로상에서 바로 직전에 방문한 노드는 제외한다)가 이웃 노드에 포함되어 있다면, 이 경우 사이클이 있다고 판단할 수 있다. 그림 7.16의 그래프를 예로 들면 1번 노드부터 시작한 깊이 우선 탐색 과정에서 사이클을 확인할 수 있다. 2번 노드에서 5번 노드로 이동할 때, 5번 노드의 이웃인 3번 노드는 이미 방문했던 노드이다. 따라서 3번 노드를 포함한 $3 \rightarrow 2 \rightarrow 5 \rightarrow 3$의 사이클이 있음을 알 수 있다.

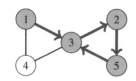

그림 7.16 그래프의 사이클 찾기

그래프에 사이클이 있는지 판단하는 다른 방법으로는 각 컴포넌트에 대해 노드와 간선의 개수를 세는 것도 있다. 컴포넌트에 포함된 노드의 개수가 c개이고 컴포넌트 내에 사이클이 없다면 간선의 개수는 정확히 $c-1$개여야 한다(그러면 그 컴포넌트는 트리이다). 간선의 개수가 c개 이상인 경우, 그 컴포넌트에는 사이클이 포함되어 있다.

이분성 확인

그래프의 모든 노드를 두 가지 색 중 하나로 칠하여 이웃한 노드의 색깔이 같은 경우가 없도록 만들 수 있는 경우를 이분 그래프라고 한다. 그래프 순회 알고리즘을 이용하여 그래프가 이분 그래프인지를 쉽게 판단할 수 있다.

두 가지의 색깔 X와 Y를 정하고, 시작 노드를 X색으로 칠하고, 시작 노드의 이웃을 Y색으로 칠하고, 그 노드의 이웃을 다시 X색으로 칠하는 식의 과정을 반복한다. 이 과정에서 이웃한 두 노드가 같은 색깔인 경우를 발견하면, 그래프가 이분 그래프가 아니라고 판단할 수 있다. 그렇지 않다면 그래프가 이분 그래프이고, 이러한 과정을 수행한 결과는 색깔을 칠하는 방법의 하나가 된다.

그림 7.17의 그래프를 예로 들면 1번 노드부터 깊이 우선 탐색을 진행했을 때, 이웃한 노드인 2번 노드와 5번 노드의 색깔이 같게 되므로 이 그래프가 이분 그래프가 아님을 알 수 있다.

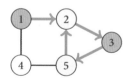

그림 7.17 이분 그래프인지 확인하는 과정에서 모순이 발생한 경우

칠할 수 있는 색깔이 두 가지밖에 없는 경우, 특정한 컴포넌트에 대해 시작 노드의 색깔을 정하면 나머지 노드의 색깔이 모두 정해지게 되므로 이 알고리즘은 항상 올

바르게 동작한다. 색깔을 어떻게 정하더라도 결과는 달라지지 않는다.

이 문제를 일반화한 것, 즉 k가지의 색깔을 사용하여 모든 이웃한 노드가 다른 색깔이 되도록 칠할 수 있는지 판단하는 것은 매우 어렵다. $k = 3$인 경우조차도 NP-하드 문제이다.

7.3 최단 경로

그래프에서 두 노드 간의 최단 경로를 구하는 문제는 매우 중요하며 활용 분야도 많다. 예를 들어 도로망과 관련된 자연스러운 문제 중 하나는 각 도로의 길이 정보가 있을 때 두 도시를 잇는 가장 짧은 경로를 구하는 것이다.

가중치가 없는 그래프의 경우, 경로의 길이가 간선의 개수와 같으므로 너비 우선 탐색을 이용하여 최단 경로를 구할 수 있다. 하지만 이 절에서는 가중 그래프에 초점을 맞추며, 이 경우에 최단 경로를 구하기 위해서는 보다 정교한 알고리즘이 필요하다.

7.3.1 벨만-포드 알고리즘

벨만-포드 알고리즘(Bellman-Ford algorithm)은 시작 노드에서부터 다른 모든 노드로 가는 최단 경로를 구하는 알고리즘이다. 이 알고리즘으로 길이가 음수인 사이클을 포함하지 않는 모든 종류의 그래프를 처리할 수 있다. 그래프에 음수 사이클이 있는 경우에는 이를 찾아낼 수도 있다.

이 알고리즘에서는 시작 노드에서 다른 모든 노드까지의 길이를 모두 추적한다. 거리의 초깃값은 시작 노드의 경우 0이고 다른 모든 노드의 경우 무한대의 값으로 설정된다. 그리고 이 값을 계속해서 줄여나가는 과정을 더는 줄일 수 있는 값이 없을 때까지 반복한다.

그림 7.18에 벨만-포드 알고리즘으로 그래프를 처리하는 과정이 나와 있다. 먼저 $1 \rightarrow 2$, $1 \rightarrow 3$, $1 \rightarrow 4$ 간선을 이용하여 거리를 줄이고, $2 \rightarrow 5$ 간선과 $3 \rightarrow 4$ 간선을 이용한 다음, 마지막으로 $4 \rightarrow 5$ 간선을 이용하여 거리를 줄인다. 이후에는 거리를 더 줄일 수 없게 되며, 이렇게 구한 값이 최종 거리가 된다.

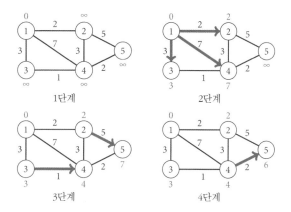

그림 7.18 벨만-포드 알고리즘

구현

다음에 나올 코드는 벨만-포드 알고리즘을 구현한 것으로, 노드 x에서 다른 모든 노드로 가는 최단 경로를 구하는 코드이다. 그래프는 간선 리스트 edges에 (a, b, w)의 형식으로 저장되어 있다고 가정한다. 이는 노드 a에서 노드 b로 가는 가중치가 w인 간선이 있음을 의미한다.

이 알고리즘은 $n-1$번의 라운드로 구성되어 있다. 라운드마다 모든 간선을 살펴보며 그 간선이 거리를 줄이는 데 사용될 수 있는지를 확인한다. 이 알고리즘에 사용된 distance 배열은 노드 x에서 각 노드로 향하는 거리를 저장하는 데 사용된다. 상수 INF는 무한대의 거리를 의미한다.

```
for (int i = 1; i <= n; i++) {
    distance[i] = INF;
}
distance[x] = 0;
for (int i = 1; i <= n-1; i++) {
    for (auto e : edges) {
        int a, b, w;
        tie(a, b, w) = e;
        distance[b] = min(distance[b], distance[a]+w);
    }
}
```

이 알고리즘은 $n-1$번의 라운드로 구성되어 있고, 라운드마다 m개의 간선 모두를 처리하므로 시간 복잡도는 $O(nm)$이다. 그래프에 음수 사이클이 있는 경우를 제외하면, $n-1$번의 라운드가 끝난 후 모든 노드에 대해 최종 거리를 구할 수 있게 된다. 각각의 최단 경로가 포함하는 간선의 수가 최대 $n-1$개이기 때문이다.

이 알고리즘을 최적화하는 방법은 여러 가지가 있다. 보통의 경우 라운드를 $n-1$ 번 진행하기 전에 모든 노드의 최종 거리가 계산되는데, 한 라운드를 진행하는 동안에 거리가 줄어드는 경우가 없었다면 알고리즘을 즉시 종료해도 된다. 다른 최적화 방법으로는 SPFA(Shortest Path Faster Algorithm[10], 좀 더 빠른 최단 경로 알고리즘) 알고리즘이 있다. 이 알고리즘에서는 거리를 줄이는 데 사용될 수 있는 노드를 별도의 큐로 관리하며, 그 노드만 처리함으로써 탐색 과정을 더 효율적으로 진행할 수 있게 된다.

음수 사이클

벨만-포드 알고리즘을 그래프에 길이가 음수인 사이클이 있는지를 확인하는 데에도 사용할 수 있다. 이 경우, 사이클을 포함하는 경로의 길이는 무한히 짧아질 수 있기 때문에 최단 경로를 구하는 것은 의미가 없다. 예를 들어 그림 7.19에 나와 있는 그래프에서 $2 \rightarrow 3 \rightarrow 4 \rightarrow 2$ 사이클은 길이가 -4인 음수 사이클이다.[2]

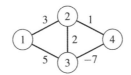

그림 7.19 음수 사이클이 있는 그래프

음수 사이클을 찾기 위해서는 벨만-포드 알고리즘을 n번의 라운드로 진행하면 된다. 마지막 라운드에서도 거리가 줄어드는 경우가 있다면, 그래프에 음수 사이클이 있다고 판단할 수 있다. 이 방법을 이용하면 시작 노드를 어떤 노드로 설정하더라도 음수 사이클을 찾을 수 있다.

7.3.2 다익스트라 알고리즘

다익스트라 알고리즘(Dijkstra's algorithm)은 벨만-포드 알고리즘처럼 특정한 노드에서 시작하여 그래프의 모든 노드로 가는 최단 경로를 구하는 알고리즘이다. 다익스트라 알고리즘은 좀 더 효율적이기 때문에 그래프가 큰 경우에도 사용할 수 있다는 점이 장점이다. 하지만 이 알고리즘은 그래프에 가중치가 음수인 간선이 없는 경우에만 사용할 수 있다.

---

2 (옮긴이) 사실 무방향 그래프의 경우에는 음수 간선이 있기만 해도 음수 사이클이 있다고 할 수 있다. 이 예에서는 $3 \rightarrow 4 \rightarrow 3$과 같은 경로도 음수 사이클이기 때문이다. 이 그래프의 경우에는 간선의 방향이 $2 \rightarrow 3 \rightarrow 4 \rightarrow 2$와 같더라도 음수 사이클이 있는 그래프가 된다.

다익스트라 알고리즘도 벨만-포드 알고리즘처럼 각 노드까지의 거리를 저장하고 탐색 과정에서 값을 줄여나간다. 다익스트라 알고리즘의 각 단계에서는 아직 처리하지 않은 노드 중 거리가 가장 작은 노드를 찾고, 그 노드에서 시작하는 모든 간선을 쭉 살펴보며 노드까지의 거리를 줄일 수 있다면 줄인다. 가중치가 음수인 간선이 없다는 사실을 활용해서 그래프에 있는 모든 간선을 단 한 번만 처리하기 때문에, 다익스트라 알고리즘은 매우 효율적인 알고리즘이다.

그림 7.20에 다익스트라 알고리즘으로 그래프를 처리하는 과정이 나와 있다. 벨만-포드 알고리즘처럼 시작 노드를 제외한 모든 노드에 대해 거리의 초깃값은 무한대로 설정한다. 노드를 방문하는 순서는 1, 5, 4, 2, 3번 노드이고, 각 노드를 방문할 때마다 그 노드에서 시작하는 간선을 이용하여 이웃한 노드까지의 거리를 줄여나간다. 그리고 각 노드를 처리한 뒤에는 해당 노드까지의 거리가 절대 변하지 않는다.

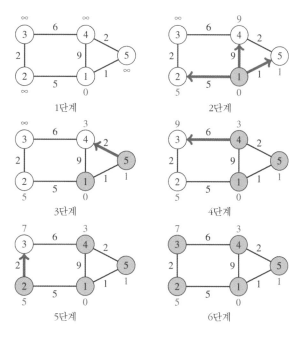

그림 7.20 다익스트라 알고리즘

구현

다익스트라 알고리즘을 효율적으로 구현하기 위해서는 아직 처리하지 않은 노드 중 거리가 최소인 노드를 효율적으로 찾을 수 있어야 한다. 이 과정에서 사용할 수 있는 적절한 자료 구조로는 아직 처리하지 않은 노드를 거리를 기준으로 저장하는 우선순위 큐가 있다. 우선순위 큐를 사용하면 다음으로 처리할 노드를 로그 시간에 구할 수 있다.

교과서적인 다익스트라 알고리즘의 구현에서는 원소의 값을 수정할 수 있는 우선 순위 큐를 사용한다. 이렇게 하면 각 노드에 대응되는 원소를 큐에 한 번씩만 저장하면 되고, 필요한 경우 이 원소가 저장하고 있는 값을 수정하면 된다. 하지만 표준 라이브러리에 있는 우선순위 큐에는 그러한 연산이 없기 때문에 경진 프로그래밍에서는 보통 다른 구현 방식을 사용한다. 바로 거리가 바뀔 때마다 그 노드를 우선순위 큐에 새로 추가하는 방식이다.

우리가 구현할 다익스트라 알고리즘에서는 노드 x에서 그래프의 다른 모든 노드까지의 거리를 계산한다. 그래프는 인접 리스트의 형태로 저장되며, 즉 adj[a]에는 (b, w) 형태의 값이 저장된다. 이는 노드 a에서 노드 b로 향하는 가중치가 w인 간선이 있음을 의미한다. 그리고 다음과 같이 우선순위 큐를 정의한다.

```
priority_queue<pair<int,int>> q;
```

이 우선순위 큐에 $(-d, x)$의 형태로 값을 저장하는데, 이는 노드 x까지의 거리가 d임을 의미한다. distance 배열은 각 노드까지의 거리가 담긴 배열이며, processed 배열은 노드를 처리했는지를 저장하는 배열이다.

우선순위 큐에 저장되는 값은 각 노드까지의 거리에 음수를 취한 값이다. 이렇게 저장하는 이유는, C++ 우선순위 큐의 기본 버전이 최대 원소를 찾게 되어 있지만, 여기에서는 최소 원소를 구해야 하기 때문이다. 음수를 취함으로써 우선순위 큐의 기본 버전을 사용할 수 있게 되는 것이다.[3] 같은 노드에 대해 여러 원소가 우선순위 큐에 저장될 수 있지만 그 중 거리가 최소인 원소만 처리된다는 점도 참고하라. 구현은 다음과 같다.

```
for (int i = 1; i <= n; i++) {
    distance[i] = INF;
}
distance[x] = 0;
q.push({0,x});
while (!q.empty()) {
    int a = q.top().second; q.pop();
    if (processed[a]) continue;
```

---

3 물론 5.2.3절에 나온 대로 우선순위 큐를 선언하면 양수값을 그대로 사용할 수도 있다. 하지만 그 경우 구현이 길어지게 된다.

```
        processed[a] = true;
        for (auto u : adj[a]) {
            int b = u.first, w = u.second;
            if (distance[a]+w < distance[b]) {
                distance[b] = distance[a]+w;
                q.push({-distance[b],b});
            }
        }
    }
}
```

이 알고리즘은 모든 노드를 살펴보며 진행되고, 각 노드에 연결된 간선에 대해 거릿값을 한 번씩만 우선순위 큐에 추가한다. 따라서 이 구현의 시간 복잡도는 $O(n+m \log m)$이 된다.

음수 간선

다익스트라 알고리즘의 효율성은 그래프에 가중치가 음수인 간선이 없다는 사실을 바탕으로 한다. 그래프에 음수 간선이 있다면 결과가 잘못될 수 있다. 예를 들어 그림 7.21에 나와 있는 그래프를 살펴보자. 1번 노드에서 4번 노드로 가는 최단 경로는 1 → 3 → 4로 길이가 1이다. 하지만 다익스트라 알고리즘은 가중치가 최소인 간선을 찾아 나가는 방식으로 동작하기 때문에 1 → 2 → 4라는 잘못된 결과를 내게 된다.

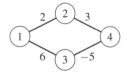

그림 7.21 다익스트라 알고리즘이 실패하는 그래프

7.3.3 플로이드-워셜 알고리즘

플로이드-워셜 알고리즘(Floyd-Warshall algorithm)은 최단 경로를 구하는 문제에 적용할 수 있는 또 다른 방법의 하나이다. 이 장에 나온 다른 알고리즘과의 차이점은 알고리즘을 한 번 실행함으로써 모든 노드 간 최단 경로를 구할 수 있다는 데 있다.

이 알고리즘에서는 노드 간 거리를 저장하기 위한 행렬을 사용한다. 행렬의 초깃값은 그래프의 인접 행렬에 있는 값과 같다. 알고리즘은 여러 라운드로 구성되며, 라운드마다 각 경로에서 새로운 중간 노드로 사용할 수 있는 노드를 선택하고 거리를 줄이는 과정을 반복한다.

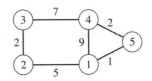

그림 7.22 플로이드-워셜 알고리즘의 입력

그림 7.22에 나와 있는 그래프에 플로이드-워셜 알고리즘이 적용되는 과정을 살펴보자. 이 경우 행렬의 초깃값은 다음과 같다.

$$\begin{bmatrix} 0 & 5 & \infty & 9 & 1 \\ 5 & 0 & 2 & \infty & \infty \\ \infty & 2 & 0 & 7 & \infty \\ 9 & \infty & 7 & 0 & 2 \\ 1 & \infty & \infty & 2 & 0 \end{bmatrix}$$

첫 번째 라운드에서는 1번 노드가 새로운 중간 노드가 된다. 이 노드를 중간 노드로 이용하면 2번 노드와 4번 노드를 잇는 길이가 14인 경로를 만들 수 있고, 마찬가지로 2번 노드와 5번 노드를 잇는 길이가 6인 경로를 만들 수 있다.

$$\begin{bmatrix} 0 & 5 & \infty & 9 & 1 \\ 5 & 0 & 2 & \mathbf{14} & \mathbf{6} \\ \infty & 2 & 0 & 7 & \infty \\ 9 & \mathbf{14} & 7 & 0 & 2 \\ 1 & \mathbf{6} & \infty & 2 & 0 \end{bmatrix}$$

두 번째 라운드에서는 2번 노드가 새로운 중간 노드가 된다. 이 노드를 중간 노드로 이용하면 1번 노드와 3번 노드를 잇는 경로와 3번 노드와 5번 노드를 잇는 경로가 생긴다.

$$\begin{bmatrix} 0 & 5 & \mathbf{7} & 9 & 1 \\ 5 & 0 & 2 & 14 & 6 \\ \mathbf{7} & 2 & 0 & 7 & \mathbf{8} \\ 9 & 14 & 7 & 0 & 2 \\ 1 & 6 & \mathbf{8} & 2 & 0 \end{bmatrix}$$

이와 같은 방식으로 알고리즘을 계속 진행하며, 모든 노드가 중간 노드로 선정될 때까지 반복한다. 알고리즘이 종료하고 나면, 행렬에는 모든 노드 간 최단 거리가 들어 있게 된다.

$$\begin{bmatrix} 0 & 5 & 7 & 3 & 1 \\ 5 & 0 & 2 & 8 & 6 \\ 7 & 2 & 0 & 7 & 8 \\ 3 & 8 & 7 & 0 & 2 \\ 1 & 6 & 8 & 2 & 0 \end{bmatrix}$$

예를 들어 이 행렬을 통해 2번 노드와 4번 노드 간 거리가 8임을 알 수 있다. 이는 그림 7.23에 나와 있는 경로에 대응된다.

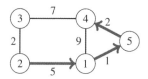

그림 7.23 2번 노드에서 4번 노드로 가는 최단 경로

구현

플로이드-워셜 알고리즘은 구현이 매우 쉽다. 다음에 나올 코드는 거리를 저장하는 행렬을 초기화하는 코드로, dist[a][b]가 노드 a와 노드 b 간의 최단 거리를 나타낸다. 먼저 dist 배열을 adj에 저장된 그래프의 인접 행렬을 이용해 초기화한다.

```
for (int i = 1; i <= n; i++) {
    for (int j = 1; j <= n; j++) {
        if (i == j) dist[i][j] = 0;
        else if (adj[i][j]) dist[i][j] = adj[i][j];
        else dist[i][j] = INF;
    }
}
```

그러고 난 후, 다음 코드로 최단 경로를 구할 수 있다.

```
for (int k = 1; k <= n; k++) {
    for (int i = 1; i <= n; i++) {
        for (int j = 1; j <= n; j++) {
            dist[i][j] = min(dist[i][j],dist[i][k]+dist[k][j]);
        }
    }
}
```

이 알고리즘은 3중으로 중첩된 반복문으로 구성되어 있고, 각각은 그래프의 노드 수만큼 반복하므로 시간 복잡도는 $O(n^3)$이 된다.

플로이드-워셜 알고리즘의 구현이 간단하기 때문에, 그래프에서 한 쌍의 노드 사이의 최단 경로만 구하려 할 때도 이 알고리즘을 사용할 수 있다. 단, 그래프의 크기가 작아서 세제곱 시간 알고리즘으로도 문제가 풀릴 때만 가능하다.

7.4 사이클 없는 방향 그래프

그래프의 중요한 분류 중 하나로 DAG(Directed Acyclic Graph, 사이클 없는 방향 그래프, 방향성 비순환 그래프라고도 한다)가 있다. 이 그래프 안에는 사이클이 없으며, 그래프가 DAG라고 가정한다면 문제를 풀기 쉬워지는 경우가 많다. 특히, DAG에서는 항상 위상 정렬이 가능하며, 그 후에 동적 계획법을 적용하는 것도 가능하다.

7.4.1 위상 정렬

위상 정렬(topological sort)은 방향 그래프의 노드에 대해 순서를 매김으로써, 노드 a에서 노드 b로 가는 경로가 있는 경우 노드 a가 노드 b보다 앞에 나오도록 하는 정렬 방법이다. 예를 들어 그림 7.24에 나와 있는 그래프에 대해 한 가지 가능한 위상 정렬은 [4, 1, 5, 2, 3, 6]이 된다.

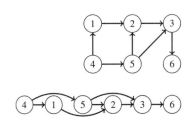

그림 7.24 그래프와 위상 정렬

방향 그래프에서 위상 정렬이 가능한 경우는 사이클이 없는 경우와 정확히 같다. 그래프에 사이클이 있다면, 사이클 내의 노드 중에서는 사이클 내의 다른 모든 노드보다 앞에 나올 수 있는 노드가 없기 때문에 위상 정렬이 불가능하다. 깊이 우선 탐색을 이용하면 방향 그래프에 사이클이 있는지를 확인할 수 있고, 또한 사이클이 없다면 위상 정렬을 구할 수도 있다.

그 방식은 그래프의 모든 노드를 살펴보면서, 아직 처리하지 않은 노드에 대해 그 노드에서 깊이 우선 탐색을 시작하는 것이다. 탐색이 진행되는 동안 노드는 세 가지 상태 중 하나가 된다.

- 0번 상태: 노드가 아직 처리되지 않았다(흰색).

- 1번 상태: 노드가 처리되는 중이다(밝은 회색).

- 2번 상태: 노드의 처리가 끝났다(어두운 회색).

처음에는 모든 노드가 0번 상태이다. 탐색을 진행하며 노드를 처음 방문한 경우, 그 노드는 1번 상태가 된다. 이후 그 노드에서 시작하는 간선을 모두 처리한 다음에는 2번 상태로 바뀐다.

그래프에 사이클이 있는 경우, 탐색 과정 중에 1번 상태인 노드를 방문하게 되기 때문에 사이클을 발견할 수 있게 된다. 이 경우에는 위상 정렬을 진행할 수 없다. 그래프에 사이클이 없는 경우, 각 노드가 2번 상태로 바뀔 때마다 노드를 리스트에 추가함으로써 위상 정렬을 만들 수 있다. 마지막으로 리스트의 순서를 뒤집으면 그래프에 대한 위상 정렬이 완성된다.

이제 예제 그래프에 대한 위상 정렬을 진행해 보자. 첫 번째 탐색(그림 7.25)에서는 1번 노드에서 출발하여 6번 노드까지 가는 경로를 처리하게 되며, 이때 6, 3, 2, 1번 노드가 리스트에 추가된다. 다음으로 두 번째 탐색(그림 7.26)에서는 4번 노드에서 5번 노드까지 가는 경로를 처리하며 5, 4번 노드를 리스트에 추가한다. 이 리스트를 뒤집으면 [4, 5, 1, 2, 3, 6]이 되고, 이는 그래프의 위상 정렬(그림 7.27)이 된다. 위상 정렬은 유일하지 않다. 한 그래프에 대해 여러 위상 정렬이 존재할 수 있다.

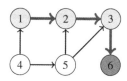

그림 7.25 첫 번째 탐색에서 6, 3, 2, 1번 노드를 리스트에 추가한다

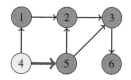

그림 7.26 두 번째 탐색에서 5, 4번 노드를 리스트에 추가한다

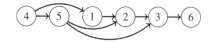

그림 7.27 최종 위상 정렬

그림 7.28에 위상 정렬이 불가능한 그래프 하나가 나와 있다. 탐색을 진행하면서 2번 노드를 방문하게 되는데, 이는 1민 상태이므로 그래프에 사이클이 있음을 알 수 있다. 실제로 이 그래프에는 $2 \to 3 \to 5 \to 2$의 사이클이 존재한다.

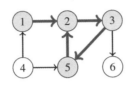

그림 7.28 그래프에 사이클이 있으므로 위상 정렬이 불가능하다.

7.4.2 동적 계획법

동적 계획법을 이용하면 DAG 상에서의 경로와 관련된 많은 질문에 대한 답을 효율적으로 구할 수 있다. 질문의 예시는 다음과 같다.

- 노드 a에서 노드 b로 가는 최단/최장 경로는 무엇인가?
- 서로 다른 경로의 개수는 몇 개인가?
- 경로 중 간선의 개수가 가장 적은/많은 경우 간선은 몇 개인가?
- 모든 경로에 포함된 노드로 어떤 것이 있는가?

일반적인 그래프라면 앞의 질문은 대부분 풀기 어려우며, 어떤 경우에는 문제가 잘 정의되지도 않는다.

예를 들어 노드 a에서 노드 b로 가는 경로의 개수를 세는 문제를 생각해 보자. paths(x)가 노드 a에서 노드 x로 가는 경로의 개수를 나타낸다고 하자. 이때 paths(a) = 1이 된다. 일반적인 경우에 대해 paths(x)를 구하려면 다음 점화식을 사용하면 된다.

$$\text{paths}(x) = \text{paths}(s_1) + \text{paths}(s_2) + \cdots + \text{paths}(s_k)$$

이때 $s_1, s_2, \ldots, s_k$는 x로 가는 간선이 있는 노드를 의미한다. 그래프에 사이클이 없기 때문에, 위상 정렬의 순서대로 paths의 값을 계산하면 된다.

1번 노드에서 6번 노드로 가는 경로의 개수를 구하는 경우, paths의 값은 그림 7.29에 나와 있는 것과 같다. paths의 값을 구하는 예는 다음과 같다.

$$\text{paths}(6) = \text{paths}(2) + \text{paths}(3)$$

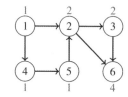

그림 7.29 1번 노드에서 6번 노드까지 가는 경로의 개수

6번 노드로 가는 간선은 $2 \rightarrow 6$과 $3 \rightarrow 6$이므로 앞의 식이 성립한다. paths$(2) = 2$이고 paths$(3) = 2$이기 때문에 paths$(6) = 4$가 된다. 그 경로는 다음과 같다.

- $1 \rightarrow 2 \rightarrow 3 \rightarrow 6$
- $1 \rightarrow 2 \rightarrow 6$
- $1 \rightarrow 4 \rightarrow 5 \rightarrow 2 \rightarrow 3 \rightarrow 6$
- $1 \rightarrow 4 \rightarrow 5 \rightarrow 2 \rightarrow 6$

최단 경로 처리하기

동적 계획법은 그래프의 최단 경로와 관련된 질문에 대한 답을 구할 때도 사용할 수 있다(이때 그래프에 사이클이 있는 경우여도 된다). 시작 노드에서 다른 노드로 가는 최단 거리를 다익스트라 알고리즘 등을 통해 구했다면, 이를 이용하여 **최단 경로 그래프**(shortest paths graph)를 만들 수 있다. 이 그래프는 DAG이고, 시작 노드에서 각 노드까지의 최단 경로는 이 그래프의 간선만을 이용하여 구할 수 있다. 예를 들어 그림 7.30에 그래프 하나와 그에 대한 최단 경로 그래프가 나와 있다.

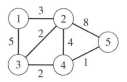

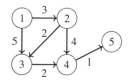

그림 7.30 그래프와 최단 경로 그래프

동전 문제 다시 살펴보기

사실 모든 동적 계획법 문제는 DAG로 나타낼 수 있다. 이때 노드는 동적 계획법상의 상태에, 간선은 각 상태 간의 관계에 대응된다.

예를 들어 동전 $\{c_1, c_2, ..., c_k\}$를 사용하여 목표 액수 n을 만드는 문제(6.1.1절)를 생각해 보자. 이 문제에 대해, 노드가 동전의 합이 되고 간선이 동전을 선택하는 방법을 나타내도록 그래프를 만들 수 있다. 예를 들어 그림 7.31에 나와 있는 그래프는 동전이 {1, 3, 4}이고 $n=6$인 경우를 나타낸 것이다. 이 그래프의 0번 노드에서 n번 노드까지 가는 최단 경로는 동전을 최소 개수로 사용하는 해에 대응되고, 0번 노드에서 n번 노드까지 가는 경로의 개수는 모든 경우의 수가 된다.

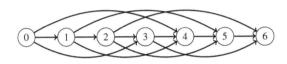

그림 7.31 동전 문제를 DAG로 표현하기

7.5 후속 노드 그래프

방향 그래프의 또 다른 중요한 분류로 **후속 노드 그래프**(successor graph)가 있다. 이 그래프는 모든 노드의 진출 차수가 1이며, 즉 모든 노드에 대해 **후속 노드** (successor)가 유일하게 존재하는 그래프이다. 후속 노드 그래프는 하나 이상의 컴포넌트로 구성되어 있고, 각각은 사이클 하나와 그 사이클로 가는 경로로 구성되어 있다.

후속 노드 그래프는 **함수형 그래프**(functional graph)라고도 부르는데, 함수 $succ(x)$의 형태로 후속 노드 그래프의 모든 간선을 표현할 수 있기 때문이다. 함수에 인자로 주어지는 x는 그래프의 노드이고 함수의 결과는 후속 노드가 된다. 예를 들어 다음과 같이 함수를 정의할 수 있다.

x	1 2 3 4 5 6 7 8 9
$succ(x)$	3 5 7 6 2 2 1 6 3

이는 그림 7.32에 나와 있는 그래프와 대응된다.

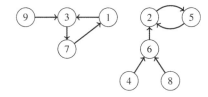

그림 7.32 후속 노드 그래프

7.5.1 후속 노드 구하기

후속 노드 그래프에서는 모든 노드의 후속 노드가 유일하기 때문에, 노드 x에서 시작하여 다음 노드로 이동하는 과정을 k번 반복했을 때 도착하는 노드를 함수 succ(x, k)로 정의할 수 있다. 예를 들어 4번 노드에서 다음 노드로 6번 이동하면 2번 노드에 도착하게 되므로 succ(4, 6) = 2가 된다(그림 7.33).

그림 7.33 후속 노드 그래프에서 다음 노드로 이동하는 과정

succ(x, k)의 값을 계산하기 위한 직관적인 방법은 노드 x에서 출발하여 k번 이동하는 것으로, $O(k)$ 시간이 걸린다. 하지만 적절한 전처리를 거친다면 succ(x, k)의 값을 $O(\log k)$ 시간에 계산할 수 있다.

이동하는 최대 횟수를 u라고 하자. 이 방법은 succ(x, k)의 값을, k가 2의 거듭제곱이고 u 이하인 모든 경우에 대해 미리 계산하는 것이다. 이 과정은 다음 점화식을 이용하여 효율적으로 수행할 수 있다.

$$\text{succ}(x, k) = \begin{cases} \text{succ}(x) & k = 1 \\ \text{succ}(\text{succ}(x, k/2), k/2) & k > 1 \end{cases}$$

노드 x에서 시작하는 길이가 k인 경로를 길이가 $k/2$인 경로 둘로 나눌 수 있기 때문에 이 과정이 성립한다. succ(x, k)의 값을 k가 2의 거듭제곱이고 u 이하인 모든 경우에 대해 계산하기 위해서는 $O(n \log u)$ 시간이 걸리는데, 각 노드에 대해 계산하는 값의 개수가 $O(\log u)$이기 때문이다. 예제 그래프에 대해 계산한 값은 다음과 같다.

x	1 2 3 4 5 6 7 8 9
succ(x, 1)	3 5 7 6 2 2 1 6 3
succ(x, 2)	7 2 1 2 5 5 3 2 7
succ(x, 4)	3 2 7 2 5 5 1 2 3
succ(x, 8)	7 2 1 2 5 5 3 2 7
· · ·	

이렇게 값을 계산하고 나면, succ(x, k)의 모든 값을 k를 2의 거듭제곱의 합으로 표현함으로써 계산할 수 있다. 이렇게 표현했을 때 항의 개수는 $O(\log k)$가 되므로 succ(x, k)를 계산하는 데 걸리는 시간은 $O(\log k)$가 된다. 예를 들어 succ(x, 11)의 값을 계산하기 위해서는 다음과 같이 하면 된다.

$$\text{succ}(x, 11) = \text{succ}(\text{succ}(\text{succ}(x, 8), 2), 1)$$

예제 그래프에서는 다음과 같이 계산된다.

$$\text{succ}(4, 11) = \text{succ}(\text{succ}(\text{succ}(4, 8), 2), 1) = 5$$

7.5.2 사이클 찾기

사이클로 끝나는 경로 하나로 이루어진 후속 노드 그래프를 생각해 보자. 이 그래프에 대해 다음과 같은 질문을 할 수 있다. 시작 노드에서 경로를 따라 이동할 때 처음으로 만나는 사이클 노드는 어떤 노드이고 사이클은 노드 몇 개로 구성되어 있는가? 예를 들어 그림 7.34에 나와 있는 그래프에서 1번 노드부터 경로를 따라 이동한다면, 처음으로 만나는 사이클 노드는 4번 노드가 되고 사이클은 노드 세 개(4, 5, 6번 노드)로 구성되어 있다.

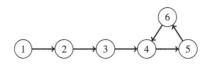

그림 7.34 후속 노드 그래프의 사이클

사이클을 찾는 간단한 방법은 그래프에서 이동하면서 방문했던 노드를 모두 기록하는 것이다. 어떤 노드를 두 번째로 방문하게 되었을 때 그 노드가 사이클의 첫 번째 노드라고 판단할 수 있다. 이 방법대로 진행한다면 $O(n)$ 시간이 걸리며 $O(n)$ 메모리를 사용하게 된다. 하지만 사이클을 찾는 좀 더 좋은 알고리즘도 있다. 그러한 알고리즘의 시간 복잡도 역시 $O(n)$이지만, 메모리를 $O(1)$만큼만 사용하기 때문에 n이 클 경우 중요한 개선점이 될 수 있다.

그런 알고리즘 중 하나로 **플로이드 알고리즘**(Floyd's algorithm)이 있는데, 이 알고리즘에서는 두 개의 포인터 a와 b를 이용하여 이동한다. 두 포인터 모두 시작 노드 x에서 출발한다. 단계마다 포인터 a는 한 번 이동하고 포인터 b는 두 번 이동한다. 이 과정을 두 포인터가 만날 때까지 반복한다.

```
a = succ(x);
b = succ(succ(x));
while (a != b) {
    a = succ(a);
    b = succ(succ(b));
}
```

이때 포인터 a는 k번 이동했고 포인터 b는 $2k$번 이동했으므로 사이클의 길이는 k의 약수가 된다. 따라서 처음 만나는 사이클 노드를 구하려면, 포인터 a를 노드 x로 변경한 후 두 노드가 다시 만날 때까지 포인터를 이동하면 된다.

```
a = x;
while (a != b) {
    a = succ(a);
    b = succ(b);
}
first = a;
```

그러고 나면 사이클의 길이를 다음과 같이 계산할 수 있다.

```
b = succ(a);
length = 1;
while (a != b) {
    b = succ(b);
    length++;
}
```

7.6 최소 신장 트리

신장 트리(spanning tree)는 어떤 그래프의 부분 그래프로, 그래프의 모든 노드와 간선 일부를 포함하며 모든 노드 간에 경로가 존재하는 것을 말한다. 일반적인 트리처럼 신장 트리도 연결 그래프이며 사이클이 없다. 신장 트리의 **가중치**(weight)는 간선 가중치의 합이다. 예를 들어 그림 7.35에 그래프 하나와 그 신장 트리 중 하나가 나와 있다. 이 신장 트리의 가중치는 $3+5+9+3+2=22$이다.

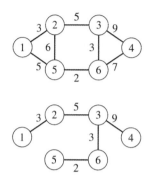

그림 7.35 그래프와 신장 트리

최소 신장 트리(minimum spanning tree)는 신장 트리 중 가중치가 가장 작은 것을 의미한다. 그림 7.36에 예제 그래프에 대한 최소 신장 트리가 나와 있으며 그 가중치는 20이다. 마찬가지로 **최대 신장 트리**(maximum spanning tree)를 신장 트리 중 가장 가중치가 큰 트리로 정의할 수 있다. 그림 7.37에 예제 그래프에 대한 최대 신장 트리가 나와 있으며 그 가중치는 32이다. 한 그래프에 대한 최소 신장 트리나 최대 신장 트리는 유일하지 않으며 여러 개 존재할 수 있다.

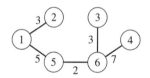

그림 7.36 가중치가 20인 최소 신장 트리

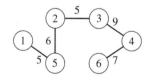

그림 7.37 가중치가 32인 최대 신장 트리

탐욕법 기반의 여러 가지 방법을 통해 최소 신장 트리와 최대 신장 트리를 구할 수 있다. 이 절에서는 그래프의 간선을 가중치 순으로 살펴보는 알고리즘을 두 가지 살퍼볼 것이다. 우리는 최소 신장 트리를 구하는 데 초점을 맞출 것이며, 간선의 순서를 뒤집어서 같은 알고리즘을 적용하면 최대 신장 트리도 구할 수 있다.

7.6.1 크루스칼 알고리즘

크루스칼 알고리즘(Kruskal's algorithm)은 원래 그래프의 노드만 포함하고 간선은 하나도 없는 그래프에서 탐욕법 기반으로 간선을 추가해 가면서 최소 신장 트리를 만드는 방법이다. 원래 그래프의 간선을 가중치순으로 하나씩 살펴보면서, 간선을 추가해도 사이클이 생기지 않으면 이를 새 그래프에 추가하는 과정을 반복한다.

이 알고리즘에서는 새 그래프의 컴포넌트를 관리해 나간다. 처음에는 각 노드를 별개의 컴포넌트로 생각한다. 간선을 하나씩 추가할 때마다 컴포넌트 두 개를 합친다. 알고리즘의 실행을 마친 뒤에는 모든 노드가 같은 컴포넌트에 속하게 되고, 이것이 최소 신장 트리가 된다.

예를 들어 그림 7.35에 나와 있는 예제 그래프에 대해 최소 신장 트리를 만들어보기로 하자. 첫 번째 단계는 간선을 가중치의 오름차순으로 정렬하는 것이다.

간선	가중치
5 - 6	2
1 - 2	3
3 - 6	3
1 - 5	5
2 - 3	5
2 - 5	6
4 - 6	7
3 - 4	9

그런 다음 간선을 하나씩 살펴보면서, 해당 간선이 서로 다른 컴포넌트 두 개를 잇는 경우 그 간선을 그래프에 추가한다. 그림 7.38에 알고리즘의 실행 과정이 나와 있다. 처음에는 각 노드가 별개의 컴포넌트에 속한다. 그리고 순서대로 간선 5-6, 1-2, 3-6, 1-5를 그래프에 추가한다. 그 다음으로 살펴볼 간선은 간선 2-3인데, 이 간선을 추가할 경우 사이클이 만들어지므로 추가하지 않는다. 마찬가지로 간선 2-5도 추가하지 않는다. 마지막으로 간선 4-6을 추가하여 최소 신장 트리를 완성한다.

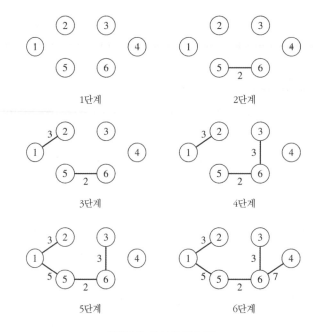

그림 7.38 크루스칼 알고리즘

왜 성립하는가?

크루스칼 알고리즘이 성립하는 이유를 알아보는 것도 중요하다. 이러한 탐욕법 기반의 전략으로 항상 최소 신장 트리를 구할 수 있음을 어떻게 보장할 수 있을까?

그래프의 간선 중 가중치가 가장 작은 간선이 신장 트리에 포함되지 않는 경우 어떻게 되는지를 생각해 보자. 예를 들어 예제 그래프에서 최소 가중치 간선인 5-6이 포함되지 않는다고 가정하자. 그 경우 신장 트리가 어떻게 만들어질지 정확히 알 수 없지만, 어떤 경우에도 규칙에 맞게 간선이 적절하게 추가된 형태일 것이다. 일단 만들어진 신장 트리가 그림 7.39와 같다고 가정하자.

하지만 그림 7.39에 나와 있는 트리는 최소 신장 트리가 될 수 없다. 이 트리에서 간선 하나를 제거하고 최소 가중치 간선인 5-6을 추가하면 그림 7.40과 같은 신장 트리가 되는데, 이 트리의 가중치가 원래 트리보다 더 작기 때문이다.

이러한 이유로, 최소 신장 트리를 만들기 위해서는 최소 가중치 간선이 항상 포함되도록 하는 것이 최적이다. 비슷한 과정을 통해 두 번째로 최소인 간선을 추가하는 것이 최적임을 보일 수 있고, 같은 논리를 계속해서 전개할 수 있다. 그러므로 크루스칼 알고리즘의 결과는 항상 최소 신장 트리가 된다.

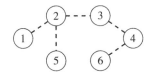

그림 7.39 가설 상의 최소 신장 트리

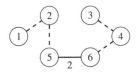

그림 7.40 간선 5-6을 포함하는 경우 신장 트리의 가중치가 줄어든다.

구현

크루스칼 알고리즘을 구현할 때는 그래프의 표현 방식 중 간선 리스트를 사용하는 것이 편리하다. 알고리즘의 첫 번째 단계에서는 간선을 $O(m \log m)$ 시간에 정렬한다. 두 번째 단계에서는 다음 코드와 같이 최소 신장 트리를 만든다.

```
for (...) {
    if (!same(a,b)) unite(a,b);
}
```

리스트의 모든 간선을 살펴보는 반복문을 수행하고, 처리하는 간선의 형식은 (a, b)이며 a와 b는 간선이 잇는 두 노드를 나타낸다. 이때 두 가지 함수가 필요하다. same 함수는 a와 b가 같은 컴포넌트에 있는지를 확인하는 함수이고, unite 함수는 a와 b를 포함하는 두 컴포넌트를 합치는 함수이다.

문제는 same과 unite 함수를 어떻게 효율적으로 구현하는가이다. 한 가지 가능한 방법은 same 함수를 노드 a에서 노드 b까지 갈 수 있는지를 확인하는 그래프 순회 방식으로 구현하는 것이다. 하지만 이렇게 구현할 경우 시간 복잡도는 $O(n+m)$이 되고, 모든 간선에 대해 same 함수가 호출되기 때문에 이렇게 구현한 알고리즘은 매우 느릴 것이다.

이 문제를 풀기 위해 두 함수를 모두 $O(\log n)$ 시간에 구현할 수 있는 유니온-파인드 자료 구조를 사용할 것이다. 그러면 크루스칼 알고리즘의 시간 복잡도는 간선 리스트를 정렬하는 과정을 제외하고 $O(m \log n)$이 된다.

7.6.2 유니온-파인드 자료 구조

유니온-파인드 자료 구조(union-find structure)는 집합의 묶음을 관리하는 구조이다. 여기에서 집합은 서로소 집합(disjoint set)으로, 한 원소가 둘 이상의 집합에 속한 경우는 없다. 이 구조에 대해 $O(\log n)$ 시간에 동작하는 연산이 두 가지 있다. unite 연산은 두 집합을 합치는 연산이고, find 연산은 주어진 원소가 포함된 집합의 대푯값을 구하는 연산이다.

유니온-파인드 자료 구조에서는 집합마다 원소 하나가 대푯값이 되며, 나머지 다른 원소에서 대표 원소로 가는 경로가 항상 존재한다. 예를 들어 집합이 {1, 4, 7}, {5}, {2, 3, 6, 8}일 때 그림 7.41과 같은 형태로 집합을 나타낼 수 있다.

그림 7.41 집합 세 개로 이루어진 유니온-파인드 자료 구조

이때 각 집합의 대푯값은 4, 5, 2가 된다. 모든 원소에 대해 그 원소에서 시작하는 경로를 따라가면 대푯값을 구할 수 있다. 예를 들어 원소 6에 대해 6 → 3 → 2로 이어지는 경로가 있으므로 6의 대푯값은 2가 된다. 두 원소가 같은 집합에 있는 경우와 두 원소의 대푯값이 같은 경우는 정확히 일치한다.

두 집합을 합치기 위해서는 한 집합의 대푯값을 다른 집합의 대푯값으로 이으면 된다. 예를 들어 그림 7.42에 두 집합 {1, 4, 7}과 {2, 3, 6, 8}을 합치는 방법이 나와 있다. 이렇게 합친 이후에는 원소 2가 전체 집합의 대푯값이 되고 이전 집합의 대푯값인 4는 2로 연결된다.

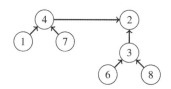

그림 7.42 두 집합을 하나의 집합으로 합치는 과정

유니온-파인드 자료 구조의 효율성은 집합이 어떻게 연결되었는지에 따라 결정된다. 효율성을 위해 간단한 전략을 사용할 수 있다. 두 집합을 합칠 때, 원소가 더 적

은 집합의 대푯값을 많은 집합의 대푯값으로 연결하는 것이다. 만약 두 집합의 크기가 같으면 어느 쪽으로 연결해도 된다. 이렇게 하면 모든 경로의 길이가 $O(\log n)$이 되어 원소의 대푯값을 구하기 위해 경로를 따라가는 과정을 효율적으로 수행할 수 있게 된다.

구현

유니온-파인드 자료 구조는 배열을 사용하여 편리하게 구현할 수 있다. 다음 구현에서 link 배열은 각 원소에 대해 경로상의 다음 원소를 저장하는 배열이다. 원소가 대푯값인 경우 배열에 저장되는 값은 자기 자신이 된다. size 배열은 각 대푯값에 대해 집합의 크기를 저장하는 배열이다.

처음에는 각 원소가 별개의 집합에 속한 상태이므로 다음 코드로 초기화한다.

```
for (int i = 1; i <= n; i++) link[i] = i;
for (int i = 1; i <= n; i++) size[i] = 1;
```

find 함수는 원소 x의 대푯값을 반환하는 함수이다. 대푯값을 구하기 위해서는 x에서 시작하는 경로를 따라가면 된다.

```
int find(int x) {
    while (x != link[x]) x = link[x];
    return x;
}
```

same 함수는 두 원소 a와 b가 같은 집합에 속하는지를 확인하는 함수이다. 이 과정은 find 함수를 이용하면 쉽게 구현할 수 있다.

```
bool same(int a, int b) {
    return find(a) == find(b);
}
```

unite 함수는 원소 a와 b가 속한 집합을 합치는 함수이다. 이때 두 원소는 다른 집합에 속해야 한다. 이 함수에서는 먼저 두 집합의 대푯값을 구하고, 작은 집합의 대푯값을 큰 집합의 대푯값으로 연결한다.

```
void unite(int a, int b) {
    a = find(a);
    b = find(b);
    if (size[a] < size[b]) swap(a,b);
```

```
    size[a] += size[b];
    link[b] = a;
}
```

경로의 길이가 $O(\log n)$이라고 가정하면 find 함수의 시간 복잡도는 $O(\log n)$이 된다. 이 경우 same 함수와 unite 함수도 $O(\log n)$ 시간에 실행된다. unite 함수에서는 작은 집합을 큰 집합으로 연결함으로써 경로의 길이가 $O(\log n)$이 되도록 한다.

경로 압축

find 연산을 구현하는 다음과 같은 방법도 있다.

```
int find(int x) {
    if (x == link[x]) return x;
    return link[x] = find(link[x]);
}
```

이 함수는 **경로 압축**(path compression)을 이용한다. 이 연산이 실행되고 나면 경로 상의 모든 원소가 대푯값을 바로 가리키게 된다. 이 함수를 이용하면 유니온-파인드 연산의 분할 상환에 따른 시간 복잡도가 $O(\alpha(n))$이 된다고 알려져 있다. 이때 $\alpha(n)$은 애커만 함수(Ackermann function)의 역함수로, 증가 속도가 매우 느리기 때문에 상수라고 봐도 무방하다. 하지만 유니온-파인드 자료 구조의 응용 분야 중 경로 압축을 사용할 수 없는 경우도 있는데, 예를 들면 동적 연결성 확인 알고리즘이 있다 (15.6.4절).

7.6.3 프림 알고리즘

프림 알고리즘(Prim's algorithm)은 최소 신장 트리를 구하는 또 다른 알고리즘이다. 먼저 임의의 노드를 트리에 추가하고, 새로운 노드와 트리를 연결하는 노드 중 가중치가 가장 작은 간선을 선택한다. 이렇게 모든 노드를 연결하여 최소 신장 트리를 구하는 방식이다.

프림 알고리즘은 다익스트라 알고리즘과 유사하다. 다익스트라 알고리즘과의 차이점은 다익스트라 알고리즘은 시작 노드와의 거리가 최소인 노드를 구하지만, 프림 알고리즘에서는 가중치가 최소인 간선으로 연결되는 노드를 구한다는 점이다.

그림 7.43에 예제 그래프에 대해 프림 알고리즘을 이용하여 최소 신장 트리를 구하는 과정이 나와 있다. 이때 시작 노드는 1번 노드라고 가정한다.

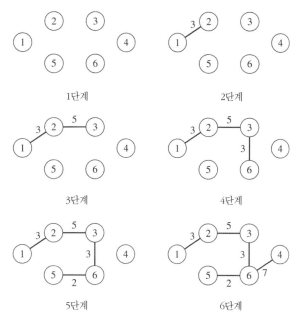

그림 7.43 프림 알고리즘

다익스트라 알고리즘과 마찬가지로, 프림 알고리즘도 우선순위 큐를 이용하여 효율적으로 구현할 수 있다. 우선순위 큐에 들어있는 원소는 현재 컴포넌트와 간선 하나로 연결된 모든 노드가 되고, 정렬 기준은 연결에 사용될 간선 가중치의 오름차순이다.

프림 알고리즘의 시간 복잡도는 $O(n+m \log m)$으로 다익스트라 알고리즘과 같다. 프림 알고리즘과 크루스칼 알고리즘은 모두 효율적이며, 어떤 알고리즘을 선택할지는 각자의 취향에 따라 결정하면 된다. 참고로 다수의 경진 프로그래머가 크루스칼 알고리즘을 선호한다.

8장

알고리즘 설계 기법

이 장에서는 고급 알고리즘 설계 기법을 몇 가지 살펴본다.

8.1절에서는 비트 연산을 이용하여 데이터를 효율적으로 처리하는 비트 병렬 알고리즘을 살펴본다. 반복문을 비트 연산으로 치환하는 방법을 주로 살펴보며, 그렇게 함으로써 알고리즘의 수행 시간을 크게 개선할 수 있다.

8.2절에서는 분할 상환 분석을 다루며, 이는 알고리즘에서 일련의 연산을 수행하는 데 드는 시간을 추정할 때 사용된다. 이 기법을 이용하여 보다 작으면서 가장 가까운 원소와 슬라이딩 윈도의 최솟값을 구하는 알고리즘을 분석한다.

8.3절에서는 특정한 함수의 최솟값을 효율적으로 구하는 삼진 탐색과 몇 가지 다른 기법을 살펴본다.

8.1 비트 병렬 알고리즘

비트 병렬 알고리즘(bit-parallel algorithm)은 어떤 수에 대한 비트 연산을 수행할 때, 그 수를 구성하고 있는 각 비트를 병렬적으로 처리할 수 있다는 사실에 입각한 알고리즘이다. 즉, 어떤 알고리즘의 수행 과정을 비트 연산을 이용하여 효율적으로 구현할 수 있도록 표현한다면, 이는 효율적인 알고리즘을 설계하는 한 가지 방법이 된다.

8.1.1 해밍 거리

길이가 같은 두 문자열 a와 b 사이의 **해밍 거리**(Hamming distance) hamming(a, b)는 두 문자열이 일치하지 않는 위치의 개수이다. 예를 들면 다음과 같다.

$$\text{hamming}(01101, 11001) = 2$$

다음과 같은 문제를 생각해 보자. 길이가 모두 k로 같은 이진 문자열 n개가 있을 때, 두 문자열 사이의 해밍 거리 중 최솟값을 구하라. 예를 들어 [00111, 01101, 11110]에 대한 답은 2인데, 이는 다음과 같은 이유 때문이다.

- hamming(00111, 01101) = 2
- hamming(00111, 11110) = 3
- hamming(01101, 11110) = 3

이 문제를 푸는 직관적인 방법은 모든 문자열 조합을 살펴보면서 둘 사이의 해밍 거리를 계산해 보는 것이다. 이 알고리즘의 수행 시간은 $O(n^2 k)$이다. 다음은 두 문자열 a와 b 사이의 해밍 거리를 계산하는 함수이다.

```
int hamming(string a, string b) {
    int d = 0;
    for (int i = 0; i < k; i++) {
        if (a[i] != b[i]) d++;
    }
    return d;
}
```

그러나 문자열이 비트로만 이루어져 있다는 사실을 이용하면 풀이를 최적화할 수 있다. 문자열을 정수 형태로 저장하고, 비트 연산을 이용하여 거리를 계산하는 것이다. 특히 $k \leq 32$인 경우, 문자열을 int형으로 저장한 후 다음 함수를 이용하면 거리를 계산할 수 있다.

```
int hamming(int a, int b) {
    return __builtin_popcount(a^b);
}
```

앞의 함수에서처럼 XOR 연산을 수행하면, 문자열 a와 b가 서로 일치하지 않는 위치에 1이 들어있는 문자열을 얻게 된다. 그러고 난 후, __builtin_popcount 함수를 이용하면 비트 1의 개수를 구할 수 있다.

원래의 알고리즘과 비트 병렬 알고리즘의 수행 시간을 현대의 컴퓨터로 측정하여 비교해놓은 결과가 표 8.1에 나와 있다. 이 문제의 경우, 비트 병렬 알고리즘이 원래의 알고리즘보다 약 20배 정도 빠르다.

크기 n	원래의 알고리즘 (초)	비트 병렬 알고리즘 (초)
5000	0.84	0.06
10000	3.24	0.18
15000	7.23	0.37
20000	12.79	0.63
25000	19.99	0.97

표 8.1 길이가 $k = 30$인 이진 문자열 n개에 대해 최소 해밍 거리를 구하는 두 알고리즘의 수행 시간

8.1.2 부분 격자 세기

또 다른 예로 다음과 같은 문제를 살펴보자. $n \times n$ 크기의 격자가 있는데, 각 지점에는 검은색(1), 또는 흰색(0)이 칠해져 있다. 이때, 네 귀퉁이에 모두 검은색이 칠해져 있는 부분 격자의 개수를 구하려 한다. 그림 8.1에 예제 격자와 부분 격자 두 개가 나와 있다.

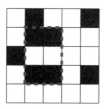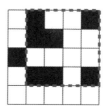

그림 8.1 이 격자에는 네 귀퉁이가 모두 검은색인 부분 격자가 두 개 존재한다.

이 문제를 푸는 $O(n^3)$ 알고리즘은 다음과 같다. 모든 행의 조합 (a, b)를 $O(n^2)$에 살펴보면서, a행과 b행에 공통으로 검은색이 칠해져 있는 열의 개수를 $O(n)$에 구한다. 다음 코드에서는 y행 x열에 칠해져 있는 색깔이 color[y][x]에 저장되어 있다고 가정한다.

```
int count = 0;
for (int i = 0; i < n; i++) {
    if (color[a][i] == 1 && color[b][i] == 1) {
        count++;
    }
}
```

검은색이 공통으로 칠해져 있는 지점의 개수가 count라는 것을 구하고 난 후, 공식 count(count - 1)/2를 이용하여 첫째 행이 a이고 마지막 행이 b인 부분 격자의 개수를

구한다.

이 알고리즘을 비트 병렬 알고리즘으로 만들기 위해, 각 행 k를 n비트 비트셋 형태로 표현하여 row[k]에 저장한다. 이때 비트 1이 검은색 지점을 나타낸다. 그러면 and 연산을 수행한 후 비트 1의 개수를 구하는 방식으로 a행과 b행 모두에 검은색 지점이 있는 열의 개수를 구할 수 있다. 이 과정은 다음과 같이 bitset 자료 구조를 이용하면 쉽게 구현할 수 있다.

```
int count = (row[a]&row[b]).count();
```

원래 알고리즘과 비트 병렬 알고리즘의 수행 시간을 각기 다른 크기의 격자에 대해 측정하여 비교해놓은 결과가 표 8.2에 나와 있다. 비교 결과를 살펴보면 비트 병렬 알고리즘이 원래의 알고리즘보다 최대 30배까지 빠르다는 것을 알 수 있다.

격자의 크기 n	원래의 알고리즘 (초)	비트 병렬 알고리즘 (초)
1000	0.65	0.05
1500	2.17	0.14
2000	5.51	0.30
2500	12.67	0.52
3000	26.36	0.87

표 8.2 부분 격자의 개수를 세는 두 알고리즘의 수행 시간

8.1.3 그래프의 도달 가능성

노드 n개로 구성된 DAG가 있을 때, 각 노드 x에 대해 reach(x)의 값을 구하는 문제를 생각해 보자. 이 값은 노드 x에서 도달 가능한 노드의 개수를 의미한다. 그림 8.2에 예제 그래프와 그 그래프에 대한 reach 값이 나와 있다.

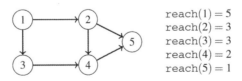

reach(1) = 5
reach(2) = 3
reach(3) = 3
reach(4) = 2
reach(5) = 1

그림 8.2 어떤 그래프와 그 그래프에 대한 reach값. 예를 들어 reach(2) = 3인데, 2번 노드에서 도달 가능한 노드가 2, 4, 5번 노드이기 때문이다.

동적 계획법을 이용하면 $O(n^2)$ 시간에 이 문제를 풀 수 있다. 이때 각 노드에 대해 그

노드에서 도달 가능한 노드의 목록을 생성한다. 이 알고리즘을 비트 병렬 알고리즘으로 만들기 위해 각 목록을 n비트 비트셋 형태로 표현한다. 그러면 *or* 연산을 이용하여 두 목록의 합집합을 효율적으로 구할 수 있게 된다. 노드 x에 대한 값을 구하는 코드는 다음과 같으며, 이때 reach는 bitset의 배열이고, 그래프는 adj에 인접 리스트 형태로 저장되어 있다고 가정한다.

```
reach[x][x] = 1;
for (auto u : adj[x]) {
    reach[x] |= reach[u];
}
```

표 8.3에 몇 가지 경우에 대한 비트 병렬 알고리즘의 수행 시간이 나와 있다. 각 경우의 그래프는 노드 n개, 그리고 $2n$개의 $a<b$를 만족하는 임의의 간선 $a \rightarrow b$로 구성되어 있다. 이 알고리즘에서는 n이 커질수록 매우 많은 양의 메모리를 사용하게 된다는 점에 유의하라. 많은 수의 대회가 512MB 이하의 메모리를 사용해야 한다는 제한을 두고 있다.

그래프의 크기 n	수행 시간 (초)	메모리 사용량 (MB)
$2 \cdot 10^4$	0.06	50
$4 \cdot 10^4$	0.17	200
$6 \cdot 10^4$	0.32	450
$8 \cdot 10^4$	0.51	800
10^5	0.78	1250

표 8.3 그래프에 대해 도달 가능한 노드의 개수를 구하는 알고리즘의 수행 시간

8.2 분할 상환 분석

많은 경우, 알고리즘의 구조적 형태만 보고도 시간 복잡도를 알아낼 수 있다. 하지만 때에 따라서는 단순한 분석만으로 효율성을 측정할 수 없는 경우도 있다. 시간 복잡도가 각기 다른 일련의 연산을 분석할 때 사용할 수 있는 방법으로 **분할 상환 분석**(amortized analysis)이 있다. 이 방법의 핵심은 개별 연산의 수행 시간에 집중하지 않고, 알고리즘 전체에 걸쳐 수행되는 연산의 총 수행 시간을 추정하는 데 있다.

8.2.1 두 포인터 기법

두 포인터 기법(two pointers method)은 배열을 따라 포인터 두 개를 이동시켜 나가는 방법이다. 두 포인터 모두 한쪽 방향으로 움직이며, 그렇게 함으로써 알고리즘을 효율적으로 수행할 수 있게 된다. 이 기법을 적용한 첫 번째 예로 다음과 같은 문제를 살펴보자. 양의 정수 n개로 이루어진 배열과 목표 합 x가 있을 때, 합이 x인 부분 배열을 구하거나, 그러한 부분 배열이 존재하지 않는다는 것을 알아내려 한다.

두 포인터 기법을 이용하면 $O(n)$ 시간에 이 문제를 풀 수 있다. 아이디어는 부분 배열의 첫 번째 값과 마지막 값에 대한 포인터를 관리하는 것이다. 단계마다 왼쪽 포인터는 오른쪽으로 한 번 이동하고, 오른쪽 포인터는 부분 배열의 합이 x를 초과하지 않는 동안에는 오른쪽으로 계속 이동한다. 만약 합이 정확하게 x가 된다면 해를 구한 것이다.

예제 배열에 대해 이 알고리즘이 목표 합 $x=8$을 어떻게 구해 나가는지가 그림 8.3에 나와 있다. 처음의 부분 배열은 1, 3, 2로 이루어져 있으며, 그 합은 6이다. 이제 왼쪽 포인터를 오른쪽으로 한 번 이동하는데, 이때 오른쪽 포인터는 이동하지 않는다. 포인터를 이동하면 합이 x를 초과하게 되기 때문이다. 마지막으로 왼쪽 포인터를 한 번 더 오른쪽으로 이동하면, 오른쪽 포인터는 오른쪽으로 두 번 이동하게 된다. 이때 부분 배열의 합은 $2+5+1=8$이 되고, 이는 해가 되는 부분 배열을 구했음을 의미한다.

이 알고리즘의 수행 시간은 오른쪽 포인터를 몇 번 이동시켰느냐에 따라 결정된다. 한 번의 단계에서 오른쪽 포인터 이동 횟수의 상한이 어떻게 되는지를 잘 정의하기는 어렵다. 그러나 알고리즘 전체를 놓고 생각해 보면 이 포인터가 총 $O(n)$번 이동한다는 것을 알 수 있다. 포인터는 왼쪽에서 오른쪽으로만 움직이기 때문이다. 왼쪽 포인터와 오른쪽 포인터가 모두 $O(n)$번 움직이기 때문에, 알고리즘의 수행 시간도 $O(n)$이 된다.

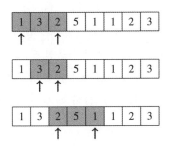

그림 8.3 두 포인터 기법으로 합이 8인 부분 배열 구하기

2SUM 문제

두 포인터 기법으로 풀 수 있는 또 다른 문제로 **2SUM 문제**가 있다. 수 n개로 이루어진 배열과 목표 합 x가 있을 때, 합이 x가 되는 배열 원소 두 개를 구하거나, 그러한 원소 조합이 존재하지 않는다는 것을 알아내려 한다.

이 문제를 풀기 위해서 먼저 배열의 원소를 오름차순으로 정렬한다. 그러고 난 후, 두 포인터를 이용하여 배열의 원소를 살펴본다. 왼쪽 포인터는 첫 번째 원소에서 시작하여 단계마다 오른쪽으로 한 번 이동한다. 오른쪽 포인터는 마지막 원소에서 시작하여 두 포인터가 가리키는 원소의 합이 x를 초과하지 않게 될 때까지 왼쪽으로 계속 이동한다. 만일 두 원소의 합이 정확히 x가 된다면 해를 구한 것이다.

예제 배열에 대해 이 알고리즘이 목표 합 $x=12$를 어떻게 구해 나가는지가 그림 8.4에 나와 있다. 시작 위치에 있는 두 원소의 합은 $1+10=11$이며, 이는 x보다 작다. 이제 왼쪽 포인터를 오른쪽으로 한 번 이동하고, 오른쪽 포인터는 왼쪽으로 세 번 이동하며, 그 합은 $4+7=11$이 된다. 그 다음에 왼쪽 포인터를 오른쪽으로 한 번 더 이동한다. 이번에는 오른쪽 포인터를 이동하지 않으며, 이때 합이 $5+7=12$인 해를 구하게 된다.

이 알고리즘의 수행 시간은 $O(n \log n)$이다. 배열을 먼저 정렬하는 데 $O(n \log n)$ 시간이 걸리고, 두 포인터는 $O(n)$번 이동하기 때문이다.

참고로, 이 문제는 이진 탐색을 이용해도 $O(n \log n)$에 풀 수 있다. 그 경우에도 먼저 배열을 정렬하고, 원소를 하나씩 살펴보면서 합이 x가 되는 나머지 원소를 이진 탐색으로 찾는다. 사실, 두 포인터 기법으로 풀 수 있는 문제 대부분은 정렬이나 셋 자료 구조를 이용해도 풀 수 있다. 보통 그럴 경우에는 시간 복잡도에 로그 항이 붙게 된다.

일반적인 형태의 kSUM 문제도 흥미로운 문제이다. 이때는 합이 x가 되는 원소 k개를 구해야 한다. 2SUM 문제에 대한 앞의 알고리즘을 확장하면 3SUM 문제를

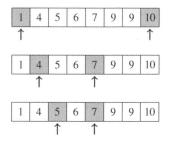

그림 8.4 두 포인터 기법으로 2SUM 문제 풀기

$O(n^2)$ 시간에 풀 수 있다. 그 방법이 무엇인지 알 것 같은가? 사람들은 오랜 시간 동안 3SUM 문제에 대한 가장 효율적인 시간 복잡도가 $O(n^2)$이라고 생각해 왔다. 하지만 2014년에 그뢴룬드(Grønlund)와 페티(Pettie)가 그렇지 않다는 것을 밝혀냈다.[14]

8.2.2 보다 작으면서 가장 가까운 원소

분할 상환 분석은 자료 구조에 대한 연산 횟수를 추정할 때도 자주 사용된다. 연산 횟수가 고르게 분포되어 있지 않은 경우, 즉 알고리즘의 특정 단계에서 대부분의 연산을 수행하지만, 전체 수행 횟수는 제한된 경우가 있다.

그러한 예로, 배열의 각 원소에 대해 그 원소보다 작으면서 가장 가까운 원소(nearest smaller element)를 구하려 한다고 해보자. 즉, 특정 원소보다 작으면서 앞쪽에 있는 가장 마지막 원소를 찾는 것이다. 때에 따라서는 그런 원소가 존재하지 않을 수도 있는데, 그럴 때는 존재하지 않는다는 사실을 알아내야 한다. 이제 스택을 이용하여 이 문제를 효율적으로 푸는 방법을 살펴보자.

우리는 배열의 원소를 왼쪽에서 오른쪽 순으로 살펴보면서 배열의 원소가 들어있는 스택을 하나 관리해 나간다. 배열의 각 위치에 대해, 스택 맨 위에 있는 원소가 현재 위치의 원소보다 작아질 때까지, 혹은 스택이 빌 때까지 스택에서 원소를 삭제한다. 그러고 나면 스택 맨 위에 있는 원소가 현재 위치의 원소보다 작으면서 가장 가까운 원소가 된다. 혹 스택이 비어있는 경우에는 그러한 원소가 존재하지 않는 것이다. 답을 확인한 후에는 현재의 원소를 스택에 추가한다.

그림 8.5에 이 알고리즘이 주어진 배열에 대해 어떤 과정을 거치는지가 나와 있다. 먼저, 원소 1을 스택에 추가한다. 이 원소는 배열의 첫 번째 원소이기 때문에 그보다 작으면서 가장 가까운 원소가 당연히 존재하지 않는다. 다음으로 원소 3과 4를 스택에 추가한다. 4보다 작으면서 가장 가까운 원소는 3이고, 3보다 작으면서 가장 가까운 원소는 1이다. 그 다음 원소인 2가 스택 맨 위의 두 원소보다 작기 때문에 스택에서 3과 4를 삭제한다. 따라서 2보다 작으면서 가장 가까운 원소는 1이다. 그러고 난후에 원소 2를 스택에 추가한다. 이 알고리즘에서는 배열의 모든 원소를 살펴볼 때까지 이러한 과정을 계속 진행해 나간다.

이 알고리즘의 효율성은 스택에 대한 연산을 총 몇 번 수행하느냐에 따라 결정된다. 만일 현재 위치의 원소가 스택 맨 위의 원소보다 크다면, 그 원소를 스택에 바로 추가하면 된다. 이처럼 효율적인 경우도 있는가 하면, 현재 위치의 원소보다 큰 원소 여러 개가 스택에 들어있어서 이를 삭제하는 데 시간이 걸리는 경우도 있다. 그러

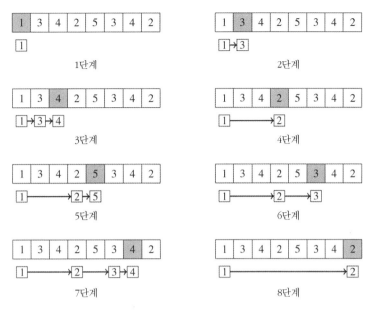

그림 8.5 보다 작으면서 가장 가까운 원소를 스택을 이용하여 선형 시간에 구하기

나 각 원소는 스택에 정확히 한 번만 추가되고, 최대 한 번만 스택에서 삭제된다. 즉, 각 원소에 대해 $O(1)$번의 연산만 수행하기 때문에, 이 알고리즘의 수행 시간은 $O(n)$ 이다.

8.2.3 슬라이딩 윈도의 최솟값

슬라이딩 윈도(sliding window)란 어떤 배열에 대해서 왼쪽에서 오른쪽으로 움직여 나가는 고정된 크기의 부분 배열을 말한다. 이때 위치별로 윈도에 포함된 원소에 대해서 어떤 정보를 계산해내려 한다. 다음에 살펴볼 문제는 **슬라이딩 윈도의 최솟값**을 관리하는 문제이다. 즉, 각 윈도에 대해서 그 윈도 안의 최소 원소를 구하려는 것이다.

보다 작으면서 가장 가까운 원소를 구할 때와 유사한 아이디어를 이용하면 슬라이딩 윈도의 최솟값을 구할 수 있다. 이번에는 덱을 관리해 나가는데, 덱의 각 원소가 점차 증가하도록, 그래서 덱의 첫 번째 원소가 윈도 안의 최소 원소에 대응되도록 한다. 윈도를 한 칸 옮긴 후에는 덱의 마지막 원소가 윈도에 새로 추가된 원소보다 작아질 때까지, 혹은 덱이 빌 때까지 덱의 뒤에서부터 원소를 삭제해 나간다. 만일 덱의 첫 번째 원소가 더는 윈도 안의 원소가 아니라면, 그 원소도 삭제한다. 그리고 난 후, 윈도의 새 원소를 덱에 추가한다.

그림 8.6에 이 알고리즘이 주어진 배열에 대해 어떤 과정을 거치는지가 나와 있다. 이때 인도의 그기는 4이다. 첫 번째 위치의 윈도에 대해서는 최소 원소가 1이다. 이제 윈도를 오른쪽으로 한 칸 옮긴다. 새 원소 3은 덱 안에 들어있는 원소 4와 5보다 작으며, 따라서 원소 4와 5를 덱에서 삭제한 후에 원소 3을 덱에 추가한다. 최소 원소는 여전히 1이다. 이제 윈도를 오른쪽으로 또 한 칸 옮긴다. 최소 원소 1은 더는 윈도 안의 원소가 아니므로 삭제한다. 그러고 나면 3이 최소 원소가 된다. 그리고 새 원소 4도 덱에 추가한다. 그 다음 위치의 원소 1은 덱 안의 모든 원소보다 작으며, 따라서 덱의 모든 원소를 삭제한다. 그러고 난 후, 원소 1만 들어있는 덱으로 다음 단계를 진행한다. 마지막으로 제일 오른쪽 위치의 윈도에 대해 원소 2를 덱에 추가하지만, 윈도 안의 최소 원소는 여전히 1이 된다.

배열의 각 원소가 덱에 정확히 한 번만 추가되고, 최대 한 번만 덱에서 삭제되므로, 이 알고리즘의 수행 시간은 $O(n)$이다.

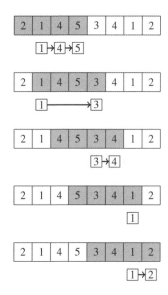

그림 8.6 슬라이딩 윈도의 최솟값을 선형 시간에 구하기

8.3 최솟값 구하기

어떤 함수 $f(x)$가 처음에는 감소하기만 하고, 최솟값에 도달한 후, 이후에는 증가하기만 하는 조건을 만족한다고 해보자. 그림 8.7에 그러한 함수의 예가 나와 있으며, 함수의 최솟값에는 화살표 표시가 되어 있다. 어떤 함수가 이러한 조건을 만족한다는 것을 미리 알고 있으면 그 함수의 최솟값을 매우 효율적으로 구할 수 있다.

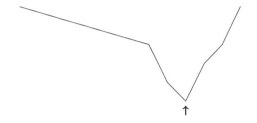

그림 8.7 어떤 함수와 함수의 최솟값

8.3.1 삼진 탐색

삼진 탐색(ternary search)을 이용하면 감소하다가 증가하는 함수의 최솟값을 효율적으로 구할 수 있다. 함수 $f(x)$를 최소화하는 x가 구간 $[x_L, x_R]$ 안에 들어있음을 알고 있다고 가정해 보자. 아이디어는 이 구간을 같은 길이의 세 조각 $[x_L, a]$, $[a, b]$, $[b, x_R]$로 나누는 것이다. 이때 a와 b는 다음과 같다.

$$a = \frac{2x_L + x_R}{3}, \ b = \frac{x_L + 2x_R}{3}$$

그리고 나면 $f(a) < f(b)$가 성립할 때 최솟값이 $[x_L, b]$ 범위에 있음을, 그리고 그렇지 않을 때는 $[a, x_R]$ 범위에 있음을 알 수 있다. 이제 구간의 범위가 충분히 좁혀질 때까지 재귀적으로 탐색을 반복해 나간다.

예제 함수에 대해 삼진 탐색의 첫 번째 단계가 어떻게 진행되는지가 그림 8.8에 나와 있다. 이 경우에는 $f(a) > f(b)$가 성립하므로 새 구간은 $[a, x_R]$이 된다.

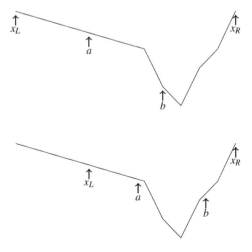

그림 8.8 삼진 탐색을 이용하여 최솟값 구하기

실제 상황에서는 함수의 인자가 정수인 경우를 주로 다루게 되며, 따라서 구간 내의 정수 원소가 한 개가 될 때 탐색을 멈추면 된다. 세 구간의 길이는 항상 이전 구간 길이의 2/3배이므로, 이 알고리즘의 수행 시간은 $O(\log n)$이다. 이때 n은 전체 구간에 들어 있는 원소의 개수이다.

참고로, 함수의 인자가 정수인 경우에 대해서는 삼진 탐색이 아니라 **이진 탐색**을 이용해도 답을 구할 수 있다. $f(x) \leq f(x+1)$를 만족하는 첫 번째 위치 x를 구해도 되기 때문이다.

8.3.2 볼록 함수

어떤 함수의 그래프를 그렸을 때, 그래프의 두 점을 잇는 선분이 함수의 그래프보다 항상 위쪽에 놓인다면, 혹은 그래프와 겹쳐진다면, 그러한 함수를 볼록하다(convex)고 한다. 그림 8.9에 볼록 함수의 예인 $f(x) = x^2$의 그래프가 나와 있다. 이때 두 점 a와 b를 잇는 선분이 함수의 그래프보다 위쪽에 있음을 확인할 수 있다.

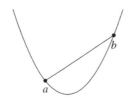

그림 8.9 볼록 함수의 예: $f(x) = x^2$

만일 볼록 함수를 최소화하는 x가 구간 $[x_L, x_R]$ 안에 들어있음을 알고 있다면, 삼진 탐색을 이용하여 최솟값을 구할 수 있다. 그러나 볼록 함수를 최소화하는 점이 여러 개 존재할 수 있음에 유의해야 한다. 예를 들어 $f(x) = 0$은 볼록 함수이며 최솟값은 0이다.

볼록 함수는 몇 가지 유용한 성질을 갖추고 있다. 만일 $f(x)$와 $g(x)$가 볼록 함수라면, $f(x) + g(x)$와 $\max(f(x), g(x))$도 볼록 함수이다. 예를 들어, n개의 함수 $f_1, f_2, \ldots, f_n$이 모두 볼록 함수라고 해보자. 그러면 함수 $f_1 + f_2 + \cdots + f_n$도 볼록 함수여야만 하고, 삼진 탐색을 이용하면 이 함수의 최솟값을 구할 수 있다.

8.3.3 합 최소화

n개의 수 $a_1, a_2, \ldots, a_n$이 있을 때, 다음과 같은 합을 최소화하는 x를 구하는 문제를 생각해 보자.

$$|a_1-x| + |a_2-x| + \cdots + |a_n-x|$$

예를 들어 [1, 2, 9, 2, 6]이 주어진 경우, 최적해는 $x=2$이고 그 때의 합은 다음과 같다.

$$|1-2| + |2-2| + |9-2| + |2-2| + |6-2| = 12$$

이때 각각의 함수 $|a_k-x|$가 볼록 함수이기 때문에 그 합도 볼록 함수가 된다. 따라서 삼진 탐색을 이용하면 x의 최적해를 구할 수 있다. 하지만 그보다 쉬운 풀이도 존재한다. x의 최적해가 항상 주어진 수들의 중앙값이 된다는 사실을 이용하는 것이다. 즉, 주어진 수들을 정렬한 후 가운데 원소를 구하면 된다. 앞의 예에 나온 [1, 2, 9, 2, 6]을 정렬하면 [1, 2, 2, 6, 9]가 되고, 따라서 중앙값은 2이다.

중앙값이 항상 최적해가 되는 이유는 다음과 같다. 만일 x가 중앙값보다 작다면 x를 증가시킬 때 합이 줄어들고, x가 중앙값보다 크다면 x를 감소시킬 때 합이 줄어들기 때문이다. n이 짝수여서 중앙값이 두 개가 된다면, 두 개의 중앙값과 그 사이의 모든 값이 최적해가 된다.

이제 다음과 같은 함수를 최소화하는 문제를 생각해 보자.

$$(a_1-x)^2 + (a_2-x)^2 + \cdots + (a_n-x)^2$$

예를 들어 [1, 2, 9, 2, 6]이 주어진 경우, 최적해는 $x=4$이고 그때의 합은 다음과 같다.

$$(1-4)^2 + (2-4)^2 + (9-4)^2 + (2-4)^2 + (6-4)^2 = 46$$

이 경우에도 함수가 볼록하기 때문에 삼진 탐색을 이용하여 문제를 풀 수 있다. 하지만 이번에도 간단한 풀이가 존재한다. 최적의 x가 주어진 수들의 평균임을 이용하는 것이다. 앞의 예에 대한 평균은 $(1+2+9+2+6)/5 = 4$이다. 이 사실은 합을 다음과 같이 전개하여 증명할 수 있다.

$$nx^2 - 2x(a_1 + a_2 + \cdots + a_n) + (a_1^2 + a_2^2 + \cdots + a_n^2)$$

여기서 수식의 맨 뒷부분은 x에 영향을 받지 않는 부분이므로 무시할 수 있다. 나머지 부분은 $nx^2 - 2xs$ 형태의 함수이고, 이때 $s = a_1 + a_2 + \cdots + a_n$이다. 이는 아래로 볼록한 포물선(parabola opening upwards)의 일종으로, 그 해는 $x=0$과 $x=2s/n$이다. 또한 함수의 최솟값은 두 해의 평균인 $x=s/n$이고, 이는 주어진 수 $a_1, a_2, \ldots, a_n$의 평균이기도 하다.

9장

구간 질의

이 장에서는 배열에 대한 구간 질의를 효율적으로 처리하는 자료 구조를 살펴본다. 질의의 예로는 구간 합 질의(원소의 합 구하기)와 구간 최소 질의(최소 원소 구하기) 가 있다.

9.1절에서는 질의 사이에 배열의 원소가 변하지 않는 간단한 경우를 먼저 살펴본다. 그러한 경우에는 배열에 대해 전처리를 수행하는 것만으로도 임의의 질의에 대한 답을 효율적으로 구할 수 있다. 먼저 누적 합 배열을 이용하여 합 질의를 처리하는 방법을 살펴보고, 그 다음에는 희소 테이블 알고리즘을 이용하여 최소 질의를 처리하는 방법을 살펴본다.

9.2절에서는 구간 질의를 처리하는 것과 배열의 원소를 갱신하는 것을 모두 효율적으로 수행할 수 있는 트리형 자료 구조를 두 가지 살펴본다. 이진 인덱스 트리는 합 질의를 지원하며, 누적 합 배열의 동적인 변종으로 볼 수 있는 자료 구조이다. 구간 트리는 용도가 좀 더 다양한 자료 구조로, 합 질의, 최소 질의, 그리고 그 외의 여러 질의를 지원한다. 두 자료 구조 모두 연산에 로그 시간이 걸린다.

9.1 정적 배열에 대한 질의

이 절에서는 배열이 정적인 경우, 즉 질의 사이에 배열의 원소가 절대로 변하지 않는 경우를 먼저 살펴본다. 그러한 경우에는 배열에 대해 전처리를 수행하기만 해도 구간 질의에 효율적으로 답할 수 있다.

먼저, 누적 합 배열을 이용하여 구간 질의를 간단하게 처리하는 방법을 살펴본다. 이 방법은 고차원에 대해서도 일반화 가능한 방법이다. 다음으로, 최소 질의를 처리하는 좀 더 까다로운 자료 구조인 희소 테이블을 살펴본다. 최소 질의를 처리하는 방법에 초점을 맞추긴 하겠지만, 비슷한 방법으로 최대 질의도 처리할 수 있다.

9.1.1 합 질의

구간 합 질의(range sum query) $sum_q(a, b)$는 배열에서 위치가 구간 $[a, b]$에 속하는 원소들의 합을 나타낸다. **누적 합 배열**(prefix sum array)을 먼저 구해 놓으면 임의의 합 질의를 효율적으로 처리할 수 있다. 누적 합 배열의 각 원소는 원래 배열에서 그 위치까지의 원소들의 합이다. 즉, 위치 k의 원소는 $sum_q(0, k)$이다. 예를 들어 그림 9.1에 배열 하나와 그 배열의 누적 합 배열이 나와 있다.

누적 합 배열은 $O(n)$에 구할 수 있다. 그러고 나면 구간 합 배열에 $sum_q(0, k)$가 모두 저장된다. 따라서 다음 공식을 이용하면 어떤 $sum_q(a, b)$의 값도 $O(1)$에 구할 수 있다.

$$sum_q(a, b) = sum_q(0, b) - sum_q(0, a-1)$$

만일 $sum_q(0, -1) = 0$으로 정의한다면, 이 공식은 $a = 0$일 때도 성립하게 된다.

예를 들어 위치가 구간 $[3, 6]$에 속하는 원소들의 합을 누적 합 배열을 이용하여 계산하는 방법이 그림 9.2에 나와 있다. 원래 배열에 대해 계산하면 $sum_q(3, 6) = 8 + 6 + 1 + 4 = 19$임을 알 수 있다. 누적 합 배열을 이용할 때는 $sum_q(3, 6) = sum_q(0, 6) - sum_q(0, 2) = 27 - 8 = 19$와 같이 원소를 두 개만 살펴봐도 된다.

	0	1	2	3	4	5	6	7
원래의 배열	1	3	4	8	6	1	4	2

	0	1	2	3	4	5	6	7
누적 합 배열	1	4	8	16	22	23	27	29

그림 9.1 배열과 그 배열의 누적 합 배열

	0	1	2	3	4	5	6	7
원래의 배열	1	3	4	8	6	1	4	2

	0	1	2	3	4	5	6	7
누적 합 배열	1	4	8	16	22	23	27	29

그림 9.2 누적 합 배열을 이용하여 구간 합 구하기

고차원에 대한 일반화

앞에서 살펴본 아이디어를 고차원에 대해 일반화할 수 있다. 예를 들어 그림 9.3에 2차원 누적 합 배열이 나와 있으며, 이를 이용하면 임의의 직사각형 형태의 부분 배열의 합을 $O(1)$에 구할 수 있다. 이 배열의 각 칸에 들어있는 값은 원래 배열의 제일 왼쪽 위부터 시작하는 부분 배열의 합이다. 그림에 회색으로 표시된 부분 배열의 합은 다음과 같은 공식으로 구할 수 있다.

$$S(A) - S(B) - S(C) + S(D)$$

이때 $S(X)$는 원래 배열의 제일 왼쪽 위부터 위치 X까지에 해당하는 부분 배열의 합을 나타낸다.

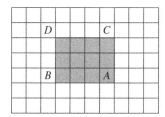

그림 9.3 2차원 구간 합 구하기

9.1.2 최소 질의

구간 최소 질의(range minimum query) $\min_q(a, b)$는 배열에서 위치가 구간 $[a, b]$에 속하는 원소들의 최솟값을 나타낸다. 다음으로 살펴볼 기법은 임의의 최소 질의를 $O(1)$에 처리하는 방법으로, 이를 위해 $O(n \log n)$ 시간의 전처리를 수행해야 한다. 이 기법은 벤더(Bender)와 패러치-콜튼(Farach-Colton)이 발명한 것으로, 보통 **희소 테이블 알고리즘**(sparse table algorithm)이라는 이름으로 불린다.[3]

아이디어는 (구간의 길이에 해당하는) $b - a + 1$의 값이 2의 거듭제곱인 $\min_q(a, b)$를 사전에 전부 다 구해두는 것이다. 예를 들어 여덟 개의 원소로 이루어진 배열에 대해 사전에 계산된 값이 그림 9.4에 나와 있다.

사전에 구해야 할 값은 $O(n \log n)$개 인데, 이는 구간의 길이가 2의 거듭제곱인 경우가 $O(\log n)$가지이기 때문이다. 각각의 값은 다음과 같은 점화식을 이용하면 효율적으로 구할 수 있다.

$$\min_q(a, b) = \min(\min_q(a, a + w - 1), \min_q(a + w, b))$$

```
              0  1  2  3  4  5  6  7
원래의 배열    | 1| 3| 4| 8| 6| 1| 4| 2|

              0  1  2  3  4  5  6  7
구간의 길이 2  | 1| 3| 4| 6| 1| 1| 2| -|

              0  1  2  3  4  5  6  7
구간의 길이 4  | 1| 3| 1| 1| 1| -| -| -|

              0  1  2  3  4  5  6  7
구간의 길이 8  | 1| -| -| -| -| -| -| -|
```

그림 9.4 최소 질의를 위한 전처리

이때 $b-a+1$은 2의 거듭제곱이고, $w=(b-a+1)/2$이다. 이와 같은 방식으로 모든 값을 다 구하는 데는 $O(n \log n)$ 시간이 걸린다.

값을 구해놓고 나면, 어떤 $\min_q(a, b)$의 값도 $O(1)$에 구할 수 있게 된다. 이때 사전에 구해놓은 값 두 개의 최솟값을 구하는 방식을 이용한다. k가 $b-a+1$을 초과하지 않는 가장 큰 2의 거듭제곱 수라고 하자. 다음 공식을 이용하면 $\min_q(a, b)$를 구할 수 있다.

$$\min_q(a, b) = \min(\min_q(a, a+k-1), \min_q(b-k+1, b))$$

이 공식에서 구간 $[a, b]$를 길이가 k인 두 개의 구간 $[a, a+k-1]$과 $[b-k+1, b]$의 합집합으로 나타냈다.

그림 9.5에 구간 $[1, 6]$에 대한 예가 나와 있다. 이 구간의 길이는 6이며, 6을 초과하지 않는 가장 큰 2의 거듭제곱 수는 4이다. 따라서 구간 $[1, 6]$을 구간 $[1, 4]$와 $[3, 6]$의 합집합으로 나타낼 수 있다. 이때 $\min_q(1, 4) = 3$이고 $\min_q(3, 6) = 1$이므로, $\min_q(1, 6) = 1$임을 알 수 있다.

참고로, 전처리를 $O(n)$ 시간만 수행하고도 구간 최소 질의를 $O(1)$에 처리하는 방법이 존재한다(한 예로, 피셔(Fischer)와 호인(Heun)의 논문[12]을 참고하라). 하지만 그러한 방법은 너무 복잡하며, 이 책의 범위를 넘는 내용이다.

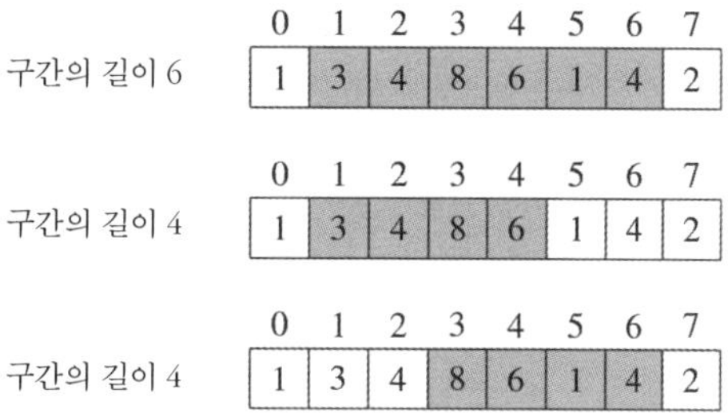

그림 9.5 서로 겹치는 구간 두 개를 이용하여 구간 최소 구하기

9.2 트리형 자료 구조

이 절에서는 트리형 자료 구조 두 가지를 살펴본다. 이를 이용하면 구간 질의를 처리하고 배열의 원소를 갱신하는 작업을 로그 시간에 수행할 수 있다. 먼저 합 질의를 지원하는 이진 인덱스 트리를 살펴보고, 그 다음에는 좀 더 다양한 질의를 지원하는 구간 트리를 살펴본다.

9.2.1 이진 인덱스 트리

이진 인덱스 트리(binary indexed tree), 혹은 **펜윅 트리**(Fenwick tree)는 누적 합 배열의 동적인 변종이라고 볼 수 있는 자료 구조이다.[11] 이 자료 구조는 $O(\log n)$ 시간이 걸리는 연산 두 가지를 지원한다. 하나는 구간 합 질의를 처리하는 연산이고, 다른 하나는 배열의 원소를 갱신하는 연산이다. 이 자료 구조는 이름에 트리가 들어가지만 보통 배열의 형태로 표현된다. 이진 인덱스 트리에 대한 내용을 다룰 때는 모든 배열의 인덱스가 1부터 시작한다고 가정한다. 그래야 자료 구조를 좀 더 쉽게 구현할 수 있기 때문이다.

$p(k)$를 2의 거듭제곱인 k의 약수 중에서 그 크기가 제일 큰 것으로 정의하자. 배열 tree에 다음과 같이 이진 인덱스 트리를 저장하자.

$$\text{tree}[k] = \text{sum}_q(k - p(k) + 1, k)$$

즉, 이 배열의 위치 k에 저장하는 값은, 원래 배열에 대해 위치 k에서 끝나면서 그 길이가 $p(k)$인 구간의 합이다. 예를 들어 $p(6) = 2$이므로, tree[6]에 저장된 값은 $\text{sum}_q(5, 6)$이다. 그림 9.6에 배열 하나와 그 배열에 대한 이진 인덱스 트리가 나와 있다. 그림 9.7에는 이진 인덱스 트리의 각 값이 원래 배열에서 어느 구간에 대한 것인지가 좀 더 명확하게 나와 있다.

	1	2	3	4	5	6	7	8
원래의 배열	1	3	4	8	6	1	4	2

	1	2	3	4	5	6	7	8
이진 인덱스 트리	1	4	4	16	6	7	4	29

그림 9.6 배열과 그 배열의 이진 인덱스 트리

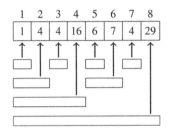

그림 9.7 이진 인덱스 트리와 그에 대한 구간

이진 인덱스 트리를 이용하면 어떤 $sum_q(1, k)$의 값도 $O(\log n)$에 구할 수 있다. 구간 $[1, k]$를 이진 인덱스 트리에 그 합이 저장되어 있는 부분 구간 $O(\log n)$개로 나눌 수 있기 때문이다. $sum_q(1, 7)$을 구하는 경우를 예로 들어보자. 구간 $[1, 7]$은 세 개의 부분 구간 $[1, 4]$, $[5, 6]$, $[7, 7]$로 나눌 수 있다(그림 9.8). 세 구간의 합이 트리에 저장되어 있으므로, 전체 구간의 합을 다음과 같이 구할 수 있다.

$$sum_q(1, 7) = sum_q(1, 4) + sum_q(5, 6) + sum_q(7, 7) = 16 + 7 + 4 = 27$$

이제, $a > 1$일 때 $sum_q(a, b)$의 값을 구하기 위해서는 누적 합 배열에서 사용했던 것과 같은 트릭을 사용하면 된다.

$$sum_q(a, b) = sum_q(1, b) - sum_q(1, a - 1)$$

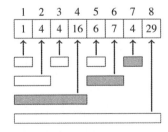

그림 9.8 이진 인덱스 트리를 이용하여 구간 합 질의 처리하기

$\text{sum}_q(1, b)$와 $\text{sum}_q(1, a-1)$을 모두 $O(\log n)$ 시간에 구할 수 있으므로, 전체 시간 복잡도도 $O(\log n)$이다.

배열의 원소를 갱신한다면 이진 인덱스 트리의 값 몇 개도 같이 갱신해야 한다. 예를 들어 위치 3의 원소를 갱신한다면, 부분 구간 [3, 3], [1, 4], [1, 8]의 값도 갱신해야 한다(그림 9.9). 원래 배열의 각 원소는 부분 구간 $O(\log n)$개에 포함되며, 따라서 트리의 값도 $O(\log n)$개만 갱신하면 된다.

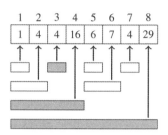

그림 9.9 이진 인덱스 트리의 값 갱신하기

구현

비트 연산을 이용하면 효율적으로 이진 인덱스 트리의 연산을 구현할 수 있다. 핵심은 다음의 비트 연산 공식을 이용하면 $p(k)$의 값을 쉽게 구할 수 있다는 것이다.

$$p(k) = k \,\&\, -k$$

이 공식은 k의 비트 1 중에서 최하위 비트 한 개만을 남기는 공식이다.

먼저, 다음 코드는 $\text{sum}_q(1, k)$의 값을 구하는 함수이다.

```
int sum(int k) {
    int s = 0;
    while (k >= 1) {
        s += tree[k];
        k -= k&-k;
    }
    return s;
}
```

그리고 다음 코드는 배열의 위치 k에 저장된 값을 x만큼 증가시키는 함수이다(x는 양수일 수도 음수일 수도 있다).

```
void add(int k, int x) {
    while (k <= n) {
```

```
        tree[k] += x;
        k += k&-k;
    }
}
```

두 함수의 시간 복잡도는 모두 $O(\log n)$이다. 계산 과정에서 이진 인덱스 트리의 원소 $O(\log n)$개만을 사용하며, 배열의 다음 위치를 구하는 데 $O(1)$ 시간만 걸리기 때문이다.

9.2.2 구간 트리

구간 트리(segment tree)는 $O(\log n)$ 시간이 걸리는 연산 두 가지를 지원하는 자료 구조이다. 연산은 구간 질의를 처리하는 것과 배열의 원소를 갱신하는 것이다. 구간 트리는 합 질의, 최소 질의, 그리고 그 외에도 다양한 질의를 지원한다. 구간 트리의 기원은 기하 알고리즘에서 찾을 수 있으며(한 예로, 벤틀리(Bentley)와 우드(Wood) 의 논문[4]을 참고하라), 이 절에서 살펴볼 아름다운 상향식(bottom-up) 구현 방식은 스탄치크(Stańczyk)의 책[34]을 참고한 것이다.

구간 트리는 이진 트리의 일종이다. 이때 말단 노드는 원래 배열의 원소에 대응되며, 나머지 노드는 구간 질의를 처리하기 위한 정보를 담고 있다. 구간 트리에 대한 내용을 다룰 때는 배열의 크기가 2의 거듭제곱이고 인덱스가 0부터 시작한다고 가정한다. 그러한 배열에 대해 구간 트리를 만드는 것이 좀 더 쉽기 때문이다. 원래 배열의 크기가 2의 거듭제곱이 아니라면 적당한 원소를 몇 개 추가하여 그렇게 되도록 만든다.

먼저 합 질의를 지원하는 구간 트리를 살펴보자. 그림 9.10에 배열 하나와 그 배열에 대한 합 질의를 처리하기 위한 구간 트리가 나와 있다. 트리의 모든 내부 노드는 길이가 2의 거듭제곱인 배열의 구간에 대응된다. 구간 트리로 합 질의를 처리할 때, 내부 노드에 저장할 값은 그에 대응되는 구간의 합이다. 이 값은 왼쪽 및 오른쪽 자식 노드의 값을 합하여 구한다.

임의의 구간 $[a, b]$를 트리의 노드에 값이 저장되어 있는 부분 구간 $O(\log n)$개로 나눌 수 있음이 알려져 있다. 예를 들어 구간 $[2, 7]$을 원래의 배열과 구간 트리에 나타낸 것이 그림 9.11에 나와 있다. 이 예에 대해서는 트리의 노드 두 개가 구간에 대응되며, $\text{sum}_q(2, 7) = 9 + 17 = 26$이다. 합을 구할 때, 트리에서 최대한 높은 곳에 있는 노드를 이용하게끔 하면 레벨마다 최대 두 개의 노드만을 사용하게 된다. 따라서 필요한 노드의 전체 개수는 $O(\log n)$이다.

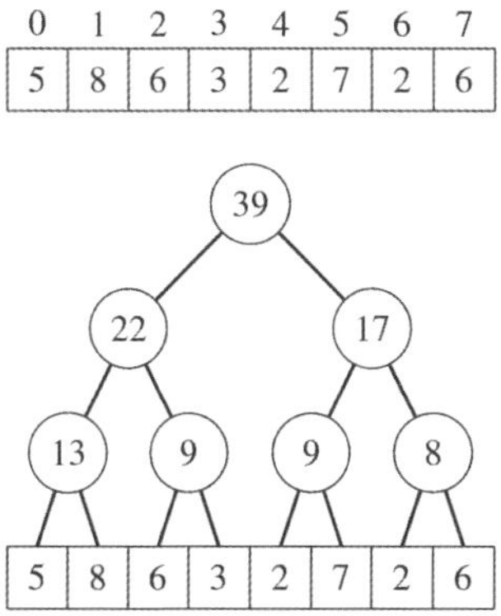

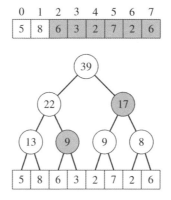

```
    0   1   2   3   4   5   6   7
  ┌───┬───┬───┬───┬───┬───┬───┬───┐
  │ 5 │ 8 │ 6 │ 3 │ 2 │ 7 │ 2 │ 6 │
  └───┴───┴───┴───┴───┴───┴───┴───┘
```

그림 9.10 배열과 합 질의를 처리하기 위한 구간 트리

```
    0   1   2   3   4   5   6   7
  ┌───┬───┬───┬───┬───┬───┬───┬───┐
  │ 5 │ 8 │ 6 │ 3 │ 2 │ 7 │ 2 │ 6 │
  └───┴───┴───┴───┴───┴───┴───┴───┘
```

그림 9.11 구간 트리를 이용하여 구간 합 질의 처리하기

배열을 갱신할 경우, 그에 따라 값이 달라지는 노드도 모두 갱신해 주어야 한다. 이를 위해서는 배열의 해당 원소에서 시작하여 트리의 루트로 향하는 경로를 따라가면서 경로상의 노드의 값을 갱신해주면 된다. 예를 들어 배열의 위치 5에 있는 값을 갱신할 때 값을 함께 갱신해야 할 노드가 그림 9.12에 나와 있다. 트리의 말단에서 루트로 향하는 경로에는 항상 $O(\log n)$개의 노드가 포함되며, 따라서 배열의 원소를 갱신할 때마다 트리의 노드도 $O(\log n)$개 갱신해야 한다.

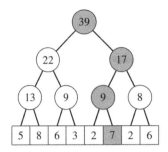

그림 9.12 구간 트리에 대해 배열의 값 갱신하기

구현

구간 트리의 내용을 저장할 때는 원소가 $2n$개인 배열을 이용하는 것이 편리하다. 이 때 n은 원래 배열의 크기이다. 트리의 노드는 루트에서부터 아래의 순서로 저장한다. 즉, tree[1]은 루트 노드이고, 그 자식 노드는 tree[2]와 tree[3]인 식이다. 마지막으로 맨 아래 레벨의 노드는 tree[n]부터 tree[$2n-1$]까지이며, 이 위치에는 원래 배열의 원소들을 저장한다. tree[0]을 사용하지 않는다는 점에 유의하라.

그림 9.13에 예제 트리의 내용을 배열에 저장한 것이 나와 있다. tree[k]의 부모는 tree[$\lfloor k/2 \rfloor$]이고, 왼쪽 자식은 tree[$2k$]이며, 오른쪽 자식은 tree[$2k+1$]이라는 점에 유의하라. 또한, (루트 노드를 제외한) 어떤 노드의 위치가 짝수라면 그 노드는 왼쪽 자식이고, 홀수라면 오른쪽 자식이다.

다음 코드는 $\text{sum}_q(a, b)$의 값을 구하는 함수이다.

```
int sum(int a, int b) {
    a += n; b += n;
    int s = 0;
    while (a <= b) {
        if (a%2 == 1) s += tree[a++];
        if (b%2 == 0) s += tree[b--];
        a /= 2; b /= 2;
    }
    return s;
}
```

1	2	3	4	5	6	7	8	9	10	11	12	13	14	15
39	22	17	13	9	9	8	5	8	6	3	2	7	2	6

그림 9.13 구간 트리의 내용을 배열에 저장하기

이 함수에서는 구간 트리상의 구간을 관리한다. 맨 처음의 구간은 $[a+n, b+n]$이다. 각 단계를 진행할 때마다 구간을 트리에서 한 레벨 위로 옮긴다. 노드를 위로 옮김으로써 만들어지는 트리상의 구간이 원래의 구간을 벗어나는 경우가 생긴다면 옮기기 전 노드의 값을 합계에 더한다. 그리고 그 노드를 구간에서 제외함으로써 관리하는 구간을 좁힌다.

다음 코드는 배열의 위치 k에 저장된 값을 x만큼 증가시키는 함수이다.

```
void add(int k, int x) {
    k += n;
    tree[k] += x;
    for (k /= 2; k >= 1; k /= 2) {
        tree[k] = tree[2*k]+tree[2*k+1];
    }
}
```

먼저, 트리의 말단에 저장된 값을 갱신한다. 그리고 루트로 향하는 경로를 따라 가면서 내부 노드에 저장된 값도 갱신한다.

앞에서 살펴본 두 함수는 모두 $O(\log n)$ 시간에 동작한다. 이는 배열의 원소가 n개일 때 구간 트리의 레벨이 $O(\log n)$이며, 두 함수가 각 단계를 진행할 때마다 트리에서 한 레벨 위로 올라가는 형태이기 때문이다.

그 외의 질의

구간 트리로 어떤 구간 질의라도 처리할 수 있는데, 그러기 위해서는 구간을 두 부분으로 나누고, 각 부분에 대해 독립적으로 답을 구하고, 이를 효율적으로 조합하는 것이 가능해야 한다. 그러한 질의의 예로는 최솟값과 최댓값 구하기, 최대공약수 구하기, 비트 연산 AND, OR, XOR 수행하기 등이 있다.

예를 들어 최솟값 질의를 처리하기 위한 구간 트리가 그림 9.14에 나와 있다. 이 트리의 경우, 각 노드는 그에 대응되는 구간의 최소 원소를, 그리고 트리의 루트는 배열 전체의 최소 원소를 저장하고 있다. 트리에 대한 연산을 앞에서 살펴본 방식과 유사하게 구현할 수 있으며, 이때 합을 구하는 대신에 최소 원소를 구해야 한다.

또한, 구간 트리의 구조를 활용하면 이진 탐색과 유사한 방식으로 배열 원소의 위치를 찾아낼 수 있다. 최솟값 질의를 처리하기 위한 트리를 예로 들면, 배열의 최소 원소가 어느 위치에 있는지를 $O(\log n)$에 찾아낼 수 있다. 그림 9.15에 최소 원소 1의 위치를 찾는 과정이 나와 있으며, 트리의 루트에서 시작하여 아래 방향으로 경로를 탐색해 나가는 것을 확인할 수 있다.

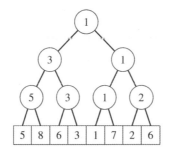

그림 9.14 구간 최소 질의를 처리하기 위한 구간 트리

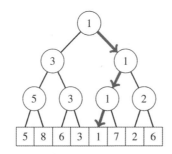

그림 9.15 이진 탐색을 이용하여 최소 원소의 위치 찾기

9.2.3 고급 기법

인덱스 압축

배열을 이용하는 자료 구조의 단점 중 하나는 원소들의 인덱스로 연속된 정수를 사용한다는 데 있다. 인덱스 값이 커지면 문제도 커진다. 예를 들어 10^9을 인덱스로 사용하고 싶다고 해보자. 배열에는 원소가 10^9개나 있어야 하고, 그러기 위해서는 메모리도 많이 사용해야 한다.

하지만 알고리즘에서 쓰일 인덱스를 사전에 모두 알고 있다면, **인덱스 압축**(index compression)[1]이라는 기법을 이용하여 이러한 단점을 극복할 수 있다. 아이디어는 원래의 인덱스를 0, 1, 2 등과 같은 연속된 정수로 치환하는 것이다. 이를 위해 인덱스 압축 함수 c를 정의한다. 이 함수를 이용하여 원래의 인덱스 i를 압축된 인덱스 $c(i)$로 치환하는데, 이때 인덱스 a와 b가 $a<b$를 만족한다면 $c(a)<c(b)$를 만족하도록 치환해야 한다. 인덱스를 압축한 후, 압축된 인덱스를 이용하면 편리하게 질의를 처리할 수 있다.

---

1 (옮긴이) 국내 커뮤니티에서는 이를 좌표 압축이라고도 부른다.

그림 9.16에 인덱스 압축의 간단한 예가 나와 있다. 이 예에서 실제로 사용되는 인덱스는 2, 5, 7이고, 나머지 위치의 배열 원소는 모두 0이다. 압축된 인덱스는 $c(2) = 0$, $c(5) = 1$, $c(7) = 2$이고, 이를 이용하면 원소가 세 개뿐인 압축된 배열을 사용할 수 있게 된다.

	0	1	2	3	4	5	6	7
원래의 배열	0	0	5	0	0	3	0	4

	0	1	2
압축한 배열	5	3	4

그림 9.16 인덱스 압축을 이용하여 배열 압축하기

인덱스를 압축하고 나면, 압축된 인덱스로 구간 트리를 만들어서 구간 질의를 처리하는 등의 방식을 사용할 수 있게 된다. 수정해야 할 부분은 질의를 처리하기 전에 인덱스를 압축해주는 것뿐이다. 즉, 원래 배열에 대한 구간 $[a, b]$를 압축된 배열의 구간 $[c(a), c(b)]$에 대응시킨다.

구간 단위 갱신

지금까지는 구간 질의를 처리할 수 있고, 배열의 개별 원소를 갱신할 수 있는 자료 구조를 살펴보았다. 이번에는 그 반대의 경우를 살펴본다. 즉, 배열을 구간 단위로 갱신하고 개별 원소의 값을 질의하는 경우를 살펴보자. 그 중에서도 위치가 구간 $[a, b]$에 속하는 모든 원소의 값을 x만큼 증가시키는 연산에 초점을 맞추려 한다.

이 장에서 살펴본 자료 구조를 이러한 상황에도 활용할 수 있다. 이를 위해 **차이 배열**(difference array)을 만드는데, 이는 원래 배열에서 연달아 있는 두 원소의 차이 값을 저장하고 있는 배열이다. 원래의 배열은 차이 배열의 누적 합 배열이 된다. 그림 9.17에 배열 하나와 그 배열의 차이 배열이 나와 있다. 예를 들어 원래 배열의 위치 6에 있는 값 2를 보면, 이는 차이 배열에 대한 누적 합 $3 - 2 + 4 - 3 = 2$와 같다는 것을 알 수 있다.

	0	1	2	3	4	5	6	7
원래의 배열	3	3	1	1	1	5	2	2

	0	1	2	3	4	5	6	7
차이 배열	3	0	-2	0	0	4	-3	0

그림 9.17 배열과 그 배열의 차이 배열

차이 배열을 이용할 때의 장점은 원래 배열에 대한 구간 단위 갱신을 처리하기 위해 차이 배열의 원소를 두 개만 수정해도 된다는 데 있다. 좀 더 정확히 말하면, 구간 [a, b]의 값을 x만큼 증가시키려 할 때, 차이 배열의 위치 a의 원소를 x만큼 증가시키고 위치 b+1의 원소는 x만큼 감소시킨다. 예를 들어 앞의 예에 나온 배열의 1부터 4까지의 위치의 원소를 3만큼 증가시키려 한다고 해보자. 이 경우에는 차이 배열의 위치 1의 원소를 3만큼 증가시키고 위치 5의 원소를 3만큼 감소시키면 된다(그림 9.18).

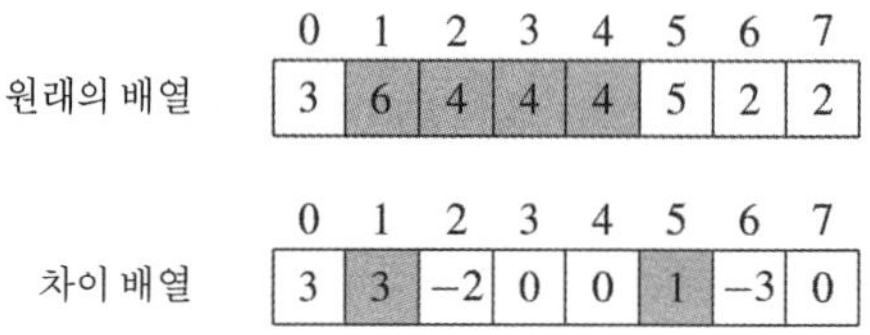

원래의 배열

0	1	2	3	4	5	6	7
3	6	4	4	4	5	2	2

차이 배열

0	1	2	3	4	5	6	7
3	3	-2	0	0	1	-3	0

그림 9.18 차이 배열을 이용하여 배열을 구간 단위로 갱신하기

정리해 보면, 차이 배열에 대해 개별 원소의 값을 갱신하고 합 질의를 수행할 수 있으면 된다는 것을 알 수 있다. 따라서 이진 인덱스 트리나 구간 트리를 이 경우에도 사용할 수 있다. 이보다 더 어려운 문제는 구간 질의와 구간 단위 갱신을 모두 지원하는 자료 구조를 만드는 것이다. 15.2.1절에서 갱신을 뒤로 미루는 구간 트리를 이용하여 그러한 문제를 푸는 방법을 살펴볼 것이다.

10장

트리 알고리즘

트리의 특별한 성질을 이용하면 일반적인 그래프 알고리즘보다 효율적인, 트리에 특화된 알고리즘을 만들 수 있다. 이 장에서 그러한 알고리즘을 몇 가지 살펴볼 것이다.

10.1절에서는 트리와 관련된 기본적인 개념과 알고리즘을 살펴본다. 이 절에서 살펴볼 중요한 문제는 트리의 지름, 즉 두 노드 간 거리의 최댓값을 구하는 문제이다. 이 문제를 풀기 위한 두 가지 선형 시간 알고리즘을 알아본다.

10.2절에서는 트리에 대한 질의를 처리하는 방법을 살펴본다. 트리 순회 배열을 이용하여 서브트리 및 경로와 관련된 질의를 처리하는 방법을 알아볼 것이다. 그 다음, 최소 높이 공통 조상을 구하는 방법, 그리고 자료 구조의 병합을 바탕으로 한 오프라인 알고리즘을 살펴볼 것이다.

10.3절에서는 트리를 처리하는 두 가지 고급 기술인 센트로이드 분해와 헤비-라이트 분해를 살펴볼 것이다.

10.1 기본 기술

트리(tree)는 노드 n개와 간선 $n-1$개로 이루어진 사이클 없는 연결 그래프를 말한다. 트리에서 임의의 간선을 하나 제거하면 두 개의 컴포넌트로 나뉘게 되고, 간선을 하나 추가하면 사이클이 만들어진다. 트리의 두 노드 간에는 항상 유일한 경로가 존재한다. 트리의 **리프**(leaf)는 이웃이 하나만 있는 노드를 말한다.

예를 들어 그림 10.1의 그래프를 살펴보자. 이 트리는 노드 8개와 간선 7개로 구성되어 있고, 리프는 3, 5, 7, 8번 노드이다.

루트 트리(rooted tree)에는 노드 중 하나가 **루트**(root)로 지정되어 있으며, 다른 노드는 루트 노드 아래에 위치한다.[1] 노드의 이웃 중 자신보다 아래에 위치한 노드는 **자식**(child, 여럿일 경우에는 children) 노드가 되며, 위에 위치한 노드는 **부모**(parent) 노드가 된다. 모든 노드는 루트 노드를 제외하고 정확히 하나의 부모 노드가 있으며, 루트 노드는 부모 노드가 없다. 루트 트리의 구조는 재귀적이다. 트리의 각 노드는 **서브트리**(subtree)의 루트가 될 수 있으며, 이 서브트리는 자신과 각 자식 노드의 서브트리에 속한 노드로 구성된다.

예를 들어 그림 10.2에 1번 노드가 트리의 루트가 되는 루트 트리가 나와 있다. 2번 노드의 자식은 5, 6번 노드이고, 부모 노드는 1번 노드이다. 2번 노드의 서브트리는 2, 5, 6, 8번 노드로 구성되어 있다.

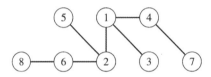

그림 10.1 노드 8개와 간선 7개로 구성된 트리

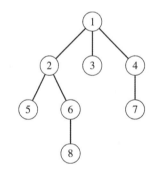

그림 10.2 1번 노드가 루트 노드인 루트 트리

10.1.1 트리 순회

일반적인 그래프를 순회하는 알고리즘을 트리의 노드를 순회할 때도 적용할 수 있다. 하지만 트리 순회가 일반적인 그래프의 순회보다 구현하기 쉬운데, 트리에는 사이클이 없고 각 노드로 가는 방법이 유일하기 때문이다.

---

1 (옮긴이) 대개의 경우 트리에 루트라는 개념이 포함되어 있다고 간주하는 경우가 많아 '루트 트리'를 따로 표현하지 않는다. 다만 이 책에서는 저자의 의도를 따라 이를 구분하여 번역하였다.

트리를 순회하는 전형적인 방법은 임의의 노드에서 깊이 우선 탐색을 시작하는 것이다. 다음과 같은 재귀 함수를 사용하면 된다.

```
void dfs(int s, int e) {
    // 노드 s를 처리한다.
    for (auto u : adj[s]) {
        if (u != e) dfs(u, s);
    }
}
```

이 함수의 인자는 두 개로, 각각은 현재 노드 s와 이전 노드 e이다. 인자 e는 아직 방문하지 않은 노드만 방문하도록 확인하는 과정에 사용된다.

다음과 같이 함수를 호출하면 노드 x에서 탐색을 시작한다.

```
dfs(x, 0);
```

첫 번째 호출에서는 이전 노드가 없기 때문에 $e = 0$으로 두었으며, 따라서 트리의 어떤 방향으로도 진행할 수 있는 상태가 된다.

동적 계획법

트리를 순회하면서 어떤 값을 계산하려 할 때 동적 계획법을 사용할 수 있다. 예를 들어 다음 코드는 각 노드 s에 대해 서브트리의 노드 수 count[s]를 계산하는 코드이다. 서브트리는 노드 자신과 자식 노드의 서브트리에 속한 모든 노드를 포함하기 때문에, 다음과 같이 재귀적으로 값을 계산할 수 있다.

```
void dfs(int s, int e) {
    count[s] = 1;
    for (auto u : adj[s]) {
        if (u == e) continue;
        dfs(u, s);
        count[s] += count[u];
    }
}
```

이진 트리 순회

이진 트리에서는 노드마다 왼쪽과 오른쪽 서브트리가 있으며, 이때 서브트리가 빈 트리일 수도 있다. 이때 다음과 같은 세 가지 방법으로 트리를 순회하는 순서를 정할 수 있다.

- **전위**(pre-order) 순회: 먼저 루트 노드를 처리한 뒤, 왼쪽 서브트리를 순회한 다음, 오른쪽 서브트리를 순회한다.
- **중위**(in-order) 순회: 먼저 왼쪽 서브트리를 순회하고, 루트 노드를 처리한 다음, 오른쪽 서브트리를 순회한다.
- **후위**(post-order) 순회: 먼저 왼쪽 서브트리를 순회하고, 오른쪽 서브트리를 순회한 다음, 루트 노드를 처리한다.

그림 10.3을 예로 들면 전위 순회는 [1, 2, 4, 5, 6, 3, 7]이고, 중위 순회는 [4, 2, 6, 5, 1, 3, 7]이며, 후위 순회는 [4, 6, 5, 2, 7, 3, 1]이다.

트리의 전위 순회와 중위 순회를 알고 있다면 트리의 정확한 구조를 알아낼 수 있다. 예를 들어 전위 순회가 [1, 2, 4, 5, 6, 3, 7]이고 중위 순회가 [4, 2, 6, 5, 1, 3, 7]인 유일한 트리는 그림 10.3에 나온 것과 같다. 후위 순회와 중위 순회만 있어도 트리의 구조가 유일하게 결정된다. 하지만 전위 순회와 후위 순회만 알고 있을 때는 가능한 트리의 구조가 여러 개일 수 있다.

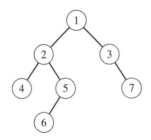

그림 10.3 이진 트리

10.1.2 지름 계산하기

트리의 **지름**(diameter)은 두 노드 간 경로의 길이 중 최댓값이다. 예를 들어 그림 10.4에 지름이 4인 트리가 나와 있는데, 이때 지름에 대응되는 경로는 6번 노드와 7번 노드를 잇는 길이가 4인 경로이다. 5번 노드와 7번 노드를 잇는 경로의 길이도 4이다.

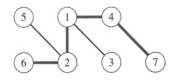

그림 10.4 지름이 4인 트리

이제 트리의 지름을 계산하는 두 가지 $O(n)$ 시간 알고리즘을 살펴볼 것이다. 첫 번째 알고리즘은 동적 계획법을 사용하고, 두 번째 알고리즘은 깊이 우선 탐색을 사용한다.

첫 번째 알고리즘

트리 문제에 접근하는 일반적인 방법은, 우선 임의의 노드를 루트로 지정한 다음 각 서브트리에 대해 따로따로 문제를 푸는 것이다. 지름을 계산하는 첫 번째 알고리즘은 이 방법을 기반으로 하고 있다.

중요하게 살펴볼 부분 중 하나는 루트 트리의 모든 경로에 가장 높은 지점, 즉 경로에 속한 가장 높은 위치의 노드가 있다는 점이다. 따라서 각 노드 x에 대해 가장 높은 지점이 x가 되는 가장 긴 경로의 길이를 구할 수 있다. 그러한 경로 중 하나가 트리의 지름이 된다. 그림 10.5를 예로 들면 1번 노드가 지름을 이루는 경로의 가장 높은 지점이 된다.

각 노드 x에 대해 다음 두 값을 계산한다.

- toLeaf(x): x에서 x의 서브트리에 속한 리프로 가는 경로의 최대 길이
- maxLength(x): 가장 높은 지점이 x인 경로의 최대 길이

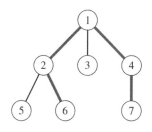

그림 10.5 지름을 이루는 경로에서 가장 높은 지점은 1번 노드이다.

예를 들어 그림 10.5에서 경로 1 → 2 → 6이 존재하므로 toLeaf(1) = 2가 되고, 경로 6 → 2 → 1 → 4 → 7이 존재하므로 maxLength(1) = 4가 된다. 이때 maxLength(1)의 값이 지름과 같다.

동적 계획법을 이용하면 모든 노드에 대해 앞에서 정의한 값을 $O(n)$ 시간에 계산할 수 있다. 먼저 toLeaf(x)를 계산하기 위해 x의 모든 자식 노드를 살펴보고, toLeaf(c)가 최대인 자식 노드 c를 찾은 뒤 그 값에 1을 더한다. 그 다음, maxLength(x)를 계산하기 위해 toLeaf(a) + toLeaf(b)가 최대가 되는 서로 다른 두 자식 노드 a

와 b를 찾은 뒤 그 값에 2를 더한다(x의 자식의 수가 2 미만인 경우는 쉽게 처리할 수 있는 특별한 경우이다).

두 번째 알고리즘

트리의 지름을 효율적으로 계산하는 다른 방법으로는 깊이 우선 탐색을 두 번 진행하는 방법이 있다. 먼저 트리에서 임의의 노드 a를 선택한 뒤, 이 노드에서 가장 먼 노드 b를 찾는다. 그리고 b에서 가장 먼 노드 c를 찾는다. 트리의 지름은 b와 c의 거리가 된다.

예를 들어 예제 트리의 지름을 계산할 때 노드 a, b, c를 선택하는 방법의 하나가 그림 10.6에 나와 있다.

이 방법은 아주 아름다운데, 그렇다면 이 방법이 올바르게 동작하는 이유는 무엇일까? 그 이유를 이해하기 위해, 트리의 지름을 이루는 경로가 수평으로 위치하고, 다른 노드가 여기에 매달린 형태로 트리를 다시 그려보자(그림 10.7). 노드 x는 지름에 대응되는 경로와 노드 a가 만나는 지점을 나타낸다. a에서 가장 먼 노드가 될 수 있는 것은 노드 b, 노드 c, 혹은 x에서부터의 거리가 최소한 그 만큼은 되는 노드이다. 따라서 트리의 지름을 구할 때, 노드 b를 지름의 한 끝으로 삼아보는 것은 항상 올바른 선택이 된다.

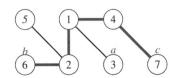

그림 10.6 지름을 계산하는 과정에서의 노드 a, b, c

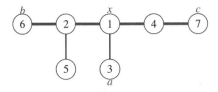

그림 10.7 이 알고리즘이 올바르게 동작하는 이유는 무엇일까?

10.1.3 모든 최장 경로

다음 문제는 트리의 모든 노드 x에 대해 x에서 시작하는 경로의 최대 길이 maxLength (x)를 계산하는 문제이다. 예를 들어 그림 10.8에 트리 하나와 이 트리의 maxLength 값이 나와 있다. 이 문제는 트리의 지름을 구하는 문제의 일반화된 형태라고 볼 수 있는데, 구한 길이 중 가장 큰 값이 트리의 지름이 되기 때문이다. 이 문제 역시 $O(n)$ 시간에 풀 수 있다.

이 문제에 대한 풀이 역시 트리의 루트를 임의로 지정하는 것으로 시작한다. 문제의 첫 번째 부분은 모든 노드 x에 대해 x의 자식 노드 방향으로 내려가는 경로의 최대 길이를 구하는 것이다. 예를 들어 1번 노드에서 시작하여 아래로 내려가는 최장 경로는 2번 노드를 거치는 경우이다(그림 10.9). 이 부분은 $O(n)$ 시간에 구할 수 있는데, 앞에서 했던 대로 동적 계획법을 사용하면 된다.

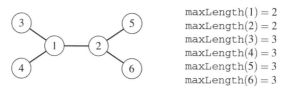

maxLength$(1) = 2$
maxLength$(2) = 2$
maxLength$(3) = 3$
maxLength$(4) = 3$
maxLength$(5) = 3$
maxLength$(6) = 3$

그림 10.8 경로의 최대 길이 구하기

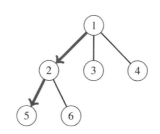

그림 10.9 1번 노드에서 시작하는 최장 경로

문제의 두 번째 부분은 모든 노드 x에 대해 부모 노드 p 방향으로 올라가는 경로의 최대 길이를 구하는 것이다. 예를 들어 3번 노드에서 시작하는 최장 경로는 부모 노드인 1번 노드를 지난다(그림 10.10). 언뜻 보면 p로 이동한 뒤, 방향에 대한 고려 없이 p에서 시작하는 최장 경로를 고르면 되는 것처럼 보인다. 하지만 이 방법이 항상 성립하지는 않는데, 그러한 경로가 다시 x를 지날 수 있기 때문이다(그림 10.11). 그렇다고 해도 이 문제 역시 $O(n)$ 시간에 풀 수 있는데, 각 노드 x에 대해 다음과 같이 두 개의 최대 길이를 저장하면 된다.

- maxLength$_1(x)$: x에서 시작하여 리프로 가는 경로의 최대 길이
- maxLength$_2(x)$: x에서 시작하여 리프로 가는 경로 중 첫 번째 경로의 방향이 다른 경로의 최대 길이[2]

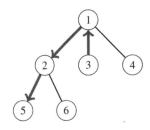

그림 10.10 3번 노드에서 시작하는 최장 경로는 부모 노드를 지난다.

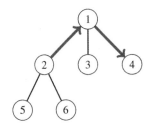

그림 10.11 이 경우, 부모 노드에서 시작하는 두 번째 최장 경로가 선택되어야 한다.

그림 10.11을 예로 들면 경로 $1 \rightarrow 2 \rightarrow 5$가 있으므로 maxLength$_1(1) = 2$가 되고, 경로 $1 \rightarrow 3$이 있으므로 maxLength$_2(1) = 1$이 된다.

마지막으로, 노드 x에서 부모 노드 p의 방향으로 올라가는 최대 길이 경로를 구할 때는 두 가지 경우로 나누어 생각한다. maxLength$_1(p)$에 대응되는 경로에 x가 포함되는 경우, 최대 길이는 maxLength$_2(p) + 1$이 된다. 그렇지 않은 경우, 최대 길이는 maxLength$_1(p) + 1$이 된다.

10.2 트리 질의

이 절에서는 루트 트리에 대한 **질의**를 처리하는 방법을 살펴본다. 질의는 일반적으로 서브트리 및 경로와 관련되어 있으며, 처리하는 데는 상수 시간, 혹은 로그 시간이 걸린다.

---

2 (옮긴이) 여기서 방향이 다르다는 말의 의미는 경로의 시작 부분, 즉 x 다음 노드가 다르다는 의미이다. 경우에 따라서는 그러한 경로가 없을 수도 있다.

10.2.1 조상 찾기

루트 트리에서 노드 x의 k번째 **조상**(ancestor)은 x에서 시작하여 k번 위로 올라간 노드이다. 노드 x의 k번째 조상을 ancestor(x, k)로 나타내기로 하자. 그러한 조상이 없으면 값을 0으로 생각한다. 그림 10.12를 예로 들면 ancestor(2, 1) = 1이고 ancestor(8, 2) = 4이다.

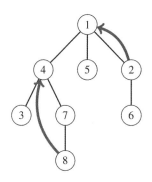

그림 10.12 노드의 조상 찾기

ancestor(x, k)를 계산하는 쉬운 방법은 트리에서 직접 k번 이동하는 것이다. 하지만 이 방법의 시간 복잡도는 $O(k)$이므로 매우 느릴 수 있다. 노드가 n개인 트리에는 최대 n개의 노드로 이루어진 경로가 있을 수 있기 때문이다.

다행히 전처리를 거치면 임의의 ancestor(x, k)의 값을 $O(\log k)$ 시간에 효율적으로 계산할 수 있다. 7.5.1절의 방법과 마찬가지로, ancestor(x, k)의 값을 k가 2의 거듭제곱인 모든 경우에 대해 계산하는 것이다. 예를 들어 그림 10.12의 트리에 대한 값은 다음과 같다.

x	1 2 3 4 5 6 7 8
ancestor(x, 1)	0 1 4 1 1 2 4 7
ancestor(x, 2)	0 0 1 0 0 1 1 4
ancestor(x, 4)	0 0 0 0 0 0 0 0
...	

노드의 조상 수는 항상 n보다 작으며, 따라서 각 노드에 대해 $O(\log n)$개의 값을 계산하면 충분하다. 이를 모두 계산하는 전처리 과정은 $O(n \log n)$ 시간이 걸린다. 그러고 나면 임의의 ancestor(x, k)의 값을 $O(\log k)$ 시간에 계산할 수 있게 되는데, k를 2의 거듭제곱의 합으로 표현하여 계산하면 되기 때문이다.

10.2.2 서브트리와 경로

트리 순회 배열(tree traversal array)은 루트 트리의 노드를 루트 노드에서부터 깊이 우선 탐색으로 방문하는 순서대로 담은 배열이다. 예를 들어 그림 10.13에 트리 하나와 그에 대응되는 트리 순회 배열이 나와 있다.

트리 순회 배열은 다음과 같은 중요한 성질을 갖는다. 트리의 각 서브트리는 트리 순회 배열의 부분 배열에 대응되고, 부분 배열의 첫 번째 원소가 그 서브트리의 루트 노드가 된다. 예를 들어 그림 10.14에 4번 노드의 서브트리에 대응되는 부분 배열이 나와 있다.

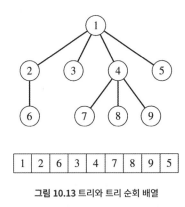

그림 10.13 트리와 트리 순회 배열

그림 10.14 트리 순회 배열 중 4번 노드의 서브트리에 대응되는 부분

서브트리 질의

트리의 각 노드에 값이 할당되어 있을 때 두 종류의 질의를 처리하는 작업을 생각해 보자. 처리할 질의는 노드의 값을 갱신하는 질의와 서브트리에 대해 값의 합을 계산하는 질의이다. 문제를 풀기 위해 트리 순회 배열을 만들고, 각 노드에 대해 노드의 번호, 서브트리의 크기, 노드의 값을 배열에 저장한다. 예를 들어 그림 10.15에 트리 하나와 그에 대응되는 배열이 나와 있다.

이 배열을 사용하면 서브트리의 크기를 먼저 판단한 뒤, 대응되는 노드의 값을 모두 더하는 방식으로 값의 합을 계산할 수 있다. 예를 들어 그림 10.16에 4번 노드의 서브트리에 있는 노드 값의 합을 계산할 때 어떤 값에 접근하는지가 나와 있다. 배열의 마지막 행의 값을 통해 합이 $3 + 4 + 3 + 1 = 11$이 됨을 알 수 있다.

질의의 답을 효율적으로 구하기 위해서는 배열의 마지막 행을 이진 인덱스 트리, 혹은 구간 트리에 저장하면 된다. 그러면 값을 갱신하는 과정과 합을 계산하는 과정을 모두 $O(\log n)$ 시간에 처리할 수 있다.

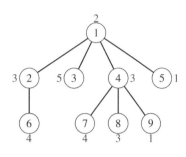

노드 번호	1	2	6	3	4	7	8	9	5
서브트리의 크기	9	2	1	1	4	1	1	1	1
노드의 값	2	3	4	5	3	4	3	1	1

그림 10.15 서브트리의 합을 계산하기 위한 트리 순회 배열

노드 번호	1	2	6	3	4	7	8	9	5
서브트리의 크기	9	2	1	1	4	1	1	1	1
노드의 값	2	3	4	5	3	4	3	1	1

그림 10.16 4번 노드의 서브트리에 있는 노드 값의 합을 계산하는 과정

경로 질의

루트 노드부터 트리의 임의의 노드로 가는 경로에 있는 값의 합을 효율적으로 구할 때도 트리 순회 배열을 사용할 수 있다. 예를 들어 다음과 같은 두 종류의 질의를 처리하는 문제를 생각해 보자. 처리할 질의는 노드의 값을 갱신하는 질의와 루트 노드부터 특정 노드까지 가는 경로의 값의 합을 구하는 질의이다.

문제를 풀기 위해 트리 순회 배열을 만들고, 각 노드에 대해 노드 번호와 서브트리의 크기, 루트 노드부터 해당 노드까지 이어지는 경로의 값의 합을 배열에 저장한다(그림 10.17). 노드의 값이 x만큼 증가할 때, 서브트리의 모든 노드의 합도 x만큼 증가한다. 예를 들어 그림 10.18에 4번 노드의 값을 1 증가시킨 다음의 배열이 나와 있다.

두 연산을 모두 구현하기 위해서는 특정 범위의 모든 값을 증가시키는 것과 특정한 값 하나를 가져오는 것이 모두 가능해야 한다. 이진 인덱스 트리, 혹은 구간 트리와 차이 배열(9.2.3절 참조)을 이용하면 이를 $O(\log n)$ 시간에 처리할 수 있다.

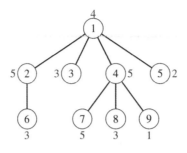

노드 번호	1	2	6	3	4	7	8	9	5
서브트리의 크기	9	2	1	1	4	1	1	1	1
노드의 값	4	9	12	7	9	14	12	10	6

그림 10.17 경로의 합을 구하기 위한 트리 순회 배열

노드 번호	1	2	6	3	4	7	8	9	5
서브트리의 크기	9	2	1	1	4	1	1	1	1
노드의 값	4	9	12	7	10	15	13	11	6

그림 10.18 4번 노드의 값을 1 증가시켰을 때

10.2.3 최소 공통 조상

루트 트리에 속한 두 노드의 **최소 공통 조상**(lowest common ancestor)은 두 노드를 모두 서브트리에 포함하고 있는 가장 낮은 노드이다. 예를 들어 그림 10.19에서 5번 노드와 8번 노드의 최소 공통 조상은 2번 노드이다.

이와 관련된 문제의 전형적인 형태는 두 노드의 최소 공통 조상을 찾는 질의를 효율적으로 처리하는 것이다. 이제 그러한 질의를 처리하기 위한 두 가지 효율적인 기술을 살펴볼 것이다.

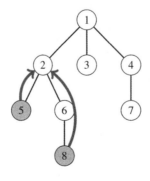

그림 10.19 5번 노드와 8번 노드의 최소 공통 조상은 2번 노드이다.

첫 번째 방법

트리의 임의의 노드에 대해 k번째 조상을 효율적으로 찾을 수 있으므로, 이를 이용하여 문제를 두 부분으로 나눌 수 있다. 노드를 가리키는 포인터를 두 개 사용하는데, 처음에는 각각이 최소 공통 조상을 찾아야 하는 두 노드를 가리키도록 한다.

우선 포인터가 가리키는 노드가 트리에서 같은 높이에 있도록 한다. 그렇지 않은 경우에는 한 포인터를 위로 이동하여 높이를 맞춘다. 그 다음, 두 포인터가 같은 노드를 가리키게 하려면 포인터를 위로 최소 몇 번 이동해야 하는지를 구한다. 이때 두 포인터가 가리키는 노드가 최소 공통 조상이 된다. 두 부분 모두 미리 계산된 정보를 이용하면 $O(\log n)$ 시간에 수행할 수 있으므로, 임의의 두 노드의 최소 공통 조상을 $O(\log n)$ 시간에 찾을 수 있다.

그림 10.20에 예제 트리에서 5번 노드와 8번 노드의 최소 공통 조상을 어떻게 찾는지가 나와 있다. 먼저 두 번째 포인터를 한 단계 위로 올려 6번 노드를 가리키도록 함으로써 5번 노드와 높이를 맞춘다. 그 다음, 두 포인터를 한 단계 위로 올리면 2번 노드를 가리키게 되고, 이 노드가 최소 공통 조상이 된다.

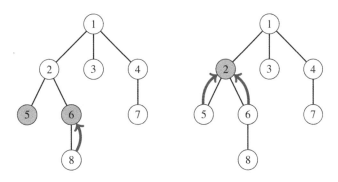

그림 10.20 5번 노드와 8번 노드의 최소 공통 조상을 찾기 위한 두 단계

두 번째 방법

벤더(Bender)와 패러치-콜튼(Farach-Colton)이 제안한 새로운 방법[3]은 **오일러 투어 트리**(Euler tour tree)라고도 부르는 확장된 트리 순회 배열을 기반으로 한다. 배열을 만들기 위해 깊이 우선 탐색으로 모든 노드를 방문하되, 깊이 우선 탐색 과정에서 (첫 번째 방문이 아닌 경우를 포함하여) 노드를 지나는 모든 순간마다 노드를 배열에 추가한다. 즉, 자식이 k개인 노드는 배열에 $k+1$번 나타나며, 배열에 있는 노드의 총 수는 $2n-1$이 된다. 배열에 노드 번호와 함께 깊이도 저장한다. 그림 10.21에 예제 트리에 대한 결과 배열이 나와 있다.

	0	1	2	3	4	5	6	7	8	9	10	11	12	13	14
노드 번호	1	2	5	2	6	8	6	2	1	3	1	4	7	4	1
깊이	1	2	3	2	3	4	3	2	1	2	1	2	3	2	1

그림 10.21 최소 공통 조상 질의를 처리하기 위한 확장된 트리 순회 배열

이제 노드 a와 b의 최소 공통 조상을 찾으려면 배열에서 노드 a와 b 사이의 노드 중 깊이가 최소인 노드를 찾으면 된다. 예를 들어 그림 10.22에 5번 노드와 8번 노드의 최소 공통 조상을 어떻게 찾는지가 나와 있다. 두 노드 사이의 노드 중 깊이가 최소인 노드는 깊이가 2인 2번 노드이므로, 5번 노드와 8번 노드의 최소 공통 조상은 2번 노드이다.

노드가 배열에 여러 번 나타날 수 있기 때문에, 노드 a와 b의 위치를 선택하는 방법은 여러 가지가 있을 수 있다. 하지만 어떻게 선택하더라도 최소 공통 조상을 올바르게 찾을 수 있다.

이 기법을 이용하여 두 노드의 최소 공통 조상을 찾기 위해서는 구간 최소 질의를 처리할 수 있기만 하면 된다. 보통은 구간 트리를 이용하여 이러한 질의를 $O(\log n)$ 시간에 처리할 수 있다. 하지만 배열의 값이 바뀌지 않기 때문에 $O(n \log n)$ 시간에 전처리한 후 질의를 $O(1)$ 시간에 처리하는 방법을 써도 된다.

	0	1	2	3	4	5	6	7	8	9	10	11	12	13	14
노드 번호	1	2	5	2	6	8	6	2	1	3	1	4	7	4	1
깊이	1	2	3	2	3	4	3	2	1	2	1	2	3	2	1

그림 10.22 5번 노드와 8번 노드의 최소 공통 조상 찾기

거리 계산하기

마지막으로, 노드 a와 b 사이의 거리, 즉 a와 b를 잇는 경로의 길이를 계산하는 질의를 처리하는 문제를 생각해 보자. 이 문제는 두 노드의 최소 공통 조상을 찾는 문제로 변환할 수 있다. 먼저, 임의의 노드를 트리의 루트로 정한다. 그리고 난 후, 노드 a와 b 사이의 거리를 다음 공식을 이용하여 계산할 수 있다.

$$\text{depth}(a) + \text{depth}(b) - 2 \cdot \text{depth}(c)$$

여기에서 c는 a와 b의 최소 공통 조상이다.

예를 들어 그림 10.23에서 5번과 8번 노드 사이의 거리를 계산하기 위해 먼저 최

소 공통 조상이 2번 노드임을 구한다. 이때 노드의 깊이가 depth(5) = 3, depth(8) = 4, depth(2) = 2이므로, 5번과 8번 노드 사이의 거리는 $3+4-2 \cdot 2 = 3$이 됨을 알 수 있다.

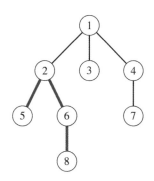

그림 10.23 5번 노드와 8번 노드의 거리 계산하기

10.2.4 자료 구조 병합하기

지금까지는 트리 질의를 처리하는 온라인 알고리즘을 살펴보았다. 온라인 알고리즘은 질의를 하나씩 처리하는 방식의 알고리즘으로, 다음 질의를 받기 전에 이전 질의에 대한 답을 내야 한다. 하지만 대개의 문제에서는 이와 같은 온라인 방식으로 질의를 처리할 필요가 없으며, 따라서 오프라인 알고리즘을 사용하여 문제를 풀어도 무방하다. 오프라인 알고리즘의 경우, 질의 전체의 집합이 한 번에 주어지며 순서에 상관없이 답을 구해도 된다. 대체로 오프라인 알고리즘은 온라인 알고리즘보다 설계하기 쉽다.

오프라인 알고리즘을 만드는 한 가지 방법은 깊이 우선 트리 탐색을 수행하면서 노드에 대한 자료 구조를 관리하는 것이다. 각 노드 s에 대해, s의 자식 노드의 자료 구조를 바탕으로 s의 자료 구조 d[s]를 만든다. 그리고 이 자료 구조를 이용하여 s와 관련된 모든 질의를 처리한다.

예를 들어 다음과 같은 문제를 생각해 보자. 노드마다 값이 있는 루트 트리가 있는데, 이때 노드 s의 서브트리에 값이 x인 노드가 몇 개나 있는지를 계산하는 질의를 처리해야 한다. 예를 들어 그림 10.24에서 4번 노드의 서브트리에는 값이 3인 노드가 두 개 있다.

이 문제에서는 맵 구조를 이용하여 질의를 계산할 수 있다. 예를 들어 그림 10.25에 4번 노드와 자식 노드의 맵이 나와 있다. 각 노드에 대해 이처럼 자료 구조를 만들고 나면 모든 질의를 쉽게 처리할 수 있게 된다. 노드와 관련된 질의를 해당 노드에 대한 자료 구조를 만든 직후에 처리하면 되기 때문이다.

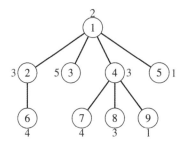

그림 10.24 4번 노드의 서브트리에는 값이 3인 노드가 두 개 있다.

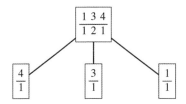

그림 10.25 맵 구조를 이용하여 질의 처리하기

하지만 모든 자료 구조를 처음부터 만드는 과정은 매우 느릴 수 있다. 그 대신, 각 노드 s에 대해 처음에는 s의 값만 가지고 있는 자료 구조 d[s]를 만든다. 그 다음, s의 자식 노드를 살펴보면서 d[s]와 s의 모든 자식 노드 u에 대한 자료 구조 d[u]를 병합한다. 예를 들어 예제에서 4번 노드에 대한 맵은 그림 10.26에 나온 맵을 병합하여 만든 것이다. 첫 번째 맵은 4번 노드에 대한 초기 자료 구조이고, 나머지 세 개의 맵은 7, 8, 9번 노드에 대응되는 맵이다.

그림 10.26 노드의 맵 구조 병합하기

노드 s에 대한 병합 과정은 다음과 같이 진행된다. s의 자식 노드를 하나씩 살펴보면서, 각각의 자식 노드 u에 대해 d[s]와 d[u]를 병합한다. 이때, 병합은 d[u]의 내용을 d[s]로 복사함으로써 이루어진다. 하지만 그 전에, d[s]가 d[u]보다 작다면 두 자료 구조의 내용을 맞바꾼다. 이렇게 하면 트리 순회 과정에서 각각의 값이 $O(\log n)$번만 복사되므로 효율적인 알고리즘이 된다.

두 자료 구조 *a*와 *b*를 효율적으로 맞바꾸기 위해서는 다음과 같이 코드를 작성하면 된다.

```
swap(a,b);
```

위 코드는 *a*와 *b*가 C++ 표준 라이브러리 자료 구조일 때 상수 시간에 동작함이 보장되어 있다.

10.3 고급 기술

이 절에서는 트리를 처리하는 두 가지 고급 기술을 살펴본다. 센트로이드 분해는 트리를 작은 서브트리로 나눈 뒤 재귀적으로 처리하는 방법이다. 헤비-라이트 분해는 트리를 여러 경로의 집합으로 표현하는 방법으로, 경로에 대한 질의를 효율적으로 처리하는 데 사용할 수 있다.

10.3.1 센트로이드 분해

트리의 **센트로이드**(centroid)는 노드가 *n*개인 트리의 노드 중 하나로, 그 노드를 삭제하면 노드가 최대 $\lfloor n/2 \rfloor$개인 서브트리로 나뉜다는 특징을 만족하는 노드이다. 모든 트리에는 센트로이드가 존재하며, 이를 찾기 위해서는 임의의 노드를 루트로 정의한 뒤, 서브트리 중 노드의 수가 최대인 쪽으로 이동하는 과정을 현재 노드가 센트로이드가 될 때까지 반복하면 된다.

센트로이드 분해(centroid decomposition) 기법의 첫 번째 과정은 트리의 센트로이드를 찾은 뒤 센트로이드를 지나는 모든 경로를 처리하는 것이다. 그 다음, 센트로이드를 트리에서 제거한 뒤 남은 서브트리를 재귀적으로 처리한다. 센트로이드를 제거함으로써 만들어지는 서브트리의 크기는 원래 트리 크기의 절반을 넘지 않으므로, 이 알고리즘의 시간 복잡도는 $O(n \log n)$이 된다. 이때 각 경로를 처리하는 과정이 선형 시간이라는 전제가 필요하다.

예를 들어 그림 10.27에 센트로이드 분해 알고리즘의 첫 번째 과정이 나와 있다. 이 트리에서는 5번 노드가 유일한 센트로이드이므로, 먼저 5번 노드를 지나는 모든 경로를 처리한다. 그 다음 5번 노드를 트리에서 제거하고 세 개의 서브트리 {1, 2}, {3, 4}, {6, 7, 8}을 재귀적으로 처리한다.

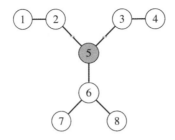

그림 10.27 센트로이드 분해

센트로이드 분해를 이용하여 풀 수 있는 문제의 예로는 트리에서 길이가 x인 경로의 수를 구하는 문제가 있다. 트리를 처리할 때 먼저 센트로이드를 찾은 뒤 이 노드를 지나는 경로의 수를 세는데, 이 과정을 선형 시간에 진행할 수 있다. 그 다음, 센트로이드를 제거하고 작은 트리를 재귀적으로 처리한다. 이 알고리즘은 $O(n \log n)$ 시간에 동작한다.

10.3.2 헤비-라이트 분해

헤비-라이트 분해(heavy-light decomposition)[3]는 트리의 노드를 여러 경로의 집합으로 나누는 방법이며, 각 경로를 무거운 경로(heavy path)라고 부른다. 이때 임의의 두 노드 간 경로를 무거운 경로의 부분 경로 $O(\log n)$개를 이어 붙인 형태로 나타낼 수 있다. 이 기법을 이용하면 트리의 경로 상의 노드를 배열의 원소처럼 다룰 수 있게 되며, 시간 복잡도에 추가되는 항은 $O(\log n)$에 불과하다.

무거운 경로를 만들기 위해, 먼저 임의의 노드를 루트로 설정한다. 그 다음, 루트에서 시작하여 서브트리의 크기가 가장 큰 자식 노드를 선택해 나가는 방법으로 첫 번째 무거운 경로를 만든다. 그리고 난 후, 남은 서브트리에 대해 재귀적으로 이 과정을 반복한다. 예를 들어 그림 10.28의 트리에는 무거운 경로가 네 개 존재하며, 각각 1-2-6-8, 3, 4-7, 5이다. 이 경로 중 두 개는 노드가 하나임에 유의하라.

이제 임의의 두 노드 간 경로를 생각해 보자. 무거운 경로를 만드는 과정에서 항상 최대 크기의 서브트리를 선택했으므로, 경로를 $O(\log n)$개의 부분 경로로 나누되, 각각의 부분 경로가 단일한 무거운 경로에 포함되도록 하는 방법이 있음이 보장된다. 예를 들어 그림 10.28에서 7번 노드와 8번 노드 간 경로는 두 개의 부분 경로로 나눌 수 있고, 각각은 7-4와 1-2-6-8이다.

---

3 슬리터(Sleator)와 타잔(Tarjan)이 링크/컷 트리(link/cut tree) 자료 구조를 설명하는 과정에서 이 아이디어를 소개하였다.[33]

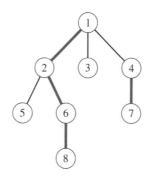

그림 10.28 헤비-라이트 분해

　헤비-라이트 분해의 장점은 각각의 무거운 경로를 노드의 배열처럼 취급할 수 있다는 점이다. 예를 들어 각각의 무거운 경로에 대해 구간 트리를 만들고, 경로 상의 노드의 최솟값을 구하거나 모든 노드의 값을 증가시키는 것과 같은 질의를 처리할 수 있다. 이러한 질의는 $O(\log^2 n)$[4] 시간에 처리할 수 있는데, 각 경로가 $O(\log n)$개의 무거운 경로로 이루어져 있고, 각각의 무거운 경로를 $O(\log n)$ 시간에 처리할 수 있기 때문이다.

　많은 문제를 헤비-라이트 분해를 이용하여 풀 수 있지만, 구현이 좀 더 간단한 다른 방법으로 풀 수 있다는 점도 염두에 두어야 한다. 특히, 10.2.2절에서 소개한 기술을 헤비-라이트 분해 대신에 쓸 수 있는 경우가 자주 있다.

4　$\log^4 n$은 $(\log n)^4$을 의미한다.

11장

수학

이 장에서는 경진 프로그래밍에서 자주 활용되는 수학 관련 주제를 살펴본다. 이론적인 결과와 이를 실제로 알고리즘에 어떻게 활용하는지를 모두 다룰 것이다.

11.1절에서는 정수론과 관련된 주제를 살펴본다. 소인수를 구하는 알고리즘, 나머지 연산과 관련된 기법, 정수 방정식을 푸는 효율적인 방법을 살펴본다.

11.2절에서는 조합 문제에 효율적으로 접근하는 방법, 즉 올바른 조합의 개수를 모두 세는 효율적인 방법을 살펴본다. 이 절에서 다루는 주제에는 이항 계수, 카탈란 수, 포함-배제 등이 있다.

11.3절에서는 알고리즘 프로그래밍에서 행렬을 이용하는 방법을 살펴본다. 예를 들어 행렬의 거듭제곱을 효율적으로 계산하는 방법을 적용하여 동적 계획법 알고리즘을 더 효율적으로 만드는 방법을 알아볼 것이다.

11.4절에서는 어떤 사건의 확률을 계산하는 기본적인 방법과 마르코프 체인의 개념을 살펴본다. 그 다음, 무작위성을 기반으로 하는 알고리즘의 예를 살펴본다.

11.5절에서는 게임 이론을 살펴본다. 먼저 님 이론을 이용하여 최적의 방법으로 게임을 진행하는 방법을 살펴본 뒤, 이 전략을 일반화하여 다른 게임에 적용해볼 것이다.

11.6절에서는 다항식의 곱 등 합성곱을 효율적으로 계산하는 데 사용하는 고속 푸리에 변환(FFT) 알고리즘을 살펴본다.

11.1 정수론

정수론은 정수를 다루는 수학의 한 분야이다. 이 절에서는 소수와 인수 구하기, 정수 방정식 풀기와 같은 정수론 관련 주제와 알고리즘을 살펴볼 것이다.

11.1.1 소수와 인수

정수 a로 b가 나누어떨어지는 경우, a를 b의 **인수**(factor), 혹은 **약수**(divisor)라고 한다. a가 b의 인수인 경우 $a|b$로 표기하며, 그렇지 않은 경우 $a \nmid b$로 표기한다. 예를 들어 24의 인수는 1, 2, 3, 4, 6, 8, 12, 24이다.

어떤 정수 $n > 1$에 대해 양의 인수가 1과 n뿐이면 n을 **소수**(prime)라고 부른다. 예를 들어 7, 19, 41은 소수이지만, 35는 $5 \cdot 7 = 35$이므로 소수가 아니다. 모든 정수 $n > 1$에 대해 다음과 같은 꼴의 유일한 **소인수 분해**(prime factorization)가 존재한다.

$$n = p_1^{\alpha_1} p_2^{\alpha_2} \cdots p_k^{\alpha_k}$$

이때 $p_1, p_2, \ldots, p_k$는 서로 다른 소수이고 $\alpha_1, \alpha_2, \ldots, \alpha_k$는 양의 정수이다. 예를 들어 84의 소인수 분해는 다음과 같다.

$$84 = 2^2 \cdot 3^1 \cdot 7^1$$

n의 인수의 개수를 $\tau(n)$으로 나타내기로 하자. 예를 들어 12의 인수는 1, 2, 3, 4, 6, 12이므로 $\tau(12) = 6$이다. $\tau(n)$의 값을 계산하기 위해 다음 공식을 사용할 수 있다.

$$\tau(n) = \prod_{i=1}^{k} (\alpha_i + 1)$$

이는 각각의 소수 p_i에 대해, 인수에 몇 번 나타날지에 대한 경우의 수가 $\alpha_i + 1$이기 때문이다. 예를 들어 $12 = 2^2 \cdot 3$이므로 $\tau(12) = 3 \cdot 2 = 6$이다.

정수 n의 인수의 합을 $\sigma(n)$으로 나타내기로 하자. 예를 들어 $1 + 2 + 3 + 4 + 6 + 12 = 28$이므로 $\sigma(12) = 28$이다. $\sigma(n)$의 값을 계산하기 위해 다음 공식을 사용할 수 있다.

$$\sigma(n) = \prod_{i=1}^{k} (1 + p_i + \cdots + p_i^{\alpha_i}) = \prod_{i=1}^{k} \frac{p_i^{\alpha_i+1} - 1}{p_i - 1}$$

이 식의 뒷부분은 등비수열의 합 공식을 이용한 것이다. 예를 들어 $\sigma(12) = (2^3 - 1)/(2 - 1) \cdot (3^2 - 1)/(3 - 1) = 28$이다.

기본 알고리즘

정수 n이 소수가 아니라면 두 정수의 곱 $a \cdot b$로 나타낼 수 있고, 이때 $a \leq \sqrt{n}$ 또는 $b \leq \sqrt{n}$이 성립한다. 즉, 2 이상 $\lfloor \sqrt{n} \rfloor$ 이하의 인수가 반드시 존재한다. 이 성질을 이용하여, 정수가 소수인지 판별하는 과정과 소인수 분해를 구하는 과정을 모두 $O(\sqrt{n})$ 시간에 처리할 수 있다.

다음의 함수 prime은 정수 n이 소수인지를 판단하는 함수이다. n을 2 이상 $\lfloor \sqrt{n} \rfloor$ 이하의 모든 정수로 나누어본다. 이때 n이 나누어떨어지는 경우가 없으면 n은 소수이다.

```cpp
bool prime(int n) {
    if (n < 2) return false;
    for (int x = 2; x*x <= n; x++) {
        if (n%x == 0) return false;
    }
    return true;
}
```

다음의 함수 factors는 n의 소인수 분해를 벡터로 만드는 함수이다. n을 소인수로 나눈 후, 소인수를 벡터에 넣는 과정을 반복한다. 이 과정은 현재 남아있는 n에 대해 2 이상 $\lfloor \sqrt{n} \rfloor$ 이하의 인수가 없을 때까지 진행된다. 알고리즘이 종료했는데 $n > 1$인 경우, 이 값은 소수이고 마지막 인수가 된다.

```cpp
vector<int> factors(int n) {
    vector<int> f;
    for (int x = 2; x*x <= n; x++) {
        while (n%x == 0) {
            f.push_back(x);
            n /= x;
        }
    }
    if (n > 1) f.push_back(n);
    return f;
}
```

각각의 소인수가 벡터에 등장하는 횟수는 주어진 수를 나누는 횟수와 같음에 유의하라. 예를 들어 $12 = 2^2 \cdot 3$이므로, 이 함수의 결과는 [2, 2, 3]이 된다.

소수의 성질

소수가 무한히 많다는 것은 쉽게 보일 수 있다. 만약 소수의 개수가 유한하다면, 모든 소수를 포함하는 집합 $P = \{p_1, p_2, \ldots, p_n\}$을 만들 수 있다. 예를 들어 $p_1 = 2$, $p_2 = 3$,

$p_3 = 5$ 등이 되는 식이다. 하지만 이 집합 P를 이용하면 다음과 같은 새로운 소수를 만들 수 있다.

$$p_1 p_2 \cdots p_n + 1$$

이 값은 P의 모든 원소보다 크다. 이는 모순이므로 소수의 개수는 무한하다.

소수 계량 함수(prime-counting function) $\pi(n)$은 n 이하의 소수 개수를 나타내는 함수이다. 예를 들어 10 이하의 소수는 2, 3, 5, 7이므로 $\pi(10) = 4$이다. 이 함수에 대해 다음 식이 성립함을 보일 수 있다.

$$\pi(n) \approx \frac{n}{\ln n}$$

즉, 소수가 등장하는 빈도는 꽤 높다. 예를 들어 $\pi(10^6)$의 근삿값은 $10^6/\ln 10^6 \approx 72382$이고, 정확한 값은 78498이다.

11.1.2 에라토스테네스의 체

에라토스테네스의 체(sieve of Eratosthenes)는 2 이상 n 이하의 정수 x가 소수인지를 효율적으로 판별할 수 있도록 sieve 배열을 만드는 전처리 알고리즘이다. x가 소수이면 sieve[x] = 0이고, 그렇지 않으면 sieve[x] = 1이다. 예를 들어 그림 11.1에 $n = 20$일 때에 대한 sieve 배열의 내용이 나와 있다.

2	3	4	5	6	7	8	9	10	11	12	13	14	15	16	17	18	19	20
0	0	1	0	1	0	1	1	1	0	1	0	1	1	1	0	1	0	1

그림 11.1 n = 20일 때의 에라토스테네스의 체

이러한 배열을 만들기 위해 2부터 n까지의 정수를 하나씩 살펴보면서 알고리즘을 진행한다. 새로운 소수 x를 발견할 때마다 $2x$, $3x$, $4x$ 등을 소수가 아니라고 기록한다. 이 알고리즘을 다음과 같이 구현할 수 있고, 이때 sieve의 초깃값은 모두 0이라고 가정한다.

```
for (int x = 2; x <= n; x++) {
    if (sieve[x]) continue;
    for (int u = 2*x; u <= n; u += x) {
        sieve[u] = 1;
    }
}
```

알고리즘의 안쪽 반복문은 각각의 x에 대해 $\lfloor n/x \rfloor$번 수행된다. 즉, 알고리즘 수행 시간의 상한은 다음과 같이 조화수열의 합이 된다.

$$\sum_{x=2}^{n} \lfloor n/x \rfloor = \lfloor n/2 \rfloor + \lfloor n/3 \rfloor + \lfloor n/4 \rfloor + \cdots = O(n \log n)$$

사실 이 알고리즘은 이 상한보다 더 효율적인데, 안쪽 반복문은 x가 소수일 때만 수행되기 때문이다. 알고리즘의 수행 시간이 $O(n \log \log n)$임을 보일 수 있는데, 이는 $O(n)$에 매우 근접한 시간 복잡도이다. 실제로도 에라토스테네스의 체는 매우 효율적이다. 표 11.1에 몇 가지 경우에 대한 수행 시간이 나와 있다.

n의 상한	실행 시간 (초)
10^6	0.01
$2 \cdot 10^6$	0.03
$4 \cdot 10^6$	0.07
$8 \cdot 10^6$	0.14
$16 \cdot 10^6$	0.28
$32 \cdot 10^6$	0.57
$64 \cdot 10^6$	1.16
$128 \cdot 10^6$	2.35

표 11.1 에라토스테네스의 체의 수행 시간

에라토스테네스의 체를 확장하는 방법에는 여러 가지가 있다. 예를 들어 각각의 수 k에 대해 가장 작은 소인수를 구할 수 있다(그림 11.2). 그 다음, 이 배열을 이용하여 2 이상 n 이하의 모든 수를 효율적으로 소인수 분해할 수 있다. (n의 소인수의 개수가 $O(\log n)$이 됨에 유의하라.)

2	3	4	5	6	7	8	9	10	11	12	13	14	15	16	17	18	19	20
2	3	2	5	2	7	2	3	2	11	2	13	2	3	2	17	2	19	2

그림 11.2 에라토스테네스의 체를 확장하여 각 수의 가장 작은 소인수를 나타내도록 한 것

11.1.3 유클리드 알고리즘

성수 a와 b의 **최대공약수**(greatest common divisor) $\gcd(a, b)$는 a와 b 모두의 약수 중 가장 큰 정수를 말한다. 관련된 개념으로 **최소공배수**(lowest common multiple) $\text{lcm}(a, b)$가 있는데, 이는 a와 b로 모두 나누어떨어지는 가장 작은 정수를 말한다. 최소공배수를 계산하기 위해 다음 공식을 활용할 수 있다.

$$\text{lcm}(a, b) = \frac{ab}{\gcd(a, b)}$$

예를 들어 $\text{lcm}(30, 12) = 360/\gcd(30, 12) = 60$이다.

$\gcd(a, b)$를 구하는 한 가지 방법은 다음과 같다. 먼저 a와 b를 소인수 분해한다. 그리고 각각의 소수에 대해, 두 수의 소인수 분해에 모두 포함되는 가장 큰 거듭제곱을 결과에 포함한다. 예를 들어 $\gcd(30, 12)$를 계산하기 위해 두 수를 소인수 분해하여 $30 = 2 \cdot 3 \cdot 5$와 $12 = 2^2 \cdot 3$을 얻은 뒤, $\gcd(30, 12) = 2 \cdot 3 = 6$으로 구할 수 있다. 하지만 이 방법은 a와 b가 큰 수일 때 효율적이지 않다.

유클리드 알고리즘(Euclid's algorithm)은 $\gcd(a, b)$를 효율적으로 계산하는 방법이다. 이 알고리즘은 다음 공식을 기반으로 한다.

$$\gcd(a, b) = \begin{cases} a & b = 0 \\ \gcd(b, a \bmod b) & b \neq 0 \end{cases}$$

예를 들어 다음 등식이 성립한다.

$$\gcd(30, 12) = \gcd(12, 6) = \gcd(6, 0) = 6$$

알고리즘의 구현은 다음과 같다.

```c
int gcd(int a, int b) {
    if (b == 0) return a;
    return gcd(b, a%b);
}
```

이 알고리즘은 왜 올바르게 동작할까? 이를 이해하기 위해 그림 11.3을 살펴보자. 이때 $x = \gcd(a, b)$이다. x는 a와 b 모두의 약수이기 때문에 $a \bmod b$의 약수이기도 하다. 따라서 앞의 점화식이 성립함을 알 수 있다.

유클리드 알고리즘이 $O(\log n)$ 시간에 동작함을 증명할 수 있다. 이때 $n = \min(a, b)$이다.

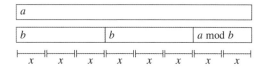

그림 11.3 유클리드 알고리즘은 왜 올바르게 동작하는가?

확장 유클리드 알고리즘

유클리드 알고리즘을 확장하면 다음 식을 만족하는 정수 x와 y를 구할 수 있다.

$$ax + by = \gcd(a, b)$$

예를 들어 $a = 30$이고 $b = 12$일 때 다음 식이 성립한다.

$$30 \cdot 1 + 12 \cdot (-2) = 6$$

이 문제도 공식 $\gcd(a, b) = \gcd(b, a \bmod b)$를 활용하여 풀 수 있다. $\gcd(b, a \bmod b)$에 대한 문제를 풀고, 다음 식을 만족하는 x'와 y'를 알고 있다고 하자.

$$bx' + (a \bmod b)y' = \gcd(a, b)$$

그러면 $a \bmod b = a - \lfloor a/b \rfloor \cdot b$이므로 다음 식이 성립한다.

$$bx' + (a - \lfloor a/b \rfloor \cdot b)y' = \gcd(a, b)$$

이는 다음 식으로 변환할 수 있다.

$$ay' + b(x' - \lfloor a/b \rfloor \cdot y') = \gcd(a, b)$$

즉, 원래의 식을 만족하는 정수 $x = y'$와 $y = x' - \lfloor a/b \rfloor \cdot y'$를 구한 것이다. 이 방법을 이용하여, 다음과 같이 앞의 식을 만족하는 튜플(tuple) $(x, y, \gcd(a, b))$를 반환하는 함수를 구현할 수 있다.

```cpp
tuple<int,int,int> gcd(int a, int b) {
    if (b == 0) {
        return {1,0,a};
    } else {
        int x,y,g;
        tie(x,y,g) = gcd(b,a%b);
        return {y,x-(a/b)*y,g};
    }
}
```

이 함수를 다음과 같이 활용할 수 있다.

```
int x,y,g;
tie(x,y,g) = gcd(30,12);
cout << x << " " << y << " " << g << "\n"; // 1 -2 6
```

11.1.4 거듭제곱에 대한 나머지 연산

$x^n \bmod m$의 값을 효율적으로 계산해야 하는 경우가 가끔 발생한다. 다음 점화식을
이용하면 이 값을 $O(\log n)$ 시간에 구할 수 있다.

$$x^n = \begin{cases} 1 & n = 0 \\ x^{n/2} \cdot x^{n/2} & n\text{이 짝수} \\ x^{n-1} \cdot x & n\text{이 홀수} \end{cases}$$

예를 들어 x^{100}의 값을 구하기 위해 먼저 x^{50}의 값을 구한 뒤 $x^{100} = x^{50} \cdot x^{50}$을 이용하여
원하는 값을 구한다. 그리고 x^{50}의 값을 구하기 위해 먼저 x^{25}의 값을 구하는 식의 과
정을 반복한다. n이 짝수일 때 계속해서 크기가 반으로 줄어들기 때문에, 전체를 계
산하는 데 $O(\log n)$ 시간만 소요된다.

이 알고리즘은 다음과 같이 구현할 수 있다.

```
int modpow(int x, int n, int m) {
    if (n == 0) return 1%m;
    long long u = modpow(x,n/2,m);
    u = (u*u)%m;
    if (n%2 == 1) u = (u*x)%m;
    return u;
}
```

11.1.5 오일러 정리

두 정수 a와 b가 $\gcd(a, b) = 1$을 만족할 경우 **서로소**(coprime)라고 부른다. **오일러
피 함수**(Euler's totient function) $\varphi(n)$은 1 이상 n 이하의 정수 중 n과 서로소인 정수
의 개수를 나타내는 함수이다. 예를 들어 10 이하의 정수 중 10과 서로소인 정수는
1, 3, 7, 9이기 때문에 $\varphi(10) = 4$이다.

$\varphi(n)$의 값은 n을 소인수 분해한 뒤 다음 공식을 이용하여 계산할 수 있다.

$$\varphi(n) = \prod_{i=1}^{k} p_i^{\alpha_i - 1}(p_i - 1)$$

예를 들어 $10 = 2 \cdot 5$이기 때문에 $\varphi(10) = 2^0 \cdot (2-1) \cdot 5^0 \cdot (5-1) = 4$이다.

오일러 정리(Euler's theorem)는 모든 서로소인 정수 x와 m에 대해 다음 식이 성립한다는 정리이다.

$$x^{\varphi(m)} \bmod m = 1$$

예를 들어 7과 10은 서로소이고 $\varphi(10) = 4$이기 때문에 오일러 정리에 의해 $7^4 \bmod 10 = 1$이다.

m이 소수이면 $\varphi(m) = m-1$이므로 공식을 다음과 같이 나타낼 수 있다.

$$x^{m-1} \bmod m = 1$$

이 공식은 **페르마 소정리**(Fermat's little theorem)라는 이름으로도 알려져 있다. 이 식을 이용하여 다음 식을 얻을 수 있다.

$$x^n \bmod m = x^{n \bmod (m-1)} \bmod m$$

이 식은 n이 매우 큰 경우에 x^n의 값을 구할 때 사용할 수 있다.

나머지 연산의 곱셈 역원

x의 m에 대한 **나머지 연산의 곱셈 역원**(modular multiplicative inverse)은 $\mathrm{inv}_m(x)$로 나타내며, 다음 식을 만족하는 값을 말한다.

$$x \cdot \mathrm{inv}_m(x) \bmod m = 1$$

예를 들어 $6 \cdot 3 \bmod 17 = 1$이므로 $\mathrm{inv}_{17}(6) = 3$이다.

나머지 연산의 곱셈 역원을 이용하면 나눗셈의 결과를 m으로 나눈 나머지를 구할 수 있는데, x로 나누는 것은 $\mathrm{inv}_m(x)$를 곱하는 것에 대응되기 때문이다. 예를 들어 $\mathrm{inv}_{17}(6) = 3$이기 때문에 $36/6 \bmod 17$을 구하기 위해 $36 \cdot 3 \bmod 17$을 계산해도 된다.

나머지 연산의 곱셈 역원이 존재하는 경우는 x와 m이 서로소인 경우와 동치이다. 이 경우 다음 공식을 이용하여 값을 계산할 수 있다.

$$\mathrm{inv}_m(x) = x^{\varphi(m)-1}$$

이 공식은 오일러 정리에 기반을 둔 것이다. 특히 m이 소수인 경우, $\varphi(m) = m-1$이므로 공식을 다음과 같이 나타낼 수 있다.

$$\text{inv}_m(x) = x^{m-2}$$

예를 들면 다음과 같다.

$$\text{inv}_{17}(6) \bmod 17 = 6^{17-2} \bmod 17 = 3$$

이 공식과 거듭제곱에 대한 나머지 연산(11.1.4절)을 이용하면 나머지 연산의 곱셈 역원을 효율적으로 구할 수 있다.

11.1.6 방정식 풀기

디오판토스 방정식

디오판토스 방정식(Diophantine equation)은 다음과 같은 형태의 방정식을 말한다.

$$ax + by = c$$

여기에서 a, b, c는 상수이고 x와 y는 우리가 구하려는 값이다. 이 방정식의 모든 값은 정수여야 한다. 예를 들어 다음 식은 디오판토스 방정식이다.

$$5x + 2y = 11$$

이 방정식의 해 중 하나는 $x = 3$과 $y = -2$이다.

디오판토스 방정식은 확장 유클리드 알고리즘(11.1.3절)을 이용하여 효율적으로 풀 수 있으며, 이때 다음 식을 만족하는 정수 x와 y를 구할 수 있다.

$$ax + by = \gcd(a, b)$$

디오판토스 방정식의 해가 존재하는 경우와 c가 $\gcd(a, b)$로 나누어떨어지는 경우는 동치이다.

예를 들어 다음 식을 만족하는 정수 x와 y를 구해 보자.

$$39x + 15y = 12$$

$\gcd(39, 15) = 3$이고 $3 \mid 12$이기 때문에 이 방정식은 해가 존재한다. 확장 유클리드 알고리즘을 이용하면 다음 식을 얻을 수 있다.

$$39 \cdot 2 + 15 \cdot (-5) = 3$$

이 식에 4를 곱하면 다음과 같이 변환된다.

$$39 \cdot 8 + 15 \cdot (-20) = 12$$

즉, 방정식의 해는 $x = 8$과 $y = -20$이다.

디오판토스 방정식의 해는 유일하지 않은데, 해 중 하나를 알고 있으면 이를 이용하여 무한히 많은 해를 만들 수 있기 때문이다. (x, y)가 해인 경우 다음 형태의 모든 조합은 해가 된다.

$$\left(x + \frac{kb}{\gcd(a, b)} , y - \frac{ka}{\gcd(a, b)} \right)$$

이때 k는 임의의 정수이다.

중국인의 나머지 정리

중국인의 나머지 정리(Chinese remainder theorem)는 다음 형식의 방정식을 풀 때 사용할 수 있는 정리이다.

$$x = a_1 \bmod m_1$$
$$x = a_2 \bmod m_2$$
$$\cdots$$
$$x = a_n \bmod m_n$$

여기에서 $m_1, m_2, \ldots, m_n$의 모든 조합은 서로소이다.

이 방정식의 해는 다음과 같음이 알려져 있다.

$$x = a_1 X_1 \mathrm{inv}_{m_1}(X_1) + a_2 X_2 \mathrm{inv}_{m_2}(X_2) + \cdots + a_n X_n \mathrm{inv}_{m_n}(X_n)$$

이때 X_k는 다음과 같다.

$$X_k = \frac{m_1 m_2 \cdots m_n}{m_k}$$

여기에서 모든 $k = 1, 2, \ldots, n$에 대해 다음 식이 성립한다.

$$a_k X_k \mathrm{inv}_{m_k}(X_k) \bmod m_k = a_k$$

이는 다음 식이 성립하기 때문이다.

$$X_k \text{inv}_{m_k}(X_k) \bmod m_k = 1$$

다른 항은 모두 m_k로 나누어떨어지기 때문에 나머지 연산의 결과에 영향을 미치지 않으며, $x \bmod m_k = a_k$가 된다.

예를 들어 다음 방정식을 살펴보자.

$$x = 3 \bmod 5$$
$$x = 4 \bmod 7$$
$$x = 2 \bmod 3$$

이 방정식의 해는 다음과 같다.

$$3 \cdot 21 \cdot 1 + 4 \cdot 15 \cdot 1 + 2 \cdot 35 \cdot 2 = 263$$

방정식의 해 x를 구했다면 다른 해를 무수히 많이 만들어낼 수 있다. 임의의 정수 k에 대해 다음의 형식을 만족하는 모든 수가 해가 될 수 있기 때문이다.

$$x + km_1m_2 \cdots m_n$$

11.2 조합론

조합론은 조합의 수를 세는 방법을 연구하는 분야이다. 대부분의 경우 조합론의 목적은 각각의 조합을 직접 생성하지 않고도 조합의 수를 세는 효율적인 방법을 찾는 것이다. 이 절에서는 많은 문제에 적용할 수 있는 조합론 관련 기법을 몇 가지 살펴볼 것이다.

11.2.1 이항 계수

이항 계수(binomial coefficient) $\binom{n}{k}$는 원소가 n개인 집합에서 원소가 k개인 부분집합을 선택하는 방법의 수를 나타낸다. 예를 들어 집합 $\{1, 2, 3, 4, 5\}$의 원소는 다섯 개이고, 원소가 세 개인 부분집합은 다음과 같이 10개이기 때문에 $\binom{5}{3} = 10$이다.

$$\{1, 2, 3\}, \{1, 2, 4\}, \{1, 2, 5\}, \{1, 3, 4\}, \{1, 3, 5\},$$
$$\{1, 4, 5\}, \{2, 3, 4\}, \{2, 3, 5\}, \{2, 4, 5\}, \{3, 4, 5\}$$

이항 계수는 다음 공식을 이용하여 재귀적으로 계산할 수 있다.

$$\binom{n}{k} = \binom{n-1}{k-1} + \binom{n-1}{k}$$

이 식의 기저 조건은 다음과 같다.

$$\binom{n}{0} = \binom{n}{n} = 1$$

이 식이 왜 성립하는지를 알아보기 위해, 집합에 속한 임의의 원소 x를 생각해 보자. 부분집합에 x를 포함하기로 했다면 남은 일은 원소 $n-1$개 중 $k-1$개를 선택하는 것이다. 부분집합에 x를 포함하지 않기로 했다면 원소 $n-1$개 중 k개를 선택해야 한다.

이항 계수를 계산하는 다른 방법은 다음 공식을 이용하는 것이다.

$$\binom{n}{k} = \frac{n!}{k!(n-k)!}$$

이 공식을 이해하려면 다음과 같이 생각하면 된다. 원소가 n개일 때 순열의 수는 $n!$이다. 모든 순열에 대해 앞에서부터 원소 k개로 부분집합을 구성한다. 부분집합에 포함된 원소와 포함되지 않은 원소 모두에 대해 순서는 고려하지 않으므로 결과를 $k!$과 $(n-k)!$로 나눈다.

이항 계수에 대해 다음 식이 성립한다.

$$\binom{n}{k} = \binom{n}{n-k}$$

이는 부분집합을 선택한다는 것이 원소 n개의 집합을 부분집합 두 개로 나누는 것이나 마찬가지이기 때문이다. 첫 번째 부분집합의 원소는 k개이고 두 번째 부분집합의 원소는 $n-k$개이다.

이항 계수의 합은 다음과 같다.

$$\binom{n}{0} + \binom{n}{1} + \binom{n}{2} + \cdots + \binom{n}{n} = 2^n$$

이항 계수라는 이름이 붙은 이유는 다음처럼 $(a+b)$의 n승을 계산하는 과정에서 찾을 수 있다.

$$(a+b)^n = \binom{n}{0}a^n b^0 + \binom{n}{1}a^{n-1}b^1 + \cdots + \binom{n}{n-1}a^1 b^{n-1} + \binom{n}{n}a^0 b^n$$

이항 계수는 **파스칼 삼각형**(그림 11.4)에서도 볼 수 있다. 각 위치의 값은 그 위에 있는 수 두 개의 합과 같다.

그림 11.4 파스칼 삼각형의 첫 다섯 행

다항 계수

다항 계수(multinomial coefficient)는 다음과 같다.

$$\binom{n}{k_1, k_2, \ldots, k_m} = \frac{n!}{k_1! k_2! \cdots k_m!}$$

이는 원소 n개로 이루어진 집합을 여러 개의 부분집합으로 나누되, 각각의 크기가 k_1, $k_2, \ldots, k_m$인 경우의 수이다. 이때 $k_1 + k_2 + \cdots + k_m = n$이어야 한다. 다항 계수는 이항 계수의 일반화로 생각할 수 있다. $m = 2$일 때 이 공식은 이항 계수의 공식에 대응된다.

상자와 공

공 k개를 상자 n개에 넣는 경우의 수를 구하는 '상자와 공' 문제를 생각해 보자. 이 문제는 조합론에서 꽤 유용한 예제로, 다음과 같은 세 가지 시나리오를 생각해 볼 수 있다.

첫 번째 시나리오: 각 상자에 최대 하나의 공만 들어있다. 예를 들어 $n = 5$이고 $k = 2$일 때 10가지 경우가 존재한다(그림 11.5). 이 시나리오에서는 조합의 수가 이항 계수 $\binom{n}{k}$와 같다.

두 번째 시나리오: 상자에 공이 여러 개 들어있을 수 있다. 예를 들어 $n = 5$이고 $k = 2$일 때 15가지 경우가 존재한다(그림 11.6). 이 시나리오에서 공을 넣는 과정을 'o'와 '→'의 두 종류 문자로 이루어진 문자열로 나타낼 수 있다. 먼저 가장 왼쪽 상자에 서 있다고 가정해 보자. 'o'는 현재 상자에 공을 넣는 것을 의미하고, '→'는 오른쪽으로 한 칸 이동하는 것을 의미한다. 그러면 각각의 경우를 길이가 $k + n - 1$인 문자열로 나타낼 수 있고, 'o'는 k번, '→'는 $n - 1$번 나타난다. 예를 들어 그림 11.6의 가장 윗줄 오른쪽의 경우는 문자열 '→ → o → o →'에 대응된다. 즉, 조합의 수는 $\binom{k+n-1}{k}$가

된다.

세 번째 시나리오: 각 상자에 최대 하나의 공만 들어있고, 연속한 두 상자에 모두 공이 들어있는 경우는 없다. 예를 들어 $n=5$이고 $k=2$일 때 6가지 경우가 존재한다 (그림 11.7). 이 시나리오에서는 공이 들어있는 상자가 k개 있고 각 상자 사이에 빈 상자가 하나씩 존재한다고 가정할 수 있다. 이제 남은 일은 남은 빈 상자의 위치를 정하는 것이다. 배치해야 할 빈 상자는 $n-2k+1$개이고, 놓을 수 있는 위치는 $k+1$개 이다. 그러므로 두 번째 시나리오의 공식을 이용하면, 해의 개수는 $\binom{n-k+1}{n-2k+1}$이 된다.

그림 11.5 첫 번째 시나리오: 각 상자에 최대 하나의 공만 들어있다.

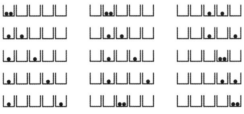

그림 11.6 두 번째 시나리오: 상자에 공이 여러 개 들어있을 수 있다.

그림 11.7 세 번째 시나리오: 각 상자에 최대 하나의 공만 들어있고 연속한 두 상자에 모두 공이 들어있는 경우는 없다.

11.2.2 카탈란 수

카탈란 수(Catalan number) C_n은 여는 괄호 n개와 닫는 괄호 n개로 구성된 올바른 괄호 문자열의 개수를 나타내는 수이다. 예를 들어 여는 괄호와 닫는 괄호가 각각 세 개인 경우, 올바른 괄호 문자열은 다음의 다섯 개이므로 $C_3=5$이다.

- ()()()
- (())()
- ()(())

- $((()))$
- $(()())$

올바른 괄호 문자열은 정확히 무엇을 의미하는가? 다음 규칙에 따라 만들어지는 문자열을 올바른 괄호 문자열로 정의할 수 있다.

- 빈 문자열은 올바른 괄호 문자열이다.
- A가 올바른 괄호 문자열이면 (A)도 올바른 괄호 문자열이다.
- A와 B가 올바른 괄호 문자열이면 AB도 올바른 괄호 문자열이다.

올바른 괄호 문자열을 다른 방법으로 표현할 수도 있다. 문자열의 처음 몇 글자로 이루어진 부분 문자열을 선택했을 때, 여는 괄호의 개수가 닫는 괄호의 개수 이상이라는 성질이 항상 만족되어야 한다. 또한 전체 문자열은 여는 괄호와 닫는 괄호의 개수가 같아야 한다. 그러면 올바른 괄호 문자열이 된다.

카탈란 수는 다음 공식을 이용하여 계산할 수 있다.

$$C_n = \sum_{i=0}^{n-1} C_i C_{n-i-1}$$

이 공식이 왜 성립하는지를 알기 위해, 괄호 문자열을 두 부분으로 나누되, 각각이 올바른 괄호 문자열이 되도록 하며, 첫 번째 부분 문자열이 가능한 한 가장 짧은 길이가 되면서 빈 문자열이 아니도록 설정하는 경우를 생각해 보자. 그리고 각각의 i에 대해, 첫 번째 부분이 괄호 $i+1$쌍으로 구성되어 있다고 하자. 올바른 괄호 문자열의 개수는 다음 두 수의 곱이 된다.

- C_i: 첫 번째 부분의 괄호로 만들 수 있는 올바른 괄호 문자열의 개수, 이때 가장 바깥의 괄호는 세지 않는다
- C_{n-i-1}: 두 번째 부분의 괄호로 만들 수 있는 올바른 괄호 문자열의 개수

기저 조건은 $C_0 = 1$이 되는데, 괄호의 개수가 0일 경우 만들 수 있는 올바른 괄호 문자열은 빈 문자열의 한 가지 경우이기 때문이다.

카탈란 수를 다음 공식을 이용하여 구할 수도 있다.

$$C_n = \frac{1}{n+1} \binom{2n}{n}$$

이 식은 다음과 같이 설명할 수 있다.

여는 괄호 n개와 닫는 괄호 n개로 만들 수 있는 (올바르지 않은 경우를 포함한) 괄호 문자열의 개수는 $\binom{2n}{n}$이다. 이제 올바르지 않은 괄호 문자열의 개수를 계산해 보자.

괄호 문자열이 올바르지 않은 경우, 문자열의 처음 몇 글자로 이루어진 부분 문자열을 선택했을 때 닫는 괄호의 개수가 여는 괄호의 개수보다 많은 경우가 존재한다. 이때 그러한 부분 문자열 중 가장 짧은 문자열을 택하여 괄호를 뒤집는다. 예를 들어 올바르지 않은 괄호 문자열 ())()(에서 닫는 괄호의 개수가 많아지는 최소 길이의 문자열은 ())가 되고, 이 부분의 괄호를 뒤집으면)((()(가 된다. 이 문자열은 여는 괄호 $n+1$개와 닫는 괄호 $n-1$개로 구성되어 있다. 사실 이와 같은 방식으로 여는 괄호 $n+1$개와 닫는 괄호 $n-1$개로 이루어진 모든 문자열을 만드는 방법이 유일하게 존재한다. 그러한 문자열의 개수는 $\binom{2n}{n+1}$이고, 이는 올바르지 않은 괄호 문자열의 개수와 같다. 정리하면, 올바른 괄호 문자열의 개수를 다음과 같이 계산할 수 있다.

$$\binom{2n}{n} - \binom{2n}{n+1} = \binom{2n}{n} - \frac{n}{n+1}\binom{2n}{n} = \frac{1}{n+1}\binom{2n}{n}$$

트리의 개수 세기

특정한 트리 구조의 개수를 셀 때도 카탈란 수를 이용할 수 있다. 먼저, C_n은 노드 n개로 구성된 이진 트리의 개수와 같다. 이때 왼쪽 자식과 오른쪽 자식은 구분해서 센다. 예를 들어 $C_3=5$이므로 노드가 3개인 이진 트리는 총 5개이다(그림 11.8). 또한, C_n은 노드 $n+1$개로 이루어진 루트 트리의 개수와 같다. 예를 들어 노드가 4개인 트리는 총 5개이다(그림 11.9).

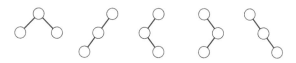

그림 11.8 노드가 3개인 이진 트리는 총 5개이다.

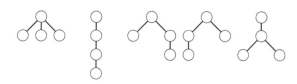

그림 11.9 노드가 4개인 트리는 총 5개이다.

11.2.3 포함-배제

포함-배제(Inclusion-exclusion)는 교집합의 크기를 알 때 합집합의 크기를 구하는 경우, 혹은 그 반대의 경우에 적용할 수 있는 기법이다. 간단한 예제로 다음 공식이 있다.

$$|A \cup B| = |A| + |B| - |A \cap B|$$

이때 A와 B는 집합이고, $|X|$는 X의 크기를 나타낸다. 이 공식을 그림으로 나타낸 결과가 그림 11.10이다. 여기에서 우리가 구하려는 합집합 $A \cup B$의 크기는 그림 11.10에서 최소 하나의 원에 속한 영역의 넓이에 대응된다. $A \cup B$의 넓이를 구하기 위해서는 먼저 A와 B의 넓이를 합한 뒤, $A \cap B$의 넓이를 빼면 된다.

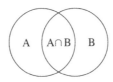

그림 11.10 집합이 두 개일 때의 포함-배제 원리

집합의 개수가 많아지더라도 이 방법을 적용할 수 있다. 집합이 세 개인 경우의 포함-배제 공식은 다음과 같다.

$$|A \cup B \cup C| = |A| + |B| + |C| - |A \cap B| - |A \cap C| - |B \cap C| + |A \cap B \cap C|$$

이는 그림 11.11에 대응된다.

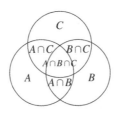

그림 11.11 집합이 세 개일 때의 포함-배제 원리

일반적으로 합집합 $X_1 \cup X_2 \cup \cdots \cup X_n$의 크기는 집합 $X_1, X_2, \ldots, X_n$ 중 일부를 포함하는 교집합을 모두 살펴보면서, 교집합을 이루는 집합의 개수가 홀수이면 크기를 더하고, 그렇지 않은 경우에는 뺌으로써 계산할 수 있다.

합집합의 크기를 이용하여 교집합의 크기를 구하는 경우에도 비슷한 형태의 공식을 사용할 수 있다. 예를 들어 집합이 두 개일 때는 다음 공식을 이용할 수 있다.

$$|A \cap B| = |A| + |B| - |A \cup B|$$

집합이 세 개일 때의 공식은 다음과 같다.

$$|A \cap B \cap C| = |A| + |B| + |C| - |A \cup B| - |A \cup C| - |B \cup C| + |A \cup B \cup C|$$

교란순열 세기

포함-배제를 활용하는 예제로, $\{1, 2, \ldots, n\}$에 대해 **교란순열**(derangement)의 개수를 세는 문제를 생각해 보자. 교란순열은 일종의 순열인데, 어떤 값도 그 값이 나타내는 위치에 있지 않은 경우를 말한다.[1] 예를 들어 $n = 3$인 경우 교란순열은 $(2, 3, 1)$과 $(3, 1, 2)$의 두 개이다.

이 문제를 풀기 위해 포함-배제를 이용할 수 있다. 원소 k가 위치 k에 있는 순열의 집합을 X_k로 나타내자. 예를 들어 $n = 3$일 때 각 집합은 다음과 같다.

$$X_1 = \{(1, 2, 3), (1, 3, 2)\}$$
$$X_2 = \{(1, 2, 3), (3, 2, 1)\}$$
$$X_3 = \{(1, 2, 3), (2, 1, 3)\}$$

교란순열의 개수는 다음과 같다.

$$n! - |X_1 \cup X_2 \cup \cdots \cup X_n|$$

따라서 $|X_1 \cup X_2 \cup \cdots \cup X_n|$을 구하면 답을 구할 수 있다. 포함-배제를 이용하면 이를 교집합의 개수를 구하는 문제로 변환할 수 있다. 또한, 서로 다른 c개의 집합 X_k의 교집합의 원소 개수는 $(n - c)!$이 되는데, 교집합의 원소는 원소 c개가 원래의 위치에 있는 순열로 이루어지기 때문이다. 따라서 교집합의 크기를 효율적으로 계산할 수 있다. 예를 들어 $n = 3$인 경우는 다음과 같다.

$$\begin{aligned}
|X_1 \cup X_2 \cup X_3| = {} & |X_1| + |X_2| + |X_3| \\
& - |X_1 \cap X_2| - |X_1 \cap X_3| - |X_2 \cap X_3| \\
& + |X_1 \cap X_2 \cap X_3|
\end{aligned}$$

---

1 (옮긴이) 즉, 어떤 i에 대해서도 위치 i에 i라는 값이 있지 않은 경우를 말한다.

$$= 2 + 2 + 2 - 1 - 1 - 1 + 1$$
$$- 4$$

따라서 교란순열의 개수는 $3! - 4 = 2$가 된다.

이 문제는 포함-배제를 이용하지 않고도 풀 수 있다. $\{1, 2, \ldots, n\}$의 교란순열의 개수를 $f(n)$으로 나타내자. 그러면 다음과 같은 점화식을 세울 수 있다.

$$f(n) = \begin{cases} 0 & n = 1 \\ 1 & n = 2 \\ (n-1)(f(n-2) + f(n-1)) & n > 2 \end{cases}$$

이 공식을 증명하기 위해서는 원소 1을 이용하여 교란순열을 만드는 방법을 생각해 보면 된다. 1의 위치에 올 수 있는 원소 x를 선택하는 경우의 수는 $n-1$이다. 각각에 대해 다음의 두 가지 옵션을 적용할 수 있다.

첫 번째 옵션: 원소 x의 위치에 1을 놓는다. 그러면 남은 일은 원소 $n-2$개에 대해 교란순열을 만드는 것이 된다.

두 번째 옵션: 원소 x의 위치에 1이 아닌 다른 원소를 놓는다. 그러면 원소 $n-1$개에 대해 교란순열을 만들어야 하는데, 원소 x의 위치에 1을 놓을 수 없고, 다른 원소의 위치 역시 바뀌어야 하기 때문이다.

11.2.4 번사이드 보조정리

번사이드 보조정리(Burnside's lemma)는 서로 다른 조합의 개수를 셀 때 대칭인 경우를 한 번만 세야 하는 경우에 사용할 수 있는 정리이다. 번사이드 보조정리에 의하면 조합의 개수는 다음과 같다.

$$\frac{1}{n} \sum_{k=0}^{n} c(k)$$

이때 조합의 위치를 바꾸는 방법의 수를 n으로, k번째 방법을 적용했을 때 유지되는 조합의 개수를 $c(k)$로 나타낸다.

예를 들어 진주 n개로 이루어진 목걸이의 개수를 세는 문제를 생각해 보자. 이때 각 진주의 색깔은 m가지 색깔 중 하나이다. 두 목걸이 중 하나를 회전했을 때 서로 같은 모양이 된다면, 두 목걸이가 대칭이라고 표현한다. 예를 들어 그림 11.12에 대칭인 목걸이 네 가지가 나와 있으며, 조합의 수를 셀 때 이를 하나로 간주한다.

그림 11.12 대칭 목걸이 네 개

목걸이의 위치를 바꾸는 방법은 n개인데, 각각은 시계방향으로 $k=0, 1, ..., n-1$번 회전하는 경우에 대응된다. 예를 들어 $k=0$일 때 모든 m^n개의 목걸이는 그대로이며, $k=1$일 때는 모든 진주가 같은 색깔로 이루어진 목걸이 m개만 그 모양이 바뀌지 않는다. 일반적으로, 모양이 바뀌지 않는 목걸이는 $m^{\gcd(k, n)}$개인데, 이는 $\gcd(k, n)$개의 구슬로 이루어진 블록이 다음 블록을 대체하게 되기 때문이다. 따라서 번사이드 보조정리에 의해 서로 다른 목걸이의 개수는 다음과 같다.

$$\frac{1}{n} \sum_{k=0}^{n-1} m^{\gcd(k, n)}$$

예를 들어 진주 네 개가 세 가지 색깔 중 하나일 때에 대한 서로 다른 목걸이의 개수는 다음과 같다.

$$\frac{3^4 + 3 + 3^2 + 3}{4} = 24$$

11.2.5 케일리 공식

케일리 공식(Cayley's formula)에 따르면 노드 n개에 번호를 붙인 서로 다른 트리의 개수는 n^{n-2}이다. 각 노드에 1, 2, ..., n의 번호를 붙이며, 구조가 다르거나 노드의 번호가 다른 경우 별개의 트리로 간주한다. 예를 들어 $n=4$일 때, 서로 다른 번호 붙인 트리의 개수는 그림 11.13에 나온 것처럼 $4^{4-2} = 16$가지이다.

케일리 공식은 **프뤼퍼 코드**(Prüfer code)를 이용하여 증명할 수 있다. 프뤼퍼 코드는 번호 붙인 트리를 나타내는 $n-2$개의 수로 이루어진 수열이다. 이 코드는 다음과 같이 트리에서 $n-2$개의 리프 노드를 제거하는 과정을 통해 만들 수 있다. 단계마다 번호가 가장 작은 리프 노드를 제거하며, 이 노드의 이웃 노드의 번호를 코드에 추가한다. 예를 들어 그림 11.14에 나온 트리의 프뤼퍼 코드는 [4, 4, 2]로, 1, 3, 4번 노드를 차례로 제거하는 과정을 통해 얻을 수 있다.

임의의 트리에 대해 프뤼퍼 코드를 만들 수 있으며, 더 중요한 사실은 프뤼퍼 코드를 이용하여 원래의 트리를 만들어낼 수 있다는 점이다. 따라서 노드가 n개인 번호

붙인 트리의 개수는 길이가 n인 프뤼퍼 코드의 개수와 같은 n^{n-2}이 된다.

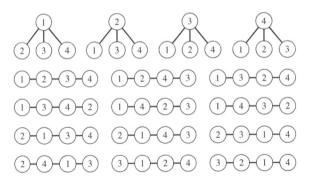

그림 11.13 노드 네 개에 번호를 붙인 서로 다른 트리의 개수는 16이다.

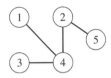

그림 11.14 이 트리의 프뤼퍼 코드는 [4, 4, 2]이다.

11.3 행렬

행렬(matrix)은 프로그래밍에서 2차원 배열에 대응되는 수학적 개념이다. 예를 들어 다음 행렬을 살펴보자.

$$A = \begin{bmatrix} 6 & 13 & 7 & 4 \\ 7 & 0 & 8 & 2 \\ 9 & 5 & 4 & 18 \end{bmatrix}$$

이 행렬의 크기는 3 × 4이다. 즉, 이 행렬은 3개의 행과 4개의 열로 구성되어 있다. $[i, j]$ 표기법은 행렬의 i행 j열의 원소를 의미한다. 예를 들어 $A[2, 3]=8$이고 $A[3, 1]=9$ 이다.

행렬의 특별한 경우인 **벡터**(vector)는 크기가 $n \times 1$인 1차원 행렬이다. 예를 들어 다음의 V는 원소가 세 개인 벡터이다.

$$V = \begin{bmatrix} 4 \\ 7 \\ 5 \end{bmatrix}$$

행렬 A의 **전치행렬**(transpose) A^T는 A의 행과 열을 맞바꾼 행렬이다. 즉, $A^T[i, j] = A[j, i]$이다.

$$A^T = \begin{bmatrix} 6 & 7 & 9 \\ 13 & 0 & 5 \\ 7 & 8 & 4 \\ 4 & 2 & 18 \end{bmatrix}$$

행렬의 행의 개수와 열의 개수가 같은 경우 **정사각 행렬**(square matrix)이라고 부른다. 예를 들어 다음 행렬은 정사각 행렬이다.

$$S = \begin{bmatrix} 3 & 12 & 4 \\ 5 & 9 & 15 \\ 0 & 2 & 4 \end{bmatrix}$$

11.3.1 행렬 연산

행렬 A와 B의 합 $A+B$는 두 행렬의 크기가 같을 때 정의된다. 결과는 A와 B의 같은 위치의 원소를 합한 행렬이다. 예를 들면 다음과 같다.

$$\begin{bmatrix} 6 & 1 & 4 \\ 3 & 9 & 2 \end{bmatrix} + \begin{bmatrix} 4 & 9 & 3 \\ 8 & 1 & 3 \end{bmatrix} = \begin{bmatrix} 6+4 & 1+9 & 4+3 \\ 3+8 & 9+1 & 2+3 \end{bmatrix} = \begin{bmatrix} 10 & 10 & 7 \\ 11 & 10 & 5 \end{bmatrix}$$

행렬 A에 어떤 값 x를 곱하는 것은 A의 각 원소에 x를 곱하는 것과 같다. 예를 들면 다음과 같다.

$$2 \cdot \begin{bmatrix} 6 & 1 & 4 \\ 3 & 9 & 2 \end{bmatrix} = \begin{bmatrix} 2\cdot 6 & 2\cdot 1 & 2\cdot 4 \\ 2\cdot 3 & 2\cdot 9 & 2\cdot 2 \end{bmatrix} = \begin{bmatrix} 12 & 2 & 8 \\ 6 & 18 & 4 \end{bmatrix}$$

두 행렬 A와 B의 곱 AB는 A의 크기가 $a \times n$이고 B의 크기가 $n \times b$일 때, 즉 A의 너비와 B의 높이가 같을 때 정의된다. 결과는 크기가 $a \times b$인 행렬로, 각 원소는 다음 공식으로 계산된다.

$$AB[i, j] = \sum_{k=1}^{n} (A[i, k] \cdot B[k, j])$$

AB의 원소는 그림 11.15에 나온 것과 같이 A와 B의 원소를 각각 곱한 뒤 더한 값이다. 예를 들면 다음과 같다.

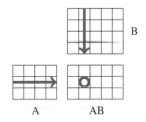

그림 11.15 행렬 곱 공식의 의미

$$\begin{bmatrix} 1 & 4 \\ 3 & 9 \\ 8 & 6 \end{bmatrix} \cdot \begin{bmatrix} 1 & 6 \\ 2 & 9 \end{bmatrix} = \begin{bmatrix} 1 \cdot 1 + 4 \cdot 2 & 1 \cdot 6 + 4 \cdot 9 \\ 3 \cdot 1 + 9 \cdot 2 & 3 \cdot 6 + 9 \cdot 9 \\ 8 \cdot 1 + 6 \cdot 2 & 8 \cdot 6 + 6 \cdot 9 \end{bmatrix} = \begin{bmatrix} 9 & 42 \\ 21 & 99 \\ 20 & 102 \end{bmatrix}$$

이 공식을 이용하여 크기가 $n \times n$인 두 행렬 A와 B의 곱 C을 다음과 같이 $O(n^3)$ 시간에 구할 수 있다.[2]

```
for (int i = 1; i <= n; i++) {
    for (int j = 1; j <= n; j++) {
        for (int k = 1; k <= n; k++) {
            C[i][j] += A[i][k]*B[k][j];
        }
    }
}
```

행렬곱은 결합법칙이 성립하므로 $A(BC) = (AB)C$이지만, 교환법칙은 성립하지 않기 때문에 대부분의 경우 $AB \neq BA$이다.

단위행렬(identity matrix)은 정사각 행렬로, 대각선 상의 원소는 1이고 다른 원소는 0인 행렬을 말한다. 예를 들어 다음 행렬은 크기가 3×3인 단위행렬이다.

$$I = \begin{bmatrix} 1 & 0 & 0 \\ 0 & 1 & 0 \\ 0 & 0 & 1 \end{bmatrix}$$

행렬에 단위행렬을 곱해도 값이 변하지 않는다. 예를 들면 다음과 같다.

---

2 경진 프로그래밍에서는 이와 같은 $O(n^3)$ 시간 알고리즘으로도 충분하지만, 이론상 더 효율적인 알고리즘이 존재한다. 1969년에 스트라센(Strassen)이 처음으로 그러한 알고리즘을 발견했다.[35] 이 알고리즘은 **스트라센 알고리즘**(Strassen's algorithm)이란 이름으로 잘 알려져 있으며, 시간 복잡도는 $O(n^{2.81})$이다. 현재까지 알려진 가장 좋은 알고리즘은 르 갈(Le Gall)이 2014년에 제안한 알고리즘으로, $O(n^{2.37})$ 시간에 동작한다.[13]

$$\begin{bmatrix} 1 & 0 & 0 \\ 0 & 1 & 0 \\ 0 & 0 & 1 \end{bmatrix} \cdot \begin{bmatrix} 1 & 4 \\ 3 & 9 \\ 8 & 6 \end{bmatrix} = \begin{bmatrix} 1 & 4 \\ 3 & 9 \\ 8 & 6 \end{bmatrix} \text{이고,} \quad \begin{bmatrix} 1 & 4 \\ 3 & 9 \\ 8 & 6 \end{bmatrix} \cdot \begin{bmatrix} 1 & 0 \\ 0 & 1 \end{bmatrix} = \begin{bmatrix} 1 & 4 \\ 3 & 9 \\ 8 & 6 \end{bmatrix}$$

행렬 A의 거듭제곱 A^k은 A가 정사각 행렬일 때 정의된다. 이는 다음과 같이 행렬곱 기반의 식으로 정의할 수 있다.

$$A^k = \underbrace{A \cdot A \cdot A \cdots A}_{(k\text{번})}$$

예를 들면 다음과 같다.

$$\begin{bmatrix} 2 & 5 \\ 1 & 4 \end{bmatrix}^3 = \begin{bmatrix} 2 & 5 \\ 1 & 4 \end{bmatrix} \cdot \begin{bmatrix} 2 & 5 \\ 1 & 4 \end{bmatrix} \cdot \begin{bmatrix} 2 & 5 \\ 1 & 4 \end{bmatrix} = \begin{bmatrix} 48 & 165 \\ 33 & 114 \end{bmatrix}$$

또한, A^0은 단위행렬이다. 예를 들면 다음과 같다.

$$\begin{bmatrix} 2 & 5 \\ 1 & 4 \end{bmatrix}^0 = \begin{bmatrix} 1 & 0 \\ 0 & 1 \end{bmatrix}$$

행렬 A^k은 11.1.4절의 알고리즘을 이용하여 $O(n^3 \log k)$ 시간에 효율적으로 계산할 수 있다. 예를 들면 다음과 같다.

$$\begin{bmatrix} 2 & 5 \\ 1 & 4 \end{bmatrix}^8 = \begin{bmatrix} 2 & 5 \\ 1 & 4 \end{bmatrix}^4 \cdot \begin{bmatrix} 2 & 5 \\ 1 & 4 \end{bmatrix}^4$$

11.3.2 선형 점화식

함수 $f(n)$의 처음 k개의 값 $f(0), f(1), \ldots, f(k-1)$이 정의되고, 이후의 값이 다음과 같은 형태의 식으로 계산되는 경우를 **선형 점화식**(linear recurrence)이라고 한다.

$$f(n) = c_1 f(n-1) + c_2 f(n-2) + \cdots + c_k f(n-k)$$

이때 $c_1, c_2, \ldots, c_k$는 상수 계수이다.

동적 계획법을 이용하면 $f(0), f(1), \ldots, f(n)$의 값을 차례로 계산함으로써 $f(n)$을 $O(kn)$ 시간에 구할 수 있다. 하지만 우리가 앞으로 살펴볼 방법을 이용하면 $f(n)$의 값을 행렬 연산을 이용하여 $O(k^3 \log n)$ 시간에 구할 수 있다. k가 작고 n이 클 경우, 이 방식을 유용하게 사용할 수 있다.

피보나치 수

선형 점화식의 간단한 예는 피보나치 수를 정의하는 다음 함수이다.

$$f(0) = 0$$
$$f(1) = 1$$
$$f(n) = f(n-1) + f(n-2)$$

이때 $k = 2$이고 $c_1 = c_2 = 1$이다.

피보나치 수를 효율적으로 계산하기 위해 피보나치 공식을 2×2 크기의 행렬 X를 이용하여 다음과 같이 나타낸다.

$$X \cdot \begin{bmatrix} f(i) \\ f(i+1) \end{bmatrix} = \begin{bmatrix} f(i+1) \\ f(i+2) \end{bmatrix}$$

즉, $f(i)$와 $f(i+1)$의 값이 X의 '입력'으로 주어지고, 이를 이용하여 $f(i+1)$과 $f(i+2)$의 값을 구하는 것이다. 이를 만족하는 행렬은 다음과 같다.

$$X = \begin{bmatrix} 0 & 1 \\ 1 & 1 \end{bmatrix}$$

예를 들면 다음과 같다.

$$\begin{bmatrix} 0 & 1 \\ 1 & 1 \end{bmatrix} \cdot \begin{bmatrix} f(5) \\ f(6) \end{bmatrix} = \begin{bmatrix} 0 & 1 \\ 1 & 1 \end{bmatrix} \cdot \begin{bmatrix} 5 \\ 8 \end{bmatrix} = \begin{bmatrix} 8 \\ 13 \end{bmatrix} = \begin{bmatrix} f(6) \\ f(7) \end{bmatrix}$$

즉, $f(n)$을 다음 공식을 이용하여 계산할 수 있다.

$$\begin{bmatrix} f(n) \\ f(n+1) \end{bmatrix} = X^n \cdot \begin{bmatrix} f(0) \\ f(1) \end{bmatrix} = \begin{bmatrix} 0 & 1 \\ 1 & 1 \end{bmatrix}^n \cdot \begin{bmatrix} 0 \\ 1 \end{bmatrix}$$

X^n의 값은 $O(\log n)$ 시간에 계산할 수 있으므로, $f(n)$의 값도 $O(\log n)$ 시간에 계산할 수 있다.

일반적인 경우

이제 $f(n)$이 임의의 선형 점화식인 일반적인 경우를 생각해 보자. 이번에도 목표는 다음 식을 만족하는 행렬 X를 찾는 것이다.

$$X \cdot \begin{bmatrix} f(i) \\ f(i+1) \\ \vdots \\ f(i+k-1) \end{bmatrix} = \begin{bmatrix} f(i+1) \\ f(i+2) \\ \vdots \\ f(i+k) \end{bmatrix}$$

그러한 행렬은 다음과 같다.

$$X = \begin{bmatrix} 0 & 1 & 0 & \cdots & 0 \\ 0 & 0 & 1 & \cdots & 0 \\ \vdots & \vdots & \vdots & \ddots & \vdots \\ 0 & 0 & 0 & \cdots & 1 \\ c_k & c_{k-1} & c_{k-2} & \cdots & c_1 \end{bmatrix}$$

첫 $k-1$개의 행에서는 원소 하나가 1이고 나머지 원소는 모두 0이다. 이 행은 $f(i)$를 $f(i+1)$로 바꾸고, $f(i+1)$을 $f(i+2)$로 바꾸는 등의 과정에 대응된다. 마지막 행은 점화식의 계수로 이루어져 있으며, $f(i+k)$를 계산하는 식에 대응된다.

그러면 $f(n)$의 값을 다음 공식을 이용하여 $O(k^3 \log n)$에 계산할 수 있다.

$$\begin{bmatrix} f(n) \\ f(n+1) \\ \vdots \\ f(n+k-1) \end{bmatrix} = X^n \cdot \begin{bmatrix} f(0) \\ f(1) \\ \vdots \\ f(k-1) \end{bmatrix}$$

11.3.3 그래프와 행렬

그래프의 인접 행렬의 거듭제곱은 여러 가지 흥미로운 성질을 가지고 있다. M이 가중치가 없는 그래프의 인접 행렬이라 하자. M^n 행렬은 각 노드 쌍 (a, b)에 대해, 노드 a에서 시작하고 노드 b에서 끝나며 간선의 개수가 n인 경로의 개수를 나타내는 행렬이 된다. 이때 한 노드가 경로상에 여러 번 나타날 수도 있다.

예를 들어 그림 11.16a의 그래프를 생각해 보자. 이 그래프의 인접 행렬은 다음과 같다.

$$M = \begin{bmatrix} 0 & 0 & 0 & 1 & 0 & 0 \\ 1 & 0 & 0 & 0 & 1 & 1 \\ 0 & 1 & 0 & 0 & 0 & 0 \\ 0 & 1 & 0 & 0 & 0 & 0 \\ 0 & 0 & 0 & 0 & 0 & 0 \\ 0 & 0 & 1 & 0 & 1 & 0 \end{bmatrix}$$

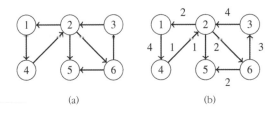

그림 11.16 행렬 연산을 위한 예제 그래프

이 행렬의 거듭제곱은 다음과 같다.

$$M^4 = \begin{bmatrix} 0 & 0 & 1 & 1 & 1 & 0 \\ 2 & 0 & 0 & 0 & 2 & 2 \\ 0 & 2 & 0 & 0 & 0 & 0 \\ 0 & 2 & 0 & 0 & 0 & 0 \\ 0 & 0 & 0 & 0 & 0 & 0 \\ 0 & 0 & 1 & 1 & 1 & 0 \end{bmatrix}$$

이 행렬은 정확히 4개의 간선으로 이루어진 경로의 개수를 나타낸다. 예를 들어 $M^4[2, 5] = 2$인데, 2번 노드에서 시작하고 5번 노드에서 끝나는 간선이 4개인 경로는 $2 \rightarrow 1 \rightarrow 4 \rightarrow 2 \rightarrow 5$와 $2 \rightarrow 6 \rightarrow 3 \rightarrow 2 \rightarrow 5$의 두 가지이기 때문이다.

비슷한 아이디어를 가중 그래프에 적용하면, 각 노드 쌍 (a, b)에 대해 a에서 시작하고 b에서 끝나며 간선의 개수가 n인 최단 경로의 길이를 계산할 수 있다. 이를 계산하기 위해 행렬곱을 새롭게 정의하여 경로의 개수를 세는 대신에 경로의 최단 거리를 계산하게끔 한다.

예를 들어 그림 11.16b의 그래프를 생각해 보자. 이 그래프에 대한 인접 행렬을 만들되, 원소의 값은 간선이 없는 경우 ∞로, 간선이 있는 경우 가중치로 둔다. 이렇게 만든 행렬은 다음과 같다.

$$M = \begin{bmatrix} \infty & \infty & \infty & 4 & \infty & \infty \\ 2 & \infty & \infty & \infty & 1 & 2 \\ \infty & 4 & \infty & \infty & \infty & \infty \\ \infty & 1 & \infty & \infty & \infty & \infty \\ \infty & \infty & \infty & \infty & \infty & \infty \\ \infty & \infty & 3 & \infty & 2 & \infty \end{bmatrix}$$

기존의 행렬곱 공식은 다음과 같다.

$$AB[i, j] = \sum_{k=1}^{n} (A[i, k] \cdot B[k, j])$$

이 공식 대신에 새로운 행렬곱을 다음과 같이 정의한다.

$$AB[i, j] = \min_{k=1}^{n} (A[i, k] + B[k, j])$$

즉, 합 대신 최솟값을 계산하고, 원소의 곱 대신 합을 계산한다. 이렇게 연산을 수정하면 행렬의 거듭제곱을 통해 그래프의 최단 경로를 계산할 수 있다. 예를 들어 예제 그래프에 대한 거듭제곱은 다음과 같다.

$$M^4 = \begin{bmatrix} \infty & \infty & 10 & 11 & 9 & \infty \\ 9 & \infty & \infty & \infty & 8 & 9 \\ \infty & 11 & \infty & \infty & \infty & \infty \\ \infty & 8 & \infty & \infty & \infty & \infty \\ \infty & \infty & \infty & \infty & \infty & \infty \\ \infty & \infty & 12 & 13 & 11 & \infty \end{bmatrix}$$

여기에서 2번 노드에서 시작하여 5번 노드에서 끝나며 간선이 4개인 최단 경로의 길이는 8임을 알 수 있다. 그러한 경로는 2 → 1 → 4 → 2 → 5이다.

11.3.4 가우스 소거법

가우스 소거법(Gaussian elimination)은 일차 연립 방정식을 푸는 체계적인 방법이다. 이 방법은 방정식을 행렬로 나타내고, 행 연산을 적용하여 방정식의 정보를 유지하면서 각 변수의 값을 결정하는 식으로 진행된다.

다음과 같이 n개의 식으로 이루어진 일차 연립 방정식이 주어지고, 각각의 식에 n개의 변수가 있는 경우를 생각해 보자.

$$a_{1,1}x_1 + a_{1,2}x_2 + \cdots + a_{1,n}x_n = b_1$$
$$a_{2,1}x_1 + a_{2,2}x_2 + \cdots + a_{2,n}x_n = b_2$$
$$\cdots$$
$$a_{n,1}x_1 + a_{n,2}x_2 + \cdots + a_{n,n}x_n = b_n$$

이 식은 다음과 같이 행렬로 나타낼 수 있다.

$$\begin{bmatrix} a_{1,1} & a_{1,2} & \cdots & a_{1,n} & b_1 \\ a_{2,1} & a_{2,2} & \cdots & a_{2,n} & b_2 \\ \vdots & \vdots & \ddots & \vdots & \vdots \\ a_{n,1} & a_{n,2} & \cdots & a_{n,n} & b_n \end{bmatrix}$$

방정식을 풀기 위해 행렬을 다음과 같은 형태로 변환하려고 한다.

$$\begin{bmatrix} 1 & 0 & \cdots & 0 & c_1 \\ 0 & 1 & \cdots & 0 & c_2 \\ \vdots & \vdots & \ddots & \vdots & \vdots \\ 0 & 0 & \cdots & 1 & c_n \end{bmatrix}$$

그러면 방정식의 해가 $x_1 = c_1, x_2 = c_2, \ldots, x_n = c_n$이 된다. 이를 위해 다음 세 종류의 행연산을 사용한다.

1. 두 행을 맞바꾼다.
2. 행 하나의 값에 음이 아닌 상수를 각각 곱한다.
3. 한 행에 상수를 곱한 뒤 다른 행에 더한다.

이 연산을 적용해도 방정식의 정보는 보존된다. 즉, 최종적으로 구한 해는 원래의 방정식에 대한 해도 된다. 각각의 열을 체계적으로 처리함으로써 이 알고리즘이 $O(n^3)$ 시간에 동작하도록 할 수 있다.

예를 들어 다음 연립 방정식을 푸는 경우를 생각해 보자.

$$2x_1 + 4x_2 + x_3 = 16$$
$$x_1 + 2x_2 + 5x_3 = 17$$
$$3x_1 + x_2 + x_3 = 8$$

이 방정식에 대응되는 행렬은 다음과 같다.

$$\begin{bmatrix} 2 & 4 & 1 & 16 \\ 1 & 2 & 5 & 17 \\ 3 & 1 & 1 & 8 \end{bmatrix}$$

이 행렬의 각 열을 차례차례 처리한다. 단계마다 현재 처리하는 열의 올바른 위치에 1이 있고 나머지 값은 0이 되도록 해야 한다. 첫 번째 열을 처리하기 위해 먼저 첫 행에 $\frac{1}{2}$을 곱한다.

$$\begin{bmatrix} 1 & 2 & \frac{1}{2} & 8 \\ 1 & 2 & 5 & 17 \\ 3 & 1 & 1 & 8 \end{bmatrix}$$

다음으로 첫 번째 행에 -1을 곱한 뒤 두 번째 행에 더하고, 첫 번째 행에 -3을 곱한 뒤 세 번째 행에 더한다.

$$\begin{bmatrix} 1 & 2 & \frac{1}{2} & 8 \\ 0 & 0 & \frac{9}{2} & 9 \\ 0 & -5 & -\frac{1}{2} & -16 \end{bmatrix}$$

그 다음에는 두 번째 열을 처리한다. 두 번째 행의 두 번째 값이 0이기 때문에 먼저 두 번째 행과 세 번째 행을 맞바꾼다.

$$\begin{bmatrix} 1 & 2 & \frac{1}{2} & 8 \\ 0 & -5 & -\frac{1}{2} & -16 \\ 0 & 0 & \frac{9}{2} & 9 \end{bmatrix}$$

그 다음, 두 번째 행에 $-\frac{1}{5}$을 곱하고, 이 행에 -2를 곱한 뒤 첫 번째 행에 더한다.

$$\begin{bmatrix} 1 & 0 & \frac{3}{10} & \frac{8}{5} \\ 0 & 1 & \frac{1}{10} & \frac{16}{5} \\ 0 & 0 & \frac{9}{2} & 9 \end{bmatrix}$$

마지막으로 세 번째 열을 처리한다. 세 번째 열에 $\frac{2}{9}$를 곱하고, 이 행에 $-\frac{3}{10}$을 곱한 뒤 첫 번째 행에 더하고, $-\frac{1}{10}$을 곱한 뒤 첫 번째 행에 더한다.

$$\begin{bmatrix} 1 & 0 & 0 & 1 \\ 0 & 1 & 0 & 3 \\ 0 & 0 & 1 & 2 \end{bmatrix}$$

그러면 마지막 열의 값을 통해 원래 연립 방정식의 해가 $x_1 = 1$, $x_2 = 3$, $x_3 = 2$임을 알 수 있다.

가우스 소거법은 연립 방정식의 해가 유일한 경우에만 올바르게 동작함에 유의하라. 예를 들어 다음 연립 방정식을 생각해 보자.

$$x_1 + x_2 = 2$$
$$2x_1 + 2x_2 = 4$$

두 식은 같은 정보를 담고 있기 때문에 해의 개수가 무한히 많다. 또한 다음 연립 방정식의 경우,

$$x_1 + x_2 = 5$$
$$x_1 + x_2 = 7$$

두 식이 모순이기 때문에 해가 존재하지 않는다. 이처럼 해가 유일하게 존재하지 않는 경우 알고리즘을 진행하는 도중에 그러한 사실을 알 수 있다. 열을 올바른 형태로 만드는 것이 불가능해지는 상황이 발생하기 때문이다.

11.4 확률

확률(probability)은 0과 1 사이의 실수로, 어떤 사건이 발생할 가능성을 나타내는 값이다. 사건이 확실하게 발생한다면 확률은 1이고, 사건이 일어나는 것이 불가능하다면 확률은 0이다. 사건의 확률은 $P(\cdots)$로 나타내며, 여기에서 점으로 나타낸 부분에 사건이 표현된다. 예를 들어 주사위를 던질 때 가능한 결과는 1, 2, ..., 6으로, 이때 $P(\text{"결과가 짝수"}) = 1/2$이 된다.

사건의 확률을 계산하는 방법으로는 조합론을 이용하여 계산하는 방법, 또는 사건이 발생하는 과정을 모사하는 방법이 있다. 예를 들어 카드 한 벌이 섞여있을 때 위에서 세 장을 뽑는 경우를 생각해 보자.[3] 이때 세 장의 값이 같을 확률은 어떻게 될까 (예를 들어 ♠8, ♣8, ♢8과 같은 경우이다.)?

확률을 계산하는 한 가지 방법은 다음 공식을 이용하는 것이다.

$$\frac{\text{조건을 만족하는 경우의 수}}{\text{전체 경우의 수}}$$

이 예제에서 조건을 만족하는 경우는 카드의 값이 모두 같은 경우이다. 그러한 경우의 수는 $13\binom{4}{3}$가지이다. 값은 총 13가지 경우가 있고, 각각의 값마다 4개의 문양에서 3개를 선택하는 경우의 수가 $\binom{4}{3}$가지씩 있기 때문이다. 전체 경우의 수는 $\binom{52}{3}$으

---

3 카드 한 벌은 52장으로 구성되어 있다. 각 카드에는 문양(스페이드 ♠, 다이아몬드 ◇, 클럽 ♣, 하트 ♥)과 값(1에서 13 사이의 정수)이 부여되어 있다.

로, 카드 52장 중 세 장을 뽑기 때문이다. 즉, 이 사건의 확률은 다음과 같다.

$$\frac{13\binom{4}{3}}{\binom{52}{3}} = \frac{1}{425}$$

확률을 계산하는 다른 방법은 사건이 발생하는 경우를 모사해 보는 것이다. 이 예제에서는 카드를 세 장 뽑으므로, 세 단계의 과정으로 진행할 수 있다. 이때 각 단계를 모두 성공적으로 수행해야 한다.

첫 번째 카드는 어떤 카드여도 상관이 없으므로 무조건 성공한다. 두 번째 카드를 성공적으로 뽑을 확률은 3/51으로, 남은 카드가 51장이고 그 중 세 장의 카드가 첫 번째 카드와 같은 값을 갖기 때문이다. 비슷한 방법으로, 세 번째 카드를 성공적으로 뽑을 확률은 2/50가 된다. 즉, 전체 과정이 성공할 확률은 다음과 같다.

$$1 \cdot \frac{3}{51} \cdot \frac{2}{50} = \frac{1}{425}$$

11.4.1 사건 다루기

사건을 나타내는 편리한 방법은 집합을 이용하는 것이다. 예를 들어 주사위를 던질 때 나올 수 있는 결과는 {1, 2, 3, 4, 5, 6}이고, 이 집합의 모든 부분집합은 사건이 된다. '결과가 짝수'라는 사건은 집합 {2, 4, 6}에 대응된다.

각각의 결과 x에 대해 확률 $p(x)$가 정의되고, 사건 X의 확률 $P(X)$는 다음 공식으로 계산할 수 있다.

$$P(X) = \sum_{x \in X} p(x)$$

예를 들어 주사위를 던질 때 각각의 결과 x에 대해 $p(x) = 1/6$이므로 '결과가 짝수'라는 사건의 확률은 다음과 같다.

$$p(2) + p(4) + p(6) = 1/2$$

사건을 집합으로 나타낼 수 있기 때문에, 집합 연산을 이용해 사건을 다룰 수 있다.[4]

- **여사건**(complement): $\bar{A}$는 'A가 발생하지 않음'을 의미한다. 예를 들어 주사위를

---

4 (옮긴이) 원문에서는 이후에 나올 내용에 대해 확률론과 집합론에서 중의적으로 사용되는 용어를 썼으나, 우리말로는 두 경우의 용어가 확연히 다를 때가 많다. 여기서는 확률론의 용어를 사용하고 원문에서 사용된 영문 표현을 병기하였다.

던질 때 $A = \{2, 4, 6\}$의 여사건은 $\overline{A} = \{1, 3, 5\}$이다.

- **합사건**(union): $A \cup B$는 'A 또는 B가 발생함'을 의미한다. 예를 들어 $A = \{2, 5\}$와 $B = \{4, 5, 6\}$의 합사건은 $A \cup B = \{2, 4, 5, 6\}$이다.
- **곱사건**(intersection): $A \cap B$는 'A와 B가 발생함'을 의미한다. 예를 들어 $A = \{2, 5\}$와 $B = \{4, 5, 6\}$의 곱사건은 $A \cap B = \{5\}$이다.

여사건

$\overline{A}$의 확률은 다음과 같이 구한다.

$$P(\overline{A}) = 1 - P(A)$$

문제를 풀 때, 반대 문제를 풂으로써 쉽게 답을 구할 수 있는 경우가 있다. 예를 들어 주사위를 열 번 던질 때 6이 한 번 이상 나올 확률은 다음과 같다.

$$1 - (5/6)^{10}$$

이때 5/6는 주사위를 던질 때 6이 아닌 값이 나올 확률이고, $(5/6)^{10}$은 주사위를 열 번 던질 때 6이 한 번도 나오지 않을 확률이다. 이 값을 1에서 빼면 원래 문제의 답이 된다.

합사건

$A \cup B$의 확률은 다음과 같이 구한다.

$$P(A \cup B) = P(A) + P(B) - P(A \cap B)$$

예를 들어 주사위를 던지는 경우에 대해 두 사건 A = '결과가 짝수'와 B = '결과가 4보다 작음'을 생각해 보자. 이때 $A \cup B$는 '결과가 짝수이거나 4보다 작음'이 되며, 확률은 다음과 같다.

$$\text{P}(A \cup B) = P(A) + P(B) - P(A \cap B) = 1/2 + 1/2 - 1/6 = 5/6$$

이때 A와 B가 **배반사건**(disjoint)인 경우, 즉 $A \cap B$가 공사건(empty)인 경우에는 $A \cup B$의 확률을 다음과 같이 간단하게 나타낼 수 있다.

$$P(A \cup B) = P(A) + P(B)$$

곱사건

$A \cap B$의 확률은 다음과 같이 구한다.

$$P(A \cap B) = P(A)P(B|A)$$

이때 $P(B|A)$는 **조건부 확률**(conditional probability)로, A가 일어난다는 것을 알 때 B가 발생할 확률을 나타낸다. 예를 들어 예제에 대해 $P(B|A) = 1/3$이 되는데, 결과가 {2, 4, 6} 중 하나일 때 결과가 4보다 작은 경우는 한 가지이기 때문이다. 즉, 확률은 다음과 같다.

$$P(A \cap B) = P(A)P(B|A) = 1/2 \cdot 1/3 = 1/6$$

다음 식이 성립할 때, 두 사건 A와 B가 **독립**(independent)이라고 한다.

$$P(A|B) = P(A) \text{이고 } P(B|A) = P(B)$$

이는 B가 일어난다는 사실이 A의 확률을 바꾸지 않으며, 반대의 경우도 마찬가지임을 의미한다. 이 경우 곱사건의 확률은 다음과 같다.

$$P(A \cap B) = P(A)P(B)$$

11.4.2 확률 변수

확률 변수(random variable)는 확률 과정(random process)에 의해 생성되는 값이다. 예를 들어 주사위 두 개를 던질 때 다음과 같이 확률 변수를 정의할 수 있다.

$$X = \text{'두 결과의 합'}$$

만약 주사위를 던진 결과가 [4, 6]이라면(첫 번째 주사위의 결과가 4이고 두 번째 주사위의 결과가 6일 때) X의 값은 10이 된다.

확률 변수 X의 값이 x일 확률을 $P(X=x)$로 나타낸다. 예를 들어 주사위 두 개를 던질 때 $P(X=10) = 3/36$인데, 전체 경우의 수는 36이고 합이 10인 경우는 [4, 6], [5, 5], [6, 4]의 세 가지 경우이기 때문이다.

기댓값

기댓값(expected value) $E[X]$는 확률 변수 X의 평균값을 나타낸다. 기댓값은 다음 식으로 계산할 수 있다.

$$\sum_x P(X=x)x$$

여기에서 x는 X의 모든 가능한 경우를 살펴본다는 의미이다.

예를 들어 주사위를 던질 때의 기댓값은 다음과 같다.

$$1/6 \cdot 1 + 1/6 \cdot 2 + 1/6 \cdot 3 + 1/6 \cdot 4 + 1/6 \cdot 5 + 1/6 \cdot 6 = 7/2$$

기댓값의 유용한 성질 중 하나는 **선형성**(linearity)이다. 즉, 합의 기댓값 $E[X_1 + X_2 + \cdots + X_n]$은 항상 기댓값의 합 $E[X_1] + E[X_2] + \cdots + E[X_n]$과 같다. 이 성질은 확률 변수가 독립이 아닐 경우에도 성립한다. 예를 들어 주사위 두 개를 던질 때 기댓값의 합은 다음과 같다.

$$E[X_1 + X_2] = E[X_1] + E[X_2] = 7/2 + 7/2 = 7$$

공 n개를 상자 n개에 넣을 때, 빈 상자 개수의 기댓값을 구하는 문제를 생각해 보자. 각각의 공이 상자에 들어갈 확률은 모두 같다.

예를 들어 그림 11.17에 $n=2$일 때 가능한 경우가 나와 있다. 이 경우 빈 상자 개수의 기댓값은 다음과 같다.

$$\frac{0+0+1+1}{4} = \frac{1}{2}$$

일반적으로 특정한 상자가 비어있을 확률은 다음과 같다.

$$\left(\frac{n-1}{n}\right)^n$$

모든 공이 이 상자가 아닌 다른 상자에 들어가야 하기 때문이다. 따라서 선형성을 이용하여 빈 상자 개수의 기댓값을 다음과 같이 구할 수 있다.

$$n \cdot \left(\frac{n-1}{n}\right)^n$$

그림 11.17 공 두 개를 상자 두 개에 넣는 방법

확률 분포

확률 변수 X의 **분포**(distribution)는 X가 가질 수 있는 각 값에 대한 확률을 나타낸 것이다. 확률 분포는 $P(X=x)$의 값으로 구성된다. 예를 들어 주사위 두 개를 던질 때 합의 분포는 다음과 같다.

x	2	3	4	5	6	7	8	9	10	11	12
$P(X=x)$	1/36	2/36	3/36	4/36	5/36	6/36	5/36	4/36	3/36	2/36	1/36

균등분포(uniform distribution)의 경우, 확률 변수 X가 가질 수 있는 값은 a, $a+1$, ..., b의 n개이고, 각각의 확률은 모두 $1/n$이다. 주사위를 던지는 경우를 예로 들면, $a=1$, $b=6$이고 각각의 x에 대한 $P(X=x)=1/6$이다.

X가 균등분포를 따를 때, 그 기댓값은 다음과 같다.

$$E[X] = \frac{a+b}{2}$$

이항 분포(binomial distribution)는 한 번 시도하여 성공할 확률이 p인 시행을 n번 시도하는 경우에 발생한다. 확률 변수 X는 성공한 시행 횟수를 나타내며, x에 대한 확률은 다음과 같이 구할 수 있다.

$$P(X=x) = p^x(1-p)^{n-x}\binom{n}{x}$$

이때 p^x과 $(1-p)^{n-x}$은 각각 성공한 시도와 실패한 시도에 대응되며, $\binom{n}{x}$는 서로 다른 순서로 시도하는 경우의 수이다.

예를 들어 주사위를 열 번 던질 때 6이 정확히 세 번 나올 확률은 $(1/6)^3(5/6)^7\binom{10}{3}$이다.

X가 이항 분포를 따를 때, 그 기댓값은 다음과 같다.

$$E[X] = pn$$

기하 분포(geometric distribution)는 한 번 시도하여 성공할 확률이 p인 시행을, 성공할 때까지 계속 시도하는 경우에 발생한다. 확률 변수 X는 성공할 때까지 시도한 횟수를 나타내며, x에 대한 확률은 다음과 같이 구할 수 있다.

$$P(X=x) = (1-p)^{x-1}\,p$$

이때 $(1-p)^{x-1}$은 실패한 시도에 대응되며, p는 첫 번째로 성공한 시도에 대응된다.

예를 들어 6이 나올 때까지 주사위를 던질 때, 시도한 횟수가 정확히 네 번일 확률은 $(5/6)^3 1/6$이다.

X가 기하 분포를 따를 때, 그 기댓값은 다음과 같다.

$$E[X] = \frac{1}{p}$$

11.4.3 마르코프 체인

마르코프 체인(Markov chain)은 여러 상태와 각 상태 간을 이동하는 전이 과정으로 구성된 확률 과정이다. 각 단계에 대해 다른 단계로 이동할 확률이 주어진다. 마르코프 체인은 노드가 상태에 대응되고 간선이 전이 과정에 대응되는 그래프로 나타낼 수 있다.

예를 들어 n층 빌딩을 오르내리는 문제를 생각해 보자. 처음에는 1층에 있으며 단계마다 확률적으로 한 층 위로 올라가거나 한 층 내려가는 과정을 반복한다. 단, 1층에서는 항상 한 층 위로 올라가며 n층에서는 항상 한 층 아래로 내려간다. 이 과정을 k번 반복했을 때 m층에 있을 확률은 어떻게 될까?

이 문제에서 빌딩의 각 층은 마르코프 체인의 상태에 대응된다. 예를 들어 그림 11.18에 $n=5$일 때의 마르코프 체인이 나와 있다.

마르코프 체인의 확률 분포는 벡터 $[p_1, p_2, ..., p_n]$이며, p_k는 현재 상태가 k일 확률을 의미한다. 이때 항상 $p_1 + p_2 + \cdots + p_n = 1$이 성립한다.

이 문제에서 초기 분포는 $[1, 0, 0, 0, 0]$이 되는데, 처음에는 항상 1층에 있기 때문이다. 다음 단계에서는 분포가 $[0, 1, 0, 0, 0]$이 되는데, 1층에서는 2층으로 올라가는 경우만 가능하기 때문이다. 그 다음에는 한 층 위로 올라가거나 한 층 아래로 내려갈 수 있으므로, 그 분포는 $[1/2, 0, 1/2, 0, 0]$이 된다.

마르코프 체인의 과정을 재현하는 효율적인 방법은 동적 계획법을 이용하는 것이다. 확률 분포를 관리하면서, 단계마다 다음 단계로 이동하는 모든 가능성을 다 계산

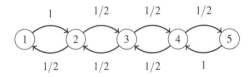

그림 11.18 5층 빌딩에 대한 마르코프 체인

하는 것이다. 이 방법을 이용하여 m단계를 처리하는 과정은 $O(n^2 m)$ 시간이 걸린다.

마르코프 체인의 전이 과정은 확률 분포를 계산하는 행렬로 계산할 수도 있다. 이 문제에서 행렬은 다음과 같다.

$$\begin{bmatrix} 0 & 1/2 & 0 & 0 & 0 \\ 1 & 0 & 1/2 & 0 & 0 \\ 0 & 1/2 & 0 & 1/2 & 0 \\ 0 & 0 & 1/2 & 0 & 1 \\ 0 & 0 & 0 & 1/2 & 0 \end{bmatrix}$$

확률 분포에 이 행렬을 곱하면 다음 단계의 확률 분포를 구할 수 있다. 예를 들어 현재 분포가 [1, 0, 0, 0, 0]일 때 다음 단계의 분포 [0, 1, 0, 0, 0]을 다음과 같이 구할 수 있다.

$$\begin{bmatrix} 0 & 1/2 & 0 & 0 & 0 \\ 1 & 0 & 1/2 & 0 & 0 \\ 0 & 1/2 & 0 & 1/2 & 0 \\ 0 & 0 & 1/2 & 0 & 1 \\ 0 & 0 & 0 & 1/2 & 0 \end{bmatrix} \begin{bmatrix} 1 \\ 0 \\ 0 \\ 0 \\ 0 \end{bmatrix} = \begin{bmatrix} 0 \\ 1 \\ 0 \\ 0 \\ 0 \end{bmatrix}$$

행렬 거듭제곱을 효율적으로 계산함으로써 m단계 이후의 분포를 $O(n^3 \log m)$ 시간에 계산할 수도 있다.

11.4.4 무작위 알고리즘

무작위성(randomness)을 이용하여 문제를 풀 수 있는 경우가 있다. 이때 문제가 꼭 확률과 관련된 문제일 필요는 없다. **무작위 알고리즘**(randomized algorithm)은 무작위성에 기반을 둔 알고리즘이다. 무작위 알고리즘에는 크게 두 가지 종류가 있다.

- **몬테카를로 알고리즘**(Monte Carlo algorithm)은 답이 틀리는 경우도 존재하는 알고리즘이다. 이러한 알고리즘이 유용하게 사용되려면 답이 틀릴 확률이 낮아야 한다.
- **라스베이거스 알고리즘**(Las Vegas algorithm)은 항상 정답을 내는 알고리즘이지만, 답을 구하는 데 걸리는 시간이 실행할 때마다 달라진다. 이때는 효율적일 확률이 높은 알고리즘을 설계하는 것이 목표가 된다.

이제 이러한 알고리즘을 이용하여 풀 수 있는 예제 문제 세 가지를 살펴볼 것이다.

순서 통계량

배열의 k번째 **순서 통계량**(order statistic)은 배열을 오름차순으로 정렬했을 때 위치 k에 있는 원소이다. 임의의 순서 통계량을 $O(n \log n)$ 시간에 구하는 방법은 간단한데, 일단 배열을 정렬하고 보면 되기 때문이다. 하지만 원소 하나를 찾기 위해 전체 배열을 정렬하는 과정이 꼭 필요할까?

라스베이거스 알고리즘을 이용하여 $O(n)$의 기대 시간에 순서 통계량을 구할 수 있음이 알려져 있다. 배열에서 임의의 원소 x를 선택한 뒤, x보다 작은 원소는 배열의 왼쪽으로, 나머지 원소는 배열의 오른쪽으로 옮긴다. 원소의 개수가 n일 때, 이 과정에는 $O(n)$ 시간이 걸린다.

왼쪽 부분의 원소 개수를 a로, 오른쪽 부분의 원소 개수를 b로 나타내자. $a=k$이면 x가 k번째 순서 통계량이 된다. 그렇지 않은 경우, $a>k$이면 왼쪽 부분에서 재귀적으로 k번째 순서 통계량을 찾고, $a<k$이면 오른쪽 부분에서 r번째 순서 통계량을 찾는다. 이때 $r=k-a-1$이다. 이 탐색 과정은 조건을 만족하는 원소를 찾을 때까지 계속된다.

원소 x를 무작위로 선택한다면 배열의 크기는 단계마다 대략 절반으로 줄어들며, k번째 순서 통계량을 구하는 과정의 시간 복잡도는 대략 다음과 같다.

$$n + n/2 + n/4 + n/8 + \cdots = O(n)$$

이 알고리즘은 최악의 경우에 $O(n^2)$ 시간이 걸림에 유의하라. x가 선택될 때 항상 최소 혹은 최대의 원소가 선택되어 $O(n)$번의 단계가 필요한 경우도 가능하기 때문이다. 하지만 그러한 일이 발생할 확률은 매우 낮으며, 사실상 일어나지 않는 일이라고 간주해도 된다.

행렬곱 검증하기

크기가 $n \times n$인 세 행렬 A, B, C가 있을 때 $AB=C$가 성립하는지를 검증하는 문제를 생각해 보자. 물론, 행렬곱 AB를 $O(n^3)$ 시간에 직접 계산하는 식으로도 문제를 풀 수 있을 것이다. 그러나 전체 계산 과정을 진행하는 것보다 더 쉬운 방법으로 결과를 검증하는 방법이 있지는 않은지를 생각해 볼 수도 있을 것이다.

이 문제를 시간 복잡도가 $O(n^2)$인 몬테카를로 알고리즘을 이용하여 풀 수 있음이 알려져 있다. 아이디어는 다음과 같다. 원소 n개로 이루어진 임의의 벡터 X를 고른 뒤 ABX와 CX를 계산한다. $ABX=CX$이면 $AB=C$로, 그렇지 않은 경우 $AB \neq C$로 판단한다.

이 알고리즘의 시간 복잡도는 $O(n^2)$이다. ABX와 CX를 계산하는 데 각각 $O(n^2)$ 시간이 걸리기 때문이다. ABX를 효율적으로 계산하기 위해서는 $A(BX)$의 순서로 계산하며, 이 경우 $n \times n$ 크기의 행렬과 $n \times 1$ 크기의 행렬을 곱하는 과정을 두 번 진행하면 된다.

이 알고리즘의 단점은 $AB = C$로 판단한 결과가 올바르지 않을 가능성이 있다는 점이다. 예를 들어 다음 두 행렬은 다르지만

$$\begin{bmatrix} 6 & 8 \\ 1 & 3 \end{bmatrix} \neq \begin{bmatrix} 8 & 7 \\ 3 & 2 \end{bmatrix}$$

다음 식이 성립한다.

$$\begin{bmatrix} 6 & 8 \\ 1 & 3 \end{bmatrix} \begin{bmatrix} 3 \\ 6 \end{bmatrix} = \begin{bmatrix} 8 & 7 \\ 3 & 2 \end{bmatrix} \begin{bmatrix} 3 \\ 6 \end{bmatrix}$$

하지만 이러한 실수가 발생할 확률은 낮으며, 여러 개의 벡터 X에 대해 검증한 뒤에 $AB = C$로 판단한다면 그럴 확률을 더 낮출 수 있다.

그래프 색칠하기

노드가 n개이고 간선이 m개인 그래프가 있을 때, 모든 노드를 두 가지 색깔 중 하나로 색칠하되 간선에 연결된 두 노드의 색깔이 서로 다른 경우가 최소 $m/2$개 이상이 되도록 하는 문제를 생각해 보자. 예를 들어 그림 11.19에 이러한 규칙에 맞게 그래프를 색칠하는 방법이 나와 있다. 이때 간선은 일곱 개이고, 그 중 두 노드의 색깔이 서로 다른 간선은 다섯 개이다.

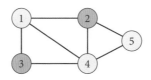

그림 11.19 규칙에 맞게 그래프를 색칠하는 방법

이 문제는 규칙에 맞는 색칠 방법을 찾을 때까지 무작위로 색칠하는 과정을 반복하는 라스베이거스 알고리즘을 이용하여 풀 수 있다. 색깔을 무작위로 칠했을 때, 각 노드의 색깔이 독립적으로 선택되므로 두 노드의 색깔이 다를 확률은 1/2이다. 즉, 두 노드의 색깔이 서로 다른 간선 개수의 기댓값은 $m/2$이 된다. 이 값에 의하면 임의

의 색칠 방법이 규칙을 만족한다고 기대할 수 있으므로, 실제로도 규칙에 맞는 색칠 방법을 빠르게 찾을 수 있을 것이다.

11.5 게임 이론

이 절에서는 두 플레이어가 번갈아 가며 게임을 진행하고, 플레이어가 택할 수 있는 움직임이 둘 중 어느 플레이어의 차례인지와 상관없이 사전에 동일하게 정해져 있으며, 무작위적인 요소가 없는 게임을 살펴볼 것이다. 상대방이 어떤 움직임을 택하더라도 항상 이길 수 있는 전략이 있는 경우, 그러한 전략을 찾는 것이 목표이다.

이러한 종류의 게임에 대해 일반적인 전략이 존재하며, **님 이론**(nim theory)을 이용하여 게임을 분석할 수 있음이 알려져 있다. 먼저 막대기 더미에서 막대기를 제거하는 간단한 게임을 분석해 보고, 그 다음에는 전략을 일반화하여 다른 게임에 적용할 수 있는 방법을 살펴볼 것이다.

11.5.1 게임 상태

막대기 n개로 이루어진 더미로 진행하는 게임을 생각해 보자. 두 플레이어가 번갈아가며 진행하며, 각 플레이어는 한 개 이상 세 개 이하의 막대기를 더미에서 제거해야한다. 마지막 막대기를 제거하는 사람이 승리한다.

예를 들어 $n = 10$일 때, 다음과 같은 식으로 게임을 진행할 수 있을 것이다.

- 플레이어 A가 막대기를 두 개 제거한다(여덟 개 남음).
- 플레이어 B가 막대기를 세 개 제거한다(다섯 개 남음).
- 플레이어 A가 막대기를 한 개 제거한다(네 개 남음).
- 플레이어 B가 막대기를 두 개 제거한다(두 개 남음).
- 플레이어 A가 막대기를 두 개 제거하고 승리한다.

게임의 상태는 $0, 1, 2, \ldots, n$으로 나타낼 수 있으며, 이는 남은 막대기의 개수에 대응된다.

승리 상태(winning state)는 최적의 방법으로 게임을 진행할 경우에 승리할 수 있는 상태를 말하며, **패배 상태**(losing state)는 상대방이 최적의 방법으로 게임을 진행한다면 패배하게 되는 상태를 말한다. 게임의 모든 상태를 승리 상태 혹은 패배 상태로 분류할 수 있음이 알려져 있다.

이 게임의 경우, 상태 0은 더 진행할 수 있는 방법이 없으므로 명백히 패배 상태이다. 상태 1, 2, 3은 남은 막대기를 모두 제거하여 승리할 수 있는 상태이므로 승리 상태이다. 상태 4는 어떤 움직임을 택하더라도 상대방의 승리 상태가 되기 때문에 패배 상태가 된다.

이를 일반화하면, 현재 상태에서 패배 상태로 진행할 수 있는 움직임이 있을 경우 승리 상태가 되며, 그렇지 않은 경우 패배 상태가 된다. 이 성질을 이용하면 움직임이 없는 패배 상태부터 시작하여 게임의 모든 상태를 분류할 수 있다. 그림 11.20에 상태 0 ... 15의 분류 결과가 나와 있다. 이때 W는 승리 상태를 의미하며 L은 패배 상태를 의미한다.

0	1	2	3	4	5	6	7	8	9	10	11	12	13	14	15
L	W	W	W	L	W	W	W	L	W	W	W	L	W	W	W

그림 11.20 막대기 게임에서 상태 0 ... 15의 분류

이 게임은 쉽게 분석할 수 있다. k가 4로 나누어떨어지면 k는 패배 상태이고, 그렇지 않다면 승리 상태가 된다. 게임을 진행하는 최적의 방법은 더미에 있는 막대기의 개수가 항상 4의 배수가 되도록 막대기를 가져가는 방법이다. 그렇게 하면 최종적으로 막대기가 하나도 남지 않으므로 상대방이 패배하게 된다. 물론, 이 방법에는 현재 남아있는 막대기의 개수가 4의 배수가 아니어야 한다는 조건이 필요하다. 4의 배수라면 어떤 방법을 택하더라도 상대방이 최적의 방법으로 플레이하면 항상 승리를 가져가게 될 것이다.

이제 또 다른 막대기 게임을 생각해 보자. 각 상태 k에 대해, 제거할 수 있는 막대기의 개수 x는 k보다 작으며, k가 x로 나누어떨어진다는 조건을 만족해야 한다. 예를 들어 상태 8일 때 제거할 수 있는 막대기의 개수는 1, 2, 4개이고, 상태 7일 때 제거할 수 있는 막대기의 개수는 한 개만 가능하다. 그림 11.21에 이 게임의 상태 1 ... 9에 대한 **상태 그래프**(state graph)가 나와 있다. 여기에서 노드는 상태이고 간선은 상태 간 움직임을 나타낸다.

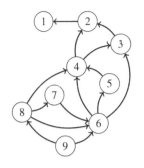

그림 11.21 나누기 게임의 상태 그래프

이 게임의 마지막 상태는 상태 1로, 규칙에 맞게 더 진행하는 방법이 존재하지 않으므로 패배 상태가 된다. 그림 11.22에 상태 1 … 9에 대한 분류가 나와 있다. 이 게임에서 모든 짝수 상태는 승리 상태이고 모든 홀수 상태는 패배 상태임이 알려져 있다.

1	2	3	4	5	6	7	8	9
L	W	L	W	L	W	L	W	L

그림 11.22 나누기 게임에서 상태 1 … 9의 분류

11.5.2 님 게임

님 게임(nim game)은 게임 이론에서 중요한 역할을 차지하는 간단한 게임으로, 이 게임의 전략을 다른 많은 게임에 적용할 수 있다. 먼저 님 게임을 살펴본 다음, 전략을 일반화하여 다른 게임에 적용해 볼 것이다.

님 게임에서는 더미가 n개 존재하며, 각각의 더미에는 막대기가 여러 개 있다. 플레이어는 번갈아가며 게임을 진행하고, 단계마다 현재 막대기가 남아있는 더미를 하나 고른 뒤 그 더미에서 임의의 개수의 막대기를 제거한다. 마지막 막대기를 제거하는 사람이 승리한다.

님 게임의 상태는 $[x_1, x_2, …, x_n]$의 형태로 되어 있으며, 여기에서 x_i는 i번째 더미에 있는 막대기의 개수를 나타낸다. 예를 들어 [10, 12, 5]는 세 개의 더미에 막대기가 각각 10, 12, 5개 있는 상태이다. [0, 0, …, 0]은 더는 제거할 수 있는 막대기가 없기 때문에 패배 상태가 되며, 이는 항상 최종 상태가 된다.

분석

님 게임의 상태를 **님 합**(nim sum) $s = x_1 \oplus x_2 \oplus \cdots \oplus x_n$을 계산함으로써 분류할 수 있음이 알려져 있다. 여기에서 $\oplus$는 XOR 연산을 나타낸다. 님 합이 0인 경우는 패배

상태이며, 나머지 경우는 모두 승리 상태이다. 예를 들어 [10, 12, 5]의 님 합은 10 ⊕ 12 ⊕ 5 = 3이므로 승리 상태이다.

그렇다면 님 합과 님 게임 사이에는 어떤 관련이 있을까? 이는 님 상태가 변경될 때 님 합이 어떻게 바뀌는지를 살펴봄으로써 설명할 수 있다.

패배 상태: 최종 상태 [0, 0, ..., 0]은 패배 상태이고, 이때 님 합은 예상대로 0이 된다. 다른 패배 상태의 경우, 어떤 움직임을 택하더라도 승리 상태로 바뀌게 되는데, 값 x_i가 변경되면 님 합도 변경되어 0이 아닌 값이 되기 때문이다.

승리 상태: $x_i \oplus s < x_i$를 만족하는 더미 i가 존재한다면 패배 상태로 이동할 수 있다. 이 더미에서 막대기를 제거하여 남은 막대기의 개수가 $x_i \oplus s$가 되도록 하면 패배 상태가 된다. 그러한 더미가 항상 존재하며, 이때 x_i는 s의 가장 왼쪽 비트 1의 위치에 대응되는 비트가 1이다.

예제

예를 들어 상태 [10, 12, 5]를 생각해 보자. 이 상태는 승리 상태인데, 이는 님 합이 3이 되기 때문이다. 즉, 패배 상태로 이동하는 방법이 존재한다. 이제 그러한 방법을 찾아볼 것이다.

이 상태의 님 합은 다음과 같다.

$$
\begin{array}{r|l}
10 & 1010 \\
12 & 1100 \\
5 & 0101 \\
\hline
3 & 0011
\end{array}
$$

이 경우를 보면, 막대기가 10개인 더미가 님 합의 가장 왼쪽 비트 1의 위치에 대응되는 비트가 1인 유일한 더미이다.

$$
\begin{array}{r|l}
10 & 10\underline{1}0 \\
12 & 1100 \\
5 & 0101 \\
\hline
3 & 00\underline{1}1
\end{array}
$$

이 더미의 새로운 크기는 10 ⊕ 3 = 9가 되어야 하므로 막대기 하나를 제거한다. 그러면 상태는 [9, 12, 5]가 되고, 이는 패배 상태이다.

$$
\begin{array}{r|l}
9 & 1001 \\
12 & 1100 \\
5 & 0101 \\
\hline
0 & 0000
\end{array}
$$

미제르 게임

미제르 님 게임(misère nim game)에서는 게임의 목표가 반대가 되며, 즉 마지막 막대기를 가져가면 패배하게 된다. 미제르 님 게임도 일반적인 님 게임과 거의 같은 방법으로 플레이하는 것이 최적임이 알려져 있다.

아이디어는 기존 게임처럼 미제르 게임을 플레이하되, 마지막에 전략을 바꾸는 것이다. 새로운 전략은 다음 움직임 후에 모든 더미에 최대 한 개의 막대기만 남게 되는 상황에 적용된다. 기존 게임에서는 막대기가 한 개 남은 더미의 개수가 짝수가 되도록 움직임을 택해야 한다. 하지만 미제르 게임에서는 막대기가 한 개 남은 더미의 개수가 홀수가 되도록 움직임을 택한다.

이 전략이 성립하는 이유는 게임을 진행하다 보면 전략을 바꾸게 되는 상태가 항상 나타나고, 이때 막대기가 한 개보다 많은 더미는 정확히 하나 존재하므로 님 합이 0이 아니어서 승리 상태가 되기 때문이다.

11.5.3 스프라그-그룬디 정리

스프라그-그룬디 정리(Sprague-Grundy theorem)는 님 게임에 사용되는 전략을 일반화한 정리로, 다음 조건을 만족하는 게임에 적용할 수 있다.

- 두 플레이어가 번갈아가며 게임을 진행한다.
- 게임은 여러 상태로 구성되어 있으며, 상태 간 이동하는 방법은 누구의 차례인지와 무관하다.
- 움직임이 불가능할 경우 게임을 종료한다.
- 끝나지 않는 게임은 없다.
- 플레이어는 게임의 상태와 가능한 움직임에 대한 모든 정보를 가지고 있으며, 게임에는 무작위적인 요소가 없다.

그룬디 수

각 게임 상태에 대해 **그룬디 수**(Grundy number)를 계산하는데, 이는 앞에서 살펴본 님 게임에서의 막대기 개수에 대응된다. 모든 상태에 대한 그룬디 수를 알고 있다면 님 게임처럼 플레이할 수 있게 된다.

게임 상태에 대한 그룬디 수는 다음 공식을 이용하여 계산한다.

$$mex(\{g_1, g_2, ..., g_n\})$$

여기에서 $g_1, g_2, ..., g_n$은 현재 상태에서 이동할 수 있는 상태의 그룬디 수이며, mex 함수는 집합에 속하지 않은 가장 작은 0 이상의 정수를 구하는 함수이다. 예를 들어 $mex(\{0, 1, 3\}) = 2$이다. 가능한 움직임이 없을 경우의 그룬디 수는 0이 되는데, $mex(\emptyset) = 0$이기 때문이다.

예를 들어 그림 11.23에 게임의 상태 그래프와 각 상태에 대한 그룬디 수가 나와 있다. 패배 상태의 그룬디 수는 0이고 승리 상태의 그룬디 수는 양의 정수이다.

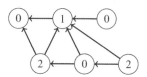

그림 11.23 게임 상태의 그룬디 수

그룬디 수가 x인 상태를 생각해 보자. 이는 님 게임에서 막대기가 x개인 상태에 대응된다고 생각할 수 있다. 특히 $x > 0$이면 그룬디 수가 0, 1, ..., $x-1$인 상태로 이동할 수 있는데, 이는 더미에서 막대기를 제거하는 것에 대응된다. 한 가지 차이점은 그룬디 수가 x보다 큰 상태로 움직이는 것이 가능한 경우가 있다는 점인데, 이는 더미에 막대기를 '더하는' 것과 같다고 볼 수 있다. 하지만, 상대방이 그 움직임을 번복하는 것이 가능하기 때문에 이로 인해 전략이 변경되지는 않는다.

예를 들어 미로에서 말을 움직이는 경우를 생각해 보자. 미로의 각 칸은 이동할 수 있는 칸이거나 벽이다. 플레이어는 자신의 차례가 되면 말을 왼쪽, 혹은 위쪽으로 원하는 만큼 움직인다. 마지막으로 말을 움직이는 플레이어가 승리한다. 그림 11.24에 게임의 초기 상태의 예가 나와 있으며, @는 말을 나타내고, *는 움직일 수 있는 칸을 나타낸다. 이 게임에서는 모든 움직일 수 있는 칸이 상태가 된다. 그림 11.25에 예제에 대한 상태별 그룬디 수가 나와 있다.

스프라그-그룬디 정리를 적용하면 미로 게임의 각 상태가 님 게임의 더미에 대응된다. 예를 들어 오른쪽 아래 모퉁이 칸의 그룬디 수는 2이므로 승리 상태이다. 여기에서 왼쪽으로 네 칸 가거나 위로 두 칸 가면 패배 상태로 이동할 수 있고, 게임에 승리하게 된다.

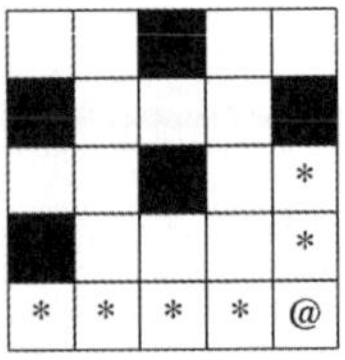

그림 11.24 첫 번째 차례에 이동할 수 있는 칸

0	1		0	1
	0	1	2	
0	2		1	0
	3	0	4	1
0	4	1	3	2

그림 11.25 게임 상태의 그룬디 수

부분 게임

게임이 여러 개의 부분 게임으로 구성되어 있고, 플레이어의 차례가 되면 먼저 부분 게임 중 하나를 선택하여 그 부분 게임 내에서 이동하는 방식으로 게임이 진행된다고 가정해 보자. 이동할 수 있는 부분 게임이 없다면 게임이 종료된다. 이 경우, 게임의 그룬디 수는 부분 게임에 대한 그룬디 수의 님 합과 같다. 따라서 모든 부분 게임의 그룬디 수와 그 님 합을 계산함으로써 님 게임과 유사하게 플레이할 수 있다.

예를 들어 미로 세 개로 구성된 게임을 생각해 보자. 차례가 되면 플레이어는 미로를 하나 선택하고 말을 옮긴다. 그림 11.26에 게임의 초기 상태가 나와 있고, 그림 11.27에 그룬디 수가 나와 있다. 이 예제에서 그룬디 수의 님 합은 $2 \oplus 3 \oplus 3 = 2$이므로 첫 번째 플레이어가 게임에서 승리할 수 있다. 승리하는 한 가지 방법은 첫 번째 미로의 말을 두 칸 위로 옮기는 것으로, 이때 님 합은 $0 \oplus 3 \oplus 3 = 0$이 된다.

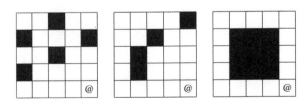

그림 11.26 부분 게임 세 개로 구성된 게임

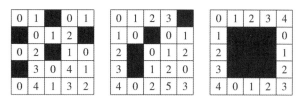

그림 11.27 부분 게임의 그룬디 수

그룬디 게임

게임에서 특정한 움직임을 택함으로써 서로 영향을 주지 않는 여러 부분 게임으로 나누어질 때가 있을 수 있다. 이 경우 게임 상태의 그룬디 수는 다음과 같다.

$$\text{mex}(\{g_1, g_2, \ldots, g_n\})$$

이때 n은 가능한 움직임의 수를 의미하고, g_k는 다음과 같이 정의된다.

$$g_k = a_{k,1} \oplus a_{k,2} \oplus \cdots \oplus a_{k,m}$$

즉, 이는 움직임 k로 인해 부분 게임 m개로 나뉘고 각각의 그룬디 수가 $a_{k,1}, a_{k,2}, \ldots, a_{k,m}$이 됨을 의미한다.

그러한 게임의 예로는 **그룬디 게임**(Grundy's game)이 있다. 처음에는 막대기 n개로 구성된 더미 하나가 있다. 차례가 되면 플레이어는 막대기 더미를 고른 뒤 두 개의 더미로 나누는데, 이때 두 더미의 막대기 수가 달라야 한다. 마지막으로 더미를 나누는 사람이 승리한다.

크기가 n인 더미의 그룬디 수를 $g(n)$으로 나타내자. 그룬디 수는 더미를 두 개로 나누는 모든 경우를 살펴봄으로써 계산할 수 있다. 예를 들어 $n=8$이면 가능한 경우는 $1+7, 2+6, 3+5$이므로 다음 식을 이용하여 그룬디 수를 구할 수 있다.

$$g(8) = \text{mex}(\{g(1) \oplus g(7), g(2) \oplus g(6), g(3) \oplus g(5)\})$$

이 게임에서 $g(n)$의 값은 $g(1), \ldots, g(n-1)$의 값에 의해 결정된다. 기저 조건은 $g(1) = g(2) = 0$으로, 막대기의 개수가 한 개이거나 두 개이면 규칙에 맞게 더미를 둘로 나눌 수 없기 때문이다. 처음 몇 개의 그룬디 수는 다음과 같다.

$$g(1) = 0$$
$$g(2) = 0$$
$$g(3) = 1$$

$$g(4) = 0$$
$$g(5) = 2$$
$$g(6) = 1$$
$$g(7) = 0$$
$$g(8) = 2$$

$n=8$일 때의 그룬디 수는 2이므로 게임에서 승리할 수 있다. 승리하기 위해서는 더 미를 1+7로 나누면 되는데, 그러면 $g(1) \oplus g(7) = 0$이 되기 때문이다.

11.6 푸리에 변환

두 다항식 $f(x)$와 $g(x)$가 주어졌을 때 두 식의 곱 $f(x)g(x)$를 효율적으로 계산하는 방법을 생각해 보자. 예를 들어 $f(x)=2x+3$이고 $g(x)=5x+1$일 때 우리가 구하려는 결과는 $f(x)g(x)=10x^2+17x+3$이다. 곱을 계산하는 쉬운 방법 중 하나는 다음과 같이 $f(x)$와 $g(x)$의 항 각각을 하나씩 살펴보면서 곱을 구한 뒤 합하는 것이다.

$$f(x)g(x) = 2x \cdot 5x + 2x \cdot 1 + 3 \cdot 5x + 3 \cdot 1 = 10x^2 + 17x + 3$$

하지만 이 간단한 방법은 느리다. 다항식의 차수를 n이라고 할 때 $O(n^2)$ 시간이 걸린다. 다행히 고속 푸리에 변환(Fast Fourier Transform, FFT) 알고리즘을 이용하면 $O(n \log n)$의 더 빠른 시간에 곱을 계산할 수 있다. 알고리즘의 아이디어는 다항식을 특별한 점 표현으로 바꾸어 곱을 계산하기 쉽도록 하는 것이다.

11.6.1 다항식 다루기

다음의 다항식을 생각해 보자.

$$f(x) = c_0 + c_1 x + \cdots + c_{n-1}x^{n-1}$$

이 식의 차수는 $n-1$이다. 이러한 다항식을 표현하는 방법으로 다음의 두 가지를 들 수 있다.

• **계수 표현**(coefficient representation): 다음과 같은 배열로 다항식을 표현한다.

$$[c_0, c_1, \ldots, c_{n-1}]$$

이 배열의 원소는 다항식의 계수이다.

- **점 표현**(point-value representation): 다음과 같은 배열로 다항식을 표현한다.

$$[(x_0, f(x_0)), (x_1, f(x_1)), \ldots, (x_{n-1}, f(x_{n-1}))]$$

이는 다항식을 n개의 서로 다른 점으로 나타내는 방법이다. 이러한 표현이 가능한 이유는 다항식의 차수가 $n-1$이고 n개의 서로 다른 점에 대한 값을 알고 있을 때 다항식을 유일하게 정의할 수 있기 때문이다.

예를 들어 다항식 $f(x) = x^3 + 2x + 5$의 계수 표현은 [5, 2, 0, 1]이다. 점 표현으로 나타내기 위해서는 임의의 점 n개를 정하고 각각의 값을 계산하면 된다. 가능한 표현 중 하나는 [(0, 5), (1, 8), (2, 17), (3, 38)]로, 이는 $f(0) = 5, f(1) = 8, f(2) = 17, f(3) = 38$임을 의미한다.

두 가지 방법 모두 장점이 있다. 계수 표현을 사용하면 주어진 점에 대한 값을 쉽게 계산할 수 있다. 하지만 두 다항식 $f(x)$와 $g(x)$가 주어지고 곱 $f(x)g(x)$를 계산하려면 점 표현을 이용하는 것이 더 편리하다. 어떤 점 x_i에 대해 $f(x_i) = a_i$이고 $g(x_i) = b_i$임을 알고 있다면 $f(x_i)g(x_i) = a_ib_i$임을 쉽게 계산할 수 있다. 예를 들어 $f(1) = 5$이고 $g(1) = 6$이라면 $f(1)g(1) = 30$임을 바로 알 수 있다.

하지만 곱을 계산하는 경우를 제외하면 계수 표현을 사용하는 경우가 대부분이다. 이러한 이유로, 두 다항식 $f(x)$와 $g(x)$가 계수 표현으로 주어졌을 때 다음과 같이 곱을 계산할 수 있다.

1. $f(x)$와 $g(x)$에 대한 점 표현을 구한다.
2. 두 식의 곱 $f(x)g(x)$를 점 표현으로 계산한다.
3. $f(x)g(x)$의 계수 표현을 구한다.

$f(x)$와 $g(x)$의 차수가 $n-1$이라면 $f(x)g(x)$의 차수는 $2n-2$가 된다. 즉, 1단계에서 $2n-1$개의 점을 계산해야 3단계에서 다항식을 올바르게 찾을 수 있다.

2단계는 $O(n)$ 시간에 쉽게 할 수 있는데, 간단히 모든 점에 대해 곱을 계산하면 되기 때문이다. 1단계와 3단계는 더 어렵지만 FFT 알고리즘을 이용하여 $O(n \log n)$ 시간에 계산하는 방법을 앞으로 살펴볼 것이다. 아이디어는 점 표현을 구할 때 특별한 복소수 점에 대해 값을 계산하면 다른 표현으로 효율적으로 변환할 수 있다는 점이다.

11.6.2 FFT 알고리즘

다음의 다항식을 표현하는 벡터 $a = [c_0, c_1, \ldots, c_{n-1}]$를 생각해 보자.

$$f(x) = c_0 + c_1 x + \cdots + c_{n-1} x^{n-1}$$

a의 **푸리에 변환**(Fourier transform)은 다음과 같다.

$$t = [f(\omega_n^0), f(\omega_n^1), \ldots, f(\omega_n^{n-1})]$$

이때 ω_n은 다음과 같다.

$$\omega_n = e^{2\pi\, i/n} = \cos(2\pi/n) + \sin(2\pi/n)i$$

벡터 t는 다항식 $f(x)$의 점 표현으로 $\omega_n^0, \omega_n^1, \ldots, \omega_n^{n-1}$에 대해 계산한 결과에 대응된다. ω_n은 **기본 거듭제곱근**(principal root of unity)으로 부르며, $\omega_n^n = 1$을 만족하는 복소수이다. 예를 들어 그림 11.28에 ω_4와 ω_8, 그리고 이 수의 거듭제곱을 복소평면에 표현한 결과가 나와 있다.

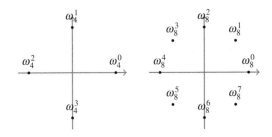

그림 11.28 복소평면에 나타낸 ω_4와 ω_8의 거듭제곱

고속 푸리에 변환(FFT) 알고리즘은 푸리에 변환을 $O(n \log n)$ 시간에 계산하는 알고리즘이다. 이 알고리즘에서는 ω_n의 성질을 활용하여 계산을 효율적으로 진행한다. 이제부터 n(입력 벡터 a의 길이)을 2의 거듭제곱으로 가정하자. 그렇지 않다면 알고리즘을 시작하기 전 벡터에 0을 추가하여 길이를 맞출 수 있다.

FFT 알고리즘의 아이디어는 벡터 $a = [c_0, c_1, \ldots, c_{n-1}]$를 두 벡터 $a_{EVEN} = [c_0, c_2, \ldots, c_{n-2}]$과 $a_{ODD} = [c_1, c_3, \ldots, c_{n-1}]$로 나누는 것이다. 이 벡터의 길이는 $n/2$이며 각각 다항식 $c_0 + c_2 x + c_4 x^2 + \cdots + c_{n-2} x^{n/2-1}$과 $c_1 + c_3 x + c_5 x^2 + \cdots + c_{n-1} x^{n/2-1}$을 나타낸다. 다음으로 a_{EVEN}과 a_{ODD}의 푸리에 변환 t_{EVEN}과 t_{ODD}를 재귀적으로 계산한다. 마지막으로 다음의 공식을 이용하여 a의 푸리에 변환을 계산한다.

$$t[k] = t_{EVEN}[k \bmod (n/2)] + t_{ODD}[k \bmod (n/2)]\omega_n^k$$

이 공식이 성립하는 이유는 $\omega_{n/2}^k = \omega_n^{2k}$이고 $\omega_n^k = \omega_n^{k \bmod n}$이기 때문이다(그림 11.28 참조). 길이가 n인 입력 벡터를 길이가 $n/2$인 벡터 두 개로 나누고 재귀적으로 처리하므로 알고리즘은 $O(n \log n)$ 시간에 동작한다.

FFT 알고리즘을 이용하여 푸리에 변환의 역, 즉 다항식이 점 표현으로 주어졌을 때 이를 계수 표현으로 변환할 수도 있다. 놀랍게도, 다음의 벡터에 대한 푸리에 변환을 계산할 때

$$t = [f(\omega_n^0), f(\omega_n^1), \ldots, f(\omega_n^{n-1})]$$

ω_n 대신 $1/\omega_n$을 사용하고 결괏값을 n으로 나눈다면 원래의 계수 벡터 a를 얻을 수 있다.

구현

FFT 알고리즘은 잘 구현하기 힘들다. 특히 벡터를 새로 만들고 이를 재귀적으로 처리하는 방식은 좋지 않은데, 이렇게 구현할 경우 실행 시간의 상수항이 크기 때문이다. 보통 이 알고리즘은 효율적인 푸리에 변환 계산을 위한 블랙 박스처럼 사용되며, 자세한 구현에 초점을 맞추는 경우는 드물다. 앞으로 나올 구현은 CLRS[7]에 나온 의사 코드를 바탕으로 한다. 코드가 어떻게 동작하는지를 정확히 알고 싶다면 이 책에서 자세한 정보를 찾을 수 있다.

먼저 다음과 같이 double 자료형을 사용하는 복소수 타입 cd를 정의하고, π의 값을 나타내는 변수 pi를 정의한다.

```
typedef complex<double> cd;
double pi = acos(-1);
```

그리고 다음의 fft 함수는 FFT 알고리즘을 실행한다. 다항식의 변수를 나타내는 벡터 a와 추가 인자 d가 함수의 입력으로 주어진다. d가 1(기본값)인 경우 기본 푸리에 변환을 계산하며 d가 −1인 경우 역변환을 계산한다. 앞에서 언급한 대로 n은 2의 거듭제곱이라고 가정한다.

이 함수에서는 먼저 a를 **비트 반전 순열**(bit reversal permutation) 순서로 갖고 있는 벡터 r을 계산하는데, 이는 재귀의 마지막 단계에서 원소를 참조하는 순서에 대응된다. 이렇게 하면 추가적인 벡터나 재귀 호출 없이 푸리에 변환을 계산할 수 있다.

다음으로 크기가 2, 4, 8, ..., n인 벡터의 푸리에 변환을 차례로 계산한다. 마지막으로, 역변환을 계산하는 경우 결괏값을 n으로 나눈다.

```cpp
vector<cd> fft(vector<cd> a, int d = 1) {
    int n = a.size();
    vector<cd> r(n);
    for (int k = 0; k < n; k++) {
        int b = 0;
        for (int z = 1; z < n; z *= 2) {
            b *= 2;
            if (k&z) b++;
        }
        r[b] = a[k];
    }
    for (int m = 2; m <= n; m *= 2) {
        cd wm = exp(cd{0,d*2*pi/m});
        for (int k = 0; k < n; k += m) {
            cd w = 1;
            for (int j = 0; j < m/2; j++) {
                cd u = r[k+j];
                cd t = w*r[k+j+m/2];
                r[k+j] = u+t;
                r[k+j+m/2] = u-t;
                w = w*wm;
            }
        }
    }
    if (d == -1) {
        for (int i = 0; i < n; i++) r[i] /= n;
    }
    return r;
}
```

다음의 코드는 fft 함수를 사용하여 $f(x) = 2x + 3$과 $g(x) = 5x + 1$의 곱을 계산하는 코드이다. 먼저 두 식을 점 표현으로 바꾼 다음 곱을 계산하고 마지막으로 결과를 계수 표현으로 다시 바꾼다. 결과는 예상과 같이 $10x^2 + 17x + 3$이 된다.

```cpp
int n = 4;
vector<cd> f = {3,2,0,0};
vector<cd> g = {1,5,0,0};
auto tf = fft(f);
auto tg = fft(g);
vector<cd> tp(n);
for (int i = 0; i < n; i++) tp[i] = tf[i]*tg[i];
auto p = fft(tp,-1); // [3,17,10,0]
```

FFT 알고리즘은 복소수를 사용하지만 입출력이 정수인 경우가 많다. 곱을 계산한 다음 (int)(p[i].real()+0.5)를 사용하여 p[i]의 실수부를 구한 뒤 정수로 변환할 수 있다.

11.6.3 합성곱 계산하기

일반적으로 FFT 알고리즘을 이용하여 두 배열의 **합성곱**(convolution)을 $O(n \log n)$ 시간에 계산할 수 있다. 배열 a와 b가 주어졌을 때 합성곱 $c = a * b$는 다음의 공식대로 계산되는 배열을 의미한다.

$$c[k] = \sum_{i+j=k} a[i]b[j]$$

a와 b가 다항식의 계수일 때 합성곱은 다항식의 곱을 나타낸다. 하지만 다항식과 관련된 경우가 아니라도 합성곱을 활용할 수 있다. 예는 다음과 같다.

조합

사과와 바나나가 있고 각각의 무게는 1과 n 사이의 정수라고 하자. 사과와 바나나를 골라 무게의 합이 w가 되는 경우의 수를 모든 $w \leq 2n$에 대해 구하려고 한다.

　이를 풀기 위해 배열 a와 b를 만들고, 이때 $a[i]$는 무게가 i인 사과의 개수, $b[i]$는 무게가 i인 바나나의 개수가 되도록 한다. 그러면 배열의 합성곱을 계산하여 원하는 결과를 얻을 수 있다.

신호 처리

배열 a를 신호(signal)로, 배열 b를 신호를 변환하는 마스크(mask)로 생각해 보자. 신호의 왼쪽에서 오른쪽으로 마스크가 이동하며, 각각의 위치에서 곱의 합을 계산한다. 마스크 배열을 뒤집으면 합성곱으로 결과를 계산할 수 있다.

　예를 들어 $a = [5, 1, 3, 4, 2, 1, 2]$이고 $b = [1, 3, 2]$라고 가정하자. 마스크를 뒤집은 배열 $b' = [2, 3, 1]$을 만든 뒤 합성곱을 계산한다.

$$c = a * b' = [10, 17, 14, 18, 19, 12, 9, 7, 2]$$

그림 11.29에 $c[1]$과 $c[5]$에 대응되는 결과가 나와 있다.

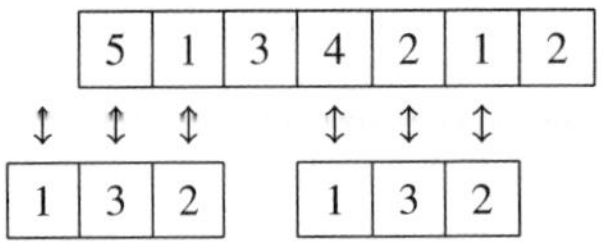

그림 11.29 신호 처리: $c[1] = 5 \cdot 3 + 1 \cdot 2 = 17$이고 $c[5] = 4 \cdot 1 + 2 \cdot 3 + 1 \cdot 2 = 12$이다.

차이

길이가 n인 이진 문자열 s가 주어졌을 때, 각 $k = 1, 2, \ldots, n-1$에 대해 $s[i] = s[j] = 1$이고 $j - i = k$가 되도록 i와 j를 고르는 경우의 수를 계산하려고 한다.

이는 합성곱 $c = s * s'$를 계산하여 풀 수 있는데, 이때 s'는 s를 뒤집은 문자열이다. 그러면 각 k에 대해 $c[n+k-1]$이 답이 된다(s가 신호면서 마스크인 경우로 생각할 수도 있다).

12장

고급 그래프 알고리즘

이 장에서는 고급 그래프 알고리즘을 몇 가지 살펴본다.

12.1절에서는 그래프의 강결합 컴포넌트를 찾는 알고리즘을 살펴본다. 그리고 나서 이 알고리즘을 이용하여 2SAT 문제를 효율적으로 푸는 방법을 살펴볼 것이다.

12.2절에서는 오일러 경로와 해밀턴 경로를 집중적으로 살펴본다. 오일러 경로는 간선을 정확히 한 번씩 지나는 경로이며, 해밀턴 경로는 모든 노드를 정확히 한 번씩 방문하는 경로이다. 언뜻 봐서는 유사한 개념이라고 생각하기 쉽지만, 이와 관련된 계산 문제는 매우 다르다.

12.3절에서는 먼저 그래프의 소스에서 싱크로 흐를 수 있는 최대 유량을 어떻게 계산할 수 있는지를 살펴본다. 그 다음, 여러 그래프 문제를 최대 유량 문제로 어떻게 변환할 수 있는지를 살펴볼 것이다.

12.4절에서는 깊이 우선 탐색의 성질, 그리고 이중연결 그래프와 관련된 문제를 살펴본다.

12.5절에서는 소스에서 싱크로 흐르는 최소 비용 유량을 찾는 문제를 살펴본다. 이는 매우 일반적인 문제로, 최단 경로 문제와 최대 유량 문제 모두 이 문제의 특수한 형태이다.

12.1 그래프의 강결합성

방향 그래프의 모든 노드에서 다른 모든 노드로 가는 경로가 있는 경우, 이 그래프를 **강결합 그래프**(strongly connected graph)라고 한다. 예를 들어 그림 12.1의 왼쪽 그래프는 강결합 그래프이고 오른쪽 그래프는 강결합 그래프가 아니다. 오른쪽 그래

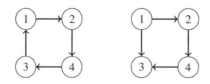

그림 12.1 왼쪽 그래프는 강결합 그래프이고 오른쪽 그래프는 강결합 그래프가 아니다.

프가 강결합 그래프가 아닌 이유는 한 노드에서 다른 노드로 가는 경로가 없는 경우가 있기 때문인데, 예를 들면 2번 노드에서 1번 노드로 가는 경로가 없다.

모든 방향 그래프는 **강결합 컴포넌트**(strongly connected component)로 나눌 수 있다. 여기에서 강결합 컴포넌트는 모든 노드에서 다른 모든 노드로 가는 경로가 있는 최대 노드 집합을 의미한다. 또한 각 컴포넌트를 노드로 하는 **컴포넌트 그래프**(component graph)는 사이클이 없는 그래프로, 원래 그래프의 심층 구조를 나타내는 그래프가 된다. 예를 들어 그림 12.2에 그래프 하나와 그 그래프의 강결합 컴포넌트, 그리고 대응되는 컴포넌트 그래프가 나와 있다. 컴포넌트는 $A = \{1, 2\}$, $B = \{3, 6, 7\}$, $C = \{4\}$, $D = \{5\}$이다.

컴포넌트 그래프는 DAG로, 원래의 그래프보다 처리하기 쉽다. 그래프에 사이클이 없기 때문에 위상 정렬 후 동적 계획법을 이용하여 처리하면 된다.

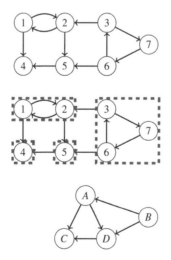

그림 12.2 그래프와 강결합 컴포넌트, 컴포넌트 그래프

12.1.1 코사라주 알고리즘

코사라주 알고리즘(Kosaraju's algorithm)은 그래프의 강결합 컴포넌트를 찾는 유용한 방법이다. 이 알고리즘에서는 두 번의 깊이 우선 탐색 과정을 거친다. 첫 번째 탐

색에서 그래프의 구조에 따라 노드 리스트를 만들고, 두 번째 탐색에서 강결합 컴포넌트를 구한다.

코사라주 알고리즘의 첫 번째 단계는 깊이 우선 탐색이 처리하는 순서대로 노드 리스트를 만드는 단계이다. 모든 노드를 거치면서 처리하지 않은 노드에 대해 깊이 우선 탐색을 진행한다. 노드의 처리가 끝나면 그 노드를 리스트에 추가한다.

예를 들어 그림 12.3에 예제 그래프에 대한 처리 순서가 나와 있다. x/y 표기는 노드의 처리가 시각 x에 시작되고 시각 y에 끝났음을 의미한다. 만들어진 노드 리스트는 [4, 5, 2, 1, 6, 7, 3]이 된다.

코사라주 알고리즘의 두 번째 단계는 강결합 컴포넌트를 찾는 단계이다. 먼저 모든 간선의 방향을 뒤집는다. 이 과정을 통해 두 번째 탐색에서 강결합 컴포넌트를 찾을 수 있게 된다. 그림 12.4에 예제 그래프의 모든 간선의 방향을 뒤집은 그래프가 나와 있다.

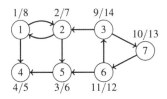

그림 12.3 노드의 처리 순서

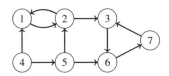

그림 12.4 간선의 방향을 뒤집은 그래프

그 다음, 첫 번째 탐색을 통해 만들어진 노드 리스트의 반대 순서대로 노드를 살펴본다. 노드가 컴포넌트에 속하지 않았다면 그 노드에서 새로운 깊이 우선 탐색을 진행하고, 이때 방문한 노드로 새로운 컴포넌트를 만든다. 모든 간선의 방향이 반대이기 때문에 컴포넌트에 속한 노드가 컴포넌트 바깥의 노드로 흐르지는 않는다.

예제 그래프에 대해 알고리즘을 적용한 결과가 그림 12.5에 나와 있다. 노드를 처리하는 순서는 [3, 7, 6, 1, 2, 5, 4]가 된다. 먼저 3번 노드를 처리함으로써 컴포넌트 {3, 6, 7}이 만들어진다. 다음으로 7번 노드와 6번 노드는 이미 컴포넌트에 포함되었기 때문에 넘어간다. 그 다음 1번 노드를 처리함으로써 컴포넌트 {1, 2}가 만들어지고, 2번 노드는 넘어간다. 마지막으로 5번 노드와 4번 노드가 각각 컴포넌트 {5}와 컴포넌트 (4)가 된다.

이 알고리즘에서는 깊이 우선 탐색을 두 번 진행하므로 시간 복잡도가 $O(n \mid m)$이 된다.

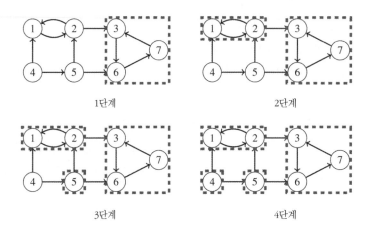

그림 12.5 강결합 컴포넌트 찾기

12.1.2 2SAT 문제

2SAT 문제에서는 다음과 같은 논리식을 다룬다.

$$(a_1 \vee b_1) \wedge (a_2 \vee b_2) \wedge \cdots \wedge (a_m \vee b_m)$$

여기에서 a_i와 b_i는 논리 변수($x_1, x_2, \ldots, x_n$), 또는 논리 변수의 부정($\neg x_1, \neg x_2, \ldots, \neg x_n$)이다. $\wedge$와 $\vee$는 논리곱(and) 및 논리합(or) 연산을 의미하는 기호이다. 각 변수에 값을 할당하여 식을 참으로 만드는 조합을 찾거나, 그러한 조합이 없음을 찾는 것이 목표이다.

예를 들어 다음 식을 살펴보자.

$$L_1 = (x_2 \vee \neg x_1) \wedge (\neg x_1 \vee \neg x_2) \wedge (x_1 \vee x_3) \wedge (\neg x_2 \vee \neg x_3) \wedge (x_1 \vee x_4)$$

이 식은 값이 다음과 같을 경우에 참이다.

$$\begin{cases} x_1 = \text{false} \\ x_2 = \text{false} \\ x_3 = \text{true} \\ x_4 = \text{true} \end{cases}$$

하지만 다음 식은 값을 어떻게 할당하든 항상 거짓이다.

$$L_2 = (x_1 \lor x_2) \land (x_1 \lor \neg x_2) \land (\neg x_1 \lor x_3) \land (\neg x_1 \lor x_3) \land (\neg x_1 \lor \neg x_3)$$

그 이유는 x_1의 값을 모순 없이 정할 수 없기 때문이다. x_1이 거짓이라면 x_2와 $\neg x_2$가 모두 참이어야 해서 불가능하고, x_1이 참이라면 x_3와 $\neg x_3$가 모두 참이어야 해서 역시 불가능하다.

2SAT 문제에서 제시되는 식을 **함의 그래프**(implication graph)로 나타낼 수 있다. 이때 노드는 변수 x_i 및 부정형 $\neg x_i$에 대응되며, 간선은 변수 간의 관계를 표현한다. 각각의 항 $(a_i \lor b_i)$에 대해 $\neg a_i \to b_i$와 $\neg b_i \to a_i$의 두 간선을 만든다. 이는 a_i가 참이 아닐 경우 b_i가 참이어야 함을 의미하며, 반대의 경우도 마찬가지이다. 예를 들어 그림 12.6에 L_1의 함의 그래프가 나와 있으며, 그림 12.7에는 L_2의 함의 그래프가 나와 있다.

수식이 참이 되도록 모든 변수에 값을 할당하는 것이 가능한지 여부는 함의 그래프의 구조에 따라 결정된다. 가능한 경우는 x_i 노드와 $\neg x_i$ 노드가 같은 강결합 컴포넌트에 속하는 일이 없는 경우와 동치이다. 같은 강결합 컴포넌트에 속한 노드가 있다면 x_i 노드에서 $\neg x_i$ 노드로 가는 경로, 그리고 $\neg x_i$ 노드에서 x_i 노드로 가는 경로가 모두 있다는 의미이다. 따라서 x_i와 $\neg x_i$가 모두 참이어야 하지만 이는 불가능하다. 예를 들어 L_1의 함의 그래프에서는 x_i와 $\neg x_i$가 같은 강결합 컴포넌트에 속하는 경우가 없으므로 해가 존재한다. L_2의 함의 그래프에서는 모든 노드가 같은 강결합 컴포넌트에 속하므로 해가 존재하지 않는다.

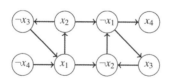

그림 12.6 L_1의 함의 그래프

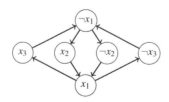

그림 12.7 L_2의 함의 그래프

해가 존재하는 경우, 변수의 값은 컴포넌트 그래프의 모든 노드를 위상 정렬 역순으로 방문하면서 찾을 수 있다. 단계마다 처리하지 않은 컴포넌트로 향하는 간선이 없는 컴포넌트를 처리한다. 컴포넌트의 변수에 값이 할당되지 않았다면, 그 컴포넌트에 속한 변수들에 따라 그 값을 결정하고, 이미 값이 할당된 변수는 그 값을 유지한다. 이 과정을 모든 변수에 값이 할당될 때까지 진행한다.

그림 12.8에 L_1의 컴포넌트 그래프가 나와 있다. 각 컴포넌트는 $A = \{\neg x_4\}$, $B = \{x_1, x_2, \neg x_3\}$, $C = \{\neg x_1, \neg x_2, x_3\}$, $D = \{x_4\}$이다. 해를 찾기 위해 먼저 컴포넌트 D를 처리하며, x_4의 값은 참이 된다. 다음으로 컴포넌트 C를 처리하고, x_1과 x_2의 값은 거짓, x_3의 값은 참이 된다. 모든 변수에 값이 할당되었으므로 컴포넌트 A와 B를 처리할 때는 변수의 값이 바뀌지 않는다.

그림 12.8 L_1의 컴포넌트 그래프

이 방법이 성립하는 이유는 함의 그래프가 특별한 구조로 되어 있기 때문이다. x_i 노드에서 x_j 노드로 가는 경로, 그리고 x_j 노드에서 $\neg x_j$ 노드로 가는 경로가 모두 있다면 x_i 노드가 참이 될 수 없다. 그 이유는 $\neg x_j$ 노드에서 $\neg x_i$ 노드로 가는 경로도 있어서 x_i와 x_j가 모두 거짓이 되기 때문이다.

더 어려운 문제는 **3SAT 문제**인데, 이는 논리식의 각 항이 $(a_i \vee b_i \vee c_i)$의 형태로 되어 있는 경우이다. 이 문제는 NP-하드로, 효율적인 알고리즘이 알려지지 않았다.

12.2 완전 경로

이 절에서는 그래프의 경로와 관련된 중요한 개념 두 가지를 살펴본다. 오일러 경로는 모든 간선을 정확히 한 번씩 지나는 경로이고, 해밀턴 경로는 모든 노드를 정확히 한 번씩 방문하는 경로이다. 언뜻 봐서는 유사한 개념이라고 생각하기 쉽지만, 이와 관련된 계산 문제는 매우 다르다.

12.2.1 오일러 경로

오일러 경로(Eulerian path)는 그래프의 각 간선을 정확히 한 번씩 지나는 경로이다. 그러한 경로의 시작과 끝이 같은 노드인 경우를 **오일러 회로**(Eulerian circuit)라고 부른다. 그림 12.9에 2번 노드에서 시작하여 5번 노드에서 끝나는 오일러 경로가 나

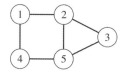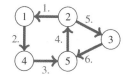

그림 12.9 그래프와 오일러 경로

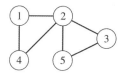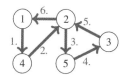

그림 12.10 그래프와 오일러 회로

와 있고, 그림 12.10에는 1번 노드에서 시작하고 끝나는 오일러 회로가 나와 있다.

오일러 경로와 오일러 회로가 존재하는지는 노드의 차수에 따라 결정된다. 먼저, 무방향 그래프에 오일러 경로가 있는 경우는 모든 간선이 같은 연결 컴포넌트에 속하고 다음 두 조건 중 하나를 만족하는 경우와 동치이다.

- 모든 노드의 차수가 짝수이거나,
- 정확히 두 노드의 차수가 홀수이고, 다른 모든 노드의 차수는 짝수이다.

첫 번째 경우, 오일러 경로는 곧 오일러 회로가 된다. 두 번째 경우, 차수가 홀수인 두 노드가 오일러 경로의 양 끝점이 되며 이때는 오일러 회로가 아니다. 그림 12.9의 그래프에서 1, 3, 4번 노드의 차수는 2이고, 2, 5번 노드의 차수는 3이다. 정확히 두 노드의 차수가 홀수이므로 2번 노드와 5번 노드가 양 끝점인 오일러 경로가 존재하며 오일러 회로는 존재하지 않는다. 그림 12.10의 그래프는 모든 노드의 차수가 짝수이므로 오일러 회로가 존재한다.

방향 그래프에 오일러 경로가 존재하는지를 확인하기 위해서는 노드의 진입 차수와 진출 차수를 확인하면 된다. 방향 그래프에 오일러 경로가 존재하는 경우는 모든 간선이 같은 강결합 컴포넌트에 속하고 다음 두 조건 중 하나를 만족하는 경우와 동치이다.[1]

---

1 (옮긴이) 이 조건에는 예외가 있는데, 다음에 나올 두 번째 조건을 만족하는 노드의 진입 차수가 1이고 진출 차수가 0이거나, 진입 차수가 0이고 진출 차수가 1인 경우에는 같은 강결합 컴포넌트에 속하지 않아도 오일러 경로가 존재할 수 있다.

- 모든 노드의 진입 차수와 진출 차수가 같거나,
- 한 노드의 진입 차수가 진출 차수보다 1 크고, 다른 한 노드의 진출 차수가 신입 차수보다 1 크며, 나머지 노드는 진입 차수와 진출 차수가 같다.

첫 번째 경우, 오일러 경로는 곧 오일러 회로가 된다. 두 번째 경우, 진출 차수가 큰 노드에서 시작해서 진입 차수가 큰 노드에서 끝나는 오일러 경로가 존재한다. 예를 들어 그림 12.11의 그래프에서 1, 3, 4번 노드의 진입 차수와 진출 차수는 모두 1이고, 2번 노드는 진입 차수가 1이고 진출 차수가 2이며, 5번 노드는 진입 차수가 2이고 진출 차수가 1이다. 그러므로 이 그래프에는 2번 노드에서 시작해서 5번 노드에서 끝나는 오일러 경로가 존재한다.

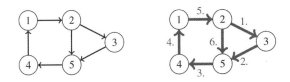

그림 12.11 방향 그래프와 오일러 경로

경로 찾기

히어홀처 알고리즘(Hierholzer's algorithm)은 그래프의 오일러 회로를 찾는 효율적인 방법이다. 이 알고리즘은 여러 단계로 구성되어 있으며, 단계마다 회로에 새로운 간선을 추가한다. 물론 그래프에 오일러 회로가 있다고 가정하며, 그렇지 않은 경우엔 오일러 회로를 찾을 수 없다.

노드가 하나 있고 간선이 없는 빈 회로에서 알고리즘을 시작하고, 부분 회로를 추가하는 식으로 회로를 한 단계씩 확장해 나간다. 이 과정을 모든 간선이 회로에 추가될 때까지 진행한다. 회로를 확장하기 위해서는 회로에 속한 노드 중 회로에 포함되지 않은 진출 간선이 있는 노드 x를 찾는다. 그리고 노드 x에서 시작하여 아직 회로에 포함되지 않은 간선으로 이루어진 경로를 구성한다. 언젠가는 이 경로가 노드 x로 돌아오게 되는데, 이 경로가 부분 회로가 된다.

그래프에 오일러 회로는 없지만 오일러 경로가 있는 경우에도 히어홀처 알고리즘을 적용할 수 있는데, 새로운 간선을 그래프에 추가하고 오일러 회로를 찾은 뒤, 그 간선을 제거하면 된다. 예를 들어 무방향 그래프에서는 차수가 홀수인 두 노드를 잇는 새로운 간선을 추가하면 된다.

그림 12.12에 히어홀처 알고리즘을 적용하여 무방향 그래프에서 오일러 회로를

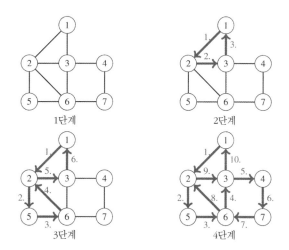

그림 12.12 히어홀처 알고리즘

찾는 과정의 예가 나와 있다. 먼저 부분 회로 $1 \rightarrow 2 \rightarrow 3 \rightarrow 1$을 추가하고, 다음으로 부분 회로 $2 \rightarrow 5 \rightarrow 6 \rightarrow 2$를 추가하며, 마지막으로 부분 회로 $6 \rightarrow 3 \rightarrow 4 \rightarrow 7 \rightarrow 6$ 을 추가한다. 그러면 모든 간선이 회로에 추가되었으므로, 최종 결과는 오일러 회로 가 된다.

12.2.2 해밀턴 경로

해밀턴 경로(Hamiltonian path)는 그래프의 모든 노드를 정확히 한 번씩만 방문 하는 경로이다. 이 경로의 시작 노드와 마지막 노드가 같은 경우는 **해밀턴 회로** (Hamiltonian circuit)라고 부른다. 예를 들어 그림 12.13에 해밀턴 경로와 해밀턴 회 로가 모두 있는 그래프가 나와 있다.

해밀턴 경로와 관련된 문제는 NP-하드이다. 그래프에 해밀턴 경로나 해밀턴 회로 가 있는지를 효율적으로 찾는 일반적인 방법은 알려지지 않았다. 물론 몇몇 특별한 경우에는 그래프에 항상 해밀턴 경로가 있음을 보장할 수 있다. 예를 들어 완전 그래 프, 즉 모든 노드 간에 간선이 있는 그래프에는 당연히 해밀턴 경로가 존재한다.

해밀턴 경로를 찾는 간단한 방법은 퇴각 검색 알고리즘을 이용하여 경로를 구성하

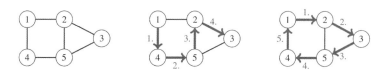

그림 12.13 그래프, 해밀턴 경로, 해밀턴 회로

는 모든 가능한 경우를 탐색하는 것이다. 이때 노드 n개를 방문하는 순서가 $n!$가지 존재하므로, 알고리즘의 시간 복잡도는 최소 $O(n!)$이 된다. 동적 계획법을 이용하면 좀 더 효율적인 $O(2^n n^2)$ 시간에 해를 찾을 수 있다. 노드의 모든 부분집합 S와 $x \in S$ 인 모든 노드 x에 대해, S의 모든 노드를 정확히 한 번씩만 방문하고 노드 x에서 끝나는 경로가 있는지를 확인해 보는 것이다.

12.2.3 응용

드 브루인 수열

드 브루인 수열(De Bruijn sequence)은 문자열의 일종으로, 글자의 종류가 k일 때 만들 수 있는 길이가 n인 모든 문자열을 정확히 한 번씩 포함하는 것을 말한다. 드 브루인 수열의 길이는 $k^n + n - 1$이 된다. 예를 들어 $n = 3$이고 $k = 2$일 때, 드 브루인 수열 의 예는 다음과 같다.

$$0001011100$$

이 문자열의 길이가 3인 부분 문자열은 3bit의 모든 조합인 000, 001, 010, 011, 100, 101, 110, 111이다.

길이가 $n - 1$인 모든 문자열이 노드에 대응되고, 수열에 한 글자를 덧붙이는 것이 간선에 대응되는 그래프를 생각하자.[2] 드 브루인 수열은 이 그래프의 오일러 경로와 항상 대응된다. 예를 들어 그림 12.14의 그래프는 $n = 3$이고 $k = 2$인 경우에 대응된다. 드 브루인 경로를 찾기 위해서는 임의의 노드에서 시작하여 모든 간선을 정확히 한 번 방문하는 오일러 경로를 찾으면 된다. 시작 노드와 간선의 글자를 차례로 더하면 $k^n + n - 1$개의 글자로 이루어진 문자열이 되고 이는 올바른 드 브루인 수열이 된다.

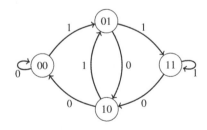

그림 12.14 오일러 경로를 이용하여 드 브루인 수열 찾기

---

2 (옮긴이) 혹은, 문자열의 맨 앞 글자를 제거하고 맨 뒤에 한 글자를 추가하는 것이 간선에 대응된다고 생각할 수도 있다.

나이트 투어

나이트 투어(knight's tour)는 $n \times n$ 체스판에서 나이트를 체스의 규칙에 맞게 움직이면서 모든 칸을 정확히 한 번 방문하는 경로이다. 시작했던 칸으로 돌아올 수 있는 경우를 닫힌 나이트 투어라고 하고, 그렇지 않은 경우를 열린 나이트 투어라고 한다. 예를 들어 그림 12.15에 5 × 5 체스판의 열린 나이트 투어가 나와 있다.

체스판의 각 칸이 노드가 되고, 나이트가 체스의 규칙에 따라 두 칸 사이를 이동할 수 있는 경우를 간선으로 연결한 그래프를 생각하자. 나이트 투어는 이 그래프의 해밀턴 경로에 대응된다. 나이트 투어를 찾는 자연스러운 방법은 퇴각 검색을 이용하는 것이다. 규칙에 맞게 움직이는 방법이 매우 많기 때문에, 투어를 빠르게 찾는 방향으로 나이트를 움직이는 휴리스틱(heuristic)을 이용해야 탐색을 효율적으로 수행할 수 있게 된다.

바른스도르프 규칙(Warnsdorf's rule)은 나이트 투어를 찾기 위한 간단하고 효율적인 휴리스틱이다. 이 규칙을 이용하면 판의 크기가 크더라도 효율적으로 경로를 찾을 수 있다. 아이디어는 나이트를 움직일 수 있는 여러 칸이 있을 때, 다음으로 움직일 수 있는 경우가 가장 적은 곳으로 움직이는 것이다. 그림 12.16을 예로 들면, 다음으로 갈 수 있는 칸은 $a \ldots e$로 표기된 다섯 칸이다. 이 경우 바른스도르프 규칙에 따르면 a 칸으로 이동해야 하는데, 이 칸에서 다음으로 갈 수 있는 경우의 수가 한 가지뿐이기 때문이다. 다른 칸으로 이동하면 경우의 수가 세 가지가 된다.

1	4	11	16	25
12	17	2	5	10
3	20	7	24	15
18	13	22	9	6
21	8	19	14	23

그림 12.15 5 × 5 체스판의 열린 나이트 투어

1				a
		2		
b				e
	c		d	

그림 12.16 바른스도르프 규칙을 이용하여 나이트 투어 찾기

12.3 최대 유량

최대 유량(maximum flow) 문제에서는 두 개의 특별한 노드가 있는 방향 그래프를 다룬다. **소스**(source)는 들어오는 간선이 없는 노드이고, **싱크**(sink)는 나가는 간선이 없는 노드이다. 문제의 목적은 소스에서 싱크로 흐르는 유량을 최대한으로 만드는 것이다. 각각의 간선마다 흐를 수 있는 유량의 최대 용량이 정해져 있으며, 각각의 중간 노드로 들어오는 유량과 나가는 유량이 같아야 한다.

그림 12.17에 나와 있는 1번 노드가 소스이고 6번 노드가 싱크인 그래프를 예로 들어 생각해 보자. 이 그래프의 최대 유량은 그림 12.18에 나온 것과 같이 7이다. v/k 표기는 용량이 k인 간선을 통해 v의 유량이 지난다는 뜻이다. 소스에서 나가는 유량이 3+4이고 싱크로 들어오는 유량이 5+2이기 때문에 유량이 7임을 알 수 있다. 싱크로 들어가는 간선의 용량 합이 7이기 때문에 이 값이 최댓값임을 알 수 있다.

최대 유량 문제는 다른 유형의 그래프 문제인 **최소 컷**(minimum cut) 문제로 연결될 수 있음이 알려져 있다. 최소 컷 문제는 간선 중 일부를 제거하여 소스에서 싱크로 가는 경로를 없애되, 그러면서 제거한 간선의 가중치 합을 최소로 만드는 문제이다.

예를 들어 그림 12.17의 그래프를 다시 생각해 보자. 이 그래프의 최소 컷은 7인데, 그림 12.19에 나온 것과 같이 간선 2 → 3과 간선 4 → 5를 제거하면 조건을 만족하기 때문이다. 간선을 제거하고 나면 소스에서 싱크로 가는 경로가 없어진다. 컷의 크기는 6+1=7이고, 가중치의 합이 7보다 작은 컷이 없기 때문에 이 값은 최소가 된다.

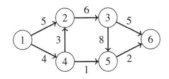

그림 12.17 소스가 1번 노드이고 싱크가 6번 노드인 그래프

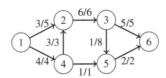

그림 12.18 그래프의 최대 유량은 7이다.

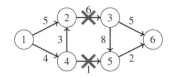

그림 12.19 그래프의 최소 컷은 7이다.

예제 그래프에 대한 최대 유량과 최소 컷이 같은 것은 우연이 아니다. 두 값이 항상 일치한다고 알려져 있으며, 두 가지 개념은 동전의 양면과 같다. 이제 그래프의 최대 유량과 최소 컷을 찾는 포드-풀커슨 알고리즘을 살펴볼 것이다. 이 알고리즘을 이해하면 왜 두 값이 같은지 알게 될 것이다.

12.3.1 포드-풀커슨 알고리즘

포드-풀커슨 알고리즘(Ford-Fulkerson algorithm)은 그래프의 최대 유량을 찾는 알고리즘이다. 유량이 0인 상태에서 알고리즘을 시작하고, 단계마다 소스에서 싱크로 가는 경로 중 유량을 늘릴 수 있는 경로를 찾는다. 더는 유량을 늘릴 수 없을 때의 값이 최대 유량이 된다.

이 알고리즘에서는 간선마다 반대 방향의 간선도 추가한 형태의 특별한 그래프 표현을 사용한다. 각 간선의 가중치는 유량을 얼마나 늘릴 수 있는지를 나타낸다. 알고리즘의 시작 단계에서는 원래 간선의 가중치를 간선의 용량과 동일하게 두고, 반대 방향 간선의 가중치를 0으로 둔다. 그림 12.20에 예제 그래프에 대한 표현이 나와 있다.

포드-풀커슨 알고리즘은 여러 라운드로 구성되어 있다. 라운드마다 소스에서 싱크로 가는 경로 중 모든 간선의 가중치가 양수인 경로를 찾는다. 그러한 경로가 여러 가지라면 어떤 것을 선택해도 된다. 선택한 경로에 포함된 간선의 가중치 최솟값이 x라면 유량을 x만큼 증가시킬 수 있다. 이를 위해 경로 상의 각 간선에 대해 그 가중치를 x만큼 감소시키고, 반대 방향 간선의 가중치를 x만큼 증가시킨다.

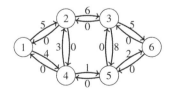

그림 12.20 포드-풀커슨 알고리즘에서 사용하는 그래프 표현

이 알고리즘에서 사용된 아이디어는 간선의 유량이 증가하면 앞으로 추가할 수 있는 유량은 감소한다는 데 바탕을 두고 있다. 알고리즘을 진행하면서 다른 경로를 택하는 것이 더 유리한 상황임을 알게 되었다면, 역으로 반대 방향 간선을 이용하여 기존의 유량을 감소시키는 것도 가능하다. 소스에서 가중치가 양수인 간선을 이용하여 싱크로 가는 경로가 존재하는 동안 이 알고리즘을 계속 반복한다. 만일 그러한 경로가 존재하지 않는다면 최대 유량을 구한 것이며, 알고리즘은 종료한다.

그림 12.21에 포드-풀커슨 알고리즘을 이용하여 예제 그래프의 최대 유량을 찾는 과정이 나와 있다. 알고리즘은 네 번의 라운드로 진행된다. 첫 번째 라운드에서는 경로 $1 \rightarrow 2 \rightarrow 3 \rightarrow 5 \rightarrow 6$을 선택한다. 이 경로상의 최소 가중치는 2이므로 유량이 2만큼 증가한다. 다음으로 경로를 세 번 더 선택한 뒤, 유량을 각각 3, 1, 1만큼 증가시킨다. 그 다음에는 가중치가 양수인 간선으로 구성된 경로가 없고, 최대 유량은 $2+3+1+1=7$이 된다.

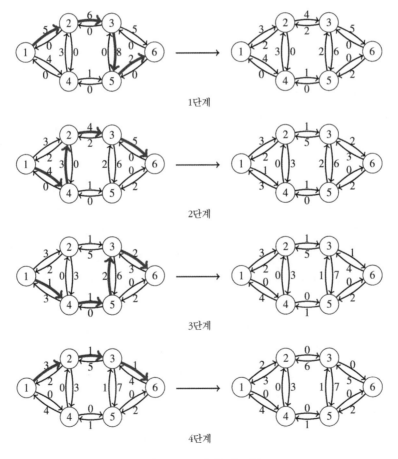

그림 12.21 포드-풀커슨 알고리즘

경로 찾기

앞에서 살펴본 포드-풀커슨 알고리즘에서 유량을 증가시키는 경로를 선택하는 기준이 따로 정해져 있지는 않았다. 어떤 방식으로 경로를 고르더라도, 시간의 차이는 있지만 알고리즘은 항상 종료하고 최대 유량을 올바르게 찾는다. 하지만 알고리즘의 효율성은 경로를 어떻게 선택하는지에 크게 영향을 받는다. 경로를 찾는 간단한 방법 하나는 깊이 우선 탐색을 이용하는 것이다. 이 방법은 대부분의 경우에 잘 동작하지만, 최악의 경우에는 경로를 선택할 때마다 유량이 1씩 증가하여 알고리즘이 매우 느려질 수 있다. 다행히도 다음에 소개할 여러 기법 중 하나를 사용하면 이러한 상황을 방지할 수 있다.

에드몬드-카프 알고리즘(Edmonds-Karp algorithm)에서는 경로를 이루는 간선의 개수가 최소가 되도록 경로를 선택한다. 깊이 우선 탐색 대신 너비 우선 탐색을 이용하면 그러한 경로를 찾을 수 있다. 이 경우 유량이 빠르게 증가한다는 것을 증명할 수 있으며, 알고리즘의 시간 복잡도는 $O(m^2 n)$이 된다.

용량 조절 알고리즘(capacity scaling algorithm)[3]에서는 깊이 우선 탐색을 이용하여 경로를 찾는데, 이때 각 간선의 가중치가 지정된 값 이상이어야 한다. 처음에는 기준값을 적당히 큰 값으로 설정하며, 예를 들면 그래프의 모든 간선의 가중치 합으로 설정할 수 있다. 경로를 찾을 수 없는 경우 기준값을 2로 나눈다. 기준값이 0이 되면 알고리즘을 종료한다. 이 알고리즘의 시간 복잡도는 $O(m^2 \log c)$로, 이때 c는 초기 기준값이다.

실제로는 경로를 찾을 때 깊이 우선 탐색을 사용할 수 있는 용량 조절 알고리즘이 더 구현하기 쉽다. 두 알고리즘 모두 대회에 나오는 문제를 충분히 풀 수 있을 만큼 효율적이다.

최소 컷

포드-풀커슨 알고리즘을 이용하여 최대 유량을 찾았다면, 그 결과에서 최소 컷을 바로 찾을 수 있다. 알고리즘을 실행한 이후의 그래프에 대해, A를 소스에서 가중치가 양수인 간선을 이용하여 갈 수 있는 노드의 집합으로 정의하자. 최소 컷은 원래 그래프에서 A에 속한 노드에서 A에 속하지 않은 노드로 가는 간선으로 구성되며, 그러한 간선의 용량은 최대 유량을 구할 때 모두 사용되었다. 그림 12.22를 예로 들면 A는

---

3 이 아름다운 알고리즘은 잘 알려지지 않았다. 자세한 설명은 아후자(Ahuja), 매그난티(Magnanti), 올린(Orlin)의 교과서[1]에서 찾을 수 있다.

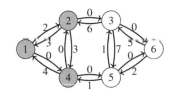

그림 12.22 1, 2, 4번 노드가 집합 A에 속한다.

1, 2, 4번 노드로 구성되고, 최소 컷에 속하는 간선은 2 → 3, 4 → 5로 가중치의 합은
6+1=7이다.

알고리즘을 수행하여 찾은 유량이 최대이고 컷이 최소인 이유는 무엇일까? 그 이
유는 그래프의 유량이 컷보다 클 수 없기 때문이다. 따라서 유량과 컷의 값이 같다
면, 각각은 최대 유량과 최소 컷이 된다.

위의 성질이 왜 성립하는지를 알아보기 위해 다음과 같은 컷을 생각해 보자. 그래
프의 노드를 두 집합으로 나누는데, 소스는 A에, 싱크는 B에 속하고, 두 집합의 노드
를 잇는 간선은 컷이 된다(그림 12.23). 컷의 크기는 A에서 B로 가는 간선의 가중치
합이다. 이 값은 그래프의 유량의 상한이 되는데, 이는 흐름의 방향이 A에서 B로 가
는 방향이기 때문이다. 즉, 최대 유량의 크기는 그래프의 어떤 컷의 크기보다도 항상
작거나 같다. 한편, 포드-풀커슨 알고리즘의 결과로 얻은 최대 유량은 그래프의 컷의
크기와 일치한다. 그러므로 이 결과는 최대 유량이면서 최소 컷이 된다.

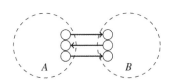

그림 12.23 A와 B 사이의 간선

12.3.2 서로소 경로

많은 그래프 문제를 최대 유량 문제로 변환하여 풀 수 있다. 그러한 문제의 첫 번째
예제는 다음과 같다. 소스와 싱크가 있는 방향 그래프에 대해, 소스에서 싱크로 가는
서로소 경로(disjoint path)의 최대 개수를 찾으려 한다.

간선 서로소 경로

먼저 소스에서 싱크로 가는 **간선 서로소 경로**(edge-disjoint path)의 최대 개수를 찾
는 문제를 생각해 보자. 이는 각 간선이 최대 하나의 경로에만 포함될 수 있다는 뜻

이다. 예를 들어 그림 12.24에서 간선 서로소 경로의 최대 개수는 2가 된다(1 → 2 → 4 → 3 → 6과 1 → 4 → 5 → 6).

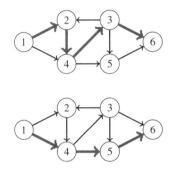

그림 12.24 1번 노드에서 6번 노드로 가는 간선 서로소 경로

간선 서로소 경로의 최대 개수는 각 간선의 용량이 1인 그래프의 최대 유량과 같다. 최대 유량을 구한 뒤에는 소스에서 싱크로 가는 경로를 탐욕법 기반으로 찾으면 된다.

노드 서로소 경로

다음으로 소스에서 싱크로 가는 **노드 서로소 경로**(node-disjoint path)의 최대 개수를 찾는 문제를 생각해 보자. 이 경우, 소스와 싱크를 제외한 모든 노드는 최대 하나의 경로에만 포함될 수 있으며, 따라서 간선 서로소 경로보다 개수가 작을 수 있다. 예제 그래프에서 노드 서로소 경로의 최대 개수는 1이다(그림 12.25).

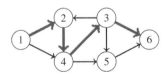

그림 12.25 1번 노드에서 6번 노드로 가는 노드 서로소 경로

이 문제 역시 최대 유량 문제로 변환할 수 있다. 각각의 노드가 최대 하나의 경로에만 포함될 수 있기 때문에 노드를 지나는 유량을 제한할 필요가 있다. 이를 위해 각각의 노드를 두 개의 노드로 나누는데, 첫 번째 노드에는 들어오는 간선을 연결하고, 두 번째 노드에는 나가는 간선을 연결하며, 첫 번째 노드에서 두 번째 노드로 가는 간선을 추가한다. 그림 12.26에 이 방식으로 만든 그래프와 최대 유량이 나와 있다.

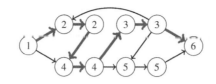

그림 12.26 노드를 지나는 유량을 제한하는 그래프 만들기

12.3.3 최대 매칭

그래프의 **최대 매칭**(maximum matching)은 두 노드의 조합(pair)으로 이루어진 최대 크기의 집합으로, 하나의 조합을 이루는 두 노드는 간선으로 연결되어 있어야 하며, 각 노드는 최대 하나의 조합에만 속할 수 있다. 일반적인 그래프에서 최대 매칭을 찾기 위해서는 복잡한 알고리즘이 필요하지만, 이분 그래프에서 최대 매칭을 찾는 문제는 훨씬 쉽다. 이 경우, 최대 매칭 문제를 최대 유량 문제로 변환할 수 있다.

이분 그래프는 전체 노드를 두 개의 그룹으로 나눌 수 있으며, 이때 모든 간선이 왼쪽 그룹과 오른쪽 그룹의 노드를 잇도록 설정할 수 있다. 예를 들어 그림 12.27에 이분 그래프의 최대 매칭이 나와 있다. 왼쪽 그룹은 {1, 2, 3, 4}이고 오른쪽 그룹은 {5, 6, 7, 8}이다.

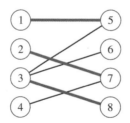

그림 12.27 최대 매칭

최대 이분 매칭 문제를 최대 유량 문제로 만들기 위해 그래프에 소스와 싱크 노드를 추가한다. 그 다음에는 소스에서 왼쪽 그룹의 각 노드로 가는 간선을 추가하고, 오른쪽 그룹의 각 노드에서 싱크로 가는 간선도 추가한다. 그러면 최대 유량의 크기가 원래 그래프의 최대 매칭의 크기와 같아진다. 예를 들어 그림 12.28에 예제 그래프를 변환하여 최대 유량을 찾는 과정이 나와 있다.

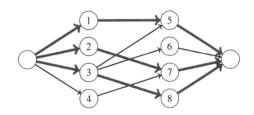

그림 12.28 최대 매칭을 최대 유량으로 변환하기

홀 정리

홀 정리(Hall's theorem)는 이분 그래프에서 모든 왼쪽 노드, 혹은 모든 오른쪽 노드를 포함하는 매칭이 있는지를 확인하는 데 사용할 수 있는 정리이다. 왼쪽 노드와 오른쪽 노드의 개수가 같다면 모든 노드를 포함하는 **완전 매칭**(perfect matching)이 있는지를 확인하는 데 사용할 수 있다.

모든 왼쪽 노드를 포함하는 매칭을 찾는 경우를 생각해 보자. X를 왼쪽 노드로 구성된 임의의 집합으로 정의하고, $f(X)$를 그 노드의 이웃 노드 집합으로 정의하자. 홀 정리에 따르면, 모든 왼쪽 노드를 포함하는 매칭이 존재하는 경우는 모든 X에 대해 $|X| \leq |f(X)|$이 성립하는 경우와 같다.

예제 그래프에 대해 홀 정리를 적용해 보자. 먼저 $X = \{1, 3\}$인 경우 $f(X) = \{5, 6, 8\}$이다(그림 12.29). $|X| = 2$이고 $|f(X)| = 3$이므로 홀 정리의 조건이 성립한다. $X = \{2, 4\}$로 두면 $f(X) = \{7\}$이 된다(그림 12.30). 이 경우 $|X| = 2$이고 $|f(X)| = 1$이므로 홀 정

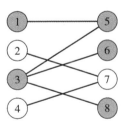

그림 12.29 $X = \{1, 3\}$이고 $f(X) = \{5, 6, 8\}$이다.

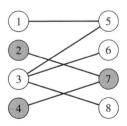

그림 12.30 $X = \{2, 4\}$이고 $f(X) = \{7\}$이다.

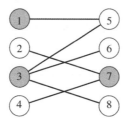

리의 조건이 성립하지 않는다. 즉, 이 그래프에서는 완전 매칭을 만들 수 없다. 위에서 살펴봤던 내로 이 그래프의 최대 매칭은 4가 아니고 3이므로 결과가 모순되지 않는다.

홀 정리의 조건이 성립하지 않는 경우가 존재한다면, 이때의 집합 X를 통해 왜 그러한 매칭을 찾을 수 없는지를 알 수 있다. X의 원소 개수가 $f(X)$보다 많기 때문에, X의 모든 노드를 포함하는 매칭이 존재하지 않는다. 예를 들어 그림 12.30에서 2, 4번 노드는 모두 7번 노드와 연결되어야 하는데, 이는 불가능하다.

쾨니그 정리

그래프의 **최소 노드 커버**(minimum node cover)는 모든 간선의 두 노드 중 적어도 하나를 포함하고 있는 노드의 집합 중 그 크기가 최소인 것을 말한다. 일반적인 그래프에서 최소 노드 커버를 찾는 것은 NP-하드 문제이다. 하지만 이분 그래프에 대해서는 **쾨니그 정리**(König's theorem)에 의해 최소 노드 커버의 크기와 최대 매칭의 크기가 항상 같음을 알 수 있다. 그러므로 최대 유량 알고리즘을 이용하여 최소 노드 커버의 크기를 구할 수 있다.

예를 들어 예제 그래프의 최대 매칭이 3이므로, 쾨니그 정리에 의해 최소 노드 커버의 크기도 역시 3이 된다. 그림 12.31에 커버를 어떻게 만들 수 있는지가 나와 있다.

최소 노드 커버에 속하지 않는 노드는 **최대 독립 집합**(maximum independent set)을 이룬다. 이는 집합에 속하는 두 노드가 간선으로 연결되지 않은 최대 크기의 노드 집합을 의미한다. 일반적인 그래프에 대해 최대 독립 집합을 찾는 것은 앞서와 마찬가지로 NP-하드 문제이지만, 이분 그래프에 대해서는 쾨니그 정리를 이용하여 효율적으로 풀 수 있다. 그림 12.32에 예제 그래프의 최대 독립 집합이 나와 있다.

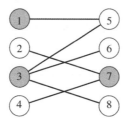

그림 12.31 최소 노드 커버

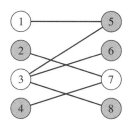

그림 12.32 최대 독립 집합

12.3.4 경로 커버

경로 커버(path cover)는 경로 집합의 일종으로, 모든 노드가 최소 하나의 경로에 속하는 경우를 말한다. DAG에서는 최소 경로 커버를 찾는 문제를 최대 유량 문제로 변환할 수 있다.

노드 서로소 경로 커버

노드 서로소 경로 커버(node-disjoint path cover)는 모든 노드가 정확히 하나의 경로에만 속하는 경우를 말한다. 예를 들어 그림 12.33의 그래프를 생각해 보자. 이 그래프의 노드 서로소 경로 커버는 세 개의 경로로 구성되어 있다(그림 12.34).

최소 노드 서로소 경로 커버를 구하기 위해 **매칭 그래프**(matching graph)를 만든다. 원래 그래프의 각 노드에 대응되는 노드를 두 개 추가하는데, 각각은 왼쪽 노드와 오른쪽 노드가 된다. 원래 그래프의 각 간선에 대해, 왼쪽 노드에서 오른쪽 노드로 가는 간선도 추가한다. 또한, 매칭 그래프에 소스와 싱크를 추가하고, 소스에서 모든 왼쪽 노드로 가는 간선과 모든 오른쪽 노드에서 싱크로 가는 간선을 추가한다.

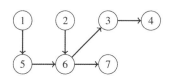

그림 12.33 경로 커버를 찾기 위한 예제 그래프

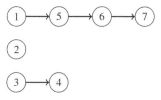

그림 12.34 최소 노드 서로소 경로 커버

매칭 그래프의 최대 매칭에 대응되는 간선은 원래 그래프의 최소 노드 서로소 경로 커버를 구성하는 간선이 된다. 즉, 최소 노드 서로소 경로 커버의 크기는 $n-c$가 되며, n은 원래 그래프의 노드 개수, c는 최대 매칭의 크기를 의미한다.

예를 들어 그림 12.35에 그림 12.33의 그래프에 대응되는 매칭 그래프가 나와 있다. 최대 매칭은 4이므로 최소 노드 서로소 경로 커버는 $7-4=3$개의 경로로 이루어져 있다.

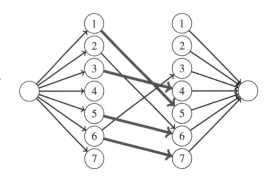

그림 12.35 최소 노드 서로소 경로 커버를 찾기 위한 매칭 그래프

일반 경로 커버

일반 경로 커버(general path cover)는 노드가 하나 이상의 경로에 속할 수 있는 경로 커버이다. 최소 일반 경로 커버는 최소 노드 서로소 경로 커버보다 작을 수 있는데, 한 노드가 여러 경로에 사용될 수 있기 때문이다. 그림 12.33의 그래프를 다시 생각해 보자. 이 그래프의 최소 일반 경로 커버는 경로 두 개로 이루어져 있다(그림 12.36).

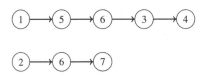

그림 12.36 최소 일반 경로 커버

최소 일반 경로 커버는 최소 노드 서로소 경로 커버와 비슷한 방법으로 구할 수 있다. 원래 그래프에 노드 a에서 노드 b로 가는 경로(여러 노드를 거치는 경로여도 무방하다)가 있는 경우 매칭 그래프에 $a \rightarrow b$ 간선을 추가한다. 그림 12.37에 이렇게 만들어진 매칭 그래프가 나와 있다.

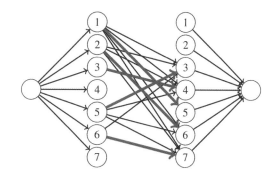

그림 12.37 최소 일반 경로 커버를 구하기 위한 매칭 그래프

딜워스 정리

반사슬(antichain)은 그래프의 노드 집합의 일종으로, 그래프의 간선을 이용하여 집합에 속한 노드 간에 경로를 만들 수 없는 경우를 말한다. **딜워스 정리**(Dilworth's theorem)에 의하면 DAG에서 최소 일반 경로 커버의 크기는 최대 반사슬의 크기와 같다. 예를 들어 그림 12.38에서 3, 7번 노드는 크기가 2인 반사슬을 이룬다. 이 그래프의 최소 일반 경로 커버가 경로 두 개로 이루어져 있기 때문에(그림 12.36) 이 반사슬은 최대 반사슬이 된다.

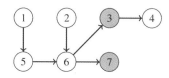

그림 12.38 3, 7번 노드가 최대 반사슬을 이룬다.

12.4 깊이 우선 탐색 트리

연결 그래프에 대한 깊이 우선 탐색을 진행하는 과정에서 루트가 있는 방향성 **신장 트리**가 만들어지는데, 이를 **깊이 우선 탐색 트리**(depth-first search tree)라 부른다. 이때 그래프의 간선을 탐색 과정에서의 역할에 따라 구분할 수 있으며, 무방향 그래프에 대해서는 간선을 두 종류로 나눌 수 있다. **트리 간선**(tree edge)은 깊이 우선 탐색 트리에 포함된 간선을 의미하고, **역방향 간선**(back edge)은 이미 방문한 노드로 향하는 간선을 의미한다. 역방향 간선이 가리키는 노드는 항상 조상 노드임에 유의하라.

예를 들어 그림 12.39에 그래프 하나와 그 그래프의 깊이 우선 탐색 트리가 나와 있다. 실선으로 표시된 간선이 트리 간선이고, 점선으로 표시된 간선이 역방향 간선이다.

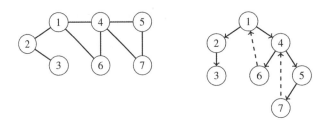

그림 12.39 그래프와 이 그래프의 깊이 우선 탐색 트리

이 절에서는 그래프를 다룰 때 깊이 우선 탐색 트리를 활용할 수 있는 몇 가지 사례를 살펴볼 것이다.

12.4.1 이중연결성

연결 그래프의 임의의 노드 하나를 삭제하더라도 연결 그래프라는 성질을 유지할 때, 이 그래프를 **이중연결 그래프**(biconnected graph)라고 한다. 예를 들어 그림 12.40에서 왼쪽 그래프는 이중연결 그래프이고 오른쪽 그래프는 이중연결 그래프가 아니다. 오른쪽 그래프의 경우, 3번 노드를 제거하면 두 개의 컴포넌트 {1, 4}와 {2, 5}로 분리되기 때문에 이중연결 그래프가 아니다.

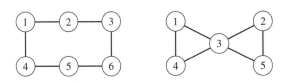

그림 12.40 왼쪽 그래프는 이중연결 그래프이고 오른쪽 그래프는 이중연결 그래프가 아니다.

어떤 노드를 삭제함으로써 그래프가 연결 그래프가 아니게 되는 경우, 이 노드를 **단절점**(articulation point)이라고 한다. 즉, 이중연결 그래프에는 단절점이 없다. 마찬가지로, 간선을 제거함으로써 그래프가 연결 그래프가 아니게 된다면 이 간선을 **단절선**(bridge)이라고 한다. 예를 들어 그림 12.41에서 4, 5, 7번 노드는 단절점이고 간선 4-5, 7-8은 단절선이다.

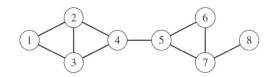

그림 12.41 단절점이 세 개이고 단절선이 두 개인 그래프

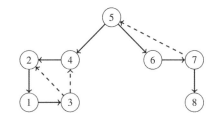

그림 12.42 깊이 우선 탐색을 이용하여 단절선과 단절점 찾기

깊이 우선 탐색을 이용하면 그래프의 모든 단절점과 단절선을 효율적으로 찾을 수 있다. 먼저 단절선을 찾기 위해 임의의 노드에서 깊이 우선 탐색을 시작하여 깊이 우선 탐색 트리를 만든다. 예를 들어 그림 12.42에 예제 그래프의 깊이 우선 탐색 트리가 나와 있다.

간선 $a \rightarrow b$가 단절선인 경우는 이 간선이 트리 간선이며 b의 서브트리에서 a나 a의 조상으로 가는 역방향 간선이 없는 경우와 같다. 그림 12.41의 간선 $5 \rightarrow 4$를 예로 들면, 노드 {1, 2, 3, 4}에서 5번 노드로 가는 역방향 간선이 없으므로 이 간선은 단절선이다. 하지만 간선 $6 \rightarrow 7$은 역방향 간선 $7 \rightarrow 5$가 있고 5번 노드가 6번 노드의 조상이므로 단절선이 아니다.

과정이 약간 더 복잡하긴 하지만, 앞서와 마찬가지로 깊이 우선 탐색 트리를 이용하면 단절점을 찾을 수 있다. 먼저 노드 x가 트리의 루트라면, 이 노드가 단절점인 경우는 자식이 둘 이상인 경우와 같다. x가 루트가 아니라면, 이 노드가 단절점인 경우는 자식 노드 중 그 노드의 서브트리에서 x의 조상으로 가는 역방향 간선이 없는 노드가 있는 경우와 같다.

예를 들어 그림 12.42에서 5번 노드는 루트이고 자식이 둘이므로 단절점이고, 7번 노드는 자식 노드인 8번 노드의 서브트리에서 7번 노드의 조상으로 가는 역방향 간선이 없으므로 역시 단절점이다. 하지만 2번 노드는 역방향 간선 $3 \rightarrow 4$가 있으므로 단절점이 아니고, 8번 노드는 자식이 없으므로 단절점이 아니다.

12.4.2 오일러 서브그래프

오일러 서브그래프(Eulerian subgraph)는 그래프의 모든 노드를 포함하고 있으며, 간선 중 일부를 포함하면서 모든 노드의 차수가 짝수가 되는 서브그래프를 의미한다. 예를 들어 그림 12.43에 그래프와 이 그래프의 오일러 서브그래프가 나와 있다.

연결 그래프에 대해 오일러 서브그래프의 개수를 세는 문제를 생각해 보자. 이에 대한 간단한 공식이 알려져 있다. k를 그래프의 깊이 우선 탐색 트리의 역방향 간선의 개수라고 할 때, 오일러 서브그래프가 항상 2^k개 존재한다. 이때 $k = m - (n - 1)$이 성립하는데, 여기서 n은 노드의 개수, m은 간선의 개수이다.

깊이 우선 탐색 트리를 생각해 보면 왜 이 공식이 성립하는지를 알 수 있다. 깊이 우선 탐색 트리에서 역방향 간선의 고정된 부분집합을 생각해 보자. 이 간선을 포함하는 오일러 서브그래프를 만들기 위해서는 모든 노드의 차수가 짝수가 되도록 트리 간선의 부분집합을 선택해야 한다. 이를 위해 트리를 말단에서부터 위쪽으로 살펴보면서, 트리 간선이 가리키는 노드의 차수가 그 간선을 추가함으로써 짝수가 될 때에만 간선을 서브트리에 추가한다. 그러면 모든 차수의 합이 짝수이므로 루트 노드의 차수도 짝수가 된다.

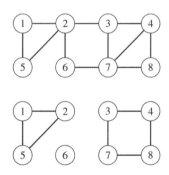

그림 12.43 그래프와 오일러 서브그래프

12.5 최소 비용 유량

최소 비용 유량(minimum cost flow) 문제에서는 소스와 싱크가 있는 방향 그래프를 다룬다. 각 간선에는 두 종류의 값이 있는데, 간선을 통해 보낼 수 있는 최대 유량인 용량(capacity)과 간선을 지나가기 위한 단위 가격을 나타내는 비용(cost)이다. 소스에서 싱크로 k만큼의 유량을 보내되 총 비용을 가능한 한 최소로 만드는 것이 문제의 목적이다.

최소 비용 유량 문제는 최대 유량 문제(12.3절)와 비슷하지만 두 가지 차이점이 있다. 더 많은 유량을 보낼 수 있더라도 정확히 k만큼을 보낸다는 점과, 간선마다 비용이 있어 총 비용을 최소화하는 답을 찾는다는 점이다.

예를 들어, 그림 12.44에 최소 비용 유량 그래프가 나와 있으며, 1번 노드가 소스, 4번 노드가 싱크이다. $a; b$는 간선의 용량이 a이고 비용이 b임을 의미한다. 예를 들어 2번 노드에서 3번 노드로 최대 5만큼의 유량을 보낼 수 있으며, 이때 단위 가격은 3이다. 그림 12.45에 $k = 4$만큼의 유량을 소스에서 싱크로 보내는 최적의 방법이 나와 있다. 이 답의 비용은 29이며, 다음과 같이 계산할 수 있다.

- 1번 노드에서 2번 노드로 유량 2를 보낸다(비용 $2 \cdot 1 = 2$).
- 2번 노드에서 3번 노드로 유량 1을 보낸다(비용 $1 \cdot 3 = 3$).
- 2번 노드에서 4번 노드로 유량 1을 보낸다(비용 $1 \cdot 8 = 8$).
- 1번 노드에서 3번 노드로 유량 2를 보낸다(비용 $2 \cdot 5 = 10$).
- 3번 노드에서 4번 노드로 유량 3을 보낸다(비용 $3 \cdot 2 = 6$).

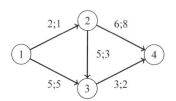

그림 **12.44** 최소 비용 유량 문제

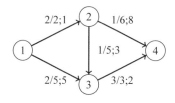

그림 **12.45** 유량 4를 보내는 최적의 방법

최소 비용 유량 문제는 굉장히 일반적인 문제로, 다른 문제가 최소 비용 유량 문제의 특수한 형태임에 유의하라. 비용을 무시하고 가능한 k의 최댓값을 찾는 문제는 최대 유량 문제가 된다. 그리고 각 간선의 용량이 무한하다면(혹은 최소 k 이상이라면), 문제는 소스에서 싱크로 가는 최소 비용 경로를 찾는 문제가 된다.

12.5.1 최소 비용 경로 알고리즘

입력 그래프에 음수 비용 사이클이 없다고 가정했을 때, 최소 비용 유량 문제는 포드-풀커슨 알고리즘(12.3절)의 수정된 형태로 풀 수 있다. 최대 유량 문제와 마찬가지로 소스에서 싱크로 가는 유량을 만드는 경로를 구한다. 항상 총 비용이 최소가 되는 경로를 고른다면 결과는 최소 비용 유량 문제의 최적해가 됨이 알려져 있다.[9]

포드-풀커슨 알고리즘을 사용하기 위해 각 간선에 대해 용량이 0이고 비용이 $-c$가 되는 역방향 간선을 만들며, 이때 c는 원래 간선의 비용이다.[4] 간선의 비용은 알고리즘이 진행되는 동안 절대 바뀌지 않는다. 다음으로 포드-풀커슨 알고리즘을 이용하여 항상 소스에서 싱크로 가는 최소 비용을 찾는다. 유량을 증가시키고 용량을 갱신하는 것은 최대 유량 문제와 같이 처리한다. 단, 현재의 유량이 f이고 경로를 통해 증가하는 유량이 x일 때 $f+x > k$가 된다면 유량을 $k-f$만큼만 증가시키고 즉시 종료한다.

그래프에 음수 비용 사이클이 없더라도 비용이 음수인 간선은 있을 수 있다. 이로 인해 음수 비용 간선에도 적용할 수 있는 벨만-포드 알고리즘을 이용하여 최소 비용 경로를 찾는다. 이 알고리즘은 $O(nmk)$ 시간에 동작하는데, 각 간선이 유량을 최소한 1만큼 증가시키며 벨만-포드 알고리즘을 이용하여 간선을 찾는 데 $O(nm)$ 시간이 걸리기 때문이다.

그림 12.46에 $k=4$일 때 예제 그래프에 대해 알고리즘이 어떻게 동작하는지가 나와 있다. 먼저 경로 $1 \to 2 \to 3 \to 4$를 찾으며, 이 경로의 비용은 $1+3+2=6$이다. 이 경로로 유량은 2만큼 증가하며 비용은 $2 \cdot 6 = 12$만큼 증가한다. 다음으로 경로 $1 \to 3 \to 4$를 찾으며, 유량은 1만큼 증가하고 비용은 7만큼 증가한다. 마지막으로 경로 $1 \to 3 \to 2 \to 4$를 찾으며 유량은 1만큼, 비용은 10만큼 증가한다. 이때 마지막 경로를 통해 유량을 2만큼 증가시킬 수 있었지만 목표로 했던 유량이 4이기 때문에 1만큼만 증가시켰음에 유의하라. 총 비용은 예상했던 것과 같이 $12+7+10=29$가 된다.

이 알고리즘이 올바르게 동작하는 이유는 무엇일까? 이 알고리즘은 다음과 같은 사실을 바탕으로 동작하지만 여기에서 증명하지는 않을 것이다. 만약 그래프(역방향 간선이 포함된)에 크기 f의 유량이 있고, 비용이 음수이면서 각 간선의 용량이 양수인 사이클이 없다면 이는 크기가 f인 최소 비용 유량이 된다.

처음 만들어진 그래프에는 음수 비용 사이클이 없고, 알고리즘이 진행되는 동안

---

4 만약 a에서 b로 가는 간선과 b에서 a로 가는 간선이 모두 있다면 두 간선 각각에 대해 역방향 간선을 만들어야 한다. 즉, 최대 유량 문제처럼 두 간선을 합칠 수 없는데, 각 간선에 있는 비용을 고려해야 하기 때문이다.

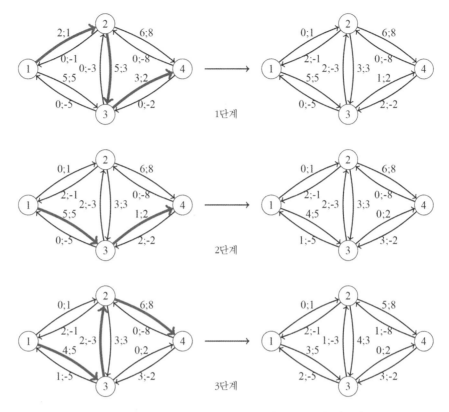

그림 12.46 최소 비용 간선 알고리즘을 이용하여 최소 비용 유량 찾기($k = 4$)

항상 소스에서 싱크로 가는 최소 비용 경로를 찾기 때문에 음수 비용 사이클은 절대 존재할 수 없게 된다. 즉, 음수 비용 사이클을 만들지 않으면서 크기가 k인 유량을 만들 수 있기 때문에 이 결과는 크기가 k인 최소 비용 유량이 된다.

12.5.2 최소 가중치 매칭

최소 비용 유량을 활용할 수 있는 사례 중 하나는 **최소 가중치 이분 매칭**(minimum weight bipartite matching) 문제로, 이분 가중 그래프가 주어졌을 때 크기가 k이면서 총 가중치가 최소가 되는 매칭을 찾는 문제이다. 이 문제는 최대 이분 매칭 문제의 일반화된 형태로 최소 비용 유량 알고리즘을 이용하여 비슷한 방법으로 풀 수 있다.

예를 들어 어떤 회사에 직원 n명과 작업 n개가 있고 각 직원에게 정확히 하나씩 작업을 할당하며 직원이 작업을 하는 데 드는 비용을 알고 있다고 하자. 이때 총 비용의 최솟값은 어떻게 되는가? 예를 들어 다음과 같은 입력을 생각해 보자.

직원	작업 1	작업 2	작업 3
안나	150	400	200
존	400	350	200
마리아	500	100	250

최적해는 작업 1을 안나에게, 작업 2를 마리아에게, 작업 3을 존에게 할당하는 것이다. 이때 총 비용은 150 + 100 + 200 = 450이 된다.

그림 12.47에 이를 최소 비용 유량 문제로 나타내는 방법이 나와 있다. 노드가 $2n + 2$개인 그래프를 만들며, 이때 노드는 소스, 싱크, 그리고 각 직원과 작업에 대응된다. 간선의 용량은 모두 1이며, 소스 또는 싱크와 연결된 간선의 비용은 0이고 직원과 작업을 연결하는 간선의 비용은 작업을 직원에게 할당할 때 드는 비용이다. 그러면 크기가 n인 최소 비용 유량이 문제의 최적해에 대응된다.

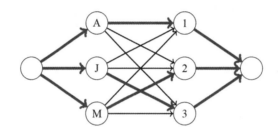

그림 12.47 최소 가중치 매칭을 최소 비용 유량 문제로 변환하여 최적 할당 찾기

12.5.3 알고리즘 개선하기

만약 최소 비용 경로 알고리즘에 사용되는 그래프에 용량이 양수이면서 비용이 음수인 사이클이 없음을 알고 있다면 벨만-포드 알고리즘 대신 다익스트라 알고리즘을 사용하여 알고리즘을 개선시킬 수 있다. 그래프를 수정하여 용량이 양수이면서 비용이 음수인 사이클이 없도록 만듦으로써 알고리즘을 개선시킬 수 있고, 동시에 새 그래프의 최소 비용 경로가 원래 그래프의 최소 비용 경로에 대응됨이 알려져 있다.

존슨 알고리즘(Johnson's algorithm)[18]에도 사용된 다음의 트릭을 이용한다. 각각의 노드 x에 임의의 수 $p[x]$가 할당되어 있다고 가정하자. 그러면 그래프를 수정하여 노드 a에서 노드 b로 가는 경로의 비용을 $c(a, b) + p[a] - p[b]$로 수정할 수 있으며, 이때 $c(a, b)$는 원래의 비용이다. 이렇게 수정하면 그래프의 최소 비용 경로가 바뀌지 않는다. 원래의 그래프에서 노드 x에서 노드 y로 가는 경로의 비용이 k일 때, 새 그래프에서 같은 경로의 비용은 $k + p[x] - p[y]$가 되고 $p[x] - p[y]$는 노드 x에서 노드 y로 가는 모든 경로에 적용되는 상수가 된다. 이렇게 되는 이유는 경로의 중간 노드에 적용된 p가 서로 상쇄되기 때문이다.

아이디어는 수정 후 음수 비용 간선이 없도록 p의 값을 고르는 것이다. 소스에서 노드 x로 가는 경로의 최소 비용을 $p[x]$로 정하면 이를 만족할 수 있다. 그러면 노드 a에서 노드 b로 가는 모든 간선에 대해 다음이 성립한다.

$$p[b] \le p[a] + c(a, b)$$

이는 다음과 같다.

$$c(a, b) + p[a] - p[b] \ge 0$$

즉, 수정 후 간선의 비용은 음수가 아니다.

이제 최소 비용 경로 알고리즘을 다음과 같이 구현할 수 있다. 먼저 벨만-포드 알고리즘을 이용하여 소스에서 출발하여 용량이 양수인 간선만으로 도달할 수 있는 모든 노드에 대해 최소 비용 경로를 찾는다. 그리고 간선의 비용을 p를 이용하여 수정하여 용량이 양수인 모든 간선의 비용이 음수가 되지 않도록 한다. 그 다음 실제 알고리즘을 시작하여 유량을 찾고, 최소 비용 경로를 찾을 때 다익스트라 알고리즘을 사용한다. 이때 항상 용량이 양수인 간선만으로 도달할 수 있는 모든 노드에 대해 최소 비용 경로를 찾고 p 값에 따라 간선의 비용을 갱신한다. 그리고 원래의 간선 비용을 이용하여 새로운 경로의 비용을 계산한다. 이 알고리즘은 $O(nm + k(m \log n))$ 시간에 동작하는데, 벨만-포드 알고리즘을 한 번 실행하고 다익스트라 알고리즘을 최대 k번 실행하기 때문이다.

그림 12.48에 개선된 알고리즘을 이용하여 예제 그래프의 최소 비용 유량을 계산하는 과정이 나와 있다. 먼저 벨만-포드 알고리즘을 이용하여 간선의 비용을 갱신하고, 다익스트라 알고리즘을 세 번 실행하여 최소 비용 경로를 찾는다. 용량이 양수인 모든 간선의 비용은 음수가 아니므로 다익스트라 알고리즘이 올바르게 동작한다. 각각의 경로가 그림 12.46의 경로에 대응됨에 유의하라. 간선의 비용만 바뀌었으며 원래의 간선 비용을 이용하여 최종 결과의 비용을 계산해야 한다.

처음 그래프에는 비용이 음수이면서 용량이 양수인 간선이 있을 수 있으므로 먼저 벨만-포드 알고리즘을 이용한다. 하지만 그 다음에는 그러한 간선이 없으므로 다익스트라 알고리즘을 이용할 수 있다. 경로를 찾고 유량을 증가시키는 과정에서 간선

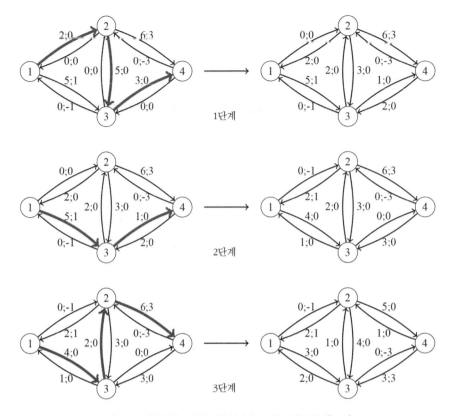

그림 12.48 개선된 알고리즘을 이용하여 최소 비용 유량 구하기($k = 4$)

의 용량이 변할 수 있지만 비용이 음수인 간선은 만들어지지 않는데, 그러한 간선은 소스에서 싱크로 가는 최소 비용 경로에 포함되었을 것이기 때문이다. 만약 경로가 노드 a에서 노드 b로 향한다면 $p[b] = p[a] + c(a, b)$임을 알 수 있으며, 이는 갱신 후 a에서 b로 가는 비용과 b에서 a로 가는 비용 모두 0이 됨을 의미한다.

실제로는 개선된 최단 비용 경로 알고리즘을 구현할 때 간선의 비용을 수정할 필요가 없다. 대신 경로를 구할 때 p를 더하거나 빼고, 매 라운드가 끝난 뒤 p 값을 갱신하면 된다.

13장

기하

이 장에서는 기하와 관련된 알고리즘 기법을 살펴본다. 이 장 전반에 걸친 목표는 기하 문제를 편리하게 푸는 방법을 찾되, 특별한 예외 처리나 까다로운 구현 방법은 지양하는 것이다.

13.1절에서는 기하 문제를 풀 때 유용한 도구가 되어 줄 C++ 복소수 클래스를 살펴본다. 그리고 외적을 이용하여 여러 문제를 해결하는 방법을 살펴보는데, 그 예로는 두 선분이 교차하는지 검사하는 문제와 점과 직선 사이의 거리를 계산하는 문제가 있다. 마지막으로, 다각형의 넓이를 구하는 방법, 그리고 맨해튼 거리의 특수한 성질을 살펴본다.

13.2절에서는 계산 기하에서 중요한 역할을 담당하는 스윕 라인 알고리즘을 살펴본다. 그리고 스윕 라인 알고리즘으로 교차점의 개수를 세는 문제, 가장 가까운 점의 쌍을 구하는 문제, 볼록 껍질을 구하는 문제를 푸는 방법을 살펴본다.

13.1 기하 기법

기하 문제를 풀 때 중점을 두어야 하는 부분은 예외 처리해야 하는 경우가 가능한 한 적고, 쉽게 구현할 수 있는 형태의 풀이를 이용하여 문제를 해결해야 한다는 것이다. 이 절에서는 기하 문제를 좀 더 쉽게 풀 수 있도록 도와주는 도구를 몇 가지 살펴볼 것이다.

13.1.1 복소수

복소수(complex number)는 $x + yi$ 꼴로 표현되는 수를 말하며, 이때 $i = \sqrt{-1}$은 허수

단위이다. 복소수를 기하학적 관점에서 해석해 보면 이차원 공간상의 점 (x, y), 혹은 원점에서 점 (x, y)로의 벡터를 표현한다고 볼 수 있다. 예를 들어 그림 13.1에 복소수 $4 + 2i$가 나와 있다.

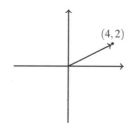

그림 13.1 복소수 $4 + 2i$를 점과 벡터로 표현한 것

기하 문제를 풀 때 C++의 복소수 클래스 complex를 요긴하게 사용할 수 있다. 이 클래스를 이용하면 점과 벡터를 복소수 형태로 표현할 수 있고, 클래스의 기능을 이용하여 점과 벡터를 다룰 수도 있다. 그러기 위해서는 먼저 좌표 자료형 C를 정의해야 하며, 상황에 따라 long long이나 long double을 사용하면 된다. 일반적으로, 정수 좌표를 써도 되는 경우에는 그렇게 하는 것이 좋은데, 이는 정수 계산이 정확하기 때문이다.

다음 코드에 좌표 자료형을 정의하는 방법이 나와 있다.

```
typedef long long C;     // 정수 좌표를 써도 되는 경우
```

```
typedef long double C;  // 정수 좌표를 쓸 수 없는 경우
```

그런 다음, 복소수 자료형 P를 정의하여 점이나 벡터를 표현한다.

```
typedef complex<C> P;
```

마지막으로, x, y 좌표를 나타낼 때 다음 매크로를 사용할 수 있다.

```
#define X real()
#define Y imag()
```

예를 들어 다음 코드는 점 $p = (4, 2)$를 생성한 후 x, y 좌푯값을 출력하는 코드이다.

```
P p = {4,2};
cout << p.X << " " << p.Y << "\n"; // 4 2
```

또한, 다음 코드는 벡터 $v = (3, 1)$과 $u = (2, 2)$를 생성한 후, 합 $s = v + u$를 계산하는 코드이다.

```
P v = {3,1};
P u = {2,2};
P s = v+u;
cout << s.X << " " << s.Y << "\n"; // 5 3
```

함수

complex 클래스에는 기하 문제를 풀 때 활용할 수 있는 함수도 구현되어 있다. 다음에 살펴볼 함수들은 좌표 자료형이 long double(혹은 그 밖의 부동 소수점 자료형)일 때만 사용할 수 있다.

함수 abs(v)는 벡터 $v = (x, y)$의 길이 $|v|$를 공식 $\sqrt{x^2 + y^2}$을 이용하여 계산하는 함수이다. 이 함수를 이용하여 두 점 (x_1, y_1)과 (x_2, y_2) 사이의 거리를 구할 수도 있는데, 이는 두 점 사이의 거리가 벡터 $(x_2 - x_1, y_2 - y_1)$의 길이와 같기 때문이다. 예를 들어 다음 코드는 두 점 $(4, 2)$와 $(3, -1)$ 사이의 거리를 구하는 코드이다.

```
P a = {4,2};
P b = {3,-1};
cout << abs(b-a) << "\n"; // 3.16228
```

함수 arg(v)는 벡터 $v = (x, y)$와 x축 사이의 각의 크기를 계산하는 함수이다. 이 함수는 각의 크기를 라디안으로 반환하며, r 라디안은 $180r/\pi$도와 같다. 오른쪽으로 향하는 벡터의 각도는 0이며, 시계방향으로는 각도가 감소하고 반시계방향으로는 증가한다.

함수 polar(s, a)는 길이가 s이고 각도가 a 라디안인 벡터를 생성하는 함수이다. 벡터에 길이가 1이고 각도가 a인 벡터를 곱하면 각도 a만큼 원래 벡터를 회전할 수 있다.

다음 코드는 벡터 $(4, 2)$의 각도를 구하고, 반시계방향으로 1/2 라디안만큼 벡터를 회전한 후, 다시 각도를 구하는 코드이다.

```
P v = {4,2};
cout << arg(v) << "\n"; // 0.463648
v *= polar(1.0,0.5);
cout << arg(v) << "\n"; // 0.963648
```

13.1.2 점과 선

벡디 $u - (x_1, y_1)$과 $b = (x_2, y_2)$의 **외적**(cross product) $a \times b$는 $x_1y_2 - x_2y_1$로 정의된다. 이 값을 이용하면 벡터 a의 바로 다음에 벡터 b를 놓았을 때 어느 방향을 가리키는지를 알 수 있다. 세 가지 경우에 대한 예가 그림 13.2에 나와 있다.

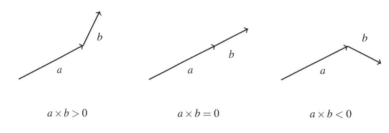

$$a \times b > 0 \qquad a \times b = 0 \qquad a \times b < 0$$

그림 13.2 벡터의 외적을 해석하는 방법

- $a \times b > 0$: b는 왼쪽으로 회전한다.
- $a \times b = 0$: b는 어느 방향으로도 회전하지 않는다(혹은 180도 회전한다).
- $a \times b < 0$: b는 오른쪽으로 회전한다.

예를 들어 벡터 $a = (4, 2)$와 $b = (1, 2)$의 외적을 구하면 $4 \cdot 2 - 2 \cdot 1 = 6$이고, 이는 그림 13.2의 첫 번째 경우에 해당한다. 다음 코드를 이용하면 외적을 구할 수 있다.

```
P a = {4,2};
P b = {1,2};
C p = (conj(a)*b).Y; // 6
```

앞의 코드가 잘 동작하는 이유는 다음과 같다. 먼저, conj 함수는 벡터의 y 좌표의 부호를 뒤집는 함수이다. 또한 벡터 $(x_1, -y_1)$에 (x_2, y_2)를 곱한 후 y 좌푯값을 구하면 $x_1 y_2 - x_2 y_1$이 된다.

외적을 활용할 수 있는 경우를 몇 가지 더 살펴보자.

점의 위치 판별하기

외적을 이용하면 어떤 점이 직선의 왼쪽, 혹은 오른쪽 중 어느 곳에 있는지를 판별할 수 있다. 직선이 두 점 s_1과 s_2를 지난다고 가정하자. 이때 방향이 s_1에서 s_2를 향하고 있으며, 주어진 점은 p라고 하자. 그림 13.3에 p가 직선의 왼쪽에 놓여 있는 경우가 나와 있다.

그림 13.3 점의 위치를 판별하는 방법

외적 $(p-s_1) \times (p-s_2)$를 구하면 점 p의 위치를 알 수 있다. 만일 외적이 양수라면 p가 왼쪽에 있는 것이고, 외적이 음수라면 p가 오른쪽에 있는 것이다. 그리고 외적이 0이라면 세 점 s_1, s_2, p가 일직선상에 있는 것이다.

선분 교차

다음으로 살펴볼 문제는 두 선분 ab와 cd가 교차하는지 여부를 판별하는 것이다. 두 선분이 교차하는 경우는 다음 세 가지 중 하나이다.

첫 번째 경우: 두 선분이 일직선상에 있으면서 서로 겹쳐진 경우. 이때는 교차점의 개수가 무수히 많다. 그림 13.4를 예로 들면 c와 b 사이에 있는 모든 점이 교차점이 된다. 이러한 경우를 판별하려면 외적을 이용하여 모든 점이 일직선상에 있는지를 검사하면 된다. 만약 점들이 일직선상에 있다면, 이들을 정렬하여 두 선분이 서로 겹치는지를 검사한다.

두 번째 경우: 두 선분이 만나는 지점이 한 선분의 꼭짓점인 경우. 그림 13.5를 예로 들면 점 c가 교차점이 된다. 이러한 경우는 쉽게 판별할 수 있는데, 교차점이 될 수 있는 경우는 정확히 네 가지이기 때문이다. 예를 들어 c는 a와 b 사이에 있는 경우에만 교차점이 된다.

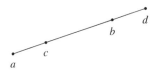

그림 13.4 첫 번째 경우: 두 선분이 일직선상에 있으며 서로 겹치는 경우

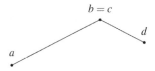

그림 13.5 두 번째 경우: 두 선분이 만나는 지점이 한 선분의 꼭짓점인 경우

세 번째 경우: 교차점이 한 개뿐이며 이것이 두 선분의 공통된 꼭짓점도 아닌 경우. 그림 13.6을 예로 늘면 섬 p가 교자섬이 된나. 이처럼 두 선분이 정확히 한 점에서 교차할 조건은 점 c, d가 점 a, b를 지나는 직선의 왼쪽과 오른쪽에 하나씩 놓여 있고, 점 a, b도 점 c, d를 지나는 직선의 왼쪽과 오른쪽에 하나씩 놓여 있는 것이다. 단, 네 점 중 딱 하나는 직선 위에 있어도 된다(알파벳 대문자 T와 같은 경우를 생각해 보자).[1] 외적을 이용하면 이러한 경우를 판별해낼 수 있다.

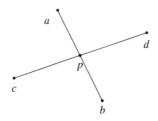

그림 13.6 세 번째 경우: 두 선분이 한 교차점을 가지며 이것이 공통된 꼭짓점이 아닌 경우

점과 직선 사이의 거리

외적의 또 다른 성질로는 다음 공식을 이용하여 삼각형의 넓이를 구할 수 있다는 것이 있다.

$$\frac{|(a-c) \times (b-c)|}{2}$$

이때 a, b, c는 삼각형의 세 꼭짓점이다. 이 사실을 이용하면 한 점에서 직선까지의 최단 거리를 계산하는 공식을 유도할 수 있다. 그림 13.7을 예로 들면 점 p에서 점 s_1, s_2를 지나는 직선까지의 최단 거리가 d와 같다.

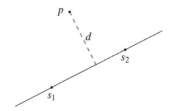

그림 13.7 점 p와 직선 사리의 거리 계산하기

---

1 (옮긴이) 혹은, 교차점이 둘 중 한 선분의 꼭짓점인 경우를 네 번째 경우로 두고, 세 번째 경우에서는 교차점이 꼭짓점이 아닌 경우만을 다뤄도 된다. 이때에는 점이 직선 위에 있는 경우를 허용하지 않는다.

꼭짓점이 s_1, s_2, p인 삼각형의 넓이를 구하는 공식에는 두 가지가 있다. 하나는 $\frac{1}{2}|s_2-s_1|d$이고(학교에서 가르쳐 주는 표준 공식), 다른 하나는 $\frac{1}{2}((s_1-p)\times(s_2-p))$ 이다(외적 공식). 이 둘이 일치해야 하므로 최단 거리를 다음과 같이 구할 수 있다.

$$d = \frac{(s_1-p)\times(s_2-p)}{|s_2-s_1|}$$

다각형 내부의 점

마지막으로, 주어진 점이 다각형의 내부와 외부 중 어느 쪽에 놓여 있는지를 판별하는 문제를 살펴보자. 그림 13.8을 예로 들면 점 a는 다각형의 내부에 놓여 있고, 점 b는 외부에 놓여 있다.

이 문제를 간단하게 푸는 방법은 주어진 점에서 임의의 방향으로 광선(ray)을 쏜 후, 광선이 다각형의 경계선과 만나는 횟수를 세는 것이다. 횟수가 홀수라면 점이 다각형의 내부에 놓여 있는 것이며, 짝수라면 외부에 놓여 있는 것이다.

그림 13.9에 나와 있는 예제를 살펴보자. 점 a에서 쏜 광선이 다각형의 경계선과 만나는 횟수는 각각 1, 3번이며, 따라서 이 점이 다각형의 내부에 놓여 있음을 알 수 있다. 이와 비슷하게, 점 b에서 쏜 광선은 경계선과 0, 2번 만나므로 점 b는 다각형의 외부에 놓여 있다.

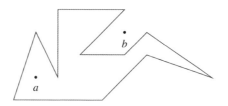

그림 13.8 점 a는 다각형의 내부에, 점 b는 외부에 놓여 있다.

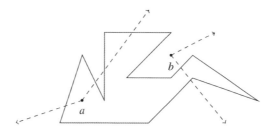

그림 13.9 점 a와 b에서 광선 쏘기

13.1.3 다각형의 넓이

다각형의 넓이를 구하는 공식은 다음과 같으며, 이 공식을 일면 **신발끈 공식**(shoe-lace formula)이라고도 부른다.[2]

$$\frac{1}{2}\left|\sum_{i=1}^{n-1}(p_i \times p_{i+1})\right| = \frac{1}{2}\left|\sum_{i=1}^{n-1}(x_i y_{i+1} - x_{i+1} y_i)\right|$$

이때 $p_1 = (x_1, y_1)$, $p_2 = (x_2, y_2)$, ..., $p_n = (x_n, y_n)$은 다각형의 꼭짓점이며, 꼭짓점의 순서는 p_i와 p_{i+1}이 다각형의 경계선 위에서 서로 인접하게끔 맞춰져 있다. 또한 첫 번째 꼭짓점과 마지막 꼭짓점은 동일하며, 즉 $p_1 = p_n$이 성립한다.

예를 들어 그림 13.10에 나와 있는 다각형의 넓이는 다음과 같다.

$$\frac{|(2\cdot5-5\cdot4)+(5\cdot3-7\cdot5)+(7\cdot1-4\cdot3)+(4\cdot3-4\cdot1)+(4\cdot4-2\cdot3)|}{2} = 17/2$$

이 공식에 숨어있는 아이디어는 다각형의 경계선과 수직선 $y=0$이 대변을 이루는 사다리꼴을 하나씩 살펴보는 것이다. 예를 들어 그림 13.11에 그러한 사다리꼴 중 하나가 나와 있다. 각 사다리꼴의 넓이는 다음과 같다.

$$(x_{i+1} - x_i)\frac{y_i + y_{i+1}}{2}$$

이때 다각형의 꼭짓점은 p_i와 p_{i+1}이다. 만일 $x_{i+1} > x_i$이라면 넓이가 양수이고, $x_{i+1} < x_i$라면 넓이가 음수이다. 그러한 사다리꼴의 넓이를 모두 합하면 다각형의 넓이가 되며, 이를 정리하면 다음과 같은 공식이 된다.

$$\left|\sum_{i=1}^{n-1}(x_{i+1} - x_i)\frac{y_i + y_{i+1}}{2}\right| = \frac{1}{2}\left|\sum_{i=1}^{n-1}(x_i y_{i+1} - x_{i+1} y_i)\right|$$

이 공식에서 합을 구한 후에 절댓값을 취함에 유의하라. 이는 다각형의 경계선을 시계방향, 또는 반시계방향 중 어느 쪽을 따라가느냐에 따라 합이 양수, 또는 음수가 될 수 있기 때문이다.

---

2 (옮긴이) 한 줄에 x_1부터 x_n까지를 쓰고, 그 다음 줄에 y_1부터 y_n까지를 쓴 후, x_i와 y_{i+1}를 선으로 연결하고 x_{i+1}과 y_i도 선으로 연결해 보자. 그러면 신발끈과 같은 모양이 만들어지기 때문에 이 공식에 이런 이름이 붙게 되었다.

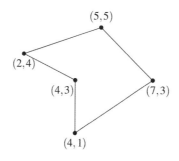

그림 13.10 넓이가 17/2인 다각형

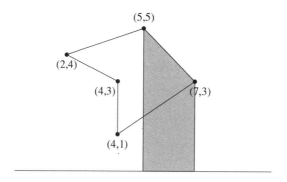

그림 13.11 사다리꼴을 이용하여 다각형의 넓이 구하기

픽의 정리

픽의 정리(Pick's theorem)는 다각형의 넓이를 구하는 또 다른 방법이다. 이때 다각형의 모든 꼭짓점이 정수 좌표를 갖는다고 가정한다. 픽의 정리에 따르면 다각형의 넓이는 다음과 같다.

$$a + b/2 - 1$$

여기서 a는 다각형 내부에 있으며 정수 좌표를 갖는 점의 개수이고, b는 다각형의 경계선상에 있으며 정수 좌표를 갖는 점의 개수이다. 예를 들어 그림 13.12에 나와 있는 다각형의 넓이는 다음과 같다.

$$6 + 7/2 - 1 = 17/2$$

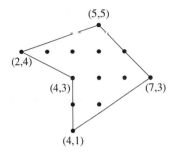

그림 13.12 픽의 정리를 이용하여 다각형의 넓이 구하기

13.1.4 거리 함수

거리 함수(distance function)는 두 점 사이의 거리를 정의하는 함수이다. 일반적으로 사용하는 거리 함수로 **유클리드 거리**(Euclidean distance)가 있는데, 두 점 (x_1, y_1)과 (x_2, y_2) 사이의 거리를 다음과 같이 정의한다.

$$\sqrt{(x_2 - x_1)^2 + (y_2 - y_1)^2}$$

또 다른 거리 함수로 **맨해튼 거리**(Manhattan distance)가 있는데, 두 점 (x_1, y_1)과 (x_2, y_2) 사이의 거리를 다음과 같이 정의한다.

$$|x_1 - x_2| + |y_1 - y_2|$$

예를 들어 그림 13.13에 나와 있는 두 점 사이의 유클리드는 거리는 다음과 같다.

$$\sqrt{(5-2)^2 + (2-1)^2} = \sqrt{10}$$

또한 두 점 사이의 맨해튼 거리는 다음과 같다.

$$|5-2| + |2-1| = 4$$

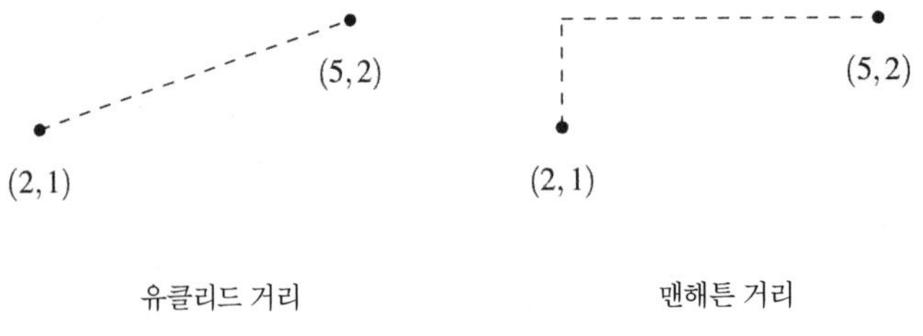

(5,2)   (2,1)   (2,1)   (5,2)

유클리드 거리   맨해튼 거리

그림 13.13 두 가지 거리 함수

그림 13.14에 중심점으로부터의 거리가 1 이하인 점들이 이루는 영역이 나와 있으며, 각 그림은 유클리드 거리와 맨해튼 거리를 사용할 때에 대한 것이다.

문제에서 유클리드 거리가 아니라 맨해튼 거리를 사용했기 때문에 좀 더 쉽게 풀수 있게 되는 경우가 더러 있다. 예를 들어 2차원 공간상에 점들이 있을 때, 두 점 사이의 맨해튼 거리가 최대가 되는 경우를 찾는 문제를 살펴보자. 그림 13.15를 예로 들면 점 B와 C를 택해야 두 점 사이의 맨해튼 거리가 5로 최대가 된다.

맨해튼 거리를 사용할 때 유용한 기법 중 하나로 좌표 (x, y)를 $(x+y, y-x)$로 변환하는 것이 있다. 이렇게 하는 것은 점을 45도 회전한 후 배율 변환(scale)하는 것과 같다. 예를 들어 앞의 예제에 대해 좌표를 변환한 결과가 그림 13.16에 나와 있다.

이제 두 점 $p_1 = (x_1, y_1)$과 $p_2 = (x_2, y_2)$를 $p_1' = (x_1', y_1')$와 $p_2' = (x_2', y_2')$로 변환했다고 해보자. 두 점 p_1과 p_2 사이의 맨해튼 거리를 다음과 같이 두 가지 방법으로 표현할 수 있다.

유클리드 거리

맨해튼 거리

그림 13.14 거리가 1 이하인 점들이 이루는 영역

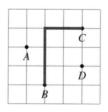

그림 13.15 점 B와 C 사이의 맨해튼 거리가 최대이다.

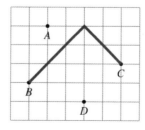

그림 13.16 좌표를 변환한 후의 최대 맨해튼 거리

$$|x_1 - x_2| + |y_1 - y_2| = \max(|x_1' - x_2'|,\ |y_1' - y_2'|)$$

예를 들어 두 점이 $p_1 = (1, 0)$과 $p_2 = (3, 3)$이었다면, 두 점의 좌표를 변환한 결과는 $p_1' = (1, -1)$과 $p_2' = (6, 0)$이 되고, 두 점 사이의 맨해튼 거리는 다음과 같이 된다.

$$|1 - 3| + |0 - 3| = \max(|1 - 6|,\ |-1 - 0|) = 5$$

좌표를 변환하면 맨해튼 거리를 좀 더 쉽게 다룰 수 있게 되는데, 이는 x 좌표와 y 좌표를 독립적으로 처리할 수 있기 때문이다. 구체적인 예로 맨해튼 거리가 최대가 되는 경우를 구하고 싶다면, 점들의 좌표를 변환한 후 다음 식을 최대로 하는 두 점을 구하면 된다.

$$\max(|x_1' - x_2'|,\ |y_1' - y_2'|)$$

이를 구하기는 쉬운데, 좌표를 변환한 후 수평 방향, 혹은 수직 방향으로 좌푯값이 가장 크게 차이나는 경우를 구하면 되기 때문이다.

13.2 스윕 라인 알고리즘

많은 기하 문제를 스윕 라인 알고리즘으로 풀 수 있다. 그러한 알고리즘에서 사용되는 아이디어는 문제를 이벤트의 집합으로 보고, 각 이벤트를 평면상의 점에 대응시키는 식으로 모델링하는 것이다. 그리고 나서 이벤트를 x 좌표나 y 좌표가 증가하는 순서대로 처리하면 된다.

13.2.1 교차점의 개수 세기

선분이 n개 있을 때, 교차점의 개수를 세는 문제를 살펴보자. 이때 각각의 선분은 수평 선분이거나 수직 선분이다. 예를 들어 그림 13.17에 선분 다섯 개와 교차점 세 개가 나와 있다.

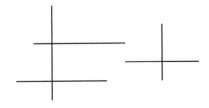

그림 13.17 선분 다섯 개와 교차점 세 개

이 문제를 $O(n^2)$ 시간에 쉽게 풀 수 있다. 선분의 가능한 모든 조합을 살펴보면서 교차하는지 검사하는 것이다. 그러나 스윕 라인 알고리즘과 구간 질의 자료 구조를 사용하면 이 문제를 좀 더 효율적인 $O(n \log n)$ 시간에 풀 수 있다. 아이디어는 선분의 양 끝점을 왼쪽에서 오른쪽의 순서로, 세 가지 종류의 이벤트로 나누어 처리하는 것이다.

(1) 수평 선분이 시작하는 점
(2) 수평 선분이 끝나는 점
(3) 수직 선분

그림 13.18에 앞의 예제에 대한 이벤트가 나와 있다.

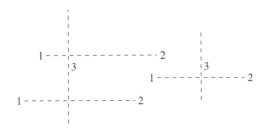

그림 13.18 각 선분에 대응되는 이벤트

이처럼 이벤트를 생성한 후, 각각을 왼쪽에서 오른쪽 순서로 살펴보면서 처리한다. 그리고 자료 구조를 이용하여 현재 남아있는 수평 선분들의 y 좌표를 관리해 나간다. 첫 번째 종류의 이벤트를 처리할 때는 수평 선분의 y 좌푯값을 자료 구조에 추가하고, 두 번째 종류의 이벤트를 처리할 때는 y 좌푯값을 자료 구조에서 삭제한다. 교차점의 개수를 따지는 것은 세 번째 종류의 이벤트를 처리할 때다. 좌푯값이 y_1과 y_2인 수직 선분을 처리할 때, 현재 남아있는 수평 선분들 중에서 y 좌푯값이 y_1과 y_2 사이인 선분의 개수를 구한다. 그리고 구한 값을 전체 교차점의 개수에 누적시킨다.

수평 선분의 y 좌푯값을 저장할 때는 이진 인덱스 트리나 구간 트리를 사용하며, 때에 따라서는 인덱스 압축 기법도 적용한다. 각 이벤트를 처리하는 데 $O(\log n)$ 시간이 걸리기 때문에 전체 알고리즘의 수행 시간은 $O(n \log n)$이다.

13.2.2 가장 가까운 쌍 문제

다음에 살펴볼 문제는 점이 n개 있을 때 유클리드 거리가 최소인 두 점을 구하는 문제이다. 예를 들어 그림 13.19에 점의 집합이 나와 있으며, 가장 가까운 점의 쌍에 검은색이 칠해져 있다.

이 문제도 스윕 라인 알고리즘을 이용하여 $O(n \log n)$시간에 풀 수 있는 예다 [3] 점들을 왼쪽에서 오른쪽 순서로 살펴보면서 d라는 값을 관리해 나간다. 이 값은 현재까지 구한 두 점 사이의 최소 거리이다. 각 점을 살펴볼 때, 그 점에서 왼쪽 방향으로 가장 가까운 점을 구한다. 만약 이렇게 구한 두 점 사이의 거리가 d보다 작다면, 이는 새로운 최소 거리를 구한 것이므로 d 값을 갱신한다.

현재 살펴보고 있는 점이 (x, y)이며, 거리가 d보다 가까운 점이 왼쪽에 있다고 하자. 그러면 그 점의 x 좌표는 $[x-d, x]$ 범위에 있어야 하고, y 좌표도 $[y-d, y+d]$ 범위에 있어야 한다. 즉, 이 범위 안에 있는 점만 살펴보면 되기 때문에 알고리즘이 효율적으로 동작할 수 있다. 그림 13.20을 예로 들면 현재 살펴보고 있는 점과의 거리가 d보다 가까울 가능성이 있는 점들이 점선으로 표시된 영역 내에 포함된다.

이 알고리즘이 효율적인 이유는 이와 같은 영역 내에 항상 $O(1)$개의 점만 포함되어 있기 때문이다. 이러한 성질을 설명하기 위해 그림 13.21을 살펴보자. 현재까지 구한 두 점 사이의 최소 거리가 d이므로, 크기가 $d/2 \times d/2$인 사각형 안에는 최대 한

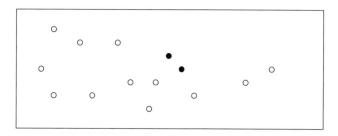

그림 13.19 가장 가까운 쌍 문제의 예

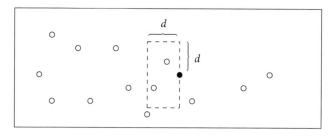

그림 13.20 가장 가까운 점이 위치해야 할 영역

3 과거에는 가장 가까운 쌍 문제를 푸는 효율적인 알고리즘을 찾는 것이 계산 기하 분야의 가장 중요한 미해결 문제였다. 결국 샤모스(Shamos)와 호이(Hoey)가 $O(n \log n)$ 시간에 동작하는 분할 정복 알고리즘을 발견했다.[30] 여기에서 살펴볼 스윕 라인 알고리즘도 분할 정복 알고리즘과 일부 비슷한 내용이 있긴 하지만, 구현하는 것은 스윕 라인 알고리즘이 좀 더 쉽다.

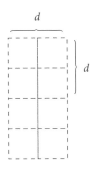

그림 13.21 가장 가까운 점의 영역에는 $O(1)$개의 점만 포함된다.

개의 점만 포함될 수 있다. 따라서 이 영역 내에 포함될 수 있는 점의 개수는 최대 여덟 개다.

영역 내의 점을 $O(\log n)$ 시간에 살펴보기 위해서는 x 좌표가 $[x - d, x]$ 범위에 있는 점들의 집합을 관리하되, 각 점이 y 좌표가 증가하는 순서대로 정렬되어 있도록 하면 된다. 이 알고리즘의 시간 복잡도는 $O(n \log n)$이다. 각 점을 한 번씩 살펴보면서, 그 점에서 왼쪽으로 가장 가까운 점을 $O(\log n)$에 구하기 때문이다.

13.2.3 볼록 껍질 문제

볼록 껍질(convex hull)은 주어진 점을 모두 포함하는 가장 작은 볼록 다각형이다. 여기서 볼록하다는 말의 의미는 다각형의 어느 두 꼭짓점을 택하더라도 그 둘을 연결하는 선분 전체가 다각형 내부에 놓여 있다는 의미이다. 예를 들어 그림 13.22에 점 여러 개와 그들의 볼록 껍질이 나와 있다.

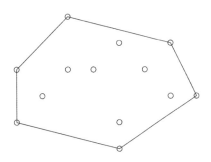

그림 13.22 주어진 점들의 볼록 껍질

볼록 껍질을 구하는 효율적인 알고리즘에는 여러 가지가 있다. 아마도 그 중 가장 간단한 것은 이제부터 살펴볼 **앤드루 알고리즘**(Andrew's algorithm)일 것이다.[2] 먼저 주어진 점들 중 제일 왼쪽 점과 제일 오른쪽 점을 구하고, 두 단계로 나누어 볼록 껍질을 구해 나간다. 각 단계에서는 위쪽 껍질과 아래쪽 껍질을 구한다. 두 단계가 서로 비슷하기 때문에 위쪽 껍질을 구하는 과정에 초점을 맞추려 한다.

먼저 점들을 x 좌표 기준으로, 그리고 그 다음에는 y 좌표 기준으로 정렬한다. 그러고 난 후, 각 점을 살펴보면서 그 점을 껍질에 추가해 본다. 점을 껍질에 추가한 후에는 껍질의 마지막 선분이 왼쪽으로 회전하지 않는다는 성질이 항상 만족되어야 한다. 만일 왼쪽으로 회전하는 선분이 생긴다면 왼쪽으로 회전하는 선분이 없을 때까지 껍질의 마지막에서 두 번째 점을 제거하는 과정을 반복한다. 그림 13.23에 앤드루 알고리즘으로 주어진 예제에 대해 위쪽 껍질을 구하는 과정이 나와 있다.

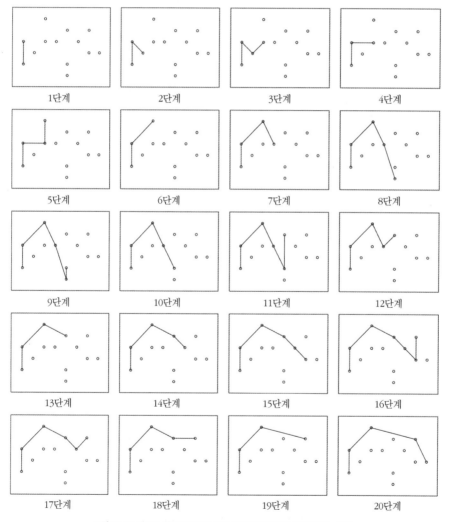

그림 13.23 앤드루 알고리즘으로 볼록 껍질의 윗부분을 만들어가는 과정

14장

문자열 알고리즘

이 장에서는 문자열 처리와 관련된 주제를 살펴본다.

14.1절에서는 문자열의 집합을 관리하기 위한 트라이 구조를 살펴본다. 그 다음, 최장 공통 부분 수열과 편집 거리를 계산하기 위한 동적 계획법 기반의 알고리즘을 살펴볼 것이다.

14.2절에서는 문자열 해싱 기법을 살펴본다. 이는 효율적인 문자열 알고리즘을 만들기 위해 일반적으로 사용되는 기법이다. 핵심 아이디어는 문자열을 비교할 때 모든 글자를 살펴보지 않고 해시값만 비교함으로써 이를 상수 시간에 처리하게끔 하는 것이다.

14.3절에서는 문자열의 각 위치에서 시작하는 부분 문자열 중 원래 문자열의 접두사이기도 한 가장 긴 문자열을 찾는 Z 알고리즘을 살펴본다. Z 알고리즘을 해싱을 이용하여 풀 수 있는 많은 문자열 문제에 대한 대체 수단으로 활용할 수 있다.

14.4절에서는 접미사 배열 구조를 살펴본다. 이는 여러 고급 문자열 문제를 푸는 데 사용할 수 있다.

14.5절에서는 오토마타 이론의 기초를 살펴보고 패턴 매칭 오토마타와 접미사 오토마타를 이용하여 여러 문자열 문제를 푸는 방법을 살펴볼 것이다.

14.1 기본 주제

이 장에서 다루는 문자열은 인덱스가 0부터 시작한다고 가정한다. 예를 들어 길이가 n인 문자열 s를 이루는 글자는 s[0], s[1], ..., s[n - 1]이다.

알파벳(alphabet)은 문자열에 사용되는 글자를 의미한다. 예를 들어, 알파벳 {a, b,

. . . , z|는 라틴 문자 소문자로 이루어져 있다.

부분 문자열(substring)은 문자열이 연속된 글자가 나열된 형태를 말한다. s[a … b]는 위치 a에서 시작하고 위치 b에서 끝나는 s의 부분 문자열을 나타낸다. **부분 수열**(subsequence)은 문자열의 일부 글자가 원래의 순서를 유지하며 나열된 형태를 말한다.[1] 모든 부분 문자열은 부분 수열이 되지만, 그 반대의 경우는 성립하지 않는다(그림 14.1). 부분 문자열 혹은 부분 수열이 원래의 문자열 전체가 아닌 경우 진부분 문자열(proper substring) 혹은 진부분 수열(proper subsequence)이라고 표현한다.

접두사(prefix)는 문자열의 첫 번째 글자를 포함한 부분 문자열을 말하고, **접미사**(suffix)는 문자열의 마지막 글자를 포함한 부분 문자열을 말한다. 예를 들어 문자열 BYTE의 접두사는 {B, BY, BYT, BYTE}이고 접미사는 {E, TE, YTE, BYTE}이다. 경계(border)는 접두사이면서 접미사인 부분 문자열이다. 예를 들어 AB는 ABCAAB의 경계이다.

문자열의 **회전**(rotation)은 주어진 문자열의 첫 번째 글자를 마지막으로 옮기는 과정을 반복함으로써 만들 수 있다. 예를 들어 ATLAS의 회전은 ATLAS, TLASA, LASAT, ASATL, SATLA이다.

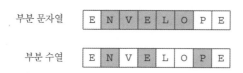

그림 14.1 NVELO는 부분 문자열이고 NEP는 부분 수열이다.

14.1.1 트라이 자료 구조

트라이(trie)는 문자열의 집합을 관리하는 루트 트리이다. 집합의 각 문자열은 트리의 루트 노드에서 시작하는 글자 경로의 형태로 저장된다. 두 문자열이 공통 접두사를 갖는다면 트리에서 경로가 겹치게 된다. 예를 들어 그림 14.2의 트라이는 집합 {CANAL, CANDY, THE, THERE}에 대응된다. 노드 안의 원은 그 노드에서 끝나는 문자열이 집합에 존재함을 의미한다.

---

1   (옮긴이) 문자의 나열을 수열(數列)로 표현하는 것은 어색할 수 있지만, 많은 자료에서 'sequence'를 수열로 번역하여 사용하고 있어 여기서도 그 표현을 따르기로 했다.

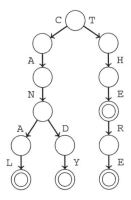

그림 14.2 문자열 CANAL, CANDY, THE, THERE를 포함한 트라이

트라이를 만들고 난 후, 주어진 문자열이 트라이에 포함되어 있는지를 확인하기 위해서는 루트 노드에서 시작하는 경로를 따라가보면 된다. 새로운 문자열을 트라이에 추가하기 위해서는 경로를 따라가면서 필요할 때 새로운 노드를 추가하면 된다. 두 연산 모두 $O(n)$ 시간에 동작하며, n은 문자열의 길이를 나타낸다.

트라이는 다음과 같은 배열에 저장할 수 있다.

```
int trie[N][A];
```

N은 노드의 최대 수, 즉 집합에 속한 문자열 전체 길이의 최대 제한 값이다. A는 알파벳의 개수, 즉 가능한 글자의 종류 수이다. 트라이의 노드는 0, 1, 2, …의 순서로 번호가 매겨지며 루트 노드의 번호는 0이다. trie[s][c]는 노드 s에서 글자 c를 따라가면 어느 노드로 이동하게 되는지를 나타낸다.

트라이의 구조를 다양한 방법으로 확장할 수 있다. 예를 들어 집합 내의 문자열 중 주어진 문자열이 접두사가 되는 문자열의 수를 세는 질의를 생각해 보자. 이를 효율적으로 처리하기 위해서는 트라이의 각 노드에 그 노드를 거치는 경로의 수를 저장하면 된다.

14.1.2 동적 계획법

동적 계획법을 이용하여 여러 문자열 문제를 풀 수 있다. 그 중 두 가지 예제 문제를 살펴보자.

최장 공통 부분 수열

두 문자열의 **최장 공통 부분 수열**(longest common subsequence)은 두 문자열 모

두의 부분 수열이 되는 문자열 중 가장 긴 것을 말한다. 예를 들어 TOUR와 OPERA의 최장 공통 부분 수열은 OR이다.

동적 계획법을 이용하면 두 문자열 x와 y의 최장 공통 부분 수열을 $O(nm)$ 시간에 구할 수 있다. 이때 n과 m은 각 문자열의 길이를 나타낸다. 이를 위해 함수 $lcs(i, j)$를 두 문자열의 접두사 $x[0 \dots i]$와 $y[0 \dots j]$의 최장 공통 부분 수열의 길이로 정의한다. 그리고 다음 점화식을 이용하여 값을 구한다.

$$lcs(i, j) = \begin{cases} lcs(i-1, j-1) + 1 & x[i] = y[j] \\ \max(lcs(i, j-1), lcs(i-1, j)) & \text{그 외의 경우} \end{cases}$$

아이디어는 $x[i]$와 $y[j]$가 같을 경우에 두 글자를 이용하여 최장 공통 부분 수열의 길이를 1 증가시키는 것이다. 그렇지 않다면 x 또는 y의 마지막 글자를 제거하는데, 어떤 문자열의 글자를 제거하는 것이 최적인지를 판단하여 결정을 내린다.

예를 들어 그림 14.3에 예제 문자열에 대한 lcs 함수의 값이 나와 있다.

	O	P	E	R	A
T	0	0	0	0	0
O	1	1	1	1	1
U	1	1	1	1	1
R	1	1	1	2	2

그림 14.3 TOUR와 OPERA의 최장 공통 부분 수열을 구하기 위한 lcs 함수의 값

편집 거리

두 문자열의 **편집 거리**(edit distance), 혹은 **레벤슈타인 거리**(Levenshtein distance)는 첫 번째 문자열을 두 번째 문자열로 변환하기 위해 필요한 편집 연산의 최소 횟수를 나타낸다. 허용되는 편집 연산은 다음과 같다.

- 글자를 삽입한다(예, ABC → ABCA).
- 글자를 삭제한다(예, ABC → AC).
- 글자를 수정한다(예, ABC → ADC).

예를 들어 LOVE와 MOVIE의 편집 거리는 2인데, 먼저 수정 연산을 이용하여 LOVE를 MOVE로 변환하고, 여기에 삽입 연산을 이용하여 MOVIE로 변환하면 되기 때문이다.

두 문자열 x와 y의 편집 거리는 $O(nm)$ 시간에 계산할 수 있으며, 이때 n과 m은 각 문자열의 길이이다. $edit(i, j)$를 접두사 $x[0 \dots i]$와 $y[0 \dots j]$의 편집 거리로 정의하자.

함수의 값은 다음 점화식을 이용하여 계산할 수 있다.

$$\begin{aligned} \text{edit}(a, b) = \min(&\text{edit}(a, b-1)+1, \\ &\text{edit}(a-1, b)+1, \\ &\text{edit}(a-1, b-1)+\text{cost}(a, b)) \end{aligned}$$

만약 x[a] = y[b]라면 cost(a, b) = 0이고, 그렇지 않다면 cost(a, b) = 1이다. 이 공식은 문자열 x를 수정하는 세 가지 경우를 고려한 식으로, 각각은 x의 마지막에 글자 삽입하기, x의 마지막 글자 삭제하기, x의 마지막 글자를 일치시키거나 수정하기이다. 마지막 경우에서 x[a] = y[b]라면 글자를 수정하지 않고도 일치시킬 수 있다.

예를 들어 그림 14.4에 예제 문자열에 대한 edit 함수의 값이 나와 있다.

	M	O	V	I	E
L	1	2	3	4	5
O	2	1	2	3	4
V	3	2	1	2	3
E	4	3	2	2	2

그림 14.4 LOVE와 MOVIE의 편집 거리를 계산하기 위한 edit 함수의 값

14.2 문자열 해싱

문자열 해싱(string hashing)을 이용하면 두 문자열이 같은지를 효율적으로 판단할 수 있다. 해시값(hash value)은 문자열의 글자를 이용하여 계산한 정숫값이다. 두 문자열이 같으면 해시값도 같고, 따라서 해시값을 이용하여 문자열이 같은지를 판단하는 것이 가능하다.

14.2.1 다항식 해싱

일반적으로 많이 쓰는 문자열 해싱 구현 방법은 **다항식 해싱**(polynomial hashing)으로, 길이가 n인 문자열 s의 해시값을 다음과 같이 계산한다.

$$(s[0]A^{n-1} + s[1]A^{n-2} + \cdots + s[n-1]A^0) \bmod B$$

이때 $s[0], s[1], \ldots, s[n-1]$은 문자의 아스키 코드값이고 A와 B는 미리 정한 상수이다.

예를 들어 문자열 ABABC의 해시값을 계산해 보자. A, B, C의 아스키 코드값은 각각 65, 66, 67이다. 해시값을 계산하기 위해 상수를 정해야 하는데, $A = 3$, $B = 97$로 정의

하자. 그러면 해시값을 다음과 같이 계산할 수 있다.

$$(65 \cdot 3^4 + 66 \cdot 3^3 + 65 \cdot 3^2 + 66 \cdot 3^1 + 67 \cdot 3^0) \bmod 97 = 40$$

다항식 해싱을 사용하면 문자열 s의 모든 부분 문자열의 해시값을 $O(1)$ 시간에 계산할 수 있다. 이때 전처리 과정에 $O(n)$ 시간이 걸린다. 아이디어는 배열 h를 정의하여 부분 문자열 s[0 … k]의 해시값을 h[k]에 저장하는 것이다. 배열의 값은 다음과 같이 재귀적으로 계산할 수 있다.

$$h[0] = s[0]$$
$$h[k] = (h[k-1]A + s[k]) \bmod B$$

그리고 $p[k] = A^k \bmod B$인 배열 p를 다음과 같이 재귀적으로 계산하여 만든다.

$$p[0] = 1$$
$$p[k] = (p[k-1]A) \bmod B$$

이처럼 배열을 만드는 데는 $O(n)$ 시간이 걸린다. 그러고 나면 부분 문자열 s[a … b]의 해시값을 다음 공식을 이용하여 $O(1)$ 시간에 계산할 수 있게 된다.

$$(h[b] - h[a-1]p[b-a+1]) \bmod B$$

이 공식은 $a > 0$일 때 사용할 수 있다. $a = 0$일 때의 해시값은 h[b]이다.

14.2.2 응용

해싱을 이용하면 문자열에 대한 임의의 부분 문자열을 $O(1)$ 시간에 비교할 수 있기 때문에 많은 문제를 효율적으로 풀 수 있게 된다. 무차별 알고리즘을 먼저 생각해 낸 뒤, 해싱을 적용하여 알고리즘을 효율적으로 만드는 방식을 보통 사용하게 될 것이다.

패턴 매칭

문자열과 관련된 기초적인 문제 중 하나로 **패턴 매칭**(pattern matching) 문제가 있다. 이는 문자열 s와 패턴 p가 있을 때, s 내에서 p가 등장하는 위치를 찾는 문제이다. 예를 들어 문자열 ABCABABCA 내에서 패턴 ABC가 등장하는 위치는 0과 5이다(그림 14.5).

패턴 매칭 문제를 $O(n^2)$ 시간 무차별 알고리즘으로 풀 수 있다. 문자열 s 내에서 패턴 p가 등장할 수 있는 모든 위치를 하나씩 살펴보면서 모든 글자를 하나씩 비교해 보는 것이다. 이때 해싱을 이용하면 이 알고리즘을 더 효율적으로 만들 수 있는데, 문자열 비교를 $O(1)$ 시간에 할 수 있게 되기 때문이다. 따라서 알고리즘의 전체 시간 복잡도는 $O(n)$이 된다.

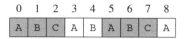

그림 14.5 문자열 ABCABABCA에서 패턴 ABC는 두 번 등장한다.

서로 다른 부분 문자열

어떤 문자열에 대해 길이가 k인 서로 다른 부분 문자열의 수를 세는 문제를 생각해 보자. 예를 들어 문자열 ABABAB의 길이가 3인 서로 다른 부분 문자열은 ABA와 BAB의 두 개이다. 해싱을 이용하면 각 부분 문자열의 해시값을 계산한 뒤 서로 다른 정수의 수를 세는 문제로 변환할 수 있는데, 이는 $O(n \log n)$ 시간에 풀 수 있는 문제이다.

사전 순 첫 번째 회전

문자열의 회전 중 사전 순으로 첫 번째인 문자열을 찾는 문제를 생각해 보자. 예를 들어 ATLAS의 회전 중 사전 순으로 첫 번째 문자열은 ASATL이다.

이 문제를 효율적으로 풀기 위해서는 문자열 해싱과 이분 탐색을 결합하여 사용해야 한다. 핵심 아이디어는 두 문자열의 순서를 로그 시간에 판단할 수 있다는 점이다. 먼저 문자열의 공통 접두사의 길이를 이분 탐색으로 찾는다. 이때 해싱을 이용하면 특정 길이의 접두사 두 개가 일치하는지를 $O(1)$ 시간에 판단할 수 있다. 그 다음, 공통 접두사 다음의 글자를 비교하여 문자열의 순서를 판단하면 된다.

이제 문제를 풀기 위해 원래 문자열을 두 번 이어붙인 문자열(예: ATLASATLAS)을 만들고 길이가 n인 부분 문자열을 하나씩 살펴보면서 사전 순으로 첫 번째인 문자열을 관리한다. 각각의 비교에 걸리는 시간이 $O(\log n)$이므로, 알고리즘의 전체 시간 복잡도는 $O(n \log n)$이다.

14.2.3 충돌과 상수

해시값을 비교할 때는 **충돌**(collision)이라는 문제를 중요하게 생각해야 하는데, 이는 두 문자열의 내용이 다르지만, 해시값이 같은 경우를 말한다. 이 경우, 알고리즘에서 해시값만을 이용한다면 두 문자열이 같지 않은데도 같다고 판단할 수 있고, 그렇기 때문에 결과가 올바르지 않을 수 있다.

서로 다른 문자열의 수가 서로 다른 해시값의 **수**보다 많기 때문에 충돌은 언제든지 발생할 수 있다. 하지만 상수 A와 B를 잘 선정한다면 충돌이 발생할 확률을 낮출 수 있다. 일반적인 방법은 무작위로 선정한 10^9에 가까운 상수를 사용하는 것이다. 예를 들면 다음과 같다.

$$A = 911382323$$
$$B = 972663749$$

이러한 상수를 사용할 때는 long long 자료형을 사용하여 해시값을 계산하면 되는데, 상수의 곱 AB와 BB가 모두 long long의 범위를 벗어나지 않기 때문이다. 그렇다면, 서로 다른 해시값의 개수를 약 10^9으로 두기만 하면 충분할까?

해싱을 사용할 수 있는 다음 세 가지 시나리오를 생각해 보자.

첫 번째 시나리오: 문자열 x와 y를 비교한다. 충돌이 발생할 확률은 $1/B$로, 이때 모든 해시값의 발생 확률이 같다고 가정한다.

두 번째 시나리오: 문자열 x를 여러 문자열 $y_1, y_2, \ldots, y_n$과 비교한다. 충돌이 한 번 이상 발생할 확률은 다음과 같다.

$$1 - (1 - 1/B)^n$$

세 번째 시나리오: 문자열 $x_1, x_2, \ldots, x_n$을 서로 비교한다. 충돌이 한 번 이상 발생할 확률은 다음과 같다.

$$1 - \frac{B \cdot (B-1) \cdot (B-2) \cdots (B-n+1)}{B^n}$$

표 14.1에 $n = 10^6$일 때 B의 크기별로 충돌이 발생할 확률이 나와 있다. 첫 번째와 두 번째 시나리오에 대해서는 $B \approx 10^9$일 때 충돌 확률이 무시할 만한 값이라고 할 수 있다. 하지만 세 번째 시나리오의 결과는 매우 다른데, $B \approx 10^9$일 때 거의 항상 충돌이 발생한다.

세 번째 시나리오와 같은 현상을 **생일 패러독스**(birthday paradox)라고도 한다. 한 방에 사람 n명이 있을 때, 그 중에 생일이 같은 두 사람이 있을 확률을 따져보자. n이 제법 작은 경우에도 확률이 높다는 것을 알게 될 것이다. 해싱에 대응해서 생각해 보면, 모든 해시값이 서로 비교되기 때문에 두 해시값이 같은 경우가 발생할 확률이 높은 것이다.

상수 B	첫 번째 시나리오	두 번째 시나리오	세 번째 시나리오
10^3	0.00	1.00	1.00
10^6	0.00	0.63	1.00
10^9	0.00	0.00	1.00
10^{12}	0.00	0.00	0.39
10^{15}	0.00	0.00	0.00
10^{18}	0.00	0.00	0.00

표 14.1 $n = 10^6$일 때 각 시나리오에 대해 충돌이 발생할 확률

충돌 확률을 줄이기 위해 다른 상수를 이용하여 해시값을 여러 번 계산하는 방법을 이용할 수 있다. 모든 해시값이 동시에 충돌하는 일은 거의 발생하지 않는다. 예를 들어 $B \approx 10^9$인 서로 다른 두 상수를 이용하여 해시값을 계산한 것은 $B \approx 10^{18}$을 이용하여 한 번 해시값을 계산한 것과 같은데, 이때 충돌이 발생할 확률은 매우 낮다.

해시값을 계산할 때 $B = 2^{32}$과 $B = 2^{64}$을 상수로 사용하는 사람들이 있는데, 이 경우 32bit 또는 64bit 정수형을 이용하면 자연스럽게 2^{32} 또는 2^{64}으로 나눈 나머지가 계산되기 때문에 편리하다. 하지만 이는 좋은 선택이 아닌데, 상수가 2^x 꼴일 경우에는 항상 충돌이 발생하는 입력을 만들어낼 수 있기 때문이다.[27]

14.3 Z 알고리즘

길이가 n인 문자열 s의 **Z 배열** z는 $k = 0, 1, \ldots, n-1$에 대해 위치 k에서 시작하는 부분 문자열이면서 s의 접두사이기도 한 가장 긴 문자열의 길이를 저장하는 배열이다. 즉, $z[k] = p$라면 $s[0 \ldots p-1]$과 $s[k \ldots k+p-1]$이 같으며, $s[p]$와 $s[k+p]$는 다르다는(혹은 문자열 s의 길이가 $k+p$라는) 것이다.

예를 들어 그림 14.6에 ABCABCABAB의 Z 배열이 나와 있다. 이 배열에서 $z[3] = 5$인데, 길이가 5인 부분 문자열 ABCAB는 s의 접두사이며, 길이가 6인 부분 문자열 ABCABA는 s의 접두사가 아니기 때문이다.

0	1	2	3	4	5	6	7	8	9
A	B	C	A	B	C	A	B	A	B
–	0	0	5	0	0	2	0	2	0

그림 14.6 ABCABCABAB의 Z 배열

14.3.1 Z 배열 구하기

다음으로, Z 배열을 $O(n)$ 시간에 효율적으로 구하는 알고리즘인 Z 알고리즘을 살펴보자.[2] 이 알고리즘에서는 왼쪽에서 오른쪽으로 Z 배열의 값을 계산하면서 배열에 저장된 정보를 활용하는 방법과 부분 문자열을 글자 단위로 비교하는 방법을 모두 사용한다.

Z 배열의 값을 효율적으로 계산하기 위해 구간 $[x, y]$를 관리한다. 이때 $s[x \dots y]$는 s의 접두사이고, $z[x]$의 값은 계산되어 있으며, y의 값은 가능한 값 중 최대여야 한다. $s[0 \dots y-x]$와 $s[x \dots y]$가 같다는 점을 알고 있으므로 다른 원소의 값을 계산할 때 이 정보를 활용할 수 있다. $z[0], z[1], \dots, z[k-1]$를 계산한 상태에서 $z[k]$를 계산하는 상황을 생각해 보자. 다음과 같은 세 가지 시나리오가 있을 수 있다.

첫 번째 시나리오: $y < k$인 경우, 위치 k에 대한 정보가 없기 때문에 부분 문자열을 한 글자씩 비교함으로써 $z[k]$의 값을 계산한다. 그림 14.7을 예로 들면 아직 $[x, y]$ 구간이 없으므로 위치 0과 3에서 시작하는 부분 문자열을 한 글자씩 비교한다. $z[3] = 5$이므로 새로운 구간 $[x, y]$는 $[3, 7]$이 된다.

두 번째 시나리오: $y \geq k$이고 $k + z[k-x] \leq y$인 경우, $s[0 \dots y-x]$와 $s[x \dots y]$가 같고, 아직 $[x, y]$ 구간 안에 있으므로 $z[k] = z[k-x]$임을 알 수 있다. 예를 들어 그림 14.8에서 $z[4] = z[1] = 0$이 된다.

세 번째 시나리오: $y \geq k$이고 $k + z[k-x] > y$인 경우, $z[k] \geq y-k+1$임을 알고 있지만, 위치 y 이후에 대한 정보가 없으므로 위치 $y-k+1$과 $y+1$부터 부분 문자열을 한 글자씩 비교해 봐야 한다. 예를 들어 그림 14.9에서 $z[6] \geq 2$임을 알고 있다. $s[2] \neq s[8]$이므로 $z[6] = 2$가 된다.

0	1	2	3	4	5	6	7	8	9
A	B	C	A	B	C	A	B	A	B
-	0	0	?	?	?	?	?	?	?

			x			y			
0	1	2	3	4	5	6	7	8	9
A	B	C	A	B	C	A	B	A	B
-	0	0	5	?	?	?	?	?	?

그림 14.7 첫 번째 시나리오: z[3]의 값 계산하기

---

2 거스필드(Gusfield)가 Z 알고리즘을 제시할 때, 그는 이 방법이 지금까지 알려진 선형 시간 패턴 매칭 알고리즘 중에서 가장 간단한 방법이라고 소개하였다.[15] 그리고 그는 메인(Main)과 로렌츠(Lorentz)의 논문[26]에서 아이디어를 얻었음을 밝혔다.

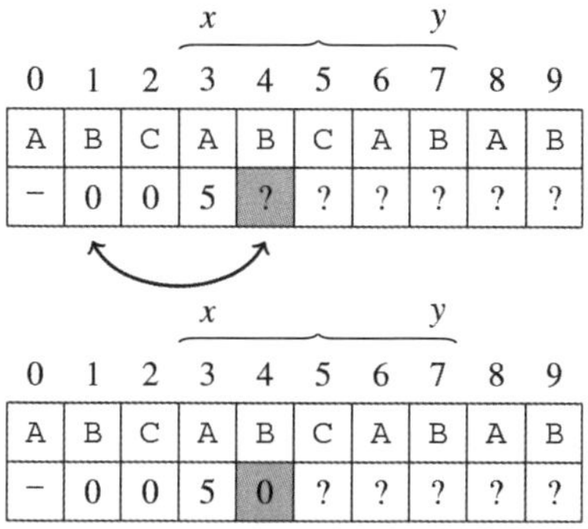

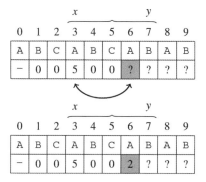

그림 14.8 두 번째 시나리오: z[4] 계산하기

그림 14.9 세 번째 시나리오: z[6] 계산하기

이 알고리즘의 전체 시간 복잡도는 $O(n)$인데, 부분 문자열을 한 글자씩 비교하면서 두 글자가 일치할 때마다 y의 값이 증가하기 때문이다. 따라서 부분 문자열을 비교하는 데 드는 전체 작업량은 $O(n)$이 된다.

일반적으로 다음과 같이 Z 알고리즘을 구현할 수 있다.

```
int x = 0, y = 0;
for (int i = 1; i < n; i++) {
    z[i] = (y < i) ? 0 : min(y-i+1,z[i-x]);
    while (i+z[i] < n && s[z[i]] == s[i+z[i]]) {
        z[i]++;
    }
    if (i+z[i]-1 > y) {
        x = i; y = i+z[i]-1;
    }
}
```

14.3.2 응용

해싱을 이용하여 풀 수 있는 많은 문제는 Z 알고리즘을 이용해도 풀 수 있다. 하지만 해싱과 달리 Z 알고리즘은 항상 올바르게 동작하며 충돌의 위험이 없다. 해싱과 Z 알고리즘 중 어떤 것을 사용할지는 취향의 문제이다.

패턴 매칭

문자열 s에서 패턴 p가 등장하는 위치를 찾는 패턴 매칭 문제를 다시 생각해 보자. 앞에서 해싱을 이용하여 풀어봤지만, 이번에는 Z 알고리즘을 이용하여 문제를 푸는 방법을 살펴볼 것이다.

문자열을 처리할 때 자주 나오는 아이디어 중 하나는 여러 부분으로 구성되어 있으며 각각이 특수문자로 구분된 문자열을 만드는 것이다. 이 문제에서는 문자열을 $p\#s$의 형태로 만든다. 이는 p와 s가 문자열에 등장하지 않는 특수문자인 #로 구분되어 있는 문자열이다. $p\#s$의 Z 배열을 계산하면 s에서 p가 등장하는 위치를 찾을 수 있는데, 그 위치에 대응되는 원소의 값이 p의 길이와 같기 때문이다.

그림 14.10에 $s = $ABCABABCA와 $p = $ABC에 대한 Z 배열이 나와 있다. 위치 4와 9의 값이 3이므로 p가 s의 위치 0과 5에 등장함을 알 수 있다.

경계 찾기

Z 알고리즘을 이용하면 문자열의 모든 경계를 효율적으로 찾을 수 있는데, 위치 k의 접미사가 경계일 조건은 $k + z[k] = n$인 경우와 동치이기 때문이다. 이때 n은 문자열의 길이이다. 예를 들어 그림 14.11에서 A, ABA, ABACABA는 경계인데 $10 + z[10] = 11$, $8 + z[8] = 11$, $4 + z[4] = 11$이기 때문이다.

0	1	2	3	4	5	6	7	8	9	10	11	12
A	B	C	#	A	B	C	A	B	A	B	C	A
-	0	0	0	3	0	0	2	0	3	0	0	1

그림 14.10 Z 알고리즘을 이용한 패턴 매칭

0	1	2	3	4	5	6	7	8	9	10
A	B	A	C	A	B	A	C	A	B	A
-	0	1	0	7	0	1	0	3	0	1

그림 14.11 Z 알고리즘을 이용하여 경계 찾기

14.4 접미사 배열

문자열의 **접미사 배열**(suffix array)은 접미사의 사전순 순서를 나타내는 배열이다. 접미사 배열의 값은 접미사가 시작하는 위치를 나타낸다. 예를 들어 그림 14.12에 문자열 ABAACBAB의 접미사 배열이 나와 있다.

접미사 배열을 세로로 표현하면서 대응되는 접미사를 옆에 같이 나타내면 편리하다(그림 14.13). 하지만 접미사 배열에 실제로 저장되는 값은 접미사가 시작하는 위치뿐이며, 접미사를 구성하는 글자는 저장되지 않음에 유의하라.

0	1	2	3	4	5	6	7
2	6	0	3	7	1	5	4

그림 14.12 문자열 ABAACBAB의 접미사 배열

0	2	AACBAB
1	6	AB
2	0	ABAACBAB
3	3	ACBAB
4	7	B
5	1	BAACBAB
6	5	BAB
7	4	CBAB

그림 14.13 접미사 배열을 나타내는 다른 방법

14.4.1 접두사를 두 배씩 늘려가는 방법

접미사 배열을 만드는 간단하고 효율적인 방법은 접두사를 두 배씩 늘려가며 만드는 방법으로, 구현에 따라 $O(n \log^2 n)$ 또는 $O(n \log n)$ 시간이 걸린다.[3] 알고리즘은 0, 1, ..., $\lceil \log_2 n \rceil$번 라운드로 구성되며, i번 라운드 때 길이가 2^i인 부분 문자열을 처리한다. 라운드가 진행되는 동안 길이가 2^i인 부분 문자열 x 각각에 번호 $l(x)$가 부여되며, 이 번호는 $a = b$일 때만 $l(a) = l(b)$이고 $a < b$일 때 $l(a) < l(b)$를 만족한다.

0번 라운드에서는 모든 부분 문자열이 한 글자로 구성되므로, $A = 1$, $B = 2$와 같은 식으로 번호를 붙이는 것이 가능하다. 다음으로, $i > 0$인 i번 라운드에서는 길이가

---

3 접두사를 두 배씩 늘려가는 방법은 카프(Karp), 밀러(Miller), 로젠버그(Rosenberg)가 제안했다.[20] 접미사 배열을 만드는 더 발전된 $O(n)$ 시간 알고리즘도 있는데, 카르카이넨(Kärkkäinen)과 샌더스(Sanders)가 그러한 알고리즘을 제안하였다.[19]

2^{i-1}인 부분 문자열에 붙은 번호를 이용하여 길이가 2^i인 부분 문자열에 붙일 번호를 결정한다. 길이기 2^i인 부분 문자열 x에 붙일 번호 $l(x)$를 결정하기 위해 x를 길이가 2^{i-1}인 부분 문자열 a와 b로 나눈다. (이때 두 번째 부분이 문자열의 범위를 벗어나는 경우, 그 부분의 번호는 0으로 간주한다.) 먼저 x에 순서쌍 $(l(a), l(b))$를 임시 번호로 할당한다. 이렇게 길이가 2^i인 모든 부분 문자열을 처리한 다음, 할당된 임시 번호에 따라 정렬하여 순서대로 번호를 매긴다. 이러한 방식으로 번호를 매기는 이유는 마지막 라운드가 끝났을 때 각 부분 문자열에 겹치지 않는 번호가 할당되며, 그 값이 부분 문자열의 사전순 순서를 나타내게 되기 때문이다. 그러면 이 번호를 이용하여 접미사 배열을 쉽게 만들 수 있다.

그림 14.14에 ABAACBAB에 번호를 매기는 방법이 나와 있다. 예를 들어 1번 라운드가 끝나면 $l(AB) = 2$이고 $l(AA) = 1$이 됨을 알 수 있다. 2번 라운드에서는 ABAA에 임시 번호 $(2, 1)$이 할당된다. 이보다 작은 임시번호가 두 개이므로($(1, 6)$과 $(2, 0)$) $l(ABAA) = 3$이 된다. 이 예제에서는 2번 라운드가 끝나면 모든 번호가 유일하게 매겨지는데, 부분 문자열의 처음 네 글자만으로도 사전순 순서가 완전히 결정되기 때문이다.

그림 14.14 문자열 ABAACBAB에 번호 매기기

전체 알고리즘은 $O(n \log^2 n)$ 시간에 동작하는데, 알고리즘이 $O(\log n)$번의 라운드로 이루어지며 라운드마다 n개의 순서쌍을 정렬하기 때문이다. 사실 $O(n \log n)$ 구현도 가능한데, 순서쌍을 정렬하기 위해 선형 시간 정렬 알고리즘을 사용할 수도 있기 때문이다. 보통은 C++의 sort 함수를 이용한 직관적인 $O(n \log^2 n)$ 시간 알고리즘도 충분히 효율적이다.

14.4.2 패턴 찾기

접미사 배열을 만들면 문자열에서 패턴의 위치를 효율적으로 찾을 수 있다. 이 과정을 $O(k \log n)$ 시간에 수행할 수 있으며, 이때 n은 문자열의 길이이고 k는 패턴의 길이이다. 아이디어는 패턴을 한 글자씩 처리하면서 지금까지 처리했던 글자에 대응되는 접미사 배열의 범위를 관리하는 것이다. 이분 탐색을 이용하면 새로운 글자를 처리한 후에 구간 갱신을 효율적으로 할 수 있다.

예를 들어 문자열 ABAACBAB에서 패턴 BA의 위치를 찾는 경우를 생각해 보자(그림 14.15). 처음 검색 구간은 [0, 7]로, 이는 접미사 배열의 전체 범위와 같다. 패턴의 첫 번째 글자 B를 처리한 후의 구간은 [4, 6]이 된다. 마지막으로 글자 A를 처리한 후의 구간은 [5, 6]이 된다. 따라서 BA는 ABAACBAB에 두 번 등장하며 그 위치가 1과 5임을 알 수 있다.

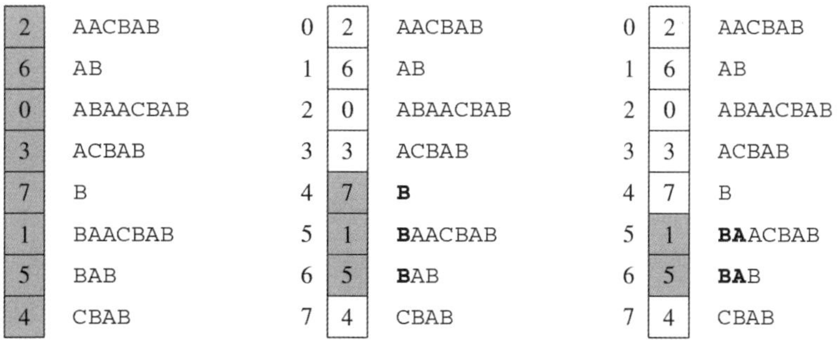

그림 14.15 접미사 배열을 이용하여 ABAACBAB에서 BA의 위치 찾기

앞에서 살펴본 해싱과 Z 알고리즘을 비교했을 때, 접미사 배열의 장점은 서로 다른 패턴과 관련된 여러 질의를 효율적으로 처리할 수 있다는 점과 접미사 배열을 만들 때 패턴을 알아야 할 필요가 없다는 점이다.

14.4.3 LCP 배열

LCP 배열(LCP array)은 각 접미사의 LCP 값, 즉 접미사 배열에서 현재 접미사와 다음 접미사의 **최장 공통 접두사**(longest common prefix)를 저장하는 배열이다. 그림 14.16에 문자열 ABAACBAB의 LCP 배열이 나와 있다. 예를 들어 접미사 BAACBAB의 LCP 값은 2인데, BAACBAB와 BAB의 최장 공통 접두사는 BA이기 때문이다. 접미사 배열의 마지막 접미사에는 LCP 값이 없음에 유의하라.

이제 카사이(Kasai) 등이 제안한 효율적인 LCP 배열 계산 알고리즘[21]을 살펴보자.

이때 접미사 배열은 이미 계산되었다고 가정한다. 이 알고리즘은 다음과 같은 관찰을 기반으로 한다. LCP 값이 x인 접미사를 생각해 보자. 이 접미사에서 첫 번째 글자를 제거한 접미사의 LCP 값은 최소한 $x-1$이 되어야 함을 바로 알 수 있다. 예를 들어 그림 14.16에서 접미사 BAACBAB의 LCP 값은 2이므로, 접미사 AACBAB의 LCP 값은 최소한 1이 됨을 알 수 있다. 이 경우에는 그 값이 정확히 1이 된다.

0	1	AACBAB
1	2	AB
2	1	ABAACBAB
3	0	ACBAB
4	1	B
5	2	BAACBAB
6	0	BAB
7	–	CBAB

그림 14.16 문자열 ABAACBAB의 LCP 배열

이러한 사실을 이용하여 LCP 값을 접미사 길이의 내림차순으로 계산함으로써 LCP 배열을 효율적으로 구할 수 있다. 각 접미사를 처리할 때마다 현재 접미사와 다음 접미사를 한 글자씩 비교하면서 LCP 값을 계산한다. 이때 한 글자가 더 많은 접미사의 LCP 값을 알고 있다는 사실을 이용할 수 있다. 즉, 이전 LCP 값이 x라면 현재 LCP의 값은 최소 $x-1$이어야 하고, 따라서 접미사의 처음 $x-1$글자는 비교하지 않아도 된다. 알고리즘의 전체 수행 시간은 $O(n)$이 되는데, 전체 과정에서 비교를 $O(n)$ 번만 수행하면 되기 때문이다.

LCP 배열을 이용하면 여러 고급 문자열 문제를 효율적으로 풀 수 있다. 예를 들어 문자열의 서로 다른 부분 문자열의 수를 계산하려면 모든 부분 문자열의 수에서 LCP 배열 값의 합을 빼면 된다. 즉, 문제의 답은 다음과 같다.

$$\frac{n(n+1)}{2} - c$$

이때 n은 문자열의 길이이고 c는 LCP 배열의 모든 값의 합이다. 예를 들어 문자열 ABAACBAB의 서로 다른 부분 문자열의 수는 다음과 같다.

$$\frac{8 \cdot 9}{2} - 7 = 29$$

14.5 문자열 오토마타

오토마타(automaton)[4]는 방향 그래프로, 여기서 노드는 **상태**(state), 간선은 **전이**(transition)라고 부른다. 상태 중 하나는 시작 상태(start state)로 들어오는 간선으로 나타내며, 이중 원으로 나타내는 수용 상태(accept state)는 여럿 있을 수 있다. 각 전이에는 문자가 할당되어 있다.

오토마타를 이용하여 문자열이 필요한 형식을 갖추고 있는지를 확인할 수 있다. 그러기 위해서는 시작 상태에서 시작하여 문자열의 왼쪽에서 오른쪽으로 한 글자씩 처리하면서 전이를 진행한다. 모든 문자열을 처리한 뒤의 최종 상태가 수용 상태에 속하는 경우 문자열이 받아들여지며, 그렇지 않은 경우 문자열은 거절된다.

오토마타 이론에서는 문자열의 집합을 모두 **언어**(language)라고 부른다. 오토마타의 언어는 오토마타가 받아들이는 모든 문자열로 구성되어 있다. 오토마타가 언어에 속하는 모든 문자열을 받아들이고 그렇지 않은 모든 문자열을 거절하는 경우 이 오토마타는 언어를 인식(recognize)한다고 표현한다.

예를 들어 그림 14.17의 오토마타는 A와 B로 구성되어 있으면서 첫 글자와 마지막 글자가 다른 모든 문자열을 받아들인다. 즉, 오토마타의 언어는 다음과 같다.

{AB, BA, AAB, ABB, BAA, BBA, …}

이 오토마타에서는 1번 상태가 시작 상태이고, 3번과 5번 상태가 수용 상태이다. 문자열 ABB가 주어지면 1 → 2 → 3 → 3 상태로 차례로 이동한 뒤 문자열을 받아들이고, 문자열 ABA가 주어진다면 1 → 2 → 3 → 2 상태로 차례로 이동한 뒤 문자열을 거절한다.

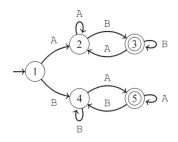

그림 14.17 AB로 이루어진 문자열 중 첫 글자와 마지막 글자가 다른 문자열을 받아들이는 오토마타

---

4 좀 더 정확히는 오토마타 중 결정적 유한 오토마타(Deterministic Finite Automata, DFA)에 초점을 맞춘다.

여기에서 오토마타는 결정적이라고 가정한다. 즉, 한 상태에서 같은 문자로 이동할 수 있는 전이는 둘 이상 존재하지 않는다. 이렇게 함으로써 효율적이면서 모호함 없이 문자열을 처리할 수 있다.

14.5.1 정규 언어

언어를 인식하는 오토마타가 있을 경우 이를 **정규 언어**(regular language)라고 부른다. 예를 들어, A와 B로 이루어져 있으면서 첫 글자와 마지막 글자가 다른 문자열의 집합은 정규 언어로, 그림 14.17의 오토마타가 이를 인식하기 때문이다.

언어가 정규 언어인 경우는 문자열의 형식을 나타내는 정규 표현식(regular expression)이 있는 경우와 동치임이 알려져 있다. 정규 표현식은 다음과 같은 기호로 나타낼 수 있다.

- | 기호는 여러 선택지 중 하나를 고를 수 있음을 의미한다. 예를 들어, 정규 표현식 AB|BA|C는 문자열 AB, BA, C를 받아들인다.
- 괄호 (와)는 문자열을 묶을 때 사용한다. 예를 들어, 정규 표현식 A(A|B)C는 문자열 AAC와 ABC를 받아들인다.
- * 기호는 앞부분이 여러 번(0번 포함) 반복될 수 있음을 의미한다. 예를 들어, 정규 표현식 A(BC)*는 문자열 A, ABC, ABCBC 등을 받아들인다.

그림 14.17의 오토마타에 대응되는 정규 표현식은 다음과 같다.

$$A(A|B)*B|B(A|B)*A$$

여기에는 두 가지 선택지가 있는데, A로 시작하고 B로 끝나는 문자열 또는 B로 시작하고 A로 끝나는 문자열이다. (A|B)*는 A와 B로 이루어진 모든 문자열을 의미한다.

직관적으로, 문자열을 왼쪽에서 오른쪽으로 한 번만 살펴보면서 정해진 크기의 메모리만을 사용함으로써 문자열이 언어에 속하는지를 판단할 수 있는 알고리즘이 있다면 그 언어는 정규 언어가 된다. 예를 들어 다음 언어를 살펴보자.

$$\{AB, AABB, AAABBB, AAAABBBB, \dots\}$$

이는 정규 언어가 아닌데, A의 개수를 기억하면서 B의 개수와 같은지를 확인해야 하는데, 임의의 긴 문자열을 정해진 크기의 메모리만으로 확인할 수 없기 때문이다.

프로그래밍 언어에서 정규 표현식을 구현할 때는 실제로는 정규 언어가 아니어서 오토마타를 만들 수 없는 언어도 인식할 수 있도록 확장을 지원하는 경우도 있다.

14.5.2 패턴 매칭 오토마타

패턴 매칭 오토마타(pattern matching automaton)를 이용하면 효율적으로 문자열에 등장하는 특정 패턴을 모두 찾을 수 있다. 아이디어는 찾으려는 패턴이 접미사가 되는 문자열을 받아들이는 오토마타를 만드는 것이다. 그러면 문자열을 처리하는 과정에서 패턴이 발견되면 항상 수용 상태로 이동하게 된다.

글자 수가 n인 패턴 p가 주어졌을 때 패턴 매칭 오토마타의 상태의 수는 $n+1$이 된다. 각 상태의 번호는 $0, 1, ..., n$이 되며, 0번 상태가 시작 상태, n번 상태가 유일한 수용 상태가 된다. i번 상태에 있다는 것은 패턴 $p[0 ... i-1]$, 즉 원래 패턴의 첫 i개 글자까지 매치되었음을 의미한다. 다음 글자가 $p[i]$인 경우 $i+1$번 상태로 이동하며 그렇지 않은 경우 $x \leq i$번 상태로 이동하게 된다.

예를 들어 그림 14.18에 패턴 ABA를 찾는 패턴 매칭 오토마타가 나와 있다. 이 오토마타로 문자열 ABABA를 처리할 때 $0 \rightarrow 1 \rightarrow 2 \rightarrow 3 \rightarrow 2 \rightarrow 3$ 상태로 차례로 이동한다. 3번 상태에 두 번 도달하므로 이 문자열에는 패턴이 두 번 등장함을 알 수 있다.

오토마타를 만들기 위해서는 상태 간 모든 전이를 계산해야 한다. 상태 s에서 문자 c를 읽었을 때의 상태를 nextState[s][c]로 나타내자. 예를 들어 그림 14.18에서 nextState[1][B] = 2인데, 1번 상태에서 B를 읽은 뒤 2번 상태로 이동하기 때문이다. 패턴에 대한 **경계 배열**(border array), 즉 border[i]가 $p[0 ... i]$의 가장 긴 경계의 길이를 나타내는 배열을 만들면 nextState의 값을 효율적으로 계산할 수 있음이 알려져 있다. 예를 들어 그림 14.19에 ABAABABAAA의 경계 배열이 나와 있다. 예를 들어 border[4] = 2인데, ABAAB의 가장 긴 경계는 AB이기 때문이다.

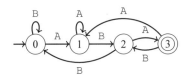

그림 14.18 패턴 ABA에 대한 패턴 매칭 오토마타

0	1	2	3	4	5	6	7	8	9
A	B	A	A	B	A	B	A	A	A
0	0	1	1	2	3	2	3	4	1

그림 14.19 ABAABABAAA의 경계 배열

다음과 같이 경계 배열을 $O(n)$ 시간에 만들 수 있다.

```
border[0] = 0;
for (int i = 1; i < n; i++) {
    int k = border[i-1];
    while (k != 0 && p[k] != p[i]) {
        k = border[k-1];
    }
    border[i] = (p[k] == p[i]) ? k+1 : 0;
}
```

border[i]의 값을 계산할 때 앞에서 계산된 값을 활용한다. 아이디어는 $p[0 \ldots i-1]$의 경계를 차례로 살펴보면서 $p[i]$를 더하여 만들 수 있는 가장 긴 경계를 고르는 것이다. border[$i+1$] $\leq$ border[i]+1이므로 while 반복문의 총 반복 횟수는 $O(n)$이 되어 알고리즘 전체 역시 $O(n)$ 시간에 동작한다.

경계 배열을 만든 다음에는 다음의 공식을 사용하여 전이를 계산할 수 있다.

$$
\text{nextState}[s][c] = \begin{cases} s+1 & s < n이고\ p[s]=c \\ 0 & s=0 \\ \text{nextState}[\text{border}[s-1]][c] & 그\ 외의\ 경우 \end{cases}
$$

현재 매치된 문자열을 확장할 수 있으면 다음 상태로 간다. 그렇지 않고 현재 0번 상태에 있다면 움직이지 않는다. 그 외의 경우 현재 접두사에 대한 가장 긴 경계를 찾은 뒤, 이전에 계산했던 전이로 이동한다. 이 공식을 이용하면 패턴 매칭 오토마타를 $O(n)$ 시간에 만들 수 있으며, 이때 정해진 글자만을 사용한다고 가정한다.

커누스-모리스-프랫 알고리즘(Knuth-Morris-Pratt algorithm)[24]은 패턴 매칭 오토마타의 과정을 바탕으로 한 잘 알려진 패턴 매칭 알고리즘이다. Z 알고리즘(14.3절)을 대신하여 이 알고리즘을 사용할 수 있다.

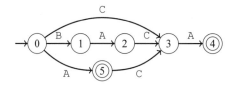

그림 14.20 문자열 BACA의 접미사 오토마타

14.5.3 접미사 오토마타

접미사 오토마타(suffix automaton)[5]는 문자열의 모든 접미사를 받아들이며 상태의 수가 최소인 오토마타이다. 예를 들어, 그림 14.20에 문자열 BACA의 접미사 오토마타가 나와 있다. 이 오토마타는 접미사 A, CA, ACA, BACA를 받아들인다.

접미사 오토마타의 각 상태는 문자열의 집합에 대응되며, 이는 곧 현재 그 상태에 있다면 문자열 중 하나에 매치되었음을 의미한다. 예를 들어, 그림 14.20에서 3번 상태는 {C, AC, BAC}에 대응되며 5번 상태는 {A}에 대응된다. 상태 x에 대응되는 문자열의 최대 길이를 $length[x]$로 나타내자. 즉, $length[3] = 3$이고 $length[5] = 1$이다. 특정 상태에 대응되는 모든 문자열은 가장 긴 문자열의 접미사이며 이 문자열들의 길이는 연속된 구간을 이룸이 알려져 있다. 예를 들어 3번 상태에서 모든 문자열은 BAC의 접미사이며 이들의 길이는 1 ... 3이다.

길이가 n인 문자열 s가 주어졌을 때, 0번 상태만 있는 빈 오토마타에서 시작하여 모든 문자를 하나씩 오토마타에 추가하는 방식으로 $O(n)$ 시간에 접미사 오토마타를 만들 수 있다. 이를 위해 모든 상태 $x > 0$에 대해 오토마타의 이전 상태를 가리키는 **접미사 링크**(suffix link) $link[x]$를 저장한다. 다음과 같이 오토마타에 새로운 글자 c를 추가한다.

1. 오토마타의 현재 마지막 상태, 즉 나가는 전이가 없는 상태를 x로 나타내자. 새로운 상태 y를 만들고 x에서 c를 이용하여 y로 가는 전이를 만든다. 그 후 $length[y] = length[x] + 1$, $link[y] = 0$으로 설정한다.

2. x에서 시작하는 접미사 링크를 따라 방문하는 상태마다 c를 이용하여 y로 가는 전이를 만들고, 이를 c를 이용한 전이가 이미 있는 상태 s를 찾을 때까지 계속한다. 그러한 상태 s가 없다면 0번 상태에 도달했을 때 이를 종료한다. 그렇지 않다면 다음 단계로 이동한다.

3. s에서 c를 이용한 전이로 도달하는 상태를 u라고 하자. $length[x] + 1 = length[u]$인 경우 $link[y] = u$로 설정하고 종료한다. 그렇지 않다면 다음 단계로 이동한다.

4. 새로운 상태 z를 만든 뒤 상태 u를 복제하고(u에서 나가는 모든 전이를 z로 복제하고 $link[z] = link[u]$로 설정), s에서 c를 이용하여 z로 가는 전이를 만들고 $length[z] = length[s] + 1$로 설정한다. 그 다음 $link[u] = link[y] = z$로 설정한다.

5. 마지막으로, s에서 시작하는 접미사 링크를 따라간다. 현재 상태에서 c를 이용하여 상태 u로 가는 전이가 있다면 u를 z로 바꾼다. c를 이용하여 상태 u로 가는 전이가 없거나 0번 상태에 도달하면 종료한다.

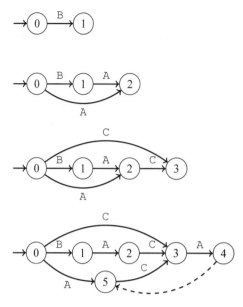

그림 14.21 접미사 오토마타 만들기

그림 14.21에 문자열 BACA의 접미사 오토마타를 만드는 과정이 나와 있다. 마지막 글자를 더한 뒤 2번 상태를 복제한 5번 상태를 추가로 만들어야 한다. 이 예에서 모든 접미사 링크는 0번 상태로 향하는데, 마지막 오토마타의 4번 상태에서 5번 상태로 향하는 접미사 링크가 유일한 예외로 그림에서 점선으로 표시된 간선이다. 오토마타를 만든 뒤 마지막 상태에서 0번 상태까지 접미사 링크를 따라감으로써 수용 상태를 확인할 수 있다. 이 경로 상에 있는 모든 상태(예제에서는 4번과 5번 상태)가 수용 상태이다.

현재 상태에 해당하는 문자열의 접미사가 되는 더 짧은 문자열을 찾으려면 어디로 가야 하는지를 접미사 링크가 나타낸다는 점에 유의하라. 예제에서 4번 상태는 {CA, ACA, BACA}에 대응되며 5번 상태는 {A}에 대응된다. 그러므로 4번 상태에서 5번 상태로 가는 접미사 링크를 이용하여 더 짧은 접미사 A를 찾을 수 있다. 사실 상태 x에서 0번 상태까지 접미사 링크를 따라가면 상태 x의 가장 긴 문자열의 모든 접미사를 찾을 수 있고, 각 접미사는 정확히 한 상태에만 속하게 된다.

접미사 오토마타를 만들고 나면 문자열에서 길이가 m인 임의의 패턴이 등장하는지를 $O(m)$ 시간에 확인할 수 있다. 동적 계획법을 이용하면 패턴이 등장하는 횟수를 찾거나 서로 다른 부분 문자열의 수를 계산하는 등의 작업도 할 수 있다. 일반적으로 접미사 오토마타는 접미사 배열을 대신하여 사용할 수 있으며 이를 활용하여 많은 문자열 문제를 새로운 관점에서 접근할 수 있다.

15장

고난도 주제

마지막 장에서는 고급 알고리즘 및 자료 구조를 몇 가지 살펴본다. 이 장에서 다루는 기법에 능숙해진다면, 프로그래밍 대회에 출제된 가장 어려운 문제를 풀 때 그 기법의 도움을 받을 수도 있을 것이다.

15.1절에서는 제곱근 기법을 이용하여 자료 구조나 알고리즘을 설계하는 방법을 살펴본다. 보통 그러한 풀이에서는 원소 n개로 이루어진 수열을 $O(\sqrt{n})$개의 원소로 이루어진 블록 $O(\sqrt{n})$개로 나누는 방식을 사용한다.

15.2절에서는 구간 트리에 대한 내용을 좀 더 살펴본다. 예를 들어 구간 질의와 구간 단위 갱신을 동시에 지원하는 구간 트리를 어떻게 만드는지를 살펴본다.

15.3절에서는 트립이라는 자료 구조를 살펴본다. 이 자료 구조를 이용하면 배열을 둘로 분할하거나, 두 배열을 하나로 병합하는 과정을 효율적으로 처리할 수 있다.

15.4절에서는 동적 계획법 풀이를 최적화하는 방법을 살펴본다. 먼저 선형 함수가 여러 개 주어질 때 사용할 수 있는 볼록 껍질 트릭을 살펴보고, 분할 정복 최적화 기법과 커누스 최적화 기법을 살펴본다.

15.5절에서는 퇴각 검색 알고리즘을 최적화할 수 있는 아이디어를 살펴본다. 먼저 탐색 트리를 가지치기하여 격자 상의 경로를 세는 알고리즘을 개선해 보고, 다음으로 IDA* 알고리즘을 이용하여 15 퍼즐 문제를 풀어본다.

15.6절에서는 그 밖의 알고리즘 기법을 살펴본다. 그 예로는 중간 만남 기법이나 병렬 이진 탐색 등이 있다.

15.1 제곱근 기법

제곱근을 일종의 약식 로그로 볼 수 있다. 복잡도 $O(\sqrt{n})$은 $O(n)$보다 좋지만 $O(\log n)$ 보다는 나쁘기 때문이다. 어떻든 간에, 복잡도에 제곱근이 들어가는 자료 구조와 알 고리즘은 꽤 빠르며 실제 상황에서도 쓸 만한 편이다. 이 절에서는 알고리즘을 설계 할 때 제곱근이 어떻게 활용되는지를 몇 가지 예제를 통해 살펴본다.

15.1.1 자료 구조

배열을 여러 개의 블록으로 나눔으로써 효율적인 자료 구조를 만들 수 있는 경우가 종종 있다. 이때 블록의 크기를 $\sqrt{n}$으로 두고, 각 블록에 포함된 배열 원솟값의 정보 를 따로 관리한다. 예를 들어 다음과 같은 두 종류의 질의를 처리하려 한다고 해보 자. 처리할 질의는 배열 원솟값을 갱신하는 질의와 구간에 속한 원소들의 최솟값을 구하는 질의이다. 앞에서 이미 구간 트리를 이용하여 두 질의를 $O(\log n)$ 시간에 처 리할 수 있음을 살펴보았다. 여기서 살펴볼 방식은 이 문제를 좀 더 간단하게 푸는 방법으로, 각 질의를 처리하는 데 $O(\sqrt{n})$ 시간이 걸린다.

배열의 원소를 $\sqrt{n}$개씩 묶어 블록 단위로 나누고, 블록마다 그 블록의 최솟값을 관 리한다. 그림 15.1에 원소가 16개인 배열을 크기가 4인 블록으로 나눈 예가 나와 있 다. 배열 원솟값을 갱신하면 그에 대응되는 블록도 갱신해야 한다. 그림 15.2에 나와 있는 것처럼, 블록 내의 원소를 한 번씩 살펴보는 방식으로 $O(\sqrt{n})$ 시간에 이를 처리 할 수 있다. 이제 구간의 최솟값을 구하기 위해 구간을 세 부분으로 나눈다. 양 끝부 분은 개별 원소 단위로, 그리고 가운데 부분은 그 사이의 블록 단위로 구성한다. 그 림 15.3에 구간을 나눈 예가 나와 있다. 질의에 대한 답은 개별 원소의 값일 수도 있 고, 블록에 대한 최솟값일 수도 있다. 개별 원소의 개수가 $O(\sqrt{n})$개고, 블록의 개수도 $O(\sqrt{n})$개이기 때문에, 질의를 처리하는 데는 $O(\sqrt{n})$ 시간이 걸린다.

이러한 자료 구조는 실제로 얼마나 효율적일까? 이를 알아보기 위해 다음과 같은 실험을 수행하였다. 임의의 int 값 n개로 구성된 배열을 생성하고, 이 배열에 대한 최소 질의를 임의로 n개 생성하여 처리해 보았다. 세 가지의 자료 구조를 구현하여 실험했는데, 각각은 $O(\log n)$ 시간에 질의를 처리하는 구간 트리, 앞에 나왔던 $O(\sqrt{n})$ 시간에 질의를 처리하는 제곱근 자료 구조, 그리고 $O(n)$ 시간에 질의를 처리하는 일 반 배열이다. 표 15.1에 실험 결과가 나와 있다. 이 문제의 경우, $n=2^{18}$일 때까지는 제곱근 자료 구조도 꽤 효율적인 편이다. 하지만 이를 넘어가는 입력에 대해서는 제 곱근 자료 구조가 구간 트리보다 많이 느려진다.

3				2				1				2			
5	8	6	3	4	7	2	6	7	1	7	5	6	2	3	2

그림 15.1 구간의 최솟값을 구하기 위한 제곱근 자료 구조

3				4				1				2			
5	8	6	3	4	7	5	6	7	1	7	5	6	2	3	2

그림 15.2 배열 원소를 갱신할 때 그에 대응되는 블록의 값도 갱신해야 한다.

3				2				1				2			
5	8	6	3	4	7	2	6	7	1	7	5	6	2	3	2

그림 15.3 구간에 속한 원소들의 최솟값을 구할 때, 구간을 개별 원소와 블록으로 나누어 생각한다.

입력의 크기 n	$O(\log n)$ 자료 구조 (초)	$O(\sqrt{n})$ 자료 구조 (초)	$O(n)$ 자료 구조 (초)
2^{16}	0.02	0.05	1.50
2^{17}	0.03	0.16	6.02
2^{18}	0.07	0.28	24.82
2^{19}	0.14	1.14	> 60
2^{20}	0.31	2.11	> 60
2^{21}	0.66	9.27	> 60

표 15.1 구간 최소 질의를 처리하는 세 자료 구조인
$O(\log n)$ 구간 트리, $O(\sqrt{n})$ 제곱근 자료 구조, $O(n)$ 일반 배열의 수행 시간

15.1.2 서브알고리즘

이번에는 두 가지 **서브알고리즘**(subalgorithm)을 이용함으로써 효율적으로 풀 수 있는 문제를 두 개 살펴본다. 이때, 각 서브알고리즘은 전체 알고리즘의 수행 과정에서 발생하는 특정 상황에 특화된 형태이다. 두 서브알고리즘 중 한 가지만을 이용해도 문제를 풀 수 있지만, 이 둘을 조합하면 좀 더 효율적인 알고리즘을 만들 수 있다.

문자 거리 문제

첫 번째로 살펴볼 문제는 다음과 같다. 각 칸에 문자가 들어있는 $n \times n$ 크기의 격자가 주어진다. 서로 같은 문자가 들어있는 두 칸 사이의 최소 맨해튼 거리는 얼마인가? 그림 15.4를 예로 들면 문자 "D"가 들어있는 두 칸 사이의 거리가 2로 최소이다.

그림 15.4 문자 거리 문제의 예

이 문제를 다음과 같이 풀 수 있을 것이다. 격자에서 사용된 문자를 하나씩 살펴보고, 각 문자 c에 대해 c가 들어있는 두 칸 사이의 최소 거리를 계산한다. c가 고정되어 있을 때, 이를 처리하는 알고리즘을 두 개 살펴보자.

첫 번째 알고리즘: c가 들어있는 모든 칸의 조합을 하나씩 살펴보고, 두 칸 사이의 거리를 계산하여 최솟값을 구한다. 이 알고리즘의 수행 시간은 $O(k^2)$이며, 이때 k는 c가 들어있는 칸의 개수이다.

두 번째 알고리즘: c가 들어있는 모든 칸에서 출발하는 너비 우선 탐색을 동시에 수행한다. 이 알고리즘의 수행 시간은 $O(n^2)$이다.

두 알고리즘 모두 효율이 낮아지는 특정한 상황이 존재한다. 첫 번째 알고리즘에 대한 최악의 경우는 모든 칸에 같은 글자가 들어있는 경우이다. 이 경우 $k = n^2$이며, 알고리즘의 수행 시간은 $O(n^4)$이 된다. 반면, 두 번째 알고리즘에 대한 최악의 경우는 모든 칸에 서로 다른 글자가 들어있는 경우이다. 이 경우에는 알고리즘을 $O(n^2)$번 수행해야 하므로 전체 시간 복잡도가 $O(n^4)$이 된다.

하지만 두 알고리즘을 조합하여 하나의 알고리즘으로 만들 수도 있다. 이때 각 알고리즘은 전체 알고리즘의 서브알고리즘이 된다. 아이디어는 각 c에 대해서 두 알고리즘 중 어느 것을 사용할지를 독립적으로 결정하는 것이다. 첫 번째 알고리즘은 k가 작을 때 효율적이며, 두 번째 알고리즘은 k가 큰 경우에 적합하다. 따라서 상수 x를 미리 정해두고, k가 x이하일 때는 첫 번째 알고리즘을, 그렇지 않을 때는 두 번째 알고리즘을 사용하게끔 한다.

가령 $x = \sqrt{n^2} = n$으로 둔다면, 전체 알고리즘의 수행 시간은 $O(n^3)$이 된다. 어떤 칸을 첫 번째 알고리즘으로 처리한다고 해보자. 그 칸을 최대 n개의 다른 칸과 비교해보게 되므로, 이로 인한 전체 시간 복잡도는 $O(n^3)$을 넘지 않는다. 또한, n개를 초과하는 칸에 같은 글자가 들어있는 경우는 n가지를 넘지 않는다. 따라서 두 번째 알고리즘은 최대 n번만 수행되므로, 이로 인한 전체 시간 복잡도도 $O(n^3)$을 넘지 않는다.

검은 칸 게임

또 다른 예로 다음과 같은 게임을 살펴보자. $n \times n$ 크기의 격자가 주어지는데, 정확히 한 칸만 검은색이고 나머지는 흰색이다. 단계마다 흰 칸을 하나 선택하고, 그 칸에서 검은 칸까지의 최소 맨해튼 거리를 구해야 한다. 그리고 난 후, 그 칸에 검은색을 칠한다. 이러한 과정을 $n^2 - 1$번의 단계 동안 진행하며, 최종적으로는 모든 칸이 검은색으로 칠해지게 된다.

그림 15.5에 이 게임의 한 단계가 나와 있다. 이번에 선택한 칸 X에서 검은 칸까지의 최소 거리는 3이다(아래로 두 칸, 오른쪽으로 한 칸 이동한다). 거리를 구한 후에는 이 칸을 검은색으로 칠한다.

그림 15.5 검은 칸 게임의 한 단계. X에서 검은 칸까지의 최소 거리는 3이다.

이 문제는 k번의 단계를 하나의 배치(batch)로 묶어 처리하는 식으로 풀 수 있다. 각 배치를 처리하기 전에, 각 칸에 대해 검은 칸까지의 최소 거리를 구해 놓는다. 이 과정은 너비 우선 탐색을 이용하여 $O(n^2)$에 수행할 수 있다. 그리고 난 후, 배치를 처리할 때는 이번 배치에서 검은색으로 칠한 칸의 목록을 관리한다. 이렇게 하고 나면, 각 칸에서 검은 칸까지의 최소 거리는 미리 구해 놓은 값이거나, 혹은 관리하는 목록에 포함된 어떤 칸까지의 거리가 된다. 목록에 최대 k개의 칸이 들어있을 수 있으므로, 이를 살펴보는 데는 $O(k)$ 시간이 걸릴 것이다.

이제 $k = \sqrt{n^2} = n$으로 둔다면, 전체 알고리즘의 수행 시간은 $O(n^3)$이 된다. 배치의 수는 $O(n)$이므로, 너비 우선 탐색을 수행하는 총 시간은 $O(n^3)$이다. 그리고 배치마다 관리하는 목록에는 $O(n)$개의 칸이 저장되므로, 전체 $O(n^2)$개의 칸에 대해 목록에 저장된 칸까지의 거리를 구하는 데는 $O(n^3)$ 시간이 걸린다.

기준값 조정하기

실제 상황에서는 반드시 정확한 제곱근 값을 기준으로 삼지 않아도 된다. 여러 값을 기준으로 삼아 보면서 알고리즘의 성능을 측정하는 실험을 수행해 보고, 그 중에서 제일 좋은 값을 기준으로 삼을 수도 있을 것이다. 물론 최적의 기준값은 알고리즘에 따라 달라질 수 있으며, 테스트 데이터의 성질에 의해서도 달라질 수 있다.

앞에서 살펴본 검은 칸 게임에 대한 $O(n^3)$ 시간 알고리즘을 가지고 실험한 결과가 표 15.2에 나와 있다. 이때 $n-500$으로 두고 k 값을 바꿔보면서 실험을 진행하였고, 게임의 단계를 진행할 때는 칸을 무작위적으로 선택하였다. 이 경우, 최적의 기준값은 $k = 2000$이었다.

기준값 k	수행 시간 (초)
200	5.74
500	2.41
1000	1.32
2000	1.02
5000	1.28
10000	2.13
20000	3.97

표 15.2 검은 칸 알고리즘의 기준값 k 최적화하기

15.1.3 정수 분할

길이가 n인 막대기가 하나 있다고 해보자. 이 막대기를 몇 개의 조각으로 분할하는데, 이때 분할된 막대기의 길이는 정수여야 한다. 예를 들어 $n = 7$일 때의 정수 분할의 예가 그림 15.6에 나와 있다. 이러한 분할 방법을 사용할 때, 서로 다른 길이의 막대기는 최대 몇 종류까지 나올 수 있겠는가?

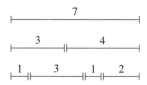

그림 15.6 길이가 7인 막대기를 정수 분할하는 몇 가지 방법

서로 다른 길잇값은 최대 $O(\sqrt{n})$가지뿐임이 알려져 있다. 길이가 최대한 다양해지도록 하려면 $1, 2, \ldots, k$를 이용해야 한다는 점을 통해 이를 보일 수 있다. 이때, 다음 식이 성립한다.

$$1 + 2 + \cdots + k = \frac{k(k+1)}{2}$$

따라서 k가 최대 $O(\sqrt{n})$이 된다는 것을 알 수 있다. 알고리즘을 설계할 때 이러한 사실을 어떻게 활용할 수 있는지 살펴보자.

짐 싸기 문제

무게의 목록 $[w_1, w_2, \ldots, w_k]$가 모두 정수이며, $w_1 + w_2 + \cdots + w_k = n$을 만족하는 짐 싸기 문제를 살펴보자. 이 무게를 사용하여 만들 수 있는 모든 합을 구하는 것이 문제이다. 예를 들어 그림 15.7에 무게가 [3, 3, 4]일 때 만들 수 있는 모든 합이 나와 있다.

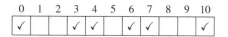

그림 15.7 무게 [3, 3, 4]로 만들 수 있는 모든 합

짐 싸기 문제에 대한 표준 알고리즘(6.2.3절)을 이용하면 이 문제를 $O(nk)$ 시간에 풀 수 있다. 따라서 $k = O(n)$이면 시간 복잡도가 $O(n^2)$이 된다. 그러나 서로 다른 무게는 최대 $O(\sqrt{n})$가지이며, 이러한 사실을 바탕으로 무게가 같은 경우를 동시에 처리하게끔 하면 이 문제를 좀 더 효율적으로 풀 수 있다. 예를 들어 무게가 [3, 3, 4]라면, 값이 3인 무게 두 개를 우선 처리한 후 값이 4인 무게 하나를 다음에 처리하는 것이다. 표준 알고리즘을 약간 수정하여 무게가 같은 경우를 $O(n)$ 시간에 동시에 처리하도록 하는 것은 그리 어렵지 않을 것이다. 그렇게 하면 전체 시간 복잡도가 $O(n\sqrt{n})$이 된다.

문자열 만들기

또 다른 예로 다음과 같은 문제를 살펴보자. 길이가 n인 문자열 한 개, 그리고 길이의 총합이 m인 단어 목록이 주어진다. 주어진 단어를 이용하여 주어진 문자열을 만드는 경우의 수를 세는 것이 문제이다. 예를 들어 단어 목록이 {A, B, AB}일 때 ABAB를 만드는 방법에는 다음과 같은 네 가지 경우가 있다.

- A + B + A + B
- AB + A + B
- A + B + AB
- AB + AB

동적 계획법을 이용하여 각 $k = 0, 1, \ldots, n$에 대해 주어진 문자열 앞부분의 k글자로 이루어진 접두사를 만드는 방법의 수를 구할 수 있다. 한 가지 방법은 목록에 포함된 모든 단어를 뒤집은 후, 트라이를 이용하여 $O(n^2 + m)$ 시간에 해결하는 것이다. 또 나른 방법으로 문자열 해싱을 이용하고, 목록에 포함된 단어의 길이가 서로 다른 경우가 $O(\sqrt{m})$가지뿐임을 활용하는 것이 있다. 그러면 특정 길이의 단어가 실제로 목록에 포함된 경우만 처리하도록 할 수 있다. 모든 단어의 해시값을 포함하는 셋을 만들어서 이를 처리할 수 있으며, 알고리즘의 시간 복잡도는 (unordered_set을 사용할 때) $O(n\sqrt{m} + m)$이 된다.

15.1.4 모 알고리즘

모 알고리즘(Mo's algorithm)[1]은 정적 배열(즉, 배열 원소가 질의 사이에 변하지 않는 경우)에 대한 구간 질의의 집합을 처리하는 알고리즘이다. 처리해야 할 질의는 구간 [a, b]에 속하는 배열 원소들을 이용하여 어떤 값을 계산하라는 형태이다. 배열이 정적이기 때문에 질의를 어떤 순서로 처리해도 무방하며, 모 알고리즘은 특정한 순서로 질의를 처리하는 트릭을 사용함으로써 효율적으로 동작하는 알고리즘이다.

　모 알고리즘은 배열의 특정 구간을 살펴보면서 진행하고, 매번 그 구간에 대한 질의의 답을 구한다. 이때 각 질의를 하나씩 처리하며, 구간의 끝점을 이동하기 위해 원소를 추가하거나 삭제한다. 또한 주어진 배열을 원소가 $k = O(\sqrt{n})$개인 블록으로 나눈다. 만약 구간 $[a_1, b_1]$이 다음 조건을 만족한다면, 이를 구간 $[a_2, b_2]$보다 먼저 처리해야 한다.

- $\lfloor a_1/k \rfloor < \lfloor a_2/k \rfloor$이거나,
- $\lfloor a_1/k \rfloor = \lfloor a_2/k \rfloor$이고 $b_1 < b_2$.

즉, 구간의 왼쪽 끝점이 특정 블록에 있는 경우를 차례로 처리하되, 같은 블록에 대해서는 오른쪽 끝점 순으로 처리하는 것이다. 이와 같은 순서를 이용하면 알고리즘이 $O(n\sqrt{n})$번의 작업만 처리하게 된다. 이는 왼쪽 끝점을 $O(n)$번, 각각 $O(\sqrt{n})$칸까지 옮기게 되고, 오른쪽 끝점은 $O(\sqrt{n})$번, 각각 $O(n)$칸까지 옮기게 되기 때문이다. 즉, 알고리즘 전체에 걸쳐 양 끝점을 총 $O(n\sqrt{n})$칸 옮기게 되는 것이다.

예제

배열에 대한 구간 목록이 주어지고, 각 구간에 속한 배열 원소 중 서로 다른 것이 몇 개인지 계산하는 문제를 살펴보자. 모 알고리즘을 이용하여 문제를 풀 때는 항상 같

1　[6]에 따르면, 모 알고리즘이라는 이름은 중국인 경진 프로그래머 모 타오(Mo Tao)에서 따온 것이다.

은 순서로 구간을 정렬해야 하지만, 구간에 대한 답을 관리하는 방법은 문제에 따라 달라질 수 있다.

이 문제를 풀 때는 count라는 배열을 관리하며, count[x]는 원소 x가 현재 살펴보고 있는 구간에 몇 개나 있는지를 나타낸다. 질의 하나를 처리하고 나서 다음 질의로 넘어가게 되면 현재 살펴보고 있는 구간도 옮겨야 한다. 예를 들어 그림 15.8에 구간 두 개가 나와 있다. 그림 위쪽의 구간에서 아래쪽의 구간으로 넘어갈 때 끝점을 세 칸 옮기게 된다. 왼쪽 끝점을 오른쪽으로 한 칸, 오른쪽 끝점을 오른쪽으로 두 칸 옮겨야 하기 때문이다.

그림 15.8 모 알고리즘에서 구간을 옮기는 경우

끝점을 한 칸씩 옮길 때마다 count 배열도 갱신해야 한다. 원소 x를 추가할 때 count[x] 의 값을 1만큼 증가시키고, 그 결과 count[x] = 1이 되었다면 질의에 대한 답도 1만큼 증가시킨다. 이와 비슷하게, 원소 x를 삭제할 때는 count[x]의 값을 1만큼 감소시키고, 그 결과 count[x] = 0이 되었다면 질의에 대한 답도 1만큼 감소시킨다. 이를 처리하는 데는 $O(1)$ 시간이 걸리며, 따라서 알고리즘의 시간 복잡도는 $O(n\sqrt{n})$이 된다.

15.2 구간 트리 다시 살펴보기

구간 트리는 용도가 다양한 자료 구조이며, 이를 이용하면 매우 많은 종류의 문제를 풀 수 있다. 그러나 이 책에서는 아직 구간 트리로 할 수 있는 일의 극히 일부만을 살펴보았을 뿐이다. 이제 구간 트리의 고급 활용법을 살펴보려 하며, 이를 통해 훨씬 어려운 문제도 풀 수 있게 될 것이다.

지금까지는 구간 트리의 연산을 구현할 때, 트리를 아래부터 위의 순서로 살펴보는 방법을 이용했다. 예를 들어 구간 [a, b]의 합을 구할 때 다음과 같은 함수를 사용했다(9.2.2절).

```
int sum(int a, int b) {
    a += n; b += n;
    int s = 0;
    while (a <= b) {
```

```
        if (a%2 == 1) s += tree[a++];
        if (b%2 == 0) s += tree[b--];
        a /= 2; b /= 2;
    }
    return s;
}
```

하지만 고급 구간 트리를 사용할 때는 다음 코드처럼 연산을 위에서 아래의 순서로 구현해야 하는 경우가 많이 생긴다.

```
int sum(int a, int b, int k, int x, int y) {
    if (b < x || a > y) return 0;
    if (a <= x && y <= b) return tree[k];
    int d = (x+y)/2;
    return sum(a,b,2*k,x,d) + sum(a,b,2*k+1,d+1,y);
}
```

이 함수를 이용하여 구간 [a, b]의 합을 구하는 방법은 다음과 같다.

```
int s = sum(a,b,1,0,n-1);
```

함수의 인자 k는 tree에서 현재 살펴보고 있는 위치를 나타낸다. 처음에는 k가 1인데, 이는 트리의 루트에서 시작하기 때문이다. k에 대응되는 구간이 [x, y]이며, 처음 구간은 [0, $n-1$]이다. 구간 합을 구하는 경우, [x, y]가 [a, b] 밖에 있다면 그 합은 0이고. [x, y]가 [a, b]에 완전히 포함된다면 tree에 저장된 값을 이용하여 그 합을 구할 수 있다. 만약 [x, y]가 [a, b]와 부분적으로 겹친다면, 그럴 때는 [x, y]의 왼쪽 및 오른쪽 절반에 대해서 재귀 호출을 계속 진행한다. 왼쪽 절반에 해당하는 구간은 [x, d]이고

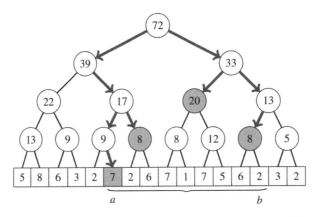

그림 15.9 구간 트리를 위에서 아래의 순서로 탐색하기

오른쪽 절반은 [d + 1, y]이며, 이때 $d = \lfloor \frac{x+y}{2} \rfloor$이다.

$\text{sum}_q(a, b)$를 계산할 때, 어떤 순서로 트리를 탐색하는지가 그림 15.9에 나와 있다. 회색 노드는 재귀호출을 더 진행할 필요가 없는, tree에 저장된 값이 합이 되는 경우이다. 이처럼 구현해도 연산의 시간 복잡도는 $O(\log n)$이 되는데, 이는 방문하는 노드의 총 수가 $O(\log n)$이기 때문이다.

15.2.1 갱신 뒤로 미루기

구간 트리의 갱신을 뒤로 미루는 방법을 이용하면,[2] 구간 단위 갱신과 구간 질의를 모두 $O(\log n)$ 시간에 처리하는 구간 트리를 만들 수 있다. 아이디어는 트리의 위에서 아래의 순서로 갱신과 질의를 처리하면서, 필요한 경우에만 트리의 아래쪽으로 갱신을 전파하는 느긋한 계산 방법을 사용하는 것이다.

느긋한 구간 트리(lazy segment tree)에서는 노드마다 두 가지 정보를 관리한다. 우선, 일반적인 구간 트리처럼 각 노드에 합, 최솟값 등 부분 배열에 대해 계산한 어떤 값을 저장해야 한다. 이에 덧붙여서, 각 노드마다 뒤로 미뤄둔, 즉 트리의 자식 노드로 아직 전파하지 않은 갱신 정보를 저장한다. 느긋한 구간 트리는 두 종류의 구간 단위 갱신을 처리할 수 있으며, 각각은 구간에 속한 원소의 값을 특정 값만큼 증가시키는 것과 구간에 속한 원소를 모두 특정 원소로 바꾸는 것이다. 이 둘을 처리하는 방식은 비슷하며, 경우에 따라서는 두 종류의 갱신 방법을 동시에 지원하는 자료 구조를 만들 수도 있다.

좀 더 구체적인 예로, 다음과 같은 두 종류의 연산을 지원하는 구간 트리를 만드는 법을 살펴보자. 구간 [a, b]의 값을 특정 상수만큼 증가시킬 수 있어야 하고, 구간 [a, b]에 속한 원소들의 합도 구할 수 있어야 한다. 이를 위해 노드마다 두 개의 값 s/z를 관리한다. s는 그 구간에 속한 원소들의 합이다. z는 뒤로 미룬 갱신 정보이며, 그 구간에 속한 원소의 값을 모두 z만큼 증가시켜야 함을 의미한다. 그림 15.10에 그러한 트리의 예가 나와 있다. 모든 노드에 대해 $z = 0$인데, 이는 갱신을 뒤로 미뤄둔 경우가 없음을 의미한다.

여기서는 연산을 트리의 위에서 아래의 순서로 수행하도록 구현했다. 구간 [a, b]의 값을 u만큼 증가시킬 때는 노드를 다음과 같이 수정한다. 만약 구간 [x, y]가 [a, b]에 완전히 포함된다면, 노드의 z 값을 u만큼 증가시킨 후 멈춘다. 만약 [x, y]가 [a, b]와

---

2 (옮긴이) 이를 **느긋한 전파**(lazy propagation)라고도 한다. 보통 컴퓨터 프로그래밍에서 계산을 느긋하게 처리한다고 하면, 이 절에서 살펴볼 방법처럼 실제로 필요할 때까지 처리를 최대한 늦추는 방식을 의미한다.

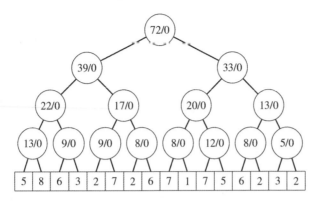

그림 15.10 구간 단위 갱신과 질의를 처리하기 위한 느긋한 구간 트리

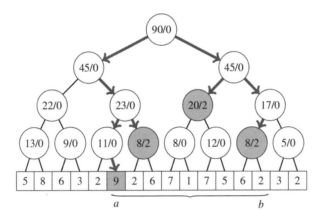

그림 15.11 구간 [a, b]의 값을 2만큼 증가시키기

부분적으로 겹친다면, 재귀적으로 트리를 계속 탐색한 후 노드의 s 값을 다시 계산한다. 예를 들어 그림 15.11에 구간 [a, b]를 2만큼 증가시킨 후의 결과가 나와 있다.

갱신과 질의를 처리할 때 모두, 트리의 아래쪽으로 이동하면서 뒤로 미뤄둔 갱신 정보도 아래쪽으로 전파한다. 각 노드를 처리하기 전에, 먼저 갱신을 뒤로 미뤄 두었는지를 검사한다. 만일 그렇다면 s 값을 갱신하고, 갱신 정보를 자식 노드로 전파하며, 그 후에 z를 초기화한다. 예를 들어 그림 15.12에 $\text{sum}_q(a, b)$를 계산하는 과정에서 트리가 어떻게 변하는지가 나와 있다. 사각형 표시 안에 들어있는 노드는 뒤로 미뤄둔 갱신 정보가 아래쪽으로 전파된 경우에 해당하는 노드이다.

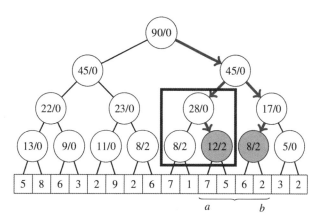

그림 15.12 구간 [*a*, *b*]의 합 계산하기

다항식 갱신

앞의 구간 트리를 일반화하면 구간에 속한 값을 다음과 같은 꼴의 다항식에 따라 갱신하도록 할 수 있다.

$$p(u) = t_k u^k + t_{k-1} u^{k-1} + \cdots + t_0$$

이때 구간 [*a*, *b*]에 포함된 위치 *i*의 값을 $p(i-a)$만큼 갱신한다. 예를 들어 구간 [*a*, *b*]에 다항식 $p(u) = u + 1$을 더한다는 것의 의미는, 위치 *a*의 값은 1만큼 증가시키고, 위치 *a* + 1의 값은 2만큼 증가시키며, 나머지 위치의 값도 같은 식으로 증가시킨다는 의미이다.

이러한 다항식 갱신을 지원하려면 노드마다 *k* + 2개의 값을 관리해야 하며, 이때 *k*는 다항식의 차수이다. *s*는 구간에 속한 원소들의 합이고, $z_0, z_1, \ldots, z_k$는 갱신을 뒤로 미룬 다항식의 계수이다. 구간 [*x*, *y*]의 합은 다음과 같다.

$$s + \sum_{u=0}^{y-x} (z_k u^k + z_{k-1} u^{k-1} + \cdots + z_1 u + z_0)$$

이러한 꼴의 합을 구할 때는 합에 대한 공식을 이용하는 것이 효율적이다. 예를 들어 z_0의 합은 $z_0(y-x+1)$이고, $z_1 u$의 합은 다음과 같다.

$$z_1(0 + 1 + \cdots + y - x) = z_1 \frac{(y-x)(y-x+1)}{2}$$

갱신 정보를 전파할 때, $p(u)$에 대한 인덱스를 바꿔 주어야 한다. 이는 각 구간 [*x*, *y*]

에 대해 $u = 0, 1, \ldots, y - x$로 놓고 값을 계산하기 때문이다. 하지만 다항식[3] $p'(u) = p(u+h)$의 차수가 $p(u)$와 같기 때문에 이를 간단하게 처리힐 수 있다. 예를 들어 $p(u) = t_2 u^2 + t_1 u + t_0$일 때 다음이 성립한다.

$$p'(u) = t_2(u+h)^2 + t_1(u+h) + t_0 = t_2 u^2 + (2ht_2 + t_1)u + t_2 h^2 + t_1 h + t_0$$

15.2.2 동적 트리

보통의 구간 트리는 정적이다. 즉, 트리의 각 노드가 구간 트리 배열의 고정된 위치에 저장되며, 구조상 필요한 메모리의 양도 고정되어 있다. **동적 구간 트리**(dynamic segment tree)는 알고리즘 수행 과정에서 실제로 접근하게 되는 노드에만 메모리를 할당하는 자료 구조이다. 이렇게 하면 메모리의 양을 크게 절약할 수 있다.

동적 트리의 노드는 다음과 같은 구조체로 표현한다.

```
struct node {
    int value;
    int x, y;
    node *left, *right;
    node(int v, int x, int y) : value(v), x(x), y(y), left(nullptr), right(nullptr) {}
};
```

이때 value는 그 노드의 값을, [x, y]는 노드에 대응되는 구간을, 그리고 left와 right는 왼쪽 및 오른쪽 서브트리에 대한 포인터를 나타낸다. 노드를 생성하는 방법은 다음과 같다.

```
// 값이 2이고 구간 [0,7]에 대응되는 노드를 생성한다.
node *x = new node(2,0,7);
// 값을 갱신한다.
x->value = 5;
```

희소 구간 트리

동적 구간 트리는 배열이 희소한 경우에 유용한 자료 구조이다. 배열이 희소하다는 것은 전체 인덱스를 나타내는 구간 $[0, n-1]$은 넓지만, 대부분의 배열 원소가 0인 경우를 의미한다. 일반적인 구간 트리는 $O(n)$의 메모리를 사용하지만, 동적 구간 트리는 $O(k \log n)$만큼의 메모리를 사용한다. 이때 k는 몇 번의 연산을 수행했는지를 나타낸다.

---

3 (옮긴이) 이때 다항식 $p'(u)$는 $p(u)$와 이름이 다른 다항식이며, 원래의 다항식을 미분한 것이 아니다.

희소 구간 트리(sparse segment tree)는 처음에는 값이 0인 노드 $[0, n-1]$ 한 개로 이루어져 있으며, 이는 배열의 모든 값이 0임을 의미한다. 원소를 갱신할 때, 트리에 동적으로 노드를 추가한다. 루트 노드에서 임의의 리프 노드로의 경로는 $O(\log n)$개의 노드로 이루어져 있으며, 따라서 구간 트리에 대한 연산을 처리할 때 트리에 추가하는 노드의 개수는 최대 $O(\log n)$개이다. 그러므로 k번의 연산을 처리하고 나면 트리의 노드 수가 $O(k \log n)$개가 된다. 예를 들어 $n = 16$이며, 위치 3과 10의 원소를 갱신한 후의 희소 구간 트리가 그림 15.13에 나와 있다.

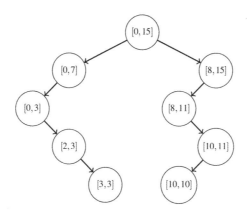

그림 15.13 위치 3과 10의 원소를 갱신한 후의 희소 구간 트리

참고로, 만일 알고리즘 수행 과정에서 원소를 어떻게 갱신할지를 미리 다 알고 있다면 동적 구간 트리를 사용할 필요가 없다. 일반적인 구간 트리를 사용하면서 인덱스 압축 기법(9.2.3절)을 적용하면 되기 때문이다. 그러나 알고리즘 수행 과정에서 인덱스가 정해지는 경우에는 그렇게 할 수 없을 것이다.

과거 참조 구간 트리

동적인 구현 방법을 사용하면 트리의 수정 기록을 모두 저장하고 있는 **과거 참조 구간 트리**(persistent segment tree)[4]도 만들 수 있다. 그러한 구현에서는 알고리즘 수행 과정에서 만들어졌던 모든 버전의 트리에 효율적으로 접근할 수 있다. 수정 기록이 저장되어 있다면, 과거의 구간 트리에 대한 구간 질의를 마치 일반적인 구간 트리

---

4 (옮긴이) 이처럼 과거 버전에 대한 기록을 가지고 있는 자료 구조를 지속 자료 구조(persistent data structure)라고 한다. 그러나 지속 구간 트리라는 이름보다는 과거 참조 구간 트리라는 이름이 그 속성을 잘 드러내고 있기 때문에 그러한 용어를 사용하였다.

를 다룰 때처럼 수행할 수 있게 된다. 과거의 트리에 대한 전체 구조가 모두 저장되어 있기 때문이다. 또한 과거의 트리를 이용하여 새 트리를 만든 후, 이를 독립적으로 수정할 수도 있다.

그림 15.14에 나와 있는 일련의 수정 기록을 살펴보자. 수정된 노드에는 표시가 되어 있으며, 나머지 노드는 변하지 않는다. 갱신 후에 대부분의 노드는 변하지 않으며, 따라서 수정 기록을 효율적으로 저장할 수 있다. 각 버전의 트리를 표현할 때, 새로 수정된 노드와 이전 버전의 트리에서 가져온 부분 트리를 조합하면 되기 때문이다. 그림 15.15에 수정 기록을 어떻게 저장하는지가 나와 있다. 이전 버전의 트리 구조를 다시 가져오고 싶다면, 그 버전에 해당하는 루트 노드에서 시작하여 포인터를 따라가면 된다. 각 연산을 수행할 때 트리에 추가되는 노드의 개수는 $O(\log n)$개뿐이며, 따라서 트리의 전체 수정 기록을 모두 저장할 수 있다.

그림 15.14 구간 트리에 대한 수정 기록(처음의 트리와 두 번의 갱신을 수행한 후)

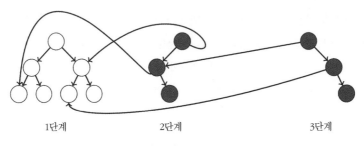

그림 15.15 수정 기록을 효율적으로 저장하는 방법

15.2.3 노드에 자료 구조 저장하기

구간 트리의 노드에 값 하나를 저장하는 대신, 그 구간에 대한 정보를 관리하는 자료 구조를 저장할 수도 있다. 예를 들어 구간 [a, b]에 속한 원소 중 그 값이 x인 원소가 몇 개인지를 효율적으로 세야 한다고 해보자. 이를 처리하기 위해서는 구간 트리를 만들고, 노드마다 그 노드가 나타내는 구간에 원소 x가 몇 개인지를 알려주는 자료 구조를 저장하면 된다. 그리고 질의가 주어지면 그 구간에 해당하는 노드들의 결

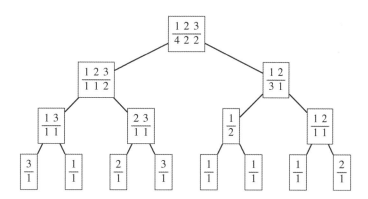

그림 15.16 배열의 구간에 특정 원소가 몇 개인지를 계산하기 위한 구간 트리

과를 조합하여 답을 구한다.

남은 일은 이 문제에 적합한 자료 구조를 선택하는 것이다. 좋은 방법의 하나는 map 자료 구조를 이용하는 것이다. 이때 맵의 키는 배열 원소의 값이고, 맵의 값은 그 원소가 해당 구간에 몇 개인지를 나타내는 정수이다. 그림 15.16에 배열 하나와 그에 대한 구간 트리가 나와 있다. 예를 들어 트리의 루트 노드를 살펴보면 이 배열에 원소 1이 4개 들어있음을 알 수 있다.

이러한 구간 트리를 이용하여 각 질의를 처리하는 데는 $O(\log^2 n)$ 시간이 걸린다. 이는 각 노드에 저장된 map의 시간 복잡도가 $O(\log n)$이기 때문이다. 트리가 사용하는 메모리의 양은 $O(n \log n)$인데, 트리의 레벨 수가 $O(\log n)$이고, 배열의 원소 n개가 레벨마다 각각 하나의 map에만 저장되기 때문이다.

15.2.4 2차원 트리

2차원 구간 트리(two-dimensional segment tree)를 이용하면 2차원 배열의 사각형 형태의 부분 배열에 대한 질의를 처리할 수 있게 된다. 아이디어는 우선 배열의 열을 기준으로 구간 트리를 만들고, 노드마다 행을 기준으로 하는 구간 트리를 저장하는 것이다.

예를 들어 그림 15.17에 두 종류의 질의를 지원하는 2차원 구간 트리가 나와 있다. 각 질의는 부분 배열에 속한 원소의 합을 구하는 질의와 배열 원소 한 개의 값을 갱신하는 질의이다. 두 질의 모두 $O(\log^2 n)$ 시간에 처리할 수 있는데, 주된 구간 트리

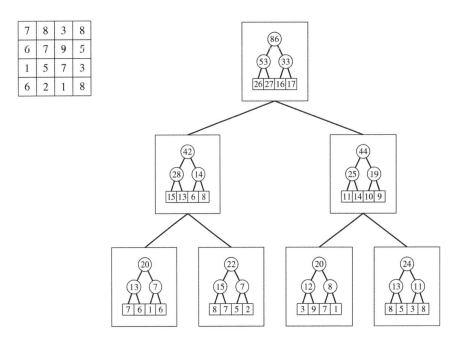

그림 15.17 2차원 배열과 그 배열의 부분 배열의 합을 계산하기 위한 구간 트리

의 노드 $O(\log n)$개에 접근하며, 각 노드를 처리하는 데 $O(\log n)$ 시간이 걸리기 때문이다. 자료 구조가 사용하는 메모리의 총량은 $O(n^2)$인데, 주된 구간 트리의 노드 수가 $O(n)$이며, 각 노드에 저장된 구간 트리에도 $O(n)$개의 노드가 있기 때문이다.

15.3 트립

트립(treap)은 어떤 배열의 내용을 저장하고 있는 이진 트리로, 배열을 분할하여 두 개의 배열로 만들거나, 두 배열을 하나로 병합하는 연산을 효율적으로 처리하기 위한 자료 구조이다. 트립의 각 노드에는 가중치와 값이 저장되어 있다. 이때 각 노드의 가중치는 자식 노드의 가중치보다 작거나 같아야 한다. 또한, 각 노드의 배열상 위치는 그 노드의 왼쪽 서브트리에 속한 노드들보다 뒤에 있어야 하고, 오른쪽 서브트리에 속한 노드들보다는 앞에 있어야 한다.

그림 15.18에 배열 하나와 그에 대한 트립이 나와 있다. 예를 들어 루트 노드의 가중치는 1이고 값은 D이다. 루트의 왼쪽 서브트리에는 노드 세 개가 포함되어 있으며, 이는 배열 3의 위치에 저장된 원소가 D임을 의미한다.

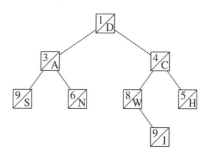

그림 15.18 배열과 그에 대한 트립

15.3.1 분할과 병합

트립에 새 노드를 추가할 때는 가중치를 무작위로 정한다. 이렇게 함으로써 트리는 높은 확률로 균형 잡힌(높이가 $O(\log n)$인) 형태가 되며, 이에 따라 연산도 효율적으로 처리할 수 있게 된다.

분할

트립에 대한 분할 연산은 배열을 두 개로 나누는 연산이다. 이때 원래 배열 왼쪽(앞부분)의 원소 k개가 하나의 배열을 이루고, 오른쪽(뒷부분)의 나머지 원소가 다른 배열을 이룬다. 이 연산을 처리하기 위해서 두 개의 비어있는 트립을 만들고, 원래 트립의 루트부터 탐색을 수행한다. 각 단계에서 현재 살펴보고 있는 노드가 왼쪽 트립에 속하는 노드라면, 그 노드 및 왼쪽 서브트리를 왼쪽 트립에 추가하고, 오른쪽 서브트리는 재귀적으로 처리한다. 이와 비슷하게, 현재 살펴보고 있는 노드가 오른쪽 트립에 속하는 노드라면, 그 노드 및 오른쪽 서브트리를 오른쪽 트립에 추가하고, 왼쪽 서브트리는 재귀적으로 처리한다. 트립의 높이가 $O(\log n)$이므로, 연산을 처리하는 데는 $O(\log n)$ 시간이 걸린다.

예를 들어 그림 15.19에 예제 배열을 두 개로 분할한 결과가 나와 있다. 원래 배열의 왼쪽 원소 5개가 하나의 배열을 이루고, 오른쪽 원소 3개가 하나의 배열을 이룬다. 이를 처리하는 과정은 다음과 같다. 먼저, 노드 D가 왼쪽 트립에 속하므로 노드 D와 그 왼쪽 서브트리를 왼쪽 트립에 추가한다. 다음으로, 노드 C가 오른쪽 트립에 속하므로 노드 C와 그 오른쪽 서브트리를 오른쪽 트립에 추가한다. 마지막으로, 노드 W를 왼쪽 트립에 추가하고 노드 I를 오른쪽 트립에 추가한다.

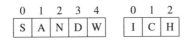

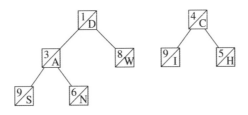

그림 15.19 배열을 분할하여 두 개로 만들기

병합

두 트립에 대한 병합 연산은 두 배열을 이어 붙여서 하나의 배열로 만드는 연산이다. 두 트립을 동시에 처리하며 진행하는데, 단계마다 두 트립 중 루트의 가중치가 더 작은 쪽을 선택한다. 만약 루트의 가중치가 더 작은 쪽이 왼쪽 트립이라면, 루트와 그 왼쪽 서브트리를 새 트립으로 옮기고, 오른쪽 서브트리가 왼쪽 트립을 대체하도록 한 후 계속 진행한다. 이와 비슷하게, 루트의 가중치가 더 작은 쪽이 오른쪽 트립이라면, 루트와 그 오른쪽 서브트리를 새 트립으로 옮기고, 왼쪽 서브트리가 오른쪽 트립을 대체하도록 한 후 계속 진행한다. 트립의 높이가 $O(\log n)$이므로, 연산을 처리하는 데는 $O(\log n)$ 시간이 걸린다.

예를 들어 앞의 예제에서 둘로 분할한 배열의 순서를 바꾸어 다시 병합하는 경우를 살펴보자. 그림 15.20에 병합하기 전의 두 배열이 나와 있고, 그림 15.21에는 병합한 결과가 나와 있다. 이를 처리하는 과정은 다음과 같다. 먼저, 노드 D와 그 오른쪽 서브트리를 새 트립으로 옮긴다. 다음으로, 노드 A와 그 오른쪽 서브트리를 새 트

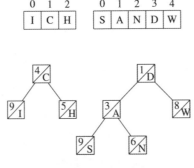

그림 15.20 두 배열을 하나로 병합하기 전의 모습

립에서 노드 D의 왼쪽 서브트리 자리로 옮긴다. 그리고 그 다음으로, 노드 C와 그 왼쪽 서브트리를 새 트립에서 노드 A의 왼쪽 서브트리 자리로 옮긴다. 마지막으로, 노드 H와 노드 S를 새 트립으로 옮긴다.

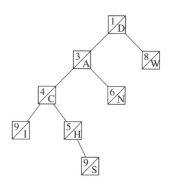

그림 15.21 두 배열을 하나로 병합한 후의 모습

15.3.2 구현

이제 트립을 효율적으로 구현하는 방법을 살펴보자. 우선, 트립의 노드를 다음과 같은 구조체로 표현한다.

```
struct node {
    node *left, *right;
    int weight, size, value;
    node(int v) {
        left = right = nullptr;
        weight = rand();
        size = 1;
        value = v;
    }
};
```

size 필드에는 그 노드의 서브트리의 크기를 저장한다. 노드가 nullptr이 될 수도 있으므로, 다음과 같은 함수를 사용하는 것이 좋다.

```
int size(node *treap) {
    if (treap == nullptr) return 0;
    return treap->size;
}
```

다음에 나와 있는 함수 split은 분할 연산을 구현한 것이다. 이 함수는 재귀적으로 트립 treap을 분할하여 두 개의 트립 left와 right로 만든다. 이때 왼쪽 트립(left)에는 원래 트립의 처음 k개의 노드를 저장하고, 오른쪽 트립(right)에는 나머지 노드를 저장한다.

```
void split(node *treap, node *&left, node *&right, int k) {
    if (treap == nullptr) {
        left = right = nullptr;
    } else {
        if (size(treap->left) < k) {
            split(treap->right, treap->right, right,
                k-size(treap->left)-1);
            left = treap;
        } else {
            split(treap->left, left, treap->left, k);
            right = treap;
        }
        treap->size = size(treap->left)+size(treap->right)+1;
    }
}
```

그리고 다음에 나와 있는 함수 merge는 병합 연산을 구현한 것이다. 이 함수는 트립 left에 속한 노드를 왼쪽에, 그리고 트립 right에 속한 노드를 오른쪽에 두는 트립 treap을 만든다.

```
void merge(node *&treap, node *left, node *right) {
    if (left == nullptr) treap = right;
    else if(right == nullptr) treap = left;
    else {
        if (left->weight < right->weight) {
            merge(left->right, left->right, right);
            treap = left;
        } else {
            merge(right->left, left, right->left);
            treap = right;
        }
        treap->size = size(treap->left)+size(treap->right)+1;
    }
}
```

예를 들어 다음 코드는 배열 [1, 2, 3, 4]에 대응되는 트립을 생성하는 코드이다. 그리고 그 트립을 크기가 2인 트립 두 개로 분할하고, 순서를 바꾸고 병합하여 배열 [3, 4, 1, 2]에 대응되는 새 트립으로 만든다.

```
node *treap = nullptr;
merge(treap, treap, new node(1));
merge(treap, treap, new node(2));
merge(treap, treap, new node(3));
merge(treap, treap, new node(4));
node *left, *right;
split(treap, left, right, 2);
merge(treap, right, left);
```

15.3.3 고급 기법

트립에 대한 분할 및 병합 연산은 매우 강력한데, 이를 이용하면 로그 시간에 배열을 마음대로 '자르고 붙여넣을(cut and paste)' 수 있기 때문이다. 트립을 확장하면 구간 트리와 거의 같은 작업을 처리할 수 있다. 예를 들어 서브트리의 크기뿐만 아니라 값의 합, 최솟값 등을 관리하도록 할 수도 있다.

트립에 대한 특별한 트릭 중 하나로 배열 전체를 효율적으로 뒤집을 수 있다는 점이 있다. 이를 위해서는 트립의 각 노드에 대해 왼쪽 자식과 오른쪽 자식을 서로 맞바꾸면 된다. 예를 들어 그림 15.18에 나와 있는 배열을 뒤집은 결과가 그림 15.22에 나와 있다. 이를 효율적으로 처리하려면 노드마다 서브트리를 뒤집어야 하는지를 저장하는 필드를 추가하고, 자식 노드를 맞바꾸는 작업을 느긋하게 처리하면 된다.

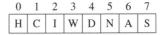

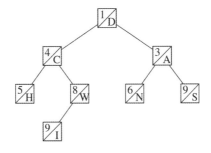

그림 15.22 트립을 이용하여 배열 뒤집기

15.4 동적 계획법 최적화

이 절에서는 동적 계획법 풀이를 최적화하는 기법을 몇 가지 살펴본다. 먼저 볼록 껍질 트릭을 살펴보는데, 이는 선형 함수들의 최솟값을 효율적으로 구하는 데 사용된다. 다음으로는 비용 함수의 성질을 이용한 최적화 기법 두 가지를 살펴본다.

15.4.1 볼록 껍질 트릭

볼록 껍질 트릭(convex hull trick)은 다음과 같은 상황에 사용할 수 있는 기법이다. $f(x) = ax + b$ 꼴의 선형 함수 n개가 주어지고, 특정한 x값에서 어떤 함수의 값이 최소인지를 구하려 한다. 예를 들어 그림 15.23에 네 개의 함수가 나와 있다. 각 함수는 $f_1(x) = x + 2, f_2(x) = x/3 + 4, f_3(x) = x/6 + 5, f_4(x) = -x/4 + 7$이고, $x = 4$인 지점에서의 최솟값은 $f_2(4) = 16/3$이다.

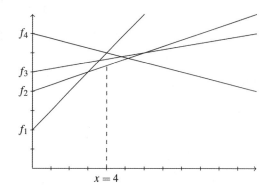

그림 15.23 $x = 4$인 지점에서 함수들의 최솟값을 구하면 $f_2(4) = 16/3$이다.

아이디어는 x축을 여러 개의 구간으로 나누되, 구간별로 하나의 함수가 최솟값을 갖도록 하는 것이다. 각 함수가 최소가 되는 구간은 많아야 한 개임이 알려져 있다. 따라서 최대 n개의 구간이 만들어질 수 있으며, 이들을 정렬된 형태로 저장한다. 예를 들어 앞의 예제에 대한 구간이 그림 15.24에 나와 있다. 처음에는 f_1이, 다음에

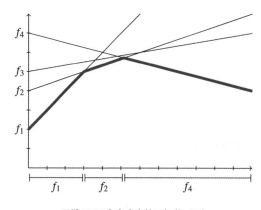

그림 15.24 f_1, f_2, f_4가 최소가 되는 구간

는 f_2가, 그리고 마지막으로는 f_4가 최솟값을 갖는다. f_3이 최소인 경우가 없음에 유의하라.

구간의 목록이 주어질 때, $O(\log n)$ 이진 탐색을 이용하면 특정한 x에서의 최소 함숫값을 구할 수 있다. $x = 4$인 경우를 예로 들면 그림 15.24에 나와 있듯 이 점이 f_2에 대한 구간에 속해 있음을 알 수 있다. 따라서 $x = 4$일 때의 최소 함숫값은 $f_2(4) = 16/3$이다. 정리해 보면, 질의가 k개 주어질 때 이를 $O(k \log n)$에 처리할 수 있는 것이다. 게다가 질의가 오름차순으로 주어지기까지 한다면, 구간을 왼쪽에서 오른쪽의 순서로 차례로 살펴보는 방식을 이용하여 질의를 $O(k)$ 시간에 처리할 수 있다.

그렇다면 구간을 어떻게 구해야 할까? 함수가 기울기에 대한 내림차순으로 주어진다면 구간을 쉽게 구할 수 있다. 스택을 이용하여 구간 목록을 관리하면서, 각각을 분할 상환의 관점에서 $O(1)$ 시간에 처리할 수 있기 때문이다. 하지만 함수가 임의의 순서로 주어진다면 좀 더 복잡한 집합 자료 구조를 이용해야 하며, 각 함수를 처리하는 데 $O(\log n)$ 시간이 걸릴 것이다.

예제

공연 n개가 차례로 개최된다고 해보자. i번째 공연의 입장료는 p_i 유로이며, 공연을 관람하면 d_i $(0 < d_i < 1)$만큼 할인받을 수 있는 쿠폰을 얻게 된다. 이후에 다른 공연의 입장권을 구매할 때 할인 쿠폰을 사용할 수 있으며, 그러면 입장료가 p 유로에서 $d_i p$ 유로로 할인된다. 또한, 연달아 열리는 i번째 공연과 $i+1$번째 공연에 대해 $d_i \geq d_{i+1}$이 성립한다. 여러분은 마지막에 열리는 공연을 관람하려고 하며, 때에 따라서는 그 앞의 다른 공연도 관람하려 한다. 이를 위해 필요한 최소 비용은 얼마이겠는가?

동적 계획법을 이용하면 이 문제를 쉽게 풀 수 있다. i번째 공연은 반드시 관람하고, 그 앞의 공연은 선택적으로 관람했을 때의 최소 비용을 u_i라 하자. 이전 공연을 결정하는 가장 간단한 방법은 모든 가능한 경우를 $O(n)$ 시간에 살펴보는 것이며, 그러한 알고리즘의 시간 복잡도는 $O(n^2)$이 된다. 하지만 볼록 껍질 트릭을 이용하면 $O(\log n)$ 시간에 최적의 결정을 할 수 있게 되고, 알고리즘의 시간 복잡도도 $O(n \log n)$이 된다.

아이디어는 선형 함수의 목록을 관리하는 것이다. 처음에는 함수 $f(x) = x$만을 목록에 포함하는데, 이는 할인 쿠폰을 하나도 가지고 있지 않음을 의미한다. 각 공연에 대한 u_i 값을 계산할 때, $f(p_i)$를 최소화하는 함수 f를 목록에서 찾는다. 볼록 껍질 트릭을 이용하면 이 부분에 $O(\log n)$ 시간이 걸린다. 그리고 난 후, 새로운 함수 $f(x) = d_i x + u_i$를 목록에 추가하고, 이후에 다른 공연을 관람할 때 이 함수를 사용할 수 있도록 한다. 이러한 알고리즘의 시간 복잡도는 $O(n \log n)$이다.

참고로, 연달아 열리는 i번째 공연과 $i+1$번째 공연에 대해 $p_i \le p_{i+1}$이 성립한다는 것을 미리 알고 있다면, 이 문제를 좀 더 효율적인 $O(n)$ 시간에 풀 수도 있다. 경우마다 최적의 결정을 내리기 위해 이진 탐색을 사용하는 것이 아니라, 구간을 왼쪽에서 오른쪽의 순서로 처리하면서 분할 상환에 의한 시간 복잡도가 상수 시간인 방법을 사용하는 것이다.

15.4.2 분할 정복 최적화 기법

특정한 동적 계획법 문제를 풀 때 **분할 정복 최적화 기법**(divide and conquer optimization technique)을 사용할 수 있다. 원소 n개로 이루어진 수열 $s_1, s_2, ..., s_n$이 주어질 때, 연속한 원소로 이루어진 부분 수열 k개로 원래의 수열을 나눠야 한다고 해보자. 이때 비용 함수 cost(a, b)도 주어지는데, 이는 부분 수열 $s_a, s_{a+1}, ..., s_b$를 생성하는 데 드는 비용을 의미한다. 수열을 나누는 데 드는 전체 비용은 각각의 부분 수열을 생성하는 데 드는 비용의 합이다. 문제는 비용이 최소가 되도록 수열을 나누는 것이다.

예를 들어 양의 정수로 이루어진 수열이 주어지고 비용 함수가 cost$(a, b) = (s_a + s_{a+1} + \cdots + s_b)^2$이라고 해보자. 그림 15.25에 수열 하나를 이 비용 함수에 따라 최적의 방법으로 나눈 예가 나와 있다. 이 경우의 전체 비용은 $(2+3+1)^2 + (2+2+3)^2 + (4+1)^2 = 110$이다.

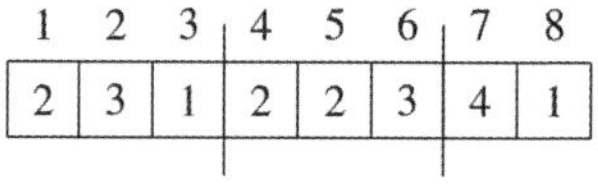

그림 15.25 수열을 세 개의 블록으로 나누는 최적의 방법

다음과 같은 점화식을 세우면 이 문제를 풀 수 있다. solve(i, j)를 수열 앞부분의 원소 i개$(s_1, s_2, ..., s_i)$를 부분 수열 j개로 나누는 최소 비용이라고 정의하자. 이 문제에 대한 답이 solve(n, k)임은 명백하다. solve(i, j)의 값을 구하기 위해서는 다음 식을 최소화하는 위치 $1 \le p \le i$를 찾아야 한다.

$$\text{solve}(p-1, j-1) + \text{cost}(p, i)$$

그림 15.25를 예로 들면 solve$(8, 3)$에 대해서는 $p = 7$이 최적의 경우가 된다. 최적해

를 구하는 간단한 방법은 $O(n)$ 시간에 모든 가능한 위치 1, 2, ..., i를 살펴보는 것이다. 이처럼 모든 solve(i, j) 값을 구하는 방법이 $O(n^2k)$ 시간의 동적 계획법 알고리즘이다. 그러나 분할 정복 최적화 기법을 사용하면 시간 복잡도를 $O(nk \log n)$으로 개선할 수 있다.

분할 정복 최적화 기법은 비용 함수에 대한 다음의 **사각 부등식**(quadrangle inequality)이 모든 $a \leq b \leq c \leq d$에 대해 성립할 때 사용할 수 있다.

$$\text{cost}(a, c) + \text{cost}(b, d) \leq \text{cost}(a, d) + \text{cost}(b, c)$$

pos(i, j)를 solve(i, j)를 최소로 만들어 주는 위치 p의 최솟값이라고 정의하자. 앞의 부등식이 성립할 때, pos(i, j) $\leq$ pos($i+1, j$)이 모든 i, j에 대해 성립한다는 것도 보장된다. 이를 이용하면 solve(i, j)를 좀 더 효율적으로 계산할 수 있게 된다.

아이디어는 함수 calc(j, a, b, x, y)를 만들어서, $a \leq i \leq b$인 i와 주어진 j에 대해 solve(i, j)의 값을 모두 구하게끔 하는 것이다. 이때 $x \leq$ pos(i, j) $\leq y$임을 이용한다. 이 함수는 먼저 $z = \lfloor (a+b)/2 \rfloor$에 대해 solve($z, j$)의 값을 구한다. 그리고 $p =$ pos(z, j)로 놓고, calc($j, a, z-1, x, p$)와 calc($j, z+1, b, p, y$)를 재귀적으로 호출한다. 이때 탐색 범위를 좁히기 위해서 pos(i, j) $\leq$ pos($i+1, j$)가 성립함을 이용하였다. solve(i, j)의 값을 모두 구하기 위해서는 각 $j = 1, 2, ..., k$에 대해 calc($j, 1, n, 1, n$)을 호출하면 된다. 함수를 한 번 호출할 때의 시간 복잡도가 $O(n \log n)$이므로, 전체 시간 복잡도는 $O(nk \log n)$이 된다.

마지막으로, 앞의 예제에서 사용한 제곱 합 형태의 비용 함수가 사각 부등식을 만족함을 증명해 보자. sum(a, b)를 구간 [a, b]에 속한 원소들의 합이라고 정의하자. $x =$ sum(b, c), $y =$ sum(a, c) $-$ sum(b, c), $z =$ sum(b, d) $-$ sum(b, c)로 두면, 사각 부등식이 다음과 같은 꼴이 된다.

$$(x+y)^2 + (x+z)^2 \leq (x+y+z)^2 + x^2$$

양변을 정리하면 다음과 같다.

$$0 \leq 2yz$$

y와 z가 음수가 아니므로, 이것으로 증명이 끝난다.

15.4.3 커누스의 최적화 기법

특정한 동적 계획법 문제를 풀 때 **커누스의 최적화 기법**(Knuth's optimization)[2]을 사용할 수 있다. 원소 n개로 이루어진 수열 $s_1, s_2, \ldots, s_n$이 주어질 때, 수열을 각각의 원소 단위로 쪼개야 한다. 이때 비용 함수 $cost(a, b)$도 주어지는데, 이는 부분 수열 $s_a, s_{a+1}, \ldots, s_b$를 처리하는 데 드는 비용이다. 문제는 수열을 쪼개는 데 드는 비용의 총합을 최소화하는 것이다.

예를 들어 $cost(a, b) = s_a + s_{a+1} + \cdots + s_b$라고 해보자. 그림 15.26에 수열 하나를 이 비용 함수에 따라 최적으로 쪼갠 예가 나와 있다. 이 경우의 전체 비용은 $19+9+10+5=43$이다.

다음과 같은 점화식을 세우면 이 문제를 풀 수 있다. $solve(i, j)$를 수열 $s_i, s_{i+1}, \ldots, s_j$를 원소 단위로 쪼개는 최소 비용이라고 정의하자. 이 문제에 대한 답은 $solve(1, n)$이다. $solve(i, j)$의 값을 구하기 위해서는 다음 식을 최소화하는 위치 $i \leq p < j$를 찾아야 한다.

$$cost(i, j) + solve(i, p) + solve(p+1, j)$$

i와 j 사이의 모든 가능한 위치를 살펴보도록 하면 $O(n^3)$ 시간의 동적 계획법 알고리즘이 된다. 그러나 커누스의 최적화 기법을 사용하면 $solve(i, j)$ 값들을 이보다 효율적인 $O(n^2)$ 시간에 구할 수 있다.

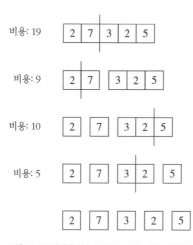

그림 15.26 배열을 원소 단위로 쪼개는 최적의 방법

---

2 커누스는 최적의 이진 탐색 트리를 구성할 때 그의 최적화 기법을 사용하였다.[23] 이후에, 야오(Yao)가 이 기법을 비슷한 다른 문제에 적용할 수 있도록 일반화하였다.[36]

커누스의 최적화 기법은 모든 $a \leq b \leq c \leq d$에 대해 다음 두 부등식이 성립할 때 사용할 수 있다.

$$\text{cost}(b, c) \leq \text{cost}(a, d)$$
$$\text{cost}(a, c) + \text{cost}(b, d) \leq \text{cost}(a, d) + \text{cost}(b, c)$$

두 번째 부등식은 앞에서 분할 정복 최적화 기법을 살펴볼 때도 등장했던 사각 부등식이다. $\text{pos}(i, j)$를 $\text{solve}(i, j)$를 최소로 만들어 주는 위치 p의 최솟값이라고 정의하자. 앞의 부등식이 성립할 때, 다음 부등식도 성립한다.

$$\text{pos}(i, j-1) \leq \text{pos}(i, j) \leq \text{pos}(i+1, j)$$

이제 알고리즘을 n번의 라운드(각각을 1, 2, …, n번째 라운드라고 하자)로 진행하면서, k번째 라운드에서 $j - i + 1 = k$를 만족하는 모든 i, j에 대해 $\text{solve}(i, j)$의 값을 구한다. 즉, 부분 수열을 그 길이가 증가하는 순서로 처리하려는 것이다. $\text{pos}(i, j)$가 $\text{pos}(i, j-1)$과 $\text{pos}(i+1, j)$의 사이에 있어야 하므로, 각 라운드를 $O(n)$ 시간에 처리할 수 있다. 따라서 알고리즘의 전체 시간 복잡도는 $O(n^2)$이 된다.

15.5 퇴각 검색 기법

이 절에서는 퇴각 검색 알고리즘을 빠르게 만들 수 있는 몇 가지 아이디어를 살펴볼 것이다. 먼저 격자에서 경로의 개수를 세는 문제를 생각해 보고 탐색 트리를 가지치기함으로써 알고리즘을 개선시킬 수 있음을 보일 것이다. 다음으로 15 퍼즐 문제를 IDA* 알고리즘과 휴리스틱 함수로 풀어볼 것이다.

15.5.1 탐색 트리 가지치기

많은 퇴각 검색 알고리즘은 탐색 트리를 **가지치기**(pruning)함으로써 개선할 수 있다. 부분해를 확장하여 완전한 해를 찾을 수 없음을 알게 된다면 탐색을 계속할 필요가 없기 때문이다.

7×7 격자의 왼쪽 위 지점에서 출발하여 모든 칸을 정확히 한 번만 방문하여 오른쪽 아래 지점으로 가는 경로의 개수를 세는 문제를 생각해 보자. 그림 15.27에 그러한 경로 중 하나가 나와 있으며, 모든 경로의 개수는 111712임이 알려져 있다.

먼저 간단한 퇴각 검색 알고리즘에서 시작하여 탐색을 어떻게 가지치기할 수 있는지를 관찰함으로써 한 단계씩 최적화할 것이다. 각 최적화를 적용한 다음 알고리즘

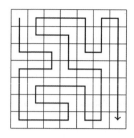

그림 15.27 왼쪽 위 지점에서 오른쪽 아래 지점으로 가는 경로

의 실행 시간과 재귀 호출의 횟수를 측정하여 각 최적화가 탐색의 효율성에 미치는 효과를 살펴볼 것이다.

기본 알고리즘

첫 번째 알고리즘은 아무런 최적화도 적용하지 않은 상태이다. 간단히 퇴각 검색을 이용하여 왼쪽 위 지점에서 오른쪽 아래 지점으로 가는 모든 경로를 생성하고 그러한 경로의 수를 센다.

- 실행 시간: 483초
- 재귀 호출 횟수: $76 \cdot 10^9$

첫 번째 최적화

어떤 해에서든 첫 번째 이동은 아래 혹은 오른쪽으로 하며, 격자의 대각선에 대해 대칭인 두 개의 경로가 있다. 예를 들어 그림 15.28에 나온 격자는 대칭이다. 그러므로 첫 번째 이동을 항상 아래(혹은 오른쪽)로 한 뒤 마지막으로 해의 개수에 2를 곱하면 된다.

- 실행 시간: 244초
- 재귀 호출 횟수: $38 \cdot 10^9$

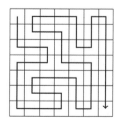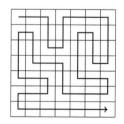

그림 15.28 격자의 대각선에 대해 대칭인 두 경로

두 번째 최적화

만약 다른 모든 칸을 방문하기 전 오른쪽 아래 지점에 도달했다면 해가 될 수 없음이 자명하다. 한 가지 예가 그림 15.29에 나와 있다. 이 관찰을 이용하여 오른쪽 아래 지점에 너무 빠르게 도달했다면 탐색을 즉시 종료할 수 있다.

- 실행 시간: 119초
- 재귀 호출 횟수: $20 \cdot 10^9$

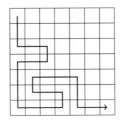

그림 15.29 다른 칸을 방문하기 전 오른쪽 아래 지점에 도달한 경우

세 번째 최적화

경로가 경계에 닿은 뒤 왼쪽 혹은 오른쪽으로 회전할 수 있다면 아직 방문하지 않은 칸이 둘로 나뉘게 된다. 예를 들어 그림 15.30에 나온 경로는 왼쪽 혹은 오른쪽으로 회전할 수 있다. 이 경우 모든 칸을 방문할 수 없게 되므로 탐색을 종료할 수 있다. 이 최적화는 매우 유용하다.

- 실행 시간: 1.8초
- 재귀 호출 횟수: $221 \cdot 10^6$

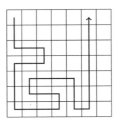

그림 15.30 방문하지 않은 칸을 두 부분으로 나누는 경로

네 번째 최적화

앞의 최적화를 일반화하여 적용할 수 있다. 만약 직진이 불가능하지만 왼쪽 혹은

오른쪽으로 회전할 수 있다면 방문하지 않은 칸이 두 부분으로 나뉘게 된다. 그림 15.31에 이러한 경우의 예가 나와 있다. 모든 칸을 방문할 수 없으므로 탐색을 종료할 수 있다. 이 최적화를 적용한 뒤의 탐색은 매우 효율적이다.

- 실행 시간: 0.6초
- 재귀 호출 횟수: $69 \cdot 10^6$

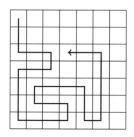

그림 15.31 경로에 의해 방문하지 않은 칸이 두 부분으로 나뉘는 더 일반적인 상황

결론

이제 최적화를 적용하는 것을 그만 하고 현재까지의 결과를 살펴보자. 처음 알고리즘의 실행 시간은 483초였는데 최적화를 적용한 후 실행 시간은 0.6초가 되었다. 즉, 최적화 덕분에 알고리즘은 거의 1000배 빨라졌다.

퇴각 검색에서 이는 일반적인 현상인데, 탐색 트리는 대부분 크고 간단한 관찰만으로도 효율적으로 가지치기를 할 수 있기 때문이다. 특히 유용한 최적화는 알고리즘의 첫 단계, 즉 탐색 트리의 가장 위에서 적용할 수 있는 최적화이다.

15.5.2 휴리스틱 함수

퇴각 검색 문제 중에는 움직임의 수가 최소가 되는 방법과 같은 최적해를 찾는 문제가 있다. 이러한 문제에서는 현재 상태와 최종 상태 간의 거리를 추정하는 **휴리스틱 함수**(heuristic function)를 이용해 탐색을 개선할 수 있다.

15 퍼즐은 1번부터 15번까지의 번호가 붙은 타일 15개와 빈 칸 하나가 있는 4×4 격자가 주어진다. 한 번 움직일 때마다 빈 칸에 인접한 타일을 골라 이를 빈 칸으로 옮긴다. 움직임을 최소로 해서 그림 15.32와 같은 최종 상태를 만드는 것이 목표이다.

1	2	3	4
5	6	7	8
9	10	11	12
13	14	15	

그림 15.32 15 퍼즐 문제의 최종 상태

문제를 풀기 위해 여러 퇴각 검색으로 이루어진 IDA* 알고리즘을 이용한다. 한 번 탐색할 때마다 움직임의 수가 최대 k인 해를 찾으려고 시도한다. 처음 k의 값은 0이며, 해를 찾을 때까지 k를 1씩 증가시킨다.

이 알고리즘은 최종 상태에 도달하기 위해 필요한 남은 움직임 수를 추정하는 휴리스틱 함수를 이용한다. 휴리스틱 함수는 용인되는(admissible) 형태여야 하는데, 즉 움직임의 수를 절대 과대평가하지 않아야 한다. 따라서 이 함수를 이용하여 움직임의 수의 하한을 얻을 수 있다.

예를 들어 그림 15.33의 격자를 생각해 보자. 이 격자의 최소 움직임의 수는 61이다. 각 상태마다 가능한 움직임이 빈 칸의 위치에 따라 두 가지부터 네 가지까지 있기 때문에 단순한 퇴각 검색 알고리즘으로는 너무 많은 시간이 든다. 다행히도 IDA* 알고리즘에는 휴리스틱 함수가 있어서 탐색을 훨씬 빠르게 할 수 있다.

11	3	12	9
8	15	6	5
14		10	2
7	13	1	4

그림 15.33 이 격자의 최소 움직임 수는 61이다.

이제부터 여러 휴리스틱 함수를 살펴보고 알고리즘의 실행 시간과 재귀 호출의 수를 측정해볼 것이다. 퇴각 검색을 구현할 때 직전 움직임의 반대로 움직이는 경우는 없도록 하는데, 그럴 경우 최적해가 될 수 없기 때문이다.

첫 번째 휴리스틱

간단한 휴리스틱은 각 타일마다 현재 위치에서 최종 위치까지의 맨해튼 거리를 계산하는 것이다. 맨해튼 거리는 공식 $|x_c - x_f| + |y_c - y_f|$를 이용하여 계산하는데, 이때 (x_c, y_c)는 타일의 현재 위치이고 (x_f, y_f)는 최종 위치이다. 움직임 수의 하한은 모든 타

일의 거리를 합하여 구하는데, 각 움직임마다 타일 하나를 수직 혹은 수평으로 한 칸씩 이동하기 때문이다.

- 실행 시간: 126초
- 재귀 호출 횟수: $1.5 \cdot 10^9$

두 번째 휴리스틱

이미 올바른 행 또는 열에 있는 타일에 초점을 맞추어 더 좋은 휴리스틱을 만들 수 있다. 예를 들어 예제 퍼즐에서 6번과 8번 타일을 생각해 보자. 두 타일은 모두 올바른 행에 있지만 순서가 바뀌어 있다. 순서를 맞추기 위해 타일 하나를 수직으로 움직여야 하며, 이때 움직임이 2만큼 추가된다.

즉, 휴리스틱을 다음과 같이 개선시킬 수 있다. 먼저 맨해튼 거리의 합을 계산한 뒤 각 행/열마다 타일 두 개가 올바른 행/열에 있지만 순서가 틀릴 때마다 2씩 증가시킨다.

- 실행 시간: 22초
- 재귀 호출 횟수: $1.43 \cdot 10^8$

세 번째 휴리스틱

이 휴리스틱을 더 개선시킬 수 있다. 만약 둘보다 많은 타일이 올바른 행/열에 있다면 움직임을 2만큼 더 추가할 수 있다. 예를 들어 예제 퍼즐에서 5번, 6번, 8번 타일을 생각해 보자. 이들은 순서가 반대로 되어 있기 때문에 최소 두 개의 타일을 수직으로 두 번 더 움직여야 하며, 이로 인해 움직임이 4만큼 추가된다.

좀 더 정확하게, 올바른 행/열에 있는 타일이 c_1개이고 위치가 올바른 최대 부분집합의 크기가 c_2면 움직임을 $2(c_1 - c_2)$만큼 추가할 수 있다.

- 실행 시간: 39초
- 재귀 호출 횟수: $1.36 \cdot 10^8$

결론

어떤 일이 발생했는가? 더 좋은 휴리스틱을 만들었지만 알고리즘의 실행 시간이 22초에서 39초로 증가했다.

좋은 휴리스틱 함수에는 두 가지 성질이 있다. 실제 거리에 근접한 하한을 계산할 수 있어야 하고 계산이 효율적으로 이루어져야 한다. 마지막 휴리스틱은 이전 휴리스틱보다 더 정확하지만 계산이 더 어려우므로 이 경우 간단한 휴리스틱이 더 좋은 선택으로 보인다.

15.6 그 밖의 기법

이 절에서는 그 밖의 잡다한 알고리즘 설계 기법을 몇 가지 살펴본다. 살펴볼 내용은 중간 만남 기법, 부분집합의 개수를 세는 동적 계획법 알고리즘, 병렬 이진 탐색 기법, 그리고 동적 연결성 문제에 대한 오프라인 풀이이다.

15.6.1 중간 만남 기법

중간 만남 기법(meet in the middle technique)은 탐색해야 할 공간을 거의 같은 크기의 두 부분으로 나누고, 각 부분에 대해 독립적으로 탐색을 수행한 후, 최종적으로 각 탐색의 결과를 조합하여 답을 내는 기법을 말한다. 시간 복잡도가 $O(n^2)$인 특정 알고리즘에 중간 만남 기법을 적용하면 수행 시간이 $O(2^{n/2})$으로 빨라진다. 참고로, $O(2^{n/2})$은 $O(2^n)$에 비해 매우 빠른데, 이는 $2^{n/2} = \sqrt{2^n}$이기 때문이다. $O(2^n)$ 알고리즘으로는 $n \approx 20$인 입력까지 처리할 수 있지만, $O(2^{n/2})$ 알고리즘으로는 $n \approx 40$까지도 처리할 수 있다.

정수 n개로 구성된 집합이 주어지고, 그 집합의 부분집합 중에서 그 합이 x인 경우가 존재하는지 판별하는 문제를 생각해 보자. 예를 들어 집합 {2, 4, 5, 9}와 $x = 15$가 주어진다면, 부분집합 {2, 4, 9}를 택하여 그 합이 $2 + 4 + 9 = 15$가 되도록 할 수 있다. 이 문제를 푸는 간단한 방법은 $O(2^n)$ 시간에 모든 부분집합을 살펴보는 것이다. 하지만 중간 만남 기법을 이용하면 이 문제를 좀 더 효율적인 $O(2^{n/2})$ 시간에 풀 수 있다.

아이디어는 다음과 같다. 먼저 주어진 집합을 두 개의 부분집합 A와 B로 나누되, 각각의 크기가 원래 집합의 거의 절반에 가깝게끔 만든다. 그리고 두 번의 탐색을 수행하는데, 먼저 A의 모든 부분집합을 생성하여 그 크기의 목록을 S_A에 저장하고, 다음으로 B에 대해서도 이와 비슷한 목록 S_B를 만든다. 그러고 난 후, S_A와 S_B에서 원소를 하나씩 골라 그 합을 x로 만들 수 있는지 확인해 보면 된다. 두 원소의 합을 x로 만들 수 있는 경우와 부분집합의 합을 x로 만들 수 있는 경우는 서로 동치이다.

예를 들어 앞의 집합 {2, 4, 5, 9}를 어떻게 처리하는지 살펴보자. 먼저, 집합을 $A = \{2, 4\}$와 $B = \{5, 9\}$로 나눈다. 그러고 난 후, 두 개의 목록 $S_A = [0, 2, 4, 6]$과 $S_B = [0, 5, 9, 14]$를 만든다. S_A에 6이, 그리고 S_B에 9가 포함되어 있기 때문에, 그 합이 $6 + 9 = 15$

가 되는 부분집합이 존재함을 알 수 있다.

구현을 잘하면, $O(2^{n/2})$ 시간에 목록 S_A와 S_B를 정렬된 형태로 만들어낼 수 있다. 그러고 난 후, 시간 복잡도가 $O(2^{n/2})$인 두 포인터 알고리즘을 이용하여 합이 x가 되는 경우를 S_A와 S_B에서 만들어낼 수 있는지 검사한다. 따라서 알고리즘의 전체 시간 복잡도는 $O(2^{n/2})$이다.

15.6.2 부분집합의 개수 세기

$X = \{0 \dots n-1\}$일 때, 각 부분집합 $S \subset X$마다 정숫값 value[S]가 할당되어 있다고 해보자. 문제는 각각의 S에 대해 다음과 같은 합을 계산하는 것이다.

$$\text{sum}(S) = \sum_{A \subset S} \text{value}[A]$$

이는 즉, S의 부분집합에 대한 정숫값의 합을 구하려는 것이다.

예를 들어 $n = 3$이고 정숫값이 다음과 같다고 해보자.

- value[∅] = 3
- value[{0}] = 1
- value[{1}] = 4
- value[{0, 1}] = 5

- value[{2}] = 5
- value[{0, 2}] = 1
- value[{1, 2}] = 3
- value[{0, 1, 2}] = 3

이 경우에 대해 합을 구하는 예를 들면 다음과 같다.

$$\text{sum}(\{0, 2\}) = \text{value}[∅] + \text{value}[\{0\}] + \text{value}[\{2\}] + \text{value}[\{0, 2\}]$$
$$= 3 + 1 + 5 + 1 = 10$$

이제, 동적 계획법과 비트 연산을 이용하여 이 문제를 $O(2^n n)$에 푸는 방법을 살펴보자. 아이디어는 S에서 특정 원소만 제외할 수 있도록 하는 제한을 두고 부분 문제를 정의하는 것이다.

partial(S, k)를 S의 부분집합에 대한 정숫값의 합으로 정의하되, 부분집합을 구할 때 원소 $0 \dots k$만 제외할 수 있다는 제한을 둔다. 예를 들면 다음과 같다.

$$\text{partial}(\{0, 2\}, 1) = \text{value}[\{2\}] + \text{value}[\{0, 2\}]$$

이처럼 되는 이유는, 부분집합을 구할 때 원소 $0 \dots 1$만 제외할 수 있기 때문이다.

sum(S)의 값을 구할 때 partial을 이용할 수 있음에 유의하라. 이는 다음이 성립하기 때문이다.

$$\text{sum}(S) = \text{partial}(S, n-1)$$

동적 계획법을 적용하기 위해서는 partial에 대한 점화식을 세워야 한다. 기저 조건은 다음과 같다.

$$\text{partial}(S, -1) = \text{value}[S]$$

이는 S의 그 어떤 원소도 제외할 수 없기 때문이다. 일반적인 경우에 대해서는 다음과 같이 값을 구한다.

$$\text{partial}(S, k) = \begin{cases} \text{partial}(S, k-1) & k \notin S \\ \text{partial}(S, k-1) + \text{partial}(S \setminus \{k\}, k-1) & k \in S \end{cases}$$

이 점화식은 원소 k에 초점을 맞춘 것이다. 만일 $k \in S$라면, 가능한 경우는 두 가지이다. k를 부분집합에 포함할 수도, 제외할 수도 있기 때문이다.

구현

비트 연산을 이용하면 이 동적 계획법 풀이를 매우 아름답게 구현할 수 있다. 먼저, 다음과 같이 배열을 선언한다.

```
int sum[1<<N];
```

이 배열에 각 부분집합에 대한 합을 저장한다. 배열을 초기화하는 방법은 다음과 같다.

```
for (int s = 0; s < (1<<n); s++) {
    sum[s] = value[s];
}
```

그리고 배열을 채우는 방법은 다음과 같다.

```
for (int k = 0; k < n; k++) {
    for (int s = 0; s < (1<<n); s++) {
        if (s&(1<<k)) sum[s] += sum[s^(1<<k)];
    }
}
```

이 코드는 $k = 0 \ldots n-1$일 때의 partial(S, k) 값을 계산하여 배열 sum에 저장한다. partial(S, k)를 구할 때 partial($S, k-1$)만 참조하기 때문에 배열 sum을 재활용할 수 있고, 그렇게 함으로써 매우 효율적으로 구현할 수 있는 것이다.

15.6.3 병렬 이진 탐색

병렬 이진 탐색(parallel binary search)은 이진 탐색을 이용하는 알고리즘을 좀 더 효율적으로 만드는 기법이다. 아이디어는 이진 탐색 여러 개를 각각 따로 수행하지 말고 한꺼번에 하자는 것이다.

예를 들어 다음과 같은 문제를 살펴보자. 번호가 1, 2, ..., n인 도시 n개가 주어진다. 처음에는 도시 사이에 아무런 도로도 건설되어 있지 않지만, m일에 걸쳐 매일 특정 도시 사이에 새로운 도로가 건설된다. 마지막으로 (a, b) 형식의 질의가 k개 주어지는데, 각 질의에 대해 a번 도시와 b번 도시가 처음으로 연결된 것이 몇 번째 날인지를 구해야 한다. m일이 모두 다 지난 후에는 a번 도시와 b번 도시가 서로 연결된다는 것이 보장되어 있다고 가정하자.

그림 15.34에 네 개의 도시에 대한 예제 시나리오가 나와 있다. 이때 두 개의 질의 $q_1 = (1, 4)$와 $q_2 = (2, 3)$을 처리해야 한다고 해보자. q_1에 대한 답은 2인데, 1번 도시와 4번 도시는 둘째 날부터 서로 연결되어 있기 때문이다. 그리고 q_2에 대한 답은 4인데, 2번 도시와 3번 도시는 넷째 날부터 서로 연결되어 있기 때문이다.

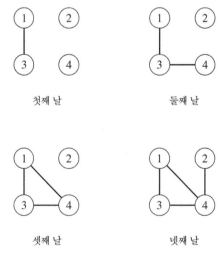

첫째 날   둘째 날

셋째 날   넷째 날

그림 15.34 도로 건설 문제에 대한 예제

먼저 간단한 경우부터 살펴보자. 이 문제에 대해 한 개의 질의 (a, b)만 있다면, 유니온-파인드 자료 구조를 이용하여 도로 건설 과정을 시뮬레이션해 볼 수 있을 것이다. 새로운 도로를 추가한 후에 a번 도시와 b번 도시가 연결되는지 검사하고, 연결되었다면 시뮬레이션을 멈춘다. 도로를 추가하는 것과 두 도시가 연결되었는지 검사하는 것에는 모두 $O(\log n)$ 시간이 걸리며, 따라서 이 알고리즘의 시간 복잡도는 $O(m \log n)$이다.

k개의 질의를 처리할 수 있도록 이 풀이를 일반화하려면 어떻게 해야 할까? 물론, 각 질의를 따로 처리할 수도 있을 것이다. 그러한 알고리즘의 시간 복잡도는 $O(km \log n)$이고, 따라서 k와 m이 클 때는 느릴 것이다. 하지만 병렬 이진 탐색 기법을 이용하면 이 문제를 좀 더 효율적으로 풀 수 있다.

아이디어는 질의마다 구간 $[x, y]$를 두는 것이다. 이는 두 도시가 처음으로 연결된 날짜가 x 이상이고 y 이하라는 의미이다. 처음에는 모든 구간을 $[1, m]$으로 둔다. 그리고 유니온-파인드 자료 구조를 이용하여 모든 도로를 건설하는 과정을 $\log m$번 시뮬레이션한다. 각 질의에 대해, $u = \lfloor (x+y)/2 \rfloor$번째 날에 두 도시가 연결되었는지를 검사한다. 만일 그렇다면 구간을 $[x, u]$로 수정하고, 그렇지 않다면 $[u+1, y]$로 수정한다. $\log m$번의 라운드가 지나고 나면, 모든 구간이 각각 한 개의 날짜를 가리키도록 수정되어 있을 것이다. 그 날짜가 바로 질의에 대한 답이다.

라운드마다 m개의 도로를 건설하는 데는 $O(m \log n)$ 시간이 걸리고, 도시의 쌍 k개에 대해 둘이 연결되어 있는지를 검사하는 데는 $O(k \log n)$ 시간이 걸린다. 라운드의 수가 $\log m$이므로, 알고리즘의 전체 시간 복잡도는 $O((m+k)\log n \log m)$이 된다.

15.6.4 동적 연결성 문제

노드 n개와 간선 m개로 이루어진 그래프가 있다고 해보자. 그리고 질의가 q개 주어지는데, 각 질의는 "두 노드 a와 b 사이에 간선을 추가하라"는 형태이거나 "두 노드 a와 b 사이의 간선을 제거하라"는 형태이다. 각 질의를 처리하고 난 후, 컴포넌트의 개수가 몇 개인지를 효율적으로 구해야 한다.

그림 15.35에 질의를 처리하는 과정의 예가 나와 있다. 처음의 그래프는 세 개의 컴포넌트로 이루어져 있다. 간선 2-4를 추가하고 나면 두 개의 컴포넌트가 하나로 합쳐진다. 이후에 간선 4-5를 추가하거나 간선 2-5를 삭제하더라도 컴포넌트의 개수는 변하지 않는다. 그러나 간선 1-3도 추가하면 두 개의 컴포넌트가 하나로 합쳐지고,

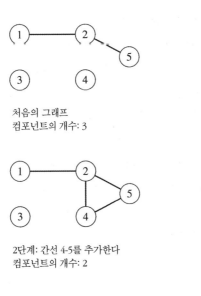

처음의 그래프
컴포넌트의 개수: 3

1단계: 간선 2-4를 추가한다
컴포넌트의 개수: 2

2단계: 간선 4-5를 추가한다
컴포넌트의 개수: 2

3단계: 간선 2-5를 제거한다
컴포넌트의 개수: 2

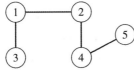

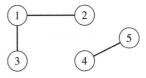

4단계: 간선 1-3을 추가한다
컴포넌트의 개수: 1

5단계: 간선 2-4를 제거한다
컴포넌트의 개수: 2

그림 15.35 동적 연결성 문제

마지막으로 간선 2-4를 제거할 때 컴포넌트 하나가 둘로 나눠진다.

만약 간선이 그래프에 추가되는 경우만 고려해도 된다면, 유니온-파인드 자료 구조를 이용하여 이 문제를 쉽게 풀 수 있을 것이다. 어려운 부분은 간선을 제거하는 경우이다. 이제, 분할 정복 알고리즘을 이용하여 이 문제의 오프라인 버전을 푸는 방법을 살펴보자. 오프라인 버전이라는 말의 의미는 모든 질의를 사전에 알고 있으며, 임의의 순서로 질의에 답해도 된다는 의미이다. 여기서 살펴볼 알고리즘은 코펠리오비치(Kopeliovich)의 학위논문[25]에 제시된 것이다.

아이디어는 각 간선에 대한 연대표(timeline)를 만드는 것이며, 이는 각 간선이 언제 추가되었고 언제 제거되었는지에 대한 구간 형태로 표현된다. 각 구간의 범위는 $[0, q+1]$이며, a번째 단계에서 추가되고 b번째 단계에서 제거되는 간선을 구간 $[a, b]$로 나타낸다. 만일 간선이 처음부터 그래프에 포함되어 있었다면 $a=0$으로 두고, 끝까지 제거되지 않는다면 $b=q+1$로 둔다. 그림 15.36에 예제 시나리오에 대한 연대표가 나와 있다.

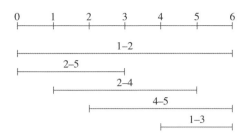

그림 15.36 간선의 추가 및 제거에 대한 연대표

구간을 처리하기 위해서 노드가 n개이고 간선이 없는 그래프를 만들고, 재귀 함수를 구간 $[0, q+1]$에 대해 호출한다. 이 함수는 구간 $[a, b]$를 다음 과정에 따라 처리한다. 먼저, 각 간선을 살펴보면서 구간 $[a, b]$가 그 간선에 대한 구간에 완전히 포함되어 있고, 간선이 아직 그래프에 포함되어 있지 않다면 그래프에 추가한다. 그러고 난 후, $[a, b]$의 크기가 1이라면 컴포넌트의 개수를 답으로 내고, 그렇지 않다면 재귀적으로 구간 $[a, k]$와 $[k, b]$를 처리한다. 이때 $k = \lfloor (a+b)/2 \rfloor$이다. 그러고 난 후, 마지막으로는 구간 $[a, b]$를 처리하면서 그래프에 추가했던 모든 간선을 제거한다.

간선을 추가하거나 제거할 때마다 컴포넌트의 개수를 갱신해야 한다. 이를 유니온-파인드 자료 구조로 처리할 수 있는데, 항상 마지막에 추가한 간선을 제거하기 때문이다. 따라서 유니온-파인드 자료 구조에 연산을 되돌리는 기능을 추가로 구현하면 되고, 이는 스택에 연산에 대한 정보를 저장해두는 방식으로 처리할 수 있다. 각 간선을 추가하거나 제거하는 횟수가 최대 $O(\log q)$번이며, 각 연산을 처리하는 데 $O(\log n)$ 시간이 걸리므로, 이 알고리즘의 전체 시간 복잡도는 $O((m+q) \log q \log n)$이다.

참고로 이 알고리즘은 컴포넌트의 개수를 구하는 것뿐만 아니라, 유니온-파인드 자료 구조와 관련된 정보라면 어떤 것이든지 처리할 수 있다. 예를 들어 가장 큰 컴포넌트에 속한 노드의 개수나 각 컴포넌트가 이분 그래프의 형태인지 등을 처리할 수도 있다. 원소를 추가하거나 작업을 되돌리는 기능을 지원하는 다른 자료 구조에 대해 이 기법을 일반화하여 적용할 수도 있다.

부록 A

수학적 배경 이론

A.1 합에 대한 공식

양의 정수 k에 대해 다음과 같은 형태의 합을 구하려 한다고 해보자.

$$\sum_{x=1}^{n} x^k = 1^k + 2^k + 3^k + \cdots + n^k$$

그 결과는 차수가 $k+1$인 다항식으로 표현되는 닫힌 형태의 공식이 된다. 예를 들면 다음과 같다.[1]

$$\sum_{x=1}^{n} x = 1 + 2 + 3 + \cdots + n = \frac{n(n+1)}{2}$$

또 다른 예는 다음과 같다.

$$\sum_{x=1}^{n} x^2 = 1^2 + 2^2 + 3^2 + \cdots + n^2 = \frac{n(n+1)(2n+1)}{6}$$

등차수열(arithmetic progression)은 인접한 두 원소의 차이가 일정한 수열이다. 예를 들면 다음과 같다.

$$3, 7, 11, 15$$

---

[1] 이러한 형태의 합에 대한 좀 더 일반화된 공식이 존재하며, 그 공식에는 파울하버의 공식(Faulhaber's formula)이 라는 이름이 붙어 있다. 그러나 여기서 살펴보기에는 너무 그 내용이 너무 복잡하다.

이 수열은 차이가 4로 일정한 등차수열이다. 등차수열의 합에 대한 공식은 다음과 같다.

$$\underbrace{a + \cdots + b}_{n\text{개의 수}} = \frac{n(a+b)}{2}$$

이때, 등차수열의 첫 번째 수는 a이고, 마지막 수는 b이며, n개의 수에 대한 합을 구한 것이다. 예를 들면 다음과 같다.

$$3 + 7 + 11 + 15 = \frac{4 \cdot (3+15)}{2} = 36$$

이 공식은 합을 n개의 수에 대해 구한다는 것과, 수들의 평균값이 $(a+b)/2$임을 이용한 것이다.

등비수열(geometric progression)은 인접한 두 원소의 비율이 일정한 수열이다. 예를 들면 다음과 같다.

$$3, 6, 12, 24$$

이 수열은 비율이 2로 일정한 등비수열이다. 등비수열의 합에 대한 공식은 다음과 같다.

$$a + ak + ak^2 + \cdots + b = \frac{bk - a}{k - 1}$$

이때 등비수열의 첫 번째 수는 a이고, 마지막 수는 b이며, 인접한 두 원소의 비율은 k이다. 예를 들면 다음과 같다.

$$3 + 6 + 12 + 24 = \frac{24 \cdot 2 - 3}{2 - 1} = 45$$

이 공식을 다음과 같이 유도할 수 있다. 우선 합을 S로 둔다.

$$S = a + ak + ak^2 + \cdots + b$$

양변에 k를 곱하면 다음과 같이 된다.

$$kS = ak + ak^2 + ak^3 + \cdots + bk$$

그러면 다음의 방정식을 세울 수 있다.

$$kS - S = bk - a$$

이를 풀면 원하는 공식을 얻는다.

등비수열의 합에 대한 특별한 경우로 다음과 같은 공식이 있다.

$$1 + 2 + 4 + 8 + \cdots + 2^{n-1} = 2^n - 1$$

조화수열의 합(harmonic sum)은 다음과 같은 꼴의 합이다.

$$\sum_{x=1}^{n} \frac{1}{x} = 1 + \frac{1}{2} + \frac{1}{3} + \cdots + \frac{1}{n}$$

이 합에 대한 상한은 $\log_2(n) + 1$이다. 이 결과를 얻으려면 각각의 항 $1/k$를 k를 넘지 않는 2의 거듭제곱에 대한 항으로 수정하면 된다. 예를 들어 $n = 6$일 때의 결과를 다음과 같은 합으로 근사할 수 있다.

$$1 + \frac{1}{2} + \frac{1}{3} + \frac{1}{4} + \frac{1}{5} + \frac{1}{6} \leq 1 + \frac{1}{2} + \frac{1}{2} + \frac{1}{4} + \frac{1}{4} + \frac{1}{4}$$

이때, 부등식의 우변을 $\log_2(n) + 1$개의 부분으로 나누면(1, $2 \cdot 1/2$, $4 \cdot 1/4$ 등), 각 부분의 합이 최대 1이 된다.

A.2 집합

집합(set)은 원소들의 모음을 말한다. 예를 들어, 다음과 같은 집합을 살펴보자.

$$X = \{2, 4, 7\}$$

이 집합은 원소 2, 4, 7로 이루어져 있다. 기호 ∅은 공집합을 뜻하며, $|S|$은 집합 S의 크기, 즉 집합에 속한 원소의 개수를 뜻한다. 앞의 집합을 예로 들면 $|X| = 3$이다. 만일 S에 원소 x가 포함되어 있다면 이를 $x \in S$라는 기호로 나타내며, 그렇지 않은 경우는 $x \notin S$로 나타낸다. 앞의 집합을 다시 예로 들면 $4 \in X$이고 $5 \notin X$이다.

다음과 같은 집합 연산을 이용하면 새로운 집합을 만들어낼 수 있다.

• **교집합**(intersection) $A \cap B$는 A와 B에 모두 속한 원소로 이루어진 집합이다. 예를

들어 $A = \{1, 2, 5\}$이고 $B = \{2, 4\}$라면 $A \cap B = \{2\}$이다.

- **합집합**(union) $A \cup B$는 A와 B 중 하나에라도 속한 원소로 이루어진 집합이다. 예를 들어 $A = \{3, 7\}$이고 $B = \{2, 3, 8\}$이라면 $A \cup B = \{2, 3, 7, 8\}$이다.

- **여집합**(complement) $\overline{A}$는 A에 속하지 않는 원소로 이루어진 집합이다. 여집합의 의미는 **전체집합**(universal set)을 어떻게 두느냐에 따라 달라지며, 전체집합은 가능한 모든 원소로 이루어진 집합을 말한다. 예를 들어 $A = \{1, 2, 5, 7\}$이고 전체집합이 $\{1, 2, ..., 10\}$이라면 $\overline{A} = \{3, 4, 6, 8, 9, 10\}$이다.

- **차집합**(difference) $A \backslash B = A \cap \overline{B}$는 A에 속하면서 B에는 속하지 않는 원소로 이루어진 집합이다. A에 속하지 않은 원소가 집합 B에는 속할 수도 있다는 사실에 유의하라. 예를 들어 $A = \{2, 3, 7, 8\}$이고 $B = \{3, 5, 8\}$이라면 $A \backslash B = \{2, 7\}$이다.

만약 A의 모든 원소가 S에도 속한다면, A가 S의 **부분집합**(subset)이라고 말하고 이를 $A \subset S$라는 기호로 나타낸다. 집합 S의 부분집합의 개수는 공집합을 포함하여 $2^{|S|}$이다. 예를 들어 $\{2, 4, 7\}$의 부분집합은 다음과 같다.

$$\emptyset, \{2\}, \{4\}, \{7\}, \{2, 4\}, \{2, 7\}, \{4, 7\}, \{2, 4, 7\}$$

자주 사용되는 집합으로 $\mathbb{N}$(자연수의 집합), $\mathbb{Z}$(정수의 집합), $\mathbb{Q}$(유리수의 집합), 그리고 $\mathbb{R}$(실수의 집합)이 있다. 집합 $\mathbb{N}$의 정의에는 두 가지가 있으며, 상황에 따라 $\mathbb{N} = \{0, 1, 2, ...\}$으로 정의할 수도 있고 $\mathbb{N} = \{1, 2, 3, ...\}$으로 정의할 수도 있다.

집합의 정의를 표현하는 방법에는 여러 가지가 있다. 예를 들어, 다음과 같은 방법으로 모든 짝수인 정수의 집합을 정의할 수 있다.

$$A = \{2n : n \in \mathbb{Z}\}$$

그리고 다음은 2보다 큰 모든 실수의 집합이다.

$$B = \{x \in \mathbb{R} : x > 2\}$$

A.3 논리학

논리식(logical expression)의 값은 **참**(true, 1)이거나 **거짓**(false, 0)이다. 가장 중요한 논리 연산자로는 **부정**(negation) ¬, **논리곱**(conjunction, 연언이라고도 한다) ∧, **논리합**(disjunction, 선언이라고도 한다) ∨, **조건문**(implication, 함의라고도 한다)

⇒ 그리고 **동치**(equivalence) ⇔가 있다. 표 A.1에 각 연산자의 의미를 나타내는 진리표가 나와 있다.

A	B	$\neg A$	$\neg B$	$A \wedge B$	$A \vee B$	$A \Rightarrow B$	$A \Leftrightarrow B$
0	0	1	1	0	0	1	1
0	1	1	0	0	1	1	0
1	0	0	1	0	1	0	0
1	1	0	0	1	1	1	1

표 A.1 논리 연산자에 대한 진리표

논리식 $\neg A$는 A와 반대되는 값을 갖는다. 논리식 $A \wedge B$가 참이 되는 경우는 A와 B가 모두 참일 때이며, 논리식 $A \vee B$가 참이 되는 경우는 A와 B중 적어도 하나가 참일 때이다. 논리식 $A \Rightarrow B$가 참이 되는 경우는 A가 참인 모든 경우에 대해 B도 참일 때이다. $A \Leftrightarrow B$가 참이 되는 경우는 A와 B가 모두 참이거나 모두 거짓일 때이다.

술어(predicate, 명제라고도 한다)는 그 인자에 따라 참과 거짓이 결정되는 논리식이다. 보통, 술어는 알파벳 대문자를 이용하여 나타낸다. 예를 들어 술어 $P(x)$를 x가 소수일 때만 참인 논리식이라고 정의하자. 이 정의에 따르면 $P(7)$은 참이지만 $P(8)$은 거짓이다.

양화사(quantifier, 한정사라고도 한다)를 이용하면 논리식과 집합의 원소를 연결할 수 있다. 가장 중요한 양화사로는 모든 경우를 나타내는 보편 양화사(전칭 기호라고도 한다) ∀와 존재성을 나타내는 존재 양화사(존재 기호라고도 한다) ∃가 있다. 예를 들어 다음 논리식을 살펴보자.

$$\forall x(\exists y(y < x))$$

이 논리식은 집합에 속한 모든 원소 x에 대해서, 집합에 속한 어떤 원소 y가 존재하여, y가 x보다 작다는 조건을 만족한다는 의미이다. 이 논리식은 정수의 집합에 대해서는 참이지만 자연수의 집합에 대해서는 거짓이다.

앞에서 살펴본 기호를 이용하면 아주 다양한 논리 명제(logical proposition)를 표현할 수 있다. 예를 들어 다음 논리식을 살펴보자.

$$\forall x((x > 1 \wedge \neg P(x)) \Rightarrow (\exists a(\exists b(a > 1 \wedge b > 1 \wedge x = ab))))$$

이 논리식은 어떤 수 x가 1보다 크고 소수가 아니라면, 1보다 큰 두 수 a와 b가 존재하여 그 곱이 x가 된다는 의미이다. 이 논리식은 정수의 집합에 대해 참이다.

A.4 함수

함수 $\lfloor x \rfloor$는 어떤 수 x를 정수로 내림하며, 함수 $\lceil x \rceil$는 어떤 수 x를 정수로 올림한다. 예를 들면 다음과 같다.

$$\lfloor 3/2 \rfloor = 1 \text{이고} \lceil 3/2 \rceil = 2$$

함수 $\min(x_1, x_2, \ldots, x_n)$과 $\max(x_1, x_2, \ldots, x_n)$은 $x_1, x_2, \ldots, x_n$의 최솟값과 최댓값을 알려준다. 예를 들면 다음과 같다.

$$\min(1, 2, 3) = 1 \text{이고} \max(1, 2, 3) = 3$$

팩토리얼(factorial, 계승이라고도 한다) $n!$은 다음과 같이 정의된다.

$$\prod_{x=1}^{n} x = 1 \cdot 2 \cdot 3 \cdot \ldots \cdot n$$

혹은 다음과 같이 재귀적으로 정의할 수도 있다.

$$0! = 1$$
$$n! = n \cdot (n-1)!$$

피보나치 수(Fibonacci number)는 다양한 상황에서 등장한다. 이는 다음과 같이 재귀적으로 정의된다.

$$f(0) = 0$$
$$f(1) = 1$$
$$f(n) = f(n-1) + f(n-2)$$

처음 몇 개의 피보나치 수를 나열하면 다음과 같다.

$$0, 1, 1, 2, 3, 5, 8, 13, 21, 34, 55, \ldots$$

피보나치 수를 구하는 닫힌 형태의 공식도 존재하며, 이를 **비네의 공식**(Binet's formula)이라고 부른다.

$$f(n) = \frac{(1 + \sqrt{5})^n - (1 - \sqrt{5})^n}{2^n \sqrt{5}}$$

A.5 로그

어떤 수 x의 **로그**(logarithm)를 $\log_b(x)$로 나타내며, 이때 b를 로그의 밑이라고 한다. 로그는 $\log_b(x) = a$일 때 $b^a = x$가 되도록 정의된다. **자연 로그**(natural logarithm) $\ln(x)$는 밑이 자연 상수 $e \approx 2.71828$인 로그이다.

로그의 유용한 성질로 $\log_b(x)$가 x를 b로 몇 번 나누어야 1이 되는지를 나타낸다는 것이 있다. 예를 들어 $\log_2(32) = 5$인데, 이는 다음과 같이 2로 5번 나누어야 하기 때문이다.

$$32 \rightarrow 16 \rightarrow 8 \rightarrow 4 \rightarrow 2 \rightarrow 1$$

곱에 대한 로그는 다음을 만족한다(덧셈 법칙).

$$\log_b(xy) = \log_b(x) + \log_b(y)$$

그리고 그 결과 다음도 성립한다(지수 법칙).

$$\log_b(x^n) = n \cdot \log_b(x)$$

이에 덧붙여서, 나누기에 대한 로그는 다음을 만족한다(뺄셈 법칙).

$$\log_b\left(\frac{x}{y}\right) = \log_b(x) - \log_b(y)$$

또 다른 유용한 공식으로는 다음과 같은 공식이 있다(밑 변환 법칙).

$$\log_u(x) = \frac{\log_b(x)}{\log_b(u)}$$

이 공식을 이용하면 밑이 특정한 수일 때의 로그를 이용하여 다른 밑에 대한 로그 값을 계산해낼 수 있다.

A.6 진법

대부분의 경우, 어떤 수를 나타낼 때 10진법을 사용한다. 이는 각 자리의 숫자로 0, 1, ..., 9를 사용한다는 의미이다. 그러나 그 외에도 다른 진법 체계가 존재하며, 그 예로 숫자 0과 1만을 이용하는 2진법 체계가 있다. 일반적으로, b진법 체계에서는 각 자리의 숫자로 정수 0, 1, ..., $b-1$을 사용한다.

10진법으로 표현된 수를 b진법으로 변환하기 위해서는 0이 될 때까지 b로 나눠보면 된다. 그리고 그 과정에서 생긴 나머지 값을 역순으로 나열하면 b진법으로 표현된 각 자리의 숫자를 구할 수 있다. 예를 들어 다음은 17을 3진법으로 표현하기 위한 과정이다.

- 17/3 = 5 (나머지 2)
- 5/3 = 1 (나머지 2)
- 1/3 = 0 (나머지 1)

따라서 17을 3진법으로 표현하면 122가 된다. 역으로 b진법으로 표현된 수를 10진법으로 변환하고 싶다면, 각 자리의 숫자에 b^k을 곱하여 더해 주기만 하면 된다. 이때 k는 각 자리의 위치를 오른쪽부터 왼쪽의 순서로, 0부터 시작하는 수로 나타낸 것이다. 예를 들어, 3진법으로 표현된 수 122를 다음과 같이 다시 10진법으로 변환할 수 있다.

$$1 \cdot 3^2 + 2 \cdot 3^1 + 2 \cdot 3^0 = 17$$

정수 x를 b진법으로 표현했을 때 몇 자리의 수가 되는지를 알고 싶다면 $\lfloor \log_b(x) + 1 \rfloor$을 계산해 보면 된다. 예를 들어 $\lfloor \log_3(17) + 1 \rfloor = 3$이다.

참고문헌

[1] R. K. Ahuja, T. L. Magnanti, and J. B. Orlin, *Network Flows: Theory, Algorithms, and Applications*, (Pearson, 1993)

[2] A.M. Andrew, Another efficient algorithm for convex hulls in two dimensions. Inf. Process. Lett. 9(5), 216-219 (1979)

[3] M. A. Bender and M. Farach-Colton, The LCA problem revisited. Lat. Am. Symp. Theor. Inform. 88-94, 2000

[4] J. Bentley and D.Wood, An optimal worst case algorithm for reporting intersections of rectangles. IEEE Trans. Comput. C-29(7):571-577, 1980

[5] A. Blumer et al., The smallest automation recognizing the subwords of a text. Theoret. Comput. Sci. 40, 31-55 (1985)

[6] Codeforces: On "Mo's algorithm", http://codeforces.com/blog/entry/20032

[7] T. H. Cormen, C. E. Leiserson, R. L. Rivest, and C. Stein, *Introduction to Algorithms*, 3rd edn. (MIT Press, 2009)

[8] K. Diks et al., *Looking for a Challenge?* (The Ultimate Problem Set from the University of Warsaw Programming Competitions, University of Warsaw, 2012)

[9] J. Edmonds, R. Karp, Theoretical improvements in algorithmic efficiency for network flow problems. J. ACM. 19(2), 248-264 (1972)

[10] D. Fanding, A faster algorithm for shortest-path - SPFA. Journal of Southwest Jiaotong University 2, (1994)

[11] P. M. Fenwick, A new data structure for cumulative frequency tables. *Software: Practice and Experience*, 24(3), 327-336, 1994

[12] J. Fischer and V. Heun, Theoretical and practical improvements on the RMQ-problem, with applications to LCA and LCE. *17th Annual Symposium on Combinatorial Pattern Matching*, 36-48, 2006

[13] F. Le Gall, Powers of tensors and fast matrix multiplication. *39th International Symposium on Symbolic and Algebraic Computation*, 296-303, 2014

[14] A. Grønlund and S. Pettie, Threesomes, degenerates, and love triangles. *55th Annual Symposium on Foundations of Computer Science*, 621-630, 2014

[15] D. Gusfield, Algorithms on Strings, Trees and Sequences, Comput. Sci. Comput. Biol. (Cambridge University Press, 1997)

[16] S. Halim and F. Halim, *Competitive Programming 3: The New Lower Bound of Programming Contests*, (2013)

[17] The International Olympiad in Informatics Syllabus, https://people.ksp.sk/~misof/ioi-syllabus/

[18] D. Johnson, Efficient algorithms for shortest paths in sparse networks. J. ACM 24(1), 1-13 (1977)

[19] Kärkkäinen and P. Sanders, Simple linear work suffix array construction. *International Colloquium on Automata, Languages, and Programming*, 943-955, 2003

[20] R. M. Karp, R. E. Miller, and A. L. Rosenberg, Rapid identification of repeated patterns in strings, trees and arrays. *4th Annual ACM Symposium on Theory of Computing*, 125-135, 1972

[21] T. Kasai, G. Lee, H. Arimura, S. Arikawa, and K. Park, Linear-time longest-common-prefix computation in suffix arrays and its applications. *12th Annual Symposium on Combinatorial Pattern Matching*, 181-192, 2001

[22] J. Kleinberg and É. Tardos, *Algorithm Design*, (Pearson, 2005)

[23] D.E. Knuth, Optimum binary search trees. Acta Informatica 1(1), 14-25 (1971)

[24] D.E. Knuth, J.H. Morris Jr., V.R. Pratt, Fast pattern matching in strings. SIAM J. Comput. 6(2), 323-350 (1977)

[25] S.Kopeliovich, Offline solution of connectivity and 2-edge-connectivity problems for fully dynamic graphs. MSc thesis, Saint Petersburg State University, 2012

[26] M.G. Main, R.J. Lorentz, An $O(n \log n)$ algorithm for finding all repetitions in a string. Journal of Algorithms 5(3), 422-432 (1984)

[27] J. Pachocki, J. Radoszewski,Where to use and hownot to use polynomial string hashing. Olympiads in Informatics 7(1), 90-100 (2013)

[28] D. Pearson, A polynomial-time algorithm for the change-making problem. Oper. Res. Lett. 33(3), 231-234 (2005)

[29] 27-Queens Puzzle: Massively Parallel Enumeration and Solution Counting. https://github.com/preusser/q27

[30] M. I. Shamos and D. Hoey, Closest-point problems. *16th Annual Symposium on Foundations of Computer Science*, 151-162, 1975

[31] S. S. Skiena, *The Algorithm Design Manual*, (Springer, 2008)

[32] S.S. Skiena, M.A. Revilla, Programming Challenges: The Programming Contest Training Manual, (Springer, 2003)

[33] D.D. Sleator, R.E. Tarjan, A data structure for dynamic trees. J. Comput. Syst. Sci.

26(3), 362-391 (1983)

[34] P. Stańczyk, Algorytmika praktyczna w konkursach Informatycznych. MSc thesis, University of Warsaw, 2006

[35] V. Strassen, Gaussian elimination is not optimal. Numer. Math. 13(4), 354-356 (1969)

[36] F. F. Yao, Efficient dynamic programming using quadrangle inequalities. *12h Annual ACM Symposium on Theory of Computing*, 429-435, 1980

찾아보기